manual de construção com terra

GERNOT MINKE

manual de construção com terra

a terra como material de construção e seu uso na arquitetura

Manual de construção com terra
Copyright © Gernot Minke
Copyright edição em português © Solisluna Editora, 2022

Edição
Kin Guerra
Valéria Pergentino

Tradução
Jorge Simões

Revisão técnica
Leticia Grappi

Revisão do texto
Ana Luz

Editoração
Elaine Quirelli

Capa
Enéas Guerra

Ilustrações
Pawan Kumar
Anke Lubenow
Ulrich Boemans
Sigrid Köster
Uwe Jaensch
Friedemann Mahlke

Fotografias
Créditos na página 222

Todos os direitos reservados. Nenhuma parte desta publicação pode ser reproduzida ou armazenada em um sistema de recuperação ou transmitida de qualquer forma ou por qualquer meio, seja eletrônico, mecânico, fotocópia, gravação ou outro tipo, sem a prévia autorização por escrito dos proprietários. Impresso no Brasil.

Dados Internacionais de Catalogação na Publicação (CIP) de acordo com ISBD

M665m	Minke, Gernot
	Manual de Construção com Terra: a terra como manual de construção e seu uso na arquitetura / Gernot Minke ; traduzido por Jorge Simões. - Lauro de Freitas, BA : Solisluna, 2022.
	224 p. : il. ; 22cm x 28cm.
	Tradução de: Manual de Construcción en Tierra
	ISBN: 978-65-86539-70-7
	1. Arquitetura. 2. Bioconstrução. 3. Construção com terra. 4. Sustentabilidade. 5. Arquitetura com terra. I. Simões, Jorge. II. Título.
2022-2449	CDD 720
	CDU 72

Elaborado por Vagner Rodolfo da Silva - CRB-8/9410

Índices para catálogo sistemático:
1. Arquitetura 720
2. Arquitetura 72

Todos os direitos desta edição reservados à Solisluna Design Editora Ltda.
www.solisluna.com.br editora@solisluna.com.br

Agradecimentos

O autor deseja agradecer a todos os estudantes e colegas que contribuíram na investigação e no desenvolvimento de projetos no Chile e Equador, na Alemanha, Guatemala, Hungria e Índia. Graças a tais esforços, este livro contém informações sobre experiências práticas. Agradecimentos especiais são dirigidos aos assistentes de investigação, H. G. Merz, Ulrich Merz, Klaus Eckart, Ulla Lustig-Rössler, Kiran Mukerji, Ulrich Boemans, Uwe Jaensch, Dittmar Hecken, Friedemann Mahlke e Saskia Skaley. E ainda a Frank Millies, o técnico que construiu a maioria dos equipamentos de teste para construção.

Agradecimentos especiais para Leticia Grappi, que revisou os textos com muito cuidado e apontou os aspectos brasileiros, e para a Solisluna, que contribuiu para dar ao livro uma aparência representativa através de um design gráfico muito atrativo.

Gernot Minke
Kassel, 2022

Sumário

Apresentação para a edição brasileira 9	4. **Melhoramento das características da terra segundo tratamentos especiais e aditivos** 48
Prefácio 11	Generalidades 48
1. **Introdução** 12	Redução das fissuras provocadas pela retração 48
A terra como material de construção 12	Estabilização contra a água 49
Pequena história da construção com terra 12	Aumento da coesão 51
O que se deve saber sobre o uso da terra como material de construção 16	Aumento da resistência à compressão 52
Melhorando a temperatura ambiente 19	Resistência à abrasão 57
Prejuízos da terra como material de construção ... 22	Aumento do isolamento térmico 58
2. **As propriedades da terra como material de construção** 23	5. **Terra compactada (taipa de pilão)** 61
Composição 23	Generalidades 61
Ensaios e testes utilizados para analisar a composição da terra 25	Formas 62
Efeitos da água 29	Ferramentas 64
Efeitos do vapor 36	Processo de construção 65
Influência do calor 38	Execução de vãos 66
Resistência 40	Novas técnicas de construção de paredes 66
Valor de pH 42	Cúpulas de terra compactada 70
Radioatividade 42	Processo de secagem 70
Proteção das ondas eletromagnéticas de alta frequência 42	Mão de obra 71
Conteúdo primário de energia 43	Isolamento térmico 71
3. **Preparação da terra** 45	Tratamento de superfície 71
Generalidades 45	6. **Adobe e bloco de terra comprimida** 72
Umedecimento, trituração e mistura 45	Generalidades 72
Peneiramento 47	História do adobe 72
Dissolver a terra 47	Produção de adobes 74
Cura 47	Produção de blocos de terra comprimida (BTC) 76
Redução do conteúdo de argila 47	Dosificação da mistura 77
	Execução das paredes de adobe 78
	Tratamento de superfície 79
	Fixação de elementos nas paredes 79

7. Blocos de terra de grande formato e elementos de terra pré-fabricados 80
Generalidades 80
Blocos de terra de grande formato 80
Painéis pré-fabricados para paredes 82
Elementos pré-fabricados para lajes 83
Adobes para otimizar a acústica 84
Revestimentos pré-fabricados de terra 85

8. Terra em estado plástico modelada diretamente 86
Generalidades 86
Técnicas tradicionais com terra em estado plástico 87
Torrões de barro 90
Técnica de *stranglehm* 90

9. Entramados preenchidos com barro 95
Generalidades 95
Pau a pique 96
Barro projetado 96
Estacas enroladas e garrafas de barro 97
Entramados com preenchimento de terra agregada 98
Preenchimentos com barro extruído e com tubos preenchidos com terra agregada 98

10. Técnicas para compactar, despejar e bombear terra agregada 99
Generalidades 99
Formas 99
Parede de taipa de terra agregada com palha 100
Parede de terra agregada com cavacos de madeira 101
Paredes de terra bombeada agregada com aditivos minerais 101
Habitações de terra agregada e bombeada 105
Blocos preenchidos com barro 105
Tubos preenchidos com barro 106

11. Rebocos de terra 109
Generalidades 109
Preparação da superfície 109
Composição do reboco 109

Recomendações para aplicação de rebocos 111
Barro projetado 111
Reboco de terra agregada com aditivos minerais 111
Reboco lançado 112
Reboco em paredes de fardos de palha 112
Modelagem de rebocos de terra em estado úmido 112
Proteção das quinas 112
Rebocos exteriores estabilizados 113

12. Proteção de superfícies de terra contra as inclemências do tempo 114
Generalidades 114
Alisando a superfície 114
Pinturas 114
Como construir paredes que repelem a água 117
Rebocos de cal 118
Telhas, tábuas e outras coberturas 119
Métodos estruturais 121

13. Reparos de elementos de terra 122
Generalidades 122
Danos em construções de terra 122
Reparos em fendas e juntas com preenchimento de barro 122
Reparos de fendas e juntas com outros materiais de preenchimento 122
Reparo de danos com maior magnitude 123
Melhoramentos posteriores do isolamento térmico com terra agregada 124

14. **Construções antissísmicas** 125
   Generalidades 125
   Requisitos construtivos e de projeto 125
   Vãos de portas e janelas 129
   Paredes de taipa de pilão reforçadas
   com bambu 130
   Cúpulas 132
   Abóbadas 133
   Paredes de tubos preenchidos com terra 135

15. **Projetos de elementos construtivos
especiais** 137
   Juntas 137
   Projetos especiais para paredes 138
   Mezaninos e pavimentos superiores de terra 142
   Pisos de terra batida 143
   Coberturas tradicionais feitas com terra 147
   Coberturas impermeáveis com terra 147
   Abóbadas e cúpulas de adobe 148
   Paredes com armazenamento térmico 164
   Utilização de terra em banheiros 165
   Construção de mobiliário e sanitários de terra ... 166
   Fogões de terra 168

16. **Exemplos de construções modernas
de terra** 171
   Residência, Turku, Finlândia 172
   Residência, Tucson, Estados Unidos 173

Residência, Villa de Leyva, Colômbia 174
Residência, La Paz, Bolívia 176
Residência, Des Montes, NM, EUA 178
Casa de campo, S. Pedro, São Paulo, Brasil 180
Residência, Ezeiza, Buenos Aires, Argentina 181
Casa de campo, Maldonado, Uruguai 182
Casa Nuaanarpoq, Taos, Novo México, EUA 184
Residência com estúdio, Kassel, Alemanha 185
Residências conjugadas, Kassel, Alemanha 190
Cúpula de Adobe, Aiguá, Uruguai 194
Residência, Hellenville, Nova Zelândia................. 196
Residência rural, Rio negro, Argentina 198
Residência, El Bosón, Argentina 199
Propriedade, Wazipur, Haryana, Índia 200
Berçário, Bellingdon, Buckinghamshire,
Reino Unido 204
Escola infantil, Oranienburg-Eden, Alemanha 206
Creche infantil, Sorsum, Alemanha 208
Casa, Vale de Calamuchita, Córdoba, Argentina . 211
Escola primária, Tanouan Ibi, Mali 214
Espaço multiuso, Picada Café,
Rio Grande do Sul, Brasil 216

17. **Perspectivas futuras** 218

18. **Referências bibliográficas** 220

Apresentação para a edição brasileira

Trabalho com "bioconstrução", como designamos a arquitetura sustentável, que utiliza materiais naturais, há mais de 40 anos. Fui aposentado pela Universidade de Kassel, Alemanha, há quinze anos. Passo seis meses por ano na América Latina, dando cursos, promovendo *workshops* e pronunciando conferências sobre as técnicas de construção com terra, bambu, fardos de palha, tetos verdes e jardins verticais. Construí casas de projetos sociais, edifícios públicos, cúpulas e abóbadas, desde o México até a Argentina. Projetei uma vila ecológica no Paraguai, uma cúpula de adobe na Colômbia e outra na Argentina. Tenho um grande apreço pelos países latino-americanos, por sua gente hospitaleira e pelo interesse em soluções sustentáveis. Sinto uma particular satisfação em ver que este livro está sendo publicado com uma edição ampliada e atualizada no Brasil, um país enorme, com uma grande demanda de construções ecológicas, com o uso de materiais naturais que respeitem o meio ambiente. Este livro já foi publicado em doze idiomas, e a primeira edição foi em alemão, lançada em 1994. Espero que esta obra ajude a ampliar o conhecimento sobre a construção com esse material tão saudável e abundante como a terra, para que possamos proteger mais nosso meio ambiente contra o uso excessivo de materiais industrializados, que só poluem nosso planeta.

Gernot Minke

Torre da mesquita de Tarim, 38 m de altura, construída com adobes.

Prefácio

Escrito como resposta ao crescente interesse em todo o mundo pela construção com terra, este livro discorre sobre esse material, e proporciona uma análise de suas aplicações e técnicas de construção, incluindo dados físicos pertinentes e explicando suas propriedades específicas, bem como as possibilidades de otimizá-las.

Nenhum livro de teoria pode substituir a experiência prática que envolve a construção com terra. Os dados, as experiências e os exemplos específicos de construção com terra contidos neste volume podem ser utilizados como base para uma multiplicidade de processos de construção e possíveis aplicações por engenheiros, arquitetos, empresários, artesãos e criadores de políticas públicas que queiram construir utilizando um dos materiais de construção mais antigos da humanidade: a terra.

Além disso, a presente edição apresenta as técnicas especializadas que o autor desenvolveu e as experiências práticas da construção do *Planungsbüro für Ökologisches* (o estúdio do autor).

Este volume tem por base a edição em espanhol, *Manual de construcción con Tierra* (BRC Ediciones, 2001). A edição foi revista e atualizada para satisfazer a um público maior. Algumas partes foram melhoradas, incluíram-se outros projetos e ilustrações.

O capítulo 1 é uma introdução sobre a terra como material de construção, descrevendo também seu papel histórico e seu futuro. Em seguida, apresenta um resumo sobre a história da arquitetura com terra. Listam-se ainda todos os significados e características que distinguem a terra dos materiais de construção comuns e os industrializados. A descoberta recente de que a terra pode ser usada para equilibrar a temperatura interior é explicada com detalhes.

No capítulo 2, são apresentados dados sobre o comportamento físico e estrutura do material, a maioria deles só recentemente pesquisados, tendo em conta que diferentes misturas de terra produzem diversos resultados.

Os capítulos 3 e 4 apresentam métodos para se obter um material de construção com verdadeira aplicação a partir de um solo natural, e informam como se pode modificar a mistura. Os capítulos de 5 a 11 descrevem técnicas utilizadas para construir diferentes elementos e componentes construtivos de terra.

O capítulo 12 explica como proteger os componentes de terra das inclemências do tempo. O capítulo 13 ensina como reparar construções de terra. O capítulo 14 lista uma variedade de soluções para construções antissísmicas.

O capítulo 15 mostra uma variedade de aplicações de componentes de terra otimizados e inclui técnicas inovadoras para a construção de abóbadas e cúpulas, problemas de projeto, projetos antissísmicos e aplicações na construção de mobiliário, artefatos sanitários e fornos. O capítulo 16 elenca construções representativas de inúmeros países.

O livro se encerra com alguns comentários sobre o futuro da construção com terra e a bibliografia utilizada.

1. Introdução

1.1 A terra como material de construção

Em quase todos os climas quentes, áridos ou temperados, a terra sempre prevaleceu como material de construção. Mesmo hoje, um terço da população habita em casas de terra. Existem países em que esse número é superior à metade. Isso prova que, nesses países, é impossível cumprir as exigências, e construir casas com materiais industriais de construção, ou seja, tijolo, concreto e ferro, tampouco utilizar técnicas industriais de construção.

Nenhuma região do mundo está dotada com a capacidade de produção ou recursos financeiros necessários para satisfazer a demanda por habitação. Nos países com déficit habitacional, as necessidades de moradia só podem ser atendidas com a utilização de materiais de construção locais e técnicas de autoconstrução. A terra é o material de construção natural mais importante e abundante, que está disponível em grande parte das regiões do mundo. É obtida com frequência diretamente no local de construção, ao serem escavados as fundações e os poços.

Nos países industrializados, a exploração descuidada de recursos e capital, combinada com a produção intensiva de energia, não é apenas desperdício, pois acaba por poluir o meio ambiente e aumenta o desemprego. Nesses países, a terra está voltando a ser usada como material de construção.

Cada vez mais, as pessoas que constroem suas casas procuram edificações eficientes econômica e energeticamente, dando maior valor à saúde e à temperatura interior equilibrada. Estão começando a perceber que a terra, como material de construção natural, é superior aos materiais de construção industriais, como concreto, tijolo e cal arenito.

Foram desenvolvidas, recentemente, novas técnicas de construção com terra para demonstrar o seu valor não só na autoconstrução, mas também na construção em larga escala, envolvendo empreiteiros. Esta obra apresenta dados e bases teóricas relativos a esse material, além de fornecer as orientações necessárias, baseadas em investigação científica e experiência prática.

1.2 Pequena história da construção com terra

As técnicas de construção com terra são conhecidas há mais de 9000 anos. Foram descobertas, no Turquistão, casas que datam do período 6000/8000 a.C. (Pumpelly, 1908). Fundações de taipa de pilão datadas de 5000 a.C foram descobertas na Síria. A terra foi usada como material de construção em todas as culturas antigas, não apenas em casas, mas também em edifícios religiosos, como vemos nas imagens seguintes.

A ilustração 1.2-1 mostra abóbadas em Gourna, Egito, construídas com adobes há mais de 3.000 anos. Na cidadela de Bam, no Irã (il. 1.2-2), existem construções com mais de 2.500 anos; uma cidade fortificada no vale de Draa, no Marrocos, foi construída com terra no século XVIII (ver il. 1.2-3).

A Grande Muralha da China foi construída há mais de 4000 anos, originalmente erguida de taipa de pilão, com uma cobertura, e posteriormente pedras e tijolos criaram a aparência de uma muralha de pedra.

O núcleo da Pirâmide do Sol, em Teotihuacán, no México, foi construído entre os anos 300-900, e é composto por cerca de 2 milhões de toneladas de terra. Há muitos séculos, em zonas de clima seco onde a madeira é escassa, foram desenvolvidas técnicas de construção em que os

1.2-1 Depósitos, Gourna, Egito.

1.2-2 Cidadela de Bam, Irã.

1.2-3 Cidade fortificada Ait ben haddou, próxima ao Vale do Draa, Marrocos.

edifícios foram cobertos com abóbadas de adobe, cúpulas sem formas ou apoio durante a construção. A il. 1.2-6 mostra o "bazar" de Sirdjan, no Irã, coberto com esses tipos de coberturas (cúpulas e abóbodas). Na China, vinte milhões de pessoas vivem em casas subterrâneas ou cavernas que foram escavadas no solo argiloso.

Descobertas provenientes da Idade do Bronze estabeleceram que, na Alemanha, a terra foi usada como reves-

1.2-4 Grande Mesquita, Mopti, Mali, construída em 1935.

1.2-5 Mesquita, Kashan, Irã.

timento em casas com estrutura de madeira ou paredes de vedação feitas a partir de troncos de árvores. Técnicas similares ao pau a pique também foram usadas em muitos países europeus. O exemplo mais antigo de utilização de tijolos de barro (adobes) encontra-se no norte da Europa, em Heuneberg, próximo ao Lago Constança, na Alemanha (il. 1.2-8) e remonta ao século VI a.C. No continente africano, quase todas as mesquitas foram construídas com terra. A il. 1.2-4 apresenta a Grande Mesquita em Mopti, e a il. 1.2-9 apresenta uma do século IX em Nando, ambas no Mali; a ilustração 1.2-5, apresenta uma mesquita em Kashan, no Irã. Sabemos, segundo textos antigos de Plínio, que, na Espanha, existiram fortificações construídas com terra compactada (taipa de pilão), no final de 100 a.C.

No México, na América Central e na América do Sul, encontramos construções de adobe em quase todas as culturas pré-colombianas. A técnica da taipa de pilão também era conhecida em várias regiões. Segundo Weimer (2005), a técnica aplicada no Brasil é de origem norte-africana. A il.1.2-7, mostra um exemplo de construção com taipa de pilão, no estado de São Paulo, Brasil, com pelo menos 250 anos. Muitas igrejas e construções de taipa de pilão, na América Latina e no Brasil, têm mais de 300 anos.

No período medieval (séculos XIII a XVII), a terra foi utilizada em todo o centro da Europa como revestimento de edifícios com estrutura de madeira, bem como para cobrir tetos de palha, tornando-os mais resistentes ao fogo.

Na França, a técnica da taipa de pilão, conhecida como *pisé*, se generalizou a partir dos séculos XV até o XIX. Próximos a Lyon, existem vários edifícios construídos com a técnica com mais de 300 anos, que ainda são habitados. Entre 1790 e 1791, François Cointeraux publicou quatro livretos sobre essa técnica, e que foram traduzidos para o alemão dois anos mais tarde (Cointeraux, 1793). A técnica ficou conhecida em toda a Alemanha e nos países vizinhos através de Cointeraux e de David Gilly, que escreveu o famoso *Handbuch der Lehmbaukunst* (Gilly,1787), que descreve a técnica da taipa de pilão como um método vantajoso de construção.

Na Alemanha, a mais antiga casa habitada com paredes de taipa de pilão data de 1795 (1.2-10). Seu proprietário era o diretor do corpo de bombeiros, que afirmou serem tais casas mais resistentes ao fogo, podendo ser construídas de forma mais econômica com utilização dessa técnica, em oposição às técnicas habituais da época.

O prédio mais alto feito de terra, na Europa, está em Weilburg, Alemanha. Concluído em 1828, ele ainda está de pé (il.1.2-11). Todos os tetos e a estrutura do telhado foram feitos de terra compactada, com 75 cm de espessura

1.2-6 Bazar de Sirdjan, no Irã.

no piso inferior e 40 cm de espessura no piso superior (a força de compressão na parte inferior atinge 7,5 kg/cm²). A ilustração 1.2-12 mostra as fachadas de taipa de pilão de casas em Weilburg, construídas por volta de 1830.

Após a Primeira e a Segunda Guerra Mundial, quando os materiais se tornaram escassos na Alemanha, se construíram milhares de casas e edifícios usando adobes ou taipa de pilão (Günzel, 1986, p. 156). Ver il. 1.2-13.

1.3 O que se deve saber sobre o uso da terra como material de construção

A terra utilizada como material de construção recebe denominações diversas, tais como terra crua, terra sem cozer, entre outras. Cientificamente denominado "solo", a terra é composta por argila, silte, areia e agregados maiores, denominados pedregulhos.

Quando se fala de blocos de terra, eles podem ser identificados como adobes, geralmente moldados com uma mistura plástica de terra, ou blocos de terra comprimida, identificados como BTC, geralmente produzidos por compressão da mistura úmida de terra em prensas. Blocos de terra produzidos por extrusão em olarias industriais são denominados tijolos crus. A terra em estado plástico pode ser chamada de barro.

A terra tem três desvantagens para a construção, quando comparada com materiais industrializados.

1. A terra não é um material de construção padronizado

Dependendo do local onde a terra é escavada, será composta por diferentes quantidades e tipos de argila, silte, areia e agregados. Por conseguinte, suas características podem diferir de um local para outro, e a preparação da mistura correta para uma aplicação específica também pode ser diferente. É preciso saber a composição específica da terra para poder avaliar suas características e alterá-las, quando for preciso, pela aplicação de aditivos, caso seja necessário.

2. A terra se contrai quando seca

Para preparar massas com terra, é necessário adicionar água, pois a umidade é exigida para ativar a força de ligação da argila, tornando a massa possível de ser trabalhada. Devido à evaporação da água utilizada para preparar a mistura, poderão ocorrer fissuras. A relação do encolhimento linear é normalmente entre 3% e 12% em técnicas que utilizam a terra em estado plástico (tais como argamassas de terra e adobe), e entre 0,4% e 2% com misturas secas (utilizadas para taipa de pilão ou blocos de terra comprimida). A retração pode diminuir com a redução da quantidade de água e argila, otimizando-se a composição granulométrica, ou mediante o emprego de aditivos (ver parte 4.2).

3. A terra não é impermeável

A terra deve ser protegida da chuva e da geada, especialmente quando estiver ainda úmida. Paredes de terra podem ser protegidas por beirais no telhado, barreiras impermeabilizantes, revestimentos de superfície adequados etc. (ver partes 4.3 e 12).

1.2-7 Casa de campo de taipa de pilão, São Paulo, Brasil.

Por outro lado, a terra tem muitas vantagens em comparação com os materiais de construção industrializados.

1. A terra regula a umidade do ambiente

A terra é capaz de absorver e liberar a umidade mais rápido e numa maior extensão do que qualquer outro material de construção, o que lhe permite equilibrar a umidade interior.

As experiências realizadas no Laboratório de Construções Experimentais (LCE) – *Forschungslabor für Experimentelles Bauen* da Universidade de Kassel, Alemanha, demonstraram que, quando a umidade relativa em uma sala for entre 50% e 80%, adobes foram capazes de absorver 30 vezes mais umidade, num período de um ou dois dias, do que tijolos cozidos.

Mesmo quando dispostos numa câmara climática a 95% de umidade durante seis meses, os adobes não se umidificaram nem perderam sua estabilidade.

Experiências realizadas em uma casa recém-construída na Alemanha, ao longo de oito anos, cujas paredes interiores e exteriores foram erguidas com barro, demonstraram que a umidade relativa do ar, nesta construção, rondou constantemente 50% durante todo o ano. Ela só oscilou entre 5 e 10%, produzindo-se, assim, uma condição de vida saudável.

2. A terra armazena calor

Como todos os materiais densos, a terra armazena o calor. Em zonas climáticas onde as diferenças de temperatura são amplas, tornando-se necessário armazenar o calor solar por meios passivos, a terra é capaz de equilibrar o clima interior de um ambiente.

3. A terra ajuda a poupar energia e diminui a poluição ambiental

A terra praticamente não produz poluição ambiental em relação a outros materiais de construção. A preparação, o transporte e o manuseio de terra numa obra requer apenas 1% da energia necessária para a produção e o transporte de blocos cerâmicos ou concreto armado.

4. A terra é reutilizável

A terra pode ser reciclada inúmeras vezes durante um período extremamente longo, desde que não seja estabilizada com cimento. A terra seca pode ser reutilizada após imersão em água e, por isso, nunca se torna um material residual que prejudica o meio ambiente.

5. A terra economiza material e os custos de transporte

O solo argiloso é frequentemente encontrado no local de uma obra, de maneira que o solo escavado para as funda-

1.2-8 Reconstrução de uma parede de adobe do século VI a.C., Heunerburg, Alemanha.

1.2-9 Mesquita de Nando, século XII, Mali.

ções pode ser utilizado em seguida para a construção. Se não contiver argila suficiente, deve ser acrescentada; se contiver muita argila, mais areia deverá ser acrescentada, modificando-se, assim, sua composição. Em comparação com outros materiais de construção, podem-se diminuir os custos ao se utilizar o solo escavado. Mesmo que seja transportado de outros lugares, continuará a ser mais econômico do que os materiais industrializados.

6. A terra é ideal para autoconstrução

Desde que o processo de construção seja supervisionado por uma pessoa com experiência, as técnicas de construção com terra podem ser geralmente executadas por não profissionais. Como os processos envolvidos são de trabalho intensivo e requerem apenas ferramentas e máquinas acessíveis, são ideais para a autoconstrução.

7. A terra preserva a madeira e outros materiais orgânicos

Devido ao baixo teor de umidade em paredes construídas com terra, de 0,4 a 6% de seu peso, e sua elevada capilaridade, a terra conserva os elementos da madeira que permanecem em contato, mantendo-os secos. Os fungos e os insetos não danificarão essa madeira, já que os insetos precisam de um mínimo de 14% a 18% de umidade para manter a vida, e os fungos mais do que 20% (Möhler 1978, p. 18).

Da mesma maneira, a terra consegue preservar pequenas quantidades de palha quando são misturadas na sua massa. No entanto, caso se utilize uma terra com palha leve, resultando em uma densidade menor do que 500 a

Esquerda:
1.2-10 Casa de taipa de pilão, Meldorf Alemanha, 1795.
1.2-11 Edifício de taipa de pilão, Weilburg, Alemanha, 1828.
Direita:
1.2-12 Prédio de taipa de pilão, Weilburg, Alemanha, 1830.
1.2-13 Condomínio Lübeck-Schlutup, Alemanha.

600 kg/m³, então a terra poderá perder sua capacidade de conservação. Em tais casos, a palha pode apodrecer quando permanecer úmida por longos períodos (ver parte 10.3).

8. A terra absorve poluentes

Sabe-se que as paredes feitas de terra ajudam a limpar o ar interior poluído, mas isso ainda precisa ser comprovado cientificamente. É um fato que paredes de terra absorvem poluentes dissolvidos em água. Por exemplo, uma instalação de demonstração que existe em Ruhleben, Berlim, usa solo argiloso para remover fosfatos de 600 m³ de esgoto diariamente. Os fosfatos são extraídos pelos minerais da argila. A vantagem desse procedimento é que, quando substâncias estranhas permanecem na água, os fosfatos são transformados em fosfatos de cálcio para reutilização como um fertilizante.

1.4 Melhorando a temperatura ambiente

1.4.1 Generalidades

Em cidades com climas frios e temperados, as pessoas despendem, em geral, cerca de 90% de seu tempo em ambientes e espaços fechados. Dessa maneira, o clima interior é um fator crucial para o bem-estar. O seu conforto depende da temperatura do espaço interior, da temperatura do espaço circundante, do movimento do ar interior, da umidade do ar e da contaminação do ar.

Se a temperatura ambiente é muito alta ou baixa, os habitantes hão de perceber, mas os impactos negativos dos níveis da temperatura excessivamente elevada ou da umidade reduzida não são do conhecimento comum. A umidade presente nos espaços tem um impacto significativo sobre a saúde de seus habitantes. A terra tem a capacidade de manter o equilíbrio interno e a umidade como nenhum outro material de construção. Tal fato foi investigado recentemente, e é descrito mais adiante nesta seção.

1.4.2 A umidade do ar e a saúde

Pesquisas realizadas por Grandjean (1972) e Becker (1986) demonstraram que a exposição por um longo período a um nível de umidade relativa inferior a 40% pode secar as mucosas, e isso diminui a resistência aos resfriados e às doenças relacionadas. Tal efeito ocorre porque a membrana mucosa do tecido epitelial, no interior da traqueia, absorve poeira, bactérias, vírus, etc, e retorna para a boca pelo movimento oncular do tecido epitelial. Se esse sistema de absorção e transporte é perturbado por se tornar seco, corpos estranhos podem chegar aos pulmões e causar problemas de saúde (ver il. 1.4-1).

A umidade relativa oscilando entre 50 e 70% têm consequências positivas: minimiza o conteúdo de poeira fina do ar, ativa os mecanismos de proteção da pele contra micróbios, reduz a presença de muitas bactérias e vírus, e diminui o odor e a estática nas superfícies dos objetos num quarto.

A umidade relativa que supera 70% é considerada desagradável, provavelmente devido à redução da ingestão de oxigênio pelo sangue em ambiente quente-úmido. As dores reumáticas aumentam com o ar úmido e frio. A formação de fungos aumenta significativamente em

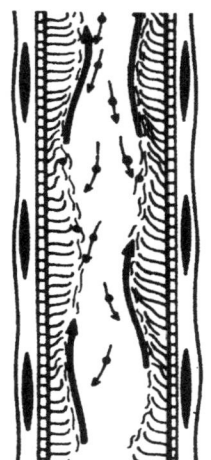
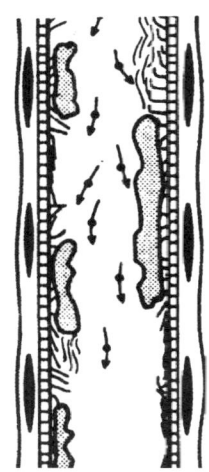

1.4-1 Corte de uma traqueia com a mucosa do epitélio normal (esq.) e uma ressecada (dir.).

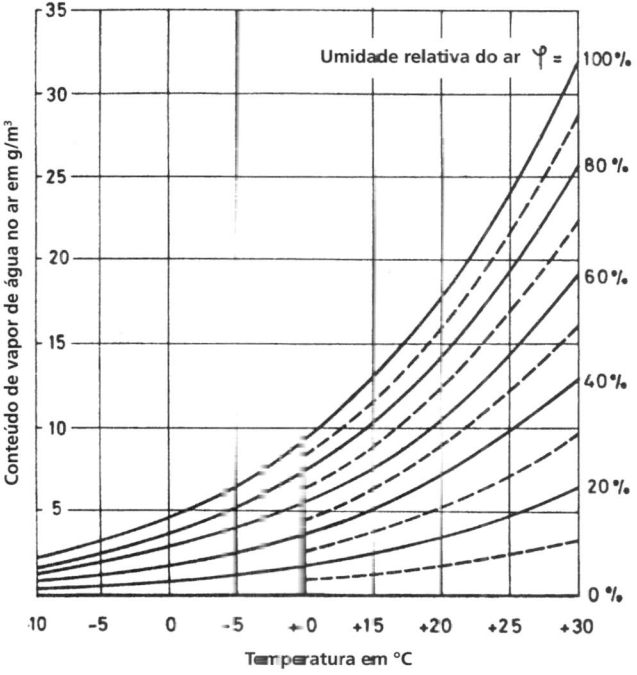

1.4-2 Diagrama de Carrier: conteúdo de água no ar em relação à temperatura.

salas fechadas, quando a umidade sobe acima de 70%. Os esporos de fungos em grandes quantidades podem causar vários tipos de dor e alergias. A partir dessas considerações, conclui-se que o teor de umidade numa sala deve ser, no mínimo, de 40%, mas não mais do que 70%.

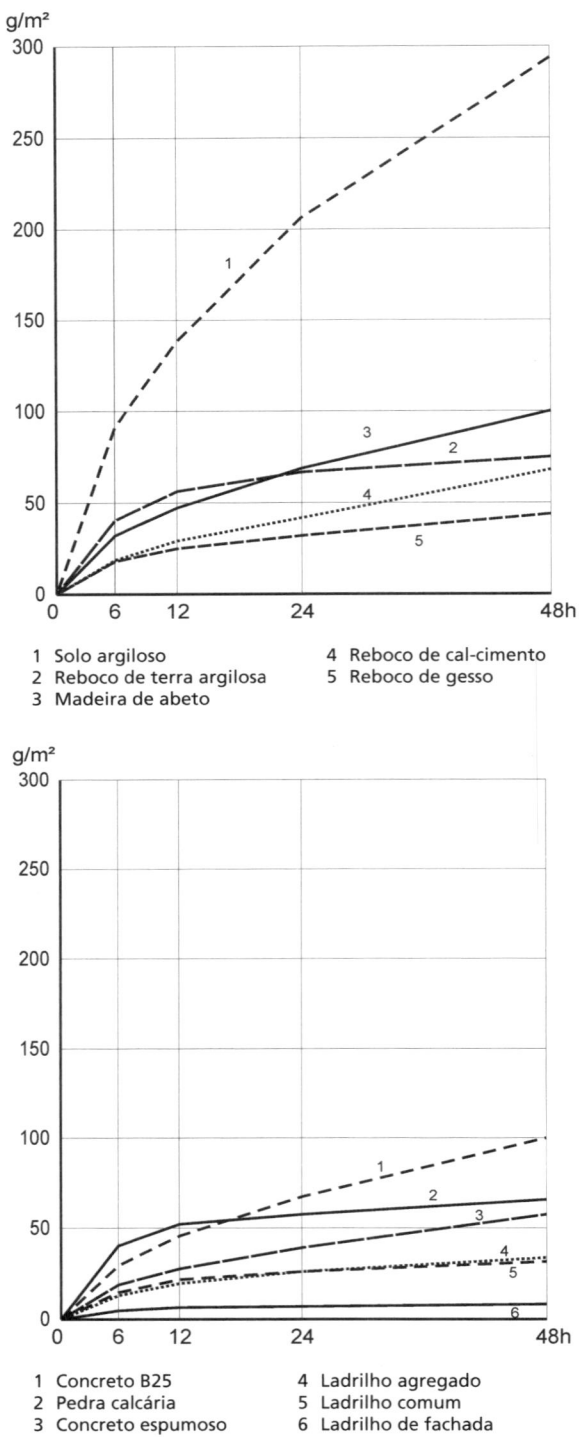

1.4-3 Curvas de absorção de umidade em relação ao tempo, com amostras de diferentes materiais de 1,5 cm de espessura, numa temperatura de 21°C e aumento súbito de umidade do ambiente de 50 a 80%.

1.4.3 Influência do intercâmbio do ar na umidade do ambiente

Em climas temperados e frios, quando a temperatura exterior é muito inferior em relação à interior, o intercâmbio de ar fresco pode tornar o ar interior mais seco, gerando efeitos negativos sobre a saúde. Por exemplo, se o ar exterior apresentar uma temperatura de 0°C e 60% de umidade relativa, ao entrar em uma sala aquecida a 20°C, a umidade relativa do ar diminui para menos de 20%. Mesmo que o ar exterior (temperatura de 0°C) tenha 100% de umidade, ao entrar em um ambiente aquecido com até 20°C, a umidade relativa do ar pode cair para menos do que 30%. Em ambos os casos, torna-se necessário aumentar a umidade o mais rapidamente possível, para se atingirem condições mais saudáveis e confortáveis. Isso pode ser feito através da regulação da umidade que é liberada pelas paredes, tetos, pisos e móveis construídos com terra (ver fig. 1.4-2).

1.4.4 O efeito da terra sobre o equilíbrio da umidade

Os materiais porosos têm a capacidade de absorver e liberar a umidade do ar ambiente, e assim alcançar o equilíbrio da umidade no interior. O teor de umidade do material depende da temperatura e da umidade do ambiente (ver parte 2.4.3 e il. 2.4-3).

A eficácia desse processo de balanceamento de umidade também depende da velocidade de absorção e liberação. Experiências realizadas no Laboratório de Construções Experimentais (LCE), por exemplo, demonstraram que a primeira camada de 1,5 cm de espessura de parede de adobe é capaz de absorver cerca de 300 g de água por m² de superfície da parede em 48 horas, se a umidade do ar ambiente for, por exemplo, aumentada de 50 para 80%. No entanto, o silicato de cálcio ou a madeira de pinho com as mesmas espessuras absorvem cerca de 100 g/m²; a parede de gesso absorve entre 26 e 76 g/m², e o bloco cerâmico absorve de 6 a 30 g/m² no mesmo período (ver fig. 1.4-3). As curvas de absorção de de umidade em paredes de 11,5 cm de espessura, sem reboco, com diferentes materiais e com mais de 16 dias, são exibidos na figura 1.4-4.

Os resultados mostram que tijolos de barro (adobes) absorvem 50 vezes mais umidade do que blocos cerâmicos maciços cozidos em altas temperaturas. As taxas de absorção em amostras de 1,5 cm de espessura, com o aumento súbito da umidade de 30% para 70%, são mostrados em 1.4-5. A influência da espessura de um solo argiloso sobre as taxas de absorção é mostrada em 1.4-6. Podemos ver aqui que, quando a umidade é elevada subitamente de 50% para 80%, apenas 2 cm exteriores absorvem a umidade nas primeiras 24 horas, e que, nos primeiros 4 dias, só a camada exterior de 4 cm está ativa. Revestimentos com cal, tintas vedantes ou cola são capazes de reduzir um pouco essa absorção. Se considerarmos revestimentos de látex ou óleo de linhaça em cômodos internos, eles podem reduzir as taxas de absorção entre 38% e 50% respectivamente, como pode ser visto em 1.4-7.

Em uma sala com dimensões de 3x4 m, pé direito de 3 m, e uma área de parede de 30 m² (após serem subtraídos os vãos das portas e janelas), foi medido um índice de 50% a 80% de umidade do ar interior. As paredes de adobe sem reboco levam 48 horas para absorver cerca de 9 litros de água (se a umidade for reduzida de 80 para 50%, a mesma quantidade seria liberada).

As mesmas paredes, se construídas com blocos cerâmicos maciços, iriam absorver apenas 0,9 litros de água no mesmo período, o que significa que são inapropriados para o equilíbrio da umidade nos recintos.

Medidas analisadas durante um período de cinco anos, em vários cômodos de uma casa construída na Alemanha, em 1985, cuja totalidade das paredes interiores e exteriores foram construídas com terra, mostraram que a umidade relativa se manteve praticamente constante ao

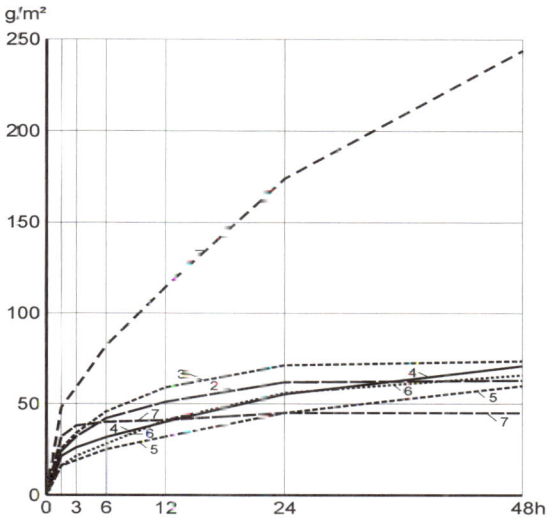

1 Madeira de abeto
2 Madeira com fibras de coco
3 Solo argiloso
4 Reboco de terra argilosa
5 Reboco de terra argilosa com fibra de coco
6 Reboco de cal-cimento
7 Reboco de gesso

1.4-5 Curvas de absorção de umidade de amostras de 1,5 cm de espessura, com um lado exposto a uma temperatura de 21°C, sofrendo um aumento súbito da umidade do ambiente de 30% a 70%.

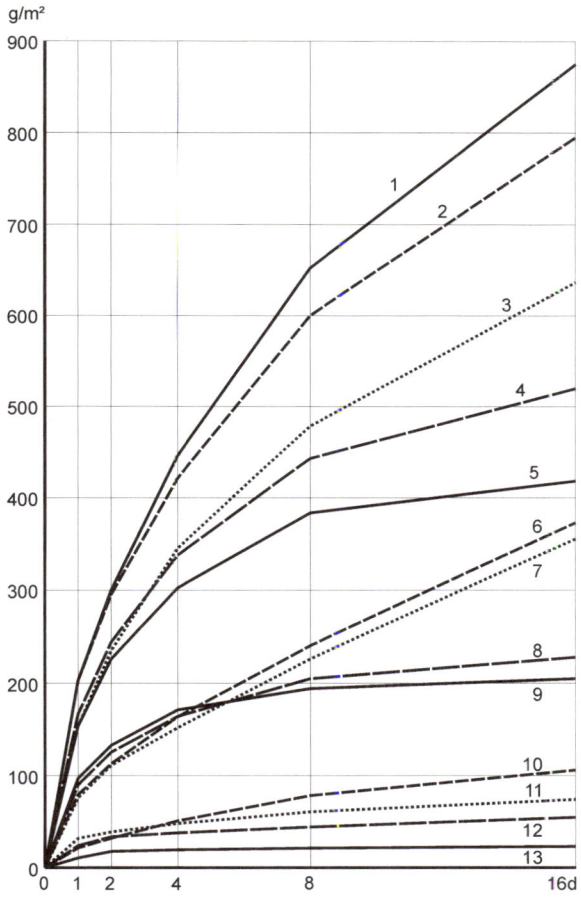

1 Solo siltoso 1800 kg/m³
2 Solo argiloso 1900 kg/m²
3 Solo com palha 1400 kg/m³
4 Solo agregado com palha 700 kg/m³
5 Solo agregado com palha 550 kg/m³
6 Abeto 450 kg/m³
7 Concreto espumoso 400 kg/m³
8 Solo agregado com argila expandida 750 kg/m³
9 Tijolo oco 1500 kg/m³
10 Tijolo agregado 800 kg/m³
11 Tijolo comum 1800 kg/m³
12 Pedra calcária 2200 kg/m³
13 Concreto B15 2200 kg/m³

1.4-4 Curvas de absorção de uma parede interior de 11,5 cm de espessura com ambos os lados expostos a uma temperatura de 21°C, sofrendo um aumento súbito da umidade do ar de 50% a 80%.

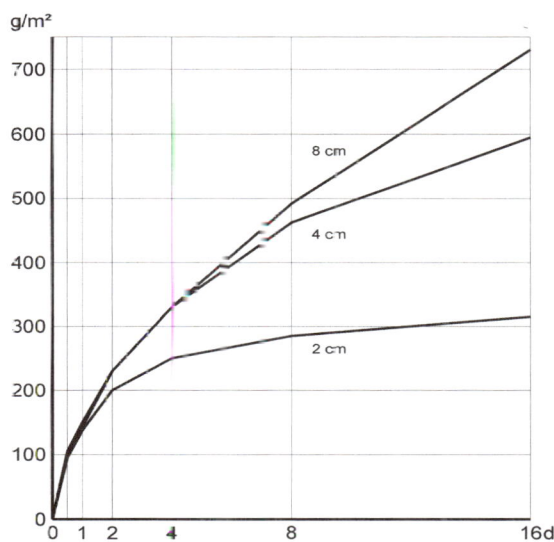

1.4-6 Influência da espessura das camadas de terra em relação à absorção da umidade, a uma temperatura de 21°C, sofrendo um aumento súbito da umidade do ambiente de 50% a 80%.

longo dos anos, variando de 45 a 55%. O proprietário da casa queria maior umidade nos quartos, níveis de 50% a 60%. Foi possível manter esse nível mais elevado (o que é saudável para as pessoas que tendem a contrair resfriados), utilizando a umidade do banheiro para liberá-la no quarto adjacente. Se a umidade do quarto diminuir, abre-se a porta do banheiro após o banho, reintroduzindo a umidade nas paredes do recinto.

1.5 Prejuízos da terra como material de construção

Os prejuízos da terra são contraditórios e geralmente relacionados com a falta de cultura. Para muitas pessoas, é difícil conceber que um material natural como a terra não precise ser processado e que, em muitos casos, a escavação da fundação ofereça material que pode ser usado diretamente para construir.

A seguinte reação é característica de um pedreiro que irá construir uma parede de adobe: "Isto é como na Idade Média!", "Agora temos que sujar as mãos!". O mesmo pedreiro observa placidamente suas mãos ao acabar de trabalhar com adobes durante uma semana, dizendo: "Já viu alguma vez mãos de pedreiro tão suaves e sem feridas? Trabalhar com adobe é melhor porque não machuca as mãos".

A afirmação de que vermes ou insetos podem se propagar em paredes de terra é infundada, quando tais paredes são maciças. Os insetos só podem sobreviver se houver partes ocas em paredes de pau a pique ou adobe.

Na América do Sul, existe a incidência da doença de Chagas, transmitida pelo inseto popularmente conhecido por barbeiro. Eles preferem viver nas juntas das coberturas feitas de esteiras ou canas de bambu, mas também podem se abrigar nas juntas e fissuras das estruturas das paredes feitas de pau a pique. Com a retração natural da argila, a massa que preenche o pau a pique acaba criando frestas. Isso pode ser minimizado com a aplicação de rebocos à base de terra, não permitindo que insetos fiquem nas paredes. Nesse sentido, o problema não está nas paredes de terra em si, mas nas eventuais frestas das paredes, independentemente de qual seja o material utilizado.

Pontos ocos podem ser evitados construindo-se paredes de terra compactada (taipa de pilão) ou adobes com juntas totalmente cheias. Se a terra contiver demasiado aditivo orgânico, como o caso da argila com palha, contendo uma densidade menor de 600 kg/cm^3, insetos poderão se alojar em sua massa.

O fato de que as paredes de terra são mais difíceis para limpar (especialmente em cozinhas e banheiros), pode ser resolvido se forem pintados com caseína, cal, óleo de linhaça ou outras tintas que não sejam abrasivas. Banheiros com paredes de solo são mais higiênicos que aqueles revestidos com azulejos, porque as paredes de terra absorvem rapidamente a umidade e inibem o crescimento de fungos, como se explica na parte 15.9.

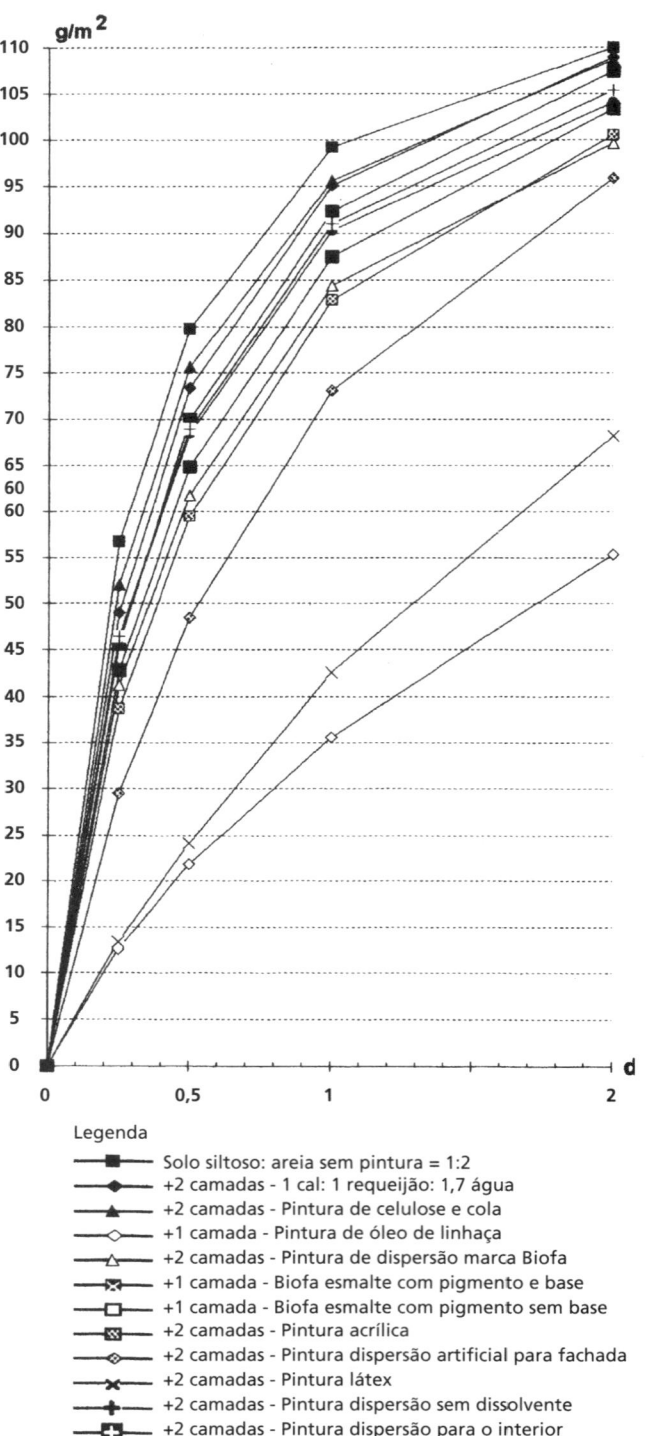

1.4-7 Influência de diferentes pinturas (100 ± 10mm de espessura) em relação à absorção, aplicadas sobre rebocos de 1,5 cm de espessura, depois de um aumento súbito da umidade do ambiente de 50 a 60%, a uma temperatura de 21°C.

2. As propriedades da terra como material de construção

2.1 Composição

2.1.1 Generalidades

A terra é um produto da erosão de rochas da crosta terrestre. Essa erosão ocorre principalmente através da moagem mecânica de rochas, como consequência do movimento das geleiras, da água e do vento, por meio da expansão e contração térmica das rochas, ou através da expansão do congelamento da água nas fendas de uma rocha. Além disso, a presença dos ácidos orgânicos prevalecentes em plantas e as reações químicas produzidas pela água e pelo oxigênio também provocam a erosão das rochas.

A composição e as propriedades da terra variam, dependendo das condições locais onde se encontra. Por exemplo, os solos de montanha, com alto teor de pedregulho, são os mais adequados para a taipa (desde que contenham argila suficiente), enquanto a terra das margens dos rios tem mais silte em sua composição, logo, é menos resistentes à inclemência do tempo e mais fraca na compressão. A terra é uma mistura de argila, silte e areia, e às vezes contém outros componentes, como pedregulho e pedras. A engenharia define as suas partículas de acordo com o diâmetro: partículas com diâmetros menores do que 0,002 milímetros são denominadas argila; entre 0,002 e 0,06 milímetros são chamados de silte, e entre 0,06 e 2 mm são designados de areia. As partículas de diâmetro maior são denominadas cascalhos, pedregulhos ou pedras. Tal como o cimento no concreto, a argila funciona como agente de ligação entre as partículas maiores na mistura. O silte, a areia e agregados constituem os agentes de enchimento no solo. Dependendo de qual dos três componentes é dominante, podemos designar o solo como argiloso, limoso ou arenoso.

2.1.2 Argila

A argila é um produto da erosão do feldspato e outros minerais. O feldspato contém óxido de alumínio, um óxido de metal e dióxido de silício. Um dos tipos mais comuns de feldspato tem a fórmula química $Al_2O_3 \cdot K_2O \cdot 6SiO_2$. Se, durante a erosão, os componentes de potássio se dissolvem, então uma argila denominada caulinita é formada, cuja fórmula é $Al_2O_3 \cdot 2SiO_2 \cdot 2H_2O$. Outro mineral comum na argila é o montmorilonita, cuja fórmula é: $Al_2O_3 \cdot 4SiO_2$. Existe ainda uma variedade de argilas com minerais menos comuns como o ilite, que não se encontra comumente. A estrutura desses minerais pode ser vista na figura 2.1-2.

Podemos encontrar também, na argila, minerais com outros compostos químicos, particularmente o óxido de ferro hidratado ($Fe_2O_3 \cdot H_2O$) e outros compostos de ferro, dando-lhe uma característica cor amarela ou vermelha. Os compostos de manganês produzem uma cor marrom; cal e compostos de magnésio produzem a cor branca, enquanto substâncias orgânicas produzem um tom marrom escuro ou negro.

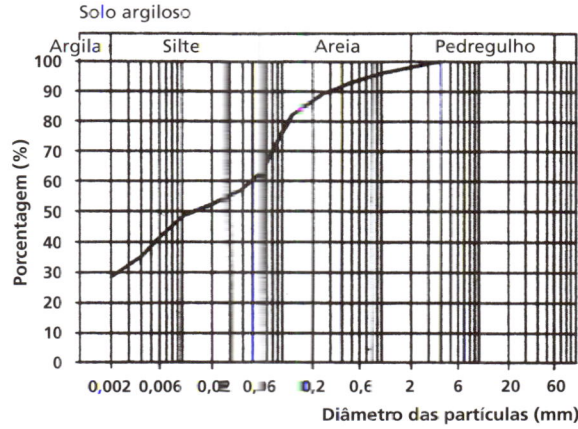

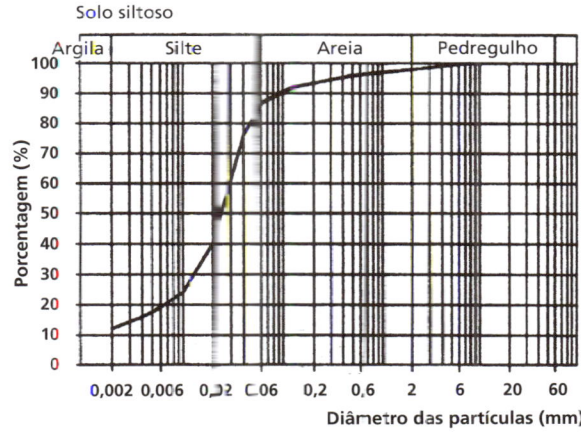

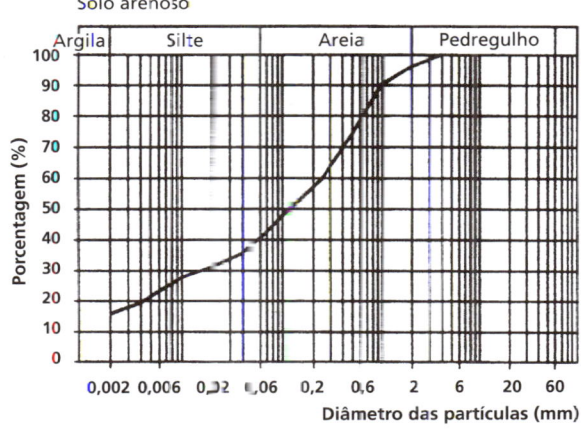

2.1-1 Curvas granulométricas de amostras de solos.

Os minerais presentes na argila têm uma estrutura hexagonal cristalina laminar. Tais lâminas consistem em diferentes camadas que se formam geralmente em torno do núcleo do silício ou do alumínio. No caso do silício, estão rodeados de átomos de oxigênio; no caso do alumínio, por grupos de hidróxidos (OH). As camadas de óxido de silício têm uma carga negativa mais forte, o que lhes confere uma elevada força vinculativa interlaminar (ver il. 2.1-3). A caulinita é constituída por duas lâminas e possui uma capacidade aglutinante baixa, porque cada camada de hidróxido de alumínio está conectada a uma camada de óxido de silício; enquanto que o montmorilonita é constituído por três lâminas, uma camada de hidróxido de alumínio sempre entre duas camadas de óxido de silício, criando, assim, uma alta capacidade aglutinante.

A maioria dos minerais da argila possuem cátions intercambiáveis. A capacidade aglutinante e a resistência à compressão da terra dependem do tipo e da quantidade de cátions.

2.1.3 Silte, areia e pedregulho

As propriedades do silte, da areia e do pedregulho são totalmente diferentes da argila. São solos agregados, sem força aglutinante, e formados a partir de pedras erodidas. Podem ter cantos agudos ou ou cantos arredondados formados pela água em circulação.

2.1.4 Distribuição granulométrica

O solo é caracterizado por seus componentes: argila, silte, areia e pedregulho. A proporção dos componentes está representada num gráfico como o que mostramos na figura 2.1-1. O eixo vertical representa a porcentagem por peso do total de cada grão, que, por sua vez, é representada graficamente em relação ao eixo horizontal usando-se uma escala logarítmica. A figura representa cumulativamente cada tamanho de grão, incluindo todos os componentes finos.

A primeira figura caracteriza um solo rico, com 28% de argila, 35% de silte, 33% de areia e 4% de pedregulho. A do centro mostra a média de argila rica sedimentada com 76% de silte, e a última representa um solo arenoso contendo 56% de areia.

Outro método para descrever graficamente a terra com partículas não maiores do que 2 mm se pode ver na figura 2.1-4. Aqui a porcentagem de argila, silte e areia pode ser representada em três eixos como um triângulo. Por exemplo, o solo marcado SIll nesse gráfico é composto de 22% de argila, 48% de silte e 30% de areia.

2.1.5 Elementos orgânicos

A terra quando escavada a uma profundidade menor do que 40 centímetros, geralmente contém matéria vegetal e húmus (o produto da decomposição das plantas), que é composto por partículas coloidais ácidas (valor de pH inferior a 6). A terra, como material de construção, deve estar livre de húmus e matéria vegetal. Em algumas condições, fibras vegetais como a palha podem ser adicionadas, desde que estejam secas para não haver perigo de deterioração posterior (ver parte 10.3).

2.1.6 Água

A água ativa as forças de ligação na terra. Existem três diferentes tipos de água no solo: água de cristalização (água estrutural), água absorvida e água de capilaridade (água intersticial). A água de cristalização está quimicamente ligada e só se distingue se a amostra de solo for aquecida em temperaturas entre 400° e 900°C. A água absorvida está eletricamente ligada aos minerais da argila.

A água de capilaridade é a água que penetra os poros do material através da ação capilar. A água absorvida e a água de capilaridade são liberadas quando a mistura é aquecida a 105°C. Se a argila seca for molhada, a estrutura se expande já que a água desliza entre as estruturas laminares, e em torno das lamelas irá se formar uma fina película de água. Se essa água se evaporar, a distância interlaminar será reduzida, e as lâminas se acomodarão num padrão paralelo, devido às forças de atração elétricas. A argila adquire, assim, uma força aglutinante (ver parte 2.6.1), se em um estado plástico, e de compressão e resistência à tração após a secagem.

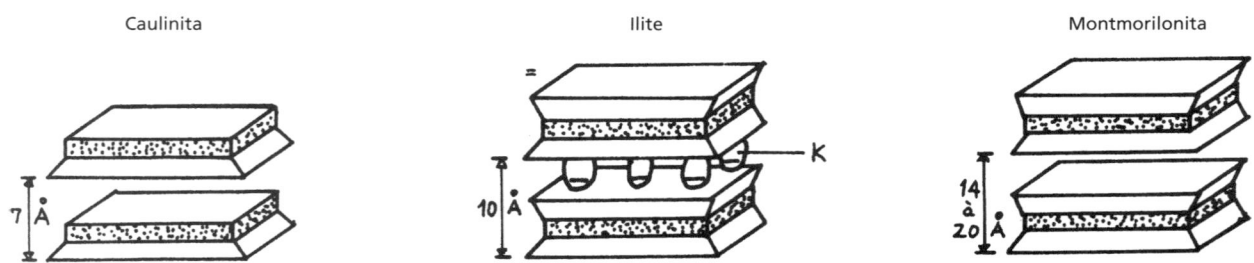

2.1-2 Estrutura dos três minerais argilosos mais comuns e a distância intralaminar (segundo Houben, Guillaud, 1984).

2.1.7 Porosidade

O grau de porosidade é definido pelo volume total de poros dentro do solo. Mais importante do que o volume dos poros são as dimensões dos poros. Quanto maior for a porosidade, maior será a difusão de vapor e a resistência à geada.

2.1.8 Superfície específica

A superfície específica de um solo é a soma de todas as superfícies das suas partículas. A areia grossa tem uma superfície com cerca de 23 cm²/g; o silte 450 cm²/g e a argila, de 10 m²/g (Caulinita) a 1000 m²/g (Montmorilonita). Quanto maior for a superfície específica da terra, maiores serão as forças internas de adesão que resultam importantes na capacidade aglutinante e na resistência à compressão e à tensão.

2.1.9 Densidade

A densidade do solo é definida pelo quociente de massa seca por volume (incluindo a porosidade). A terra recentemente escavada tem uma densidade de 1200 a 1500 kg/m³. Se essa terra for compactada, como em obras que utilizam a técnica da taipa de pilão, ou em blocos de terra comprimida, a sua densidade varia entre 1700-2200 kg/m³ (ou mais, se contiver quantidades consideráveis de pedregulho ou agregados maiores).

2.1.10 Compactabilidade

A compactabilidade é a capacidade de a terra ser compactada por pressão estática ou dinâmica, de maneira que o seu volume seja reduzido. Para atingir a compactação máxima, a terra deve ter um teor de água específico, o "conteúdo ótimo de água", assim designado quando as partículas podem ser levadas a uma configuração mais densa. Isso pode ser medido pelo teste de Proctor (ver parte 4.5.4).

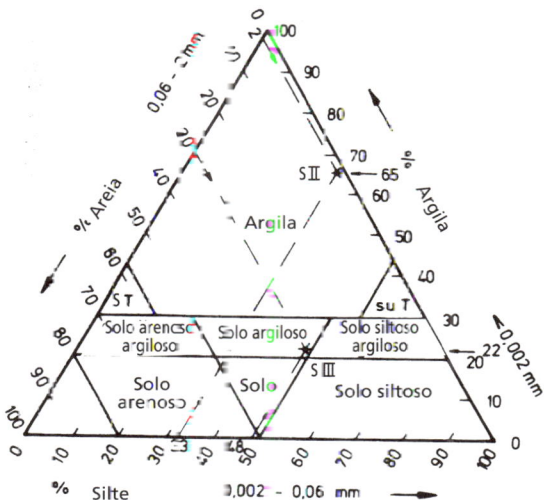

2.1-4 Distribuição granulométrica expressa num diagrama trilinear (segundo Voth, 1978).

2.2 Ensaios e testes utilizados para analisar a composição da terra

2.2.1 Generalidades

Para determinar a adequação da terra para uma aplicação específica, é necessário conhecer a sua composição. A seção seguinte descreve ensaios laboratoriais normalizados e testes de campo simples que foram utilizados para analisar a composição da terra.

2.2.2 Análise combinada por peneiramento e sedimentação

É relativamente simples distinguir a proporção de partículas grossas (areia, pedregulho e pedras) por peneiramento. No entanto, a proporção de partículas finas (silte e argila) é verificada por sedimentação. Os procedimentos dos ensaios de peneiramento e sedimentação são estabelecidos na NBR 718 e na norma alemã DIN 18123.

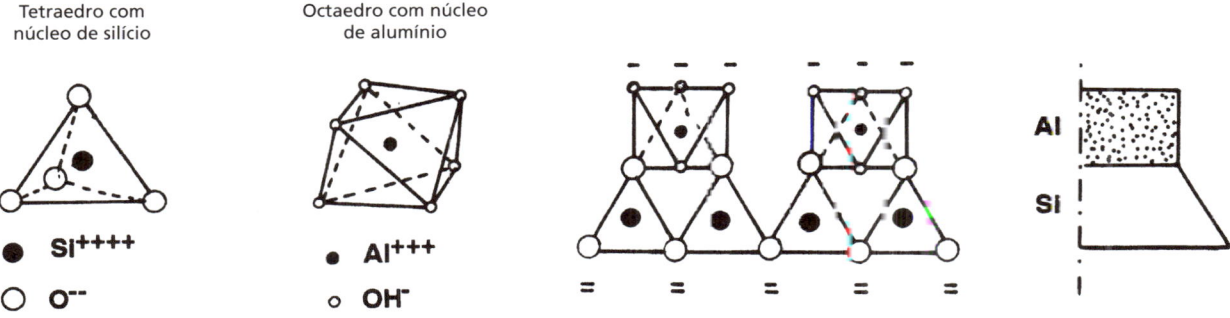

2.1-3 Estrutura laminar dos minerais comuns de argila (segundo Houben, Guillaud, 1984).

2.2.3 O conteúdo da água

A quantidade de água na amostra de solo pode ser facilmente determinada por pesagem da amostra e com o posterior aquecimento em um forno a 105°C. Se o peso se mantiver constante, a mistura estará seca; caso não se mantenha, a diferença entre os dois pesos indicará o peso da água que não pôde se agregar quimicamente. Esse conteúdo de água é indicado como uma porcentagem do peso da mistura.

2.2.4 Testes de campo

Os seguintes testes não são muito exatos, mas podem ser realizados no local com relativa rapidez, e geralmente são o suficiente para se estimar a composição da terra e verificar se a mistura é aceitável para uma aplicação específica.

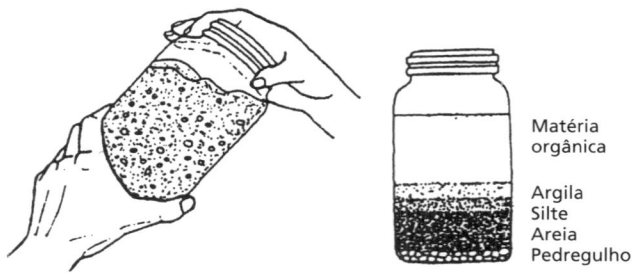

2.2-1 Teste de sedimentação (CRATerre, 1979).

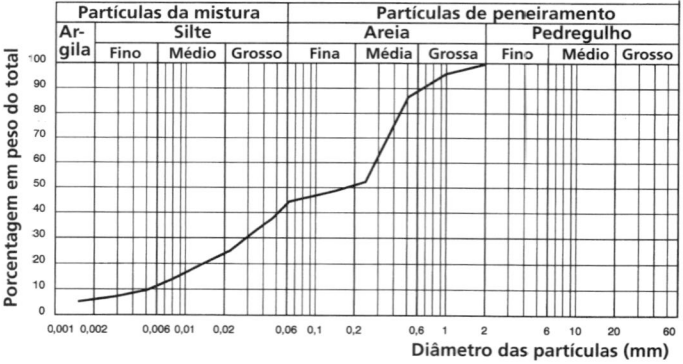

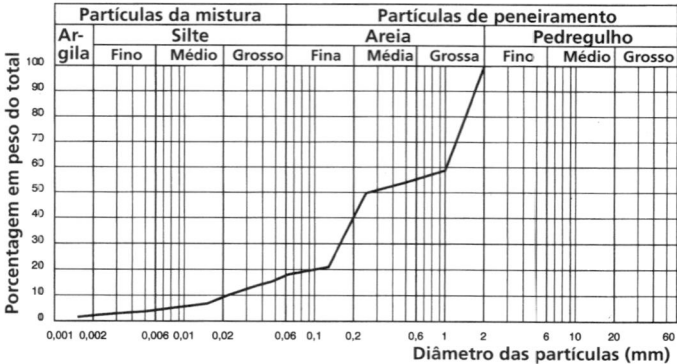

2.2-2 Distribuição granulométrica de amostras de solo.

Teste de cheiro

A terra pura é inodora, no entanto adquire um cheiro de mofo se contiver húmus ou matéria orgânica em decomposição.

Teste da mordidela

Mordiscar levemente um pouco de terra. A terra arenosa produz uma sensação mais desagradável. A terra argilosa produz uma sensação pegajosa, suave, lisa e farinhenta.

Teste de lavagem

A amostra de solo úmido deve ser friccionada entre as mãos. Se os grãos podem ser percebidos distintamente, isso indica que o solo é arenoso ou de pedregulho. Se a amostra for pegajosa, e quando seca pode-se esfregar as mãos para limpar, isso indica que é um solo siltoso. Se a amostra for pegajosa, de modo que será necessária água para limpar as mãos, isso indica que é um solo argiloso. O resultado se mostra na curva da tabela 2.1-1.

Teste de corte

Formar uma bola com um pouco de terra úmida e cortar com uma faca. Se a superfície de corte for brilhante, isso significa que a mistura tem alto teor de argila; se for opaca, indica alta quantidade de silte.

Teste de sedimentação

Misturar uma quantidade de terra num frasco de vidro. As partículas maiores vão se depositar no fundo, as mais finas, em cima. A estratificação permite mensurar a proporção dos componentes. É um erro afirmar que a altura de cada camada corresponde à proporção de argila, silte, areia e pedregulho, como é proposto por muitos autores (por exemplo, CRATerre, 1979, p. 180; Organização Internacional do Trabalho, 1987, p. 30; Houben, Guillaud, 1984, p. 49; Stulz, Mukerji, 1988, p. 20; Nações Unidas Centro para Assentamentos Humanos, 1992, p. 7) (ver fig. 2.2-1). Pesquisas no Laboratório de Construções Experimentais (LCE) da Universidade de Kassel revelaram que a margem de erro podia ser tão grande quanto 1700%, como se vê na figura 2.2.3 e na tabela 2.1. Na verdade, só se podem

Tabela 2.1 Distribuição granulométrica das amostras segundo teste de sedimentação.

Amostra de solo	Fração	Análise ótica		Distribuição real
		% (vol.)	% (massa)	% (massa)
K1	Argila	45	14	6
	Silte	18	26	38
	Areia	37	60	56
K2	Argila	36	17	2
	Silte	24	19	16
	Areia	40	64	82

2.2-3 Teste de sedimentação.

distinguir estratos sucessivos em mudanças bruscas de granulometria, e estes não podem coincidir com os limites reais definidos entre argila e silte, e entre silte e areia (ver fig. 2.2-2).

Teste soltando a bola

A mistura a ser usada no teste tem de estar o mais seca possível e suficientemente úmida, de maneira a se formar uma esfera de 4 cm de diâmetro. Quando a bola cair de uma altura de 1,5 m sobre uma superfície plana, vários resultados podem ocorrer, como se pode ver em 2.2-4.

Se a bola se achatar um pouco e mostrar poucas ou nenhuma rachadura, como na figura da esquerda, ela apresenta uma elevada capacidade aglutinante devido ao alto teor de argila. Nesse caso, deve-se adicionar e diluir areia à mistura.

Se o teste mostrar um baixo teor de argila (imagem da direita), a sua força de ligação é então insuficiente, e não pode ser utilizada como um material de construção. No caso da terceira amostra, a partir da esquerda, a mistura tem uma força de ligação relativamente pobre, mas a sua composição geralmente permite que ela seja usada em adobes ou taipa de pilão.

Teste de consistência

Formar uma bola de terra úmida com 2 a 3 cm de diâmetro. A bola deve ser mexida para formar um rolo fino de 3 mm de diâmetro. Se o rolo se quebrar ou desenvolver fissuras antes de atingir 3 mm de diâmetro, a mistura deve ser umedecida lentamente até que o segmento se quebre somente quando alcançar o diâmetro de 3 mm.

Com essa mistura se forma outra bola. Se não for possível, então o teor de areia é muito alto e o teor de argila muito baixo. Se a bola só puder ser esmagada entre o polegar e o indicador usando força, então o teor de argila é alto e tem de ser diluída por adição de areia. Se a bola se desfizer facilmente, então a terra contém pouca argila.

Teste de coesão

A amostra deve ser umedecida o suficiente para se formar um rolo de 3 mm de diâmetro, de maneira a não se partir. Achata-se esse rolo para formar uma espécie de fita de aproximadamente 6 mm de espessura e 20 mm de largura. Esse material é mantido na mão, como se pode ver na figura 2.2-5. A fita deve deslizar na palma da mão até que se rompa.

Se o comprimento for maior do que 20 cm, ao se romper, então ela possui uma alta capacidade de ligação, implicando um teor de argila que é demasiado elevado. Se a fita se partir rapidamente com apenas poucos centímetros, a mistura tem muito pouca argila.

Este teste é impreciso, e no Laboratório de Construções Experimentais, era conhecido por ter margens de erros superiores a 200%, se a amostra não estivesse bem amassada e a espessura e a largura variassem. Por esse motivo, um teste novo e mais preciso foi desenvolvido.

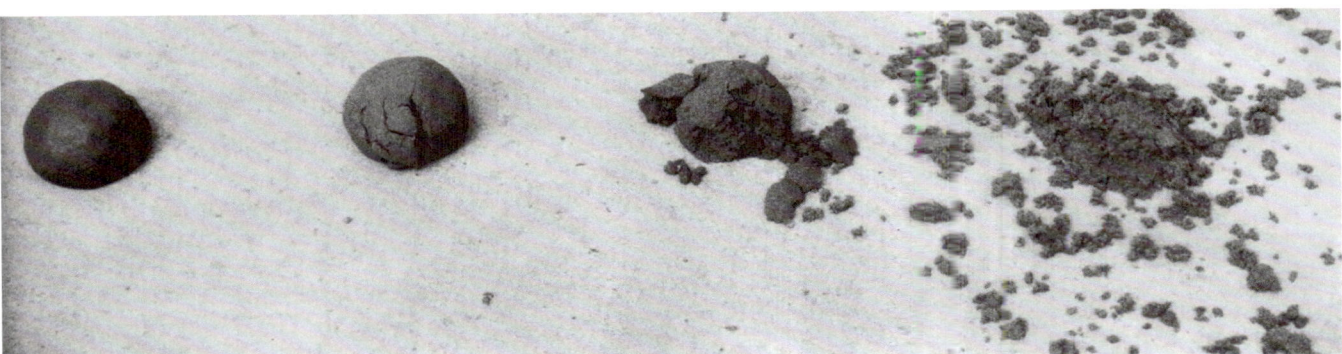

2.2-4 Bolas de barro do teste da queda.

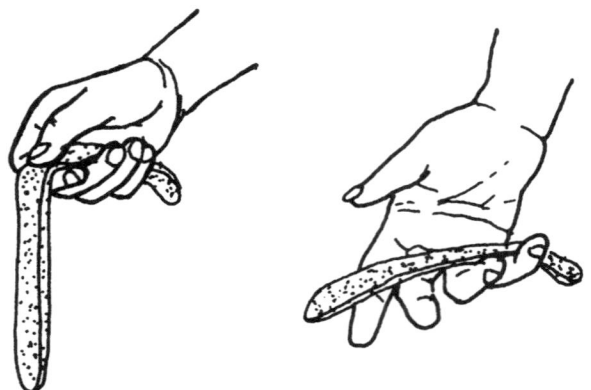

2.2-5 Teste da fita (coesão).

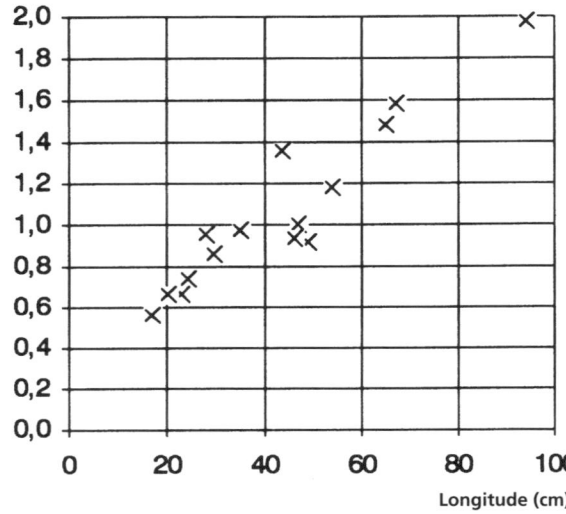

2.2-7 Coesividade de diferentes amostras de terra de consistência similar em relação à sua longitude de ruptura, de acordo com teste de coesividade do LCE.

Molda-se um perfil com 20 mm de largura e 6 mm de altura, pressionando a amostra numa pequena estrutura formada por dois perfis fixos. A superfície da amostra deve ser alisada rolando uma garrafa por cima (ver fig. 2.2-6, esq.). Para evitar que a amostra pregue na superfície, a base deve ser revestida com uma fina película de plástico ou papel manteiga. A amostra é empurrada lentamente pela borda arredondada da mesa em que está apoiada, com um raio de curvatura de 1 cm (2.2-6, dir). O comprimento da fita é medido quando se romper sob influência do próprio peso. Utilizaram-se 5 amostras para cada tipo de solo e se mediram os comprimentos da fita no ponto da ruptura.

Os comprimentos mais longos da ruptura de cada conjunto estão representados na figura 2.2-7, em relação à capacidade aglutinante de acordo com a norma alemã DIN 18952 (ver parte 2.6.1), com uma ligeira alteração: nesse caso, se considerou também a resistência máxima das cinco amostras.

Isso se deve ao fato de que encontraram valores, que eram, em geral, devidos à mistura insuficiente, à plasticidade incorreta ou a outros erros durante a preparação. A fim de garantir que diferentes misturas de terra sejam comparáveis, a consistência escolhida das amostras ficou definida por um diâmetro de 70 mm (em vez de 50 mm) da área circular plana que se forma se uma bola de 200 g de peso cair de uma altura de 2 m (Com misturas de solo arenoso com baixo teor de argila, um diâmetro de 50 mm não é atingível.)

2.2-6 Teste da coesividade desenvolvido pelo LCE.

Teste com ácido clorídrico (HCl)

Os solos que contêm cal apresentam normalmente uma aparência branca, uma baixa força de ligação e são, portanto, inadequadas para a construção. A fim de definir o conteúdo de cal, adiciona-se uma gota de solução de 20% de HCl, e deve-se mexer usando um copo e uma haste de madeira. No caso de um solo com conteúdo de cal, se produz o CO_2 de acordo com a equação de $CaCO_3 + 2HCl = CaCl_2 + CO_2 + H_2O$. Essa produção de CO_2 é observável por causa da reação efervescente que aparece; se não houver efervescência, o teor de cal é inferior a 1%. Se há uma fraca efervescência, o teor da cal se situa entre 1 e 2%; se a efervescência é significativa, o teor da cal está entre 3 e 4%; e se a efervescência é forte e de longa duração, o teor de cal é superior a 5% (Voth, 1978, p. 59). Deve-se ter em conta que a terra escura livre de cal, com um elevado teor de húmus, poderá também apresentar esse fenômeno.

2.3 Efeitos da água

2.3.1 Generalidades

Se a terra se umedecer, ela se expande e muda de um estado sólido para o elástico.

2.3.2 Expansão e retração

A expansão da terra quando em contato com a água, assim como a sua retração através da secagem, produzem desvantagens para a sua utilização como material de construção. A expansão só ocorre se a terra estiver em contato direto com água, perdendo, assim, o seu estado sólido. A absorção de umidade do ar, no entanto, não provoca expansão.

A proporção da expansão e da retração depende do tipo e da quantidade de argila (com argila montmorilonita esse efeito é muito maior do que com a caulinita ou a ilite), e também da distribuição granulométrica do silte e da areia. As experiências realizadas no Laboratório de Construções Experimentais (LCE) utilizaram amostras de 10 x 10 x 7 cm de diferentes misturas de solo, que foram submersas em 80 cm de água e depois secaram num forno a 50°C, a fim de serem estudadas as fissuras de retração (il. 2.3-1). A amostra de tijolo cru fabricado industrialmente (2.3-1, superior esquerdo), cuja curva granulométrica se pode ver em 2.1-1 (superior esquerdo), apresenta grandes fissuras de retração.

Uma mistura semelhante com o mesmo tipo e quantidade de argila, mas com distribuição "otimizada" de silte e areia, quase não exibiu rachaduras depois da secagem (il. 2.3-1, superior direito). O tijolo feito com terra argilosa

2.3-1 Teste de expansão e retração.

(2.3-1, inferior à direita), cuja curva granulométrica se vê na il. 2.1-1, no centro, mostra muitas fissuras delgadas; por sua vez, a amostra de tijolo feito com solo arenoso (il. 2.3-1, em baixo à esq.), cuja curva granulométrica se vê em 2.1-1, embaixo, não apresenta fissuras. Como minimizar a retração alterando a distribuição granulométrica se explica na seção 4.2.

2.3.3 Determinando a retração linear

Para se comparar a proporção de retração de diferentes tipos de terra, é preciso que tenham plasticidade comparável. A norma alemã DIN 18952 descreve os seguintes passos necessários para se obter uma consistência padrão:

1. A mistura de solo seco deve ser moída e peneirada para eliminar todas as partículas com diâmetros superiores a 2 mm.

2. Cerca de 1.200 cm^3 deste material é ligeiramente umedecido e batido numa superfície plana para produzir uma peça uniforme (com a espessura de uma panqueca grossa).

3. Depois se cortam em tiras com uma dimensão de 2 cm, e dispõem-se uma ao lado da outra, então novamente são batidas. Esse procedimento é repetido até que a base tenha uma estrutura homogênea.

4. Uma amostra de solo com alto teor de argila deve ficar em repouso durante 12 horas, e outra com baixo teor de argila repousa seis horas, de maneira que o teor de água seja distribuído igualmente nas amostras.

5. A partir dessa mistura, separam-se 200 g e se modelam em forma de bola.

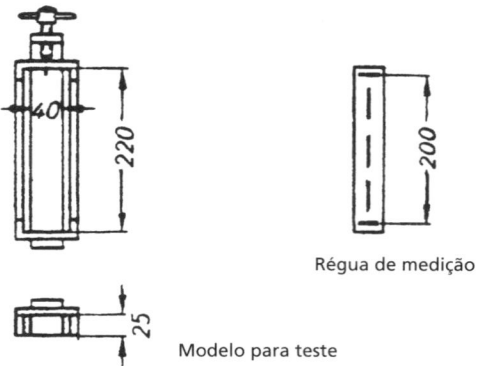

2.3-2 Equipamentos para distinguir a retração linear, de acordo com a norma alemã DIN 18952.

2.3-3 Instrumento para obter o limite líquido, segundo Casagrande.

6. Essa bola deve ser lançada de uma altura de 2 m sobre uma superfície plana.

7. Se o diâmetro formado na superfície plana for de 50 mm, pode-se dizer que atingiu a consistência padrão. A diferença entre os maiores e os menores diâmetros desse disco não deve ser superior a 2 mm.

8. Se o diâmetro do disco for superior a 50 mm, a mistura deve seguir para secagem. Se o diâmetro for menor do que 50 mm, então se deve acrescentar um pouco de água. Em ambos os casos, o processo deve se repetir até atingir o diâmetro certo.

Obtendo-se a consistência padrão, o teste de retração se realiza da seguinte maneira:

1. O material é comprimido repetidamente com um pedaço de madeira 2x2 cm dentro do molde que se mostra na figura 2.3-2, assentado sobre uma superfície plana.

2. Três amostras têm de ser feitas, e, em seguida, serem retiradas ao mesmo tempo do molde.

3. Faz-se um corte de 40 mm em cima da amostra, como se vê na figura 2.3-2, a uma distância de 200mm.

4. As três amostras devem secar durante três dias num espaço fechado, numa temperatura ambiente de 20°C. Em seguida, devem ser aquecidas com mais de 60°C num forno, até que não se possam medir mais as retrações. A norma DIN menciona que devem secar sobre uma placa de vidro oleado. O LCE sugere que a placa seja revestida com uma fina camada de areia, para tornar o processo de secagem mais uniforme, evitando a fricção.

5. A retração média das três amostras em relação com o comprimento de 200 mm revela a retração linear em termos percentuais. Se a retração de uma amostra diferir mais de 2 mm a partir das outras duas, o processo deve ser repetido.

2.3.4 Plasticidade

A terra pode apresentar quatro estados de consistência: líquida, plástica, semisólida e sólida. Os limites desses estados foram definidos pelo cientista sueco Atterberg.

Limite líquido

O limite líquido (LL) define o conteúdo de água no limite entre o estado líquido e o plástico. É expresso como uma porcentagem e é determinado utilizando-se o instrumento mostrado na il. 2.3-3, seguindo-se os seguintes passos:

1. A mistura deve permanecer na água por um período prolongado (até quatro dias, se o conteúdo de argila for elevado) e depois peneirado com peneiras de 0,4 milímetros.

2. Coloca-se num recipiente, 50 a 70 g dessa mistura de consistência pastosa e se uniformiza a superfície. A espessura máxima no centro deve ser de 1 cm.

3. Faz-se uma ranhura na superfície usando um dispositivo especial, que deverá manter-se sempre perpendicular à superfície do recipiente.

4. Ao rodar a maçaneta, a uma velocidade de dois ciclos por segundo, o recipiente é levantado e solto até que a ranhura se cerre num comprimento de 10 mm.

5. A quantidade de golpes é contada e uma amostra de 5 cm^3 é tomada a partir do centro a fim de se determinar o teor de água. Quando a ranhura se fechar com 25 golpes, o teor de água da mistura será igual ao limite líquido.

Devido ao fato de se consumir muito tempo para mudar o conteúdo da água até que a ranhura se feche exatamente aos 25 golpes, se desenvolveu um método descrito na Norma DIN 18122, que permite fazer o teste com quatro conteúdos distintos de água, se o número de golpes estiver entre 15 e 40.

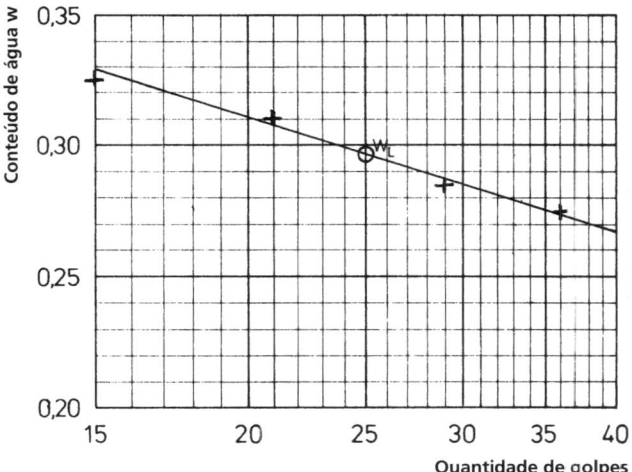

2.3-4 Derivação do limite líquido com o método de multipontos, segundo a norma alemã DIN 18122.

A figura 2.3-4 mostra como a umidade líquida se obtém empregando esses quatro testes. Os quatro valores estão no diagrama, em que a coordenada horizontal mostra o número de golpes, numa escala logarítmica, e a coordenada vertical mostra o conteúdo percentual de água. O limite líquido se obtém ao traçar uma linha através dos quatro valores e lendo os valores interpolados na coordenada de 25 golpes.

Limite plástico

O limite plástico (PL) é o conteúdo de água, expresso percentualmente no limite entre o estado plástico e o semissólido. Para defini-lo, pode-se seguir este procedimento: a mesma mistura em que foi utilizado o limite líquido é modelada em forma de rolos com 3 mm de diâmetro sobre uma superfície absorvente (de cartão, madeira macia ou material semelhante). Em seguida, os segmentos são moldados novamente em formato de uma bola, e depois se fazem novamente em formatos de rolos. Esse procedimento será repetido até que os rolos comecem a se desfazer em diâmetros de 3 mm. São retirados imediatamente da mistura e pesados 5 g. Em seguida, deixa-se secar para se obter o teor de água. Este teste é repetido três vezes.

Tabela 2.2 Índice de plasticidade dos solos (segundo Voth, 1978).

Tipo de solo	LL (%)	PL (%)	PI = LL - PL
Muito arenoso	10 - 23	5 - 20	< 5
Muito siltoso	15 - 35	10 - 25	5 - 15
Muito argiloso	28 - 150	20 - 50	15 - 95
Bentonita	40	8	32

O valor médio das três amostras, que não devem diferir mais do que 2%, é idêntico ao limite plástico.

À medida que os limites plástico e líquido forem definidos usando uma mistura contendo apenas partículas menores que 0,4 mm, os resultados do teste devem ser corrigidos antes que as partículas maiores sejam peneiradas. Se essa porção for inferior a 25% do peso seco de toda a mistura, o teor de água pode ser calculado utilizando-se a seguinte fórmula:

$$W_o = \frac{L}{1 - A}$$

Onde W_o é o valor do teor de água calculado, incluindo as partículas maiores L o teor de água determinado pelo limite líquido e plástico respectivamente; e A é o peso das partículas maiores do que 0,4 mm, expresso como uma percentagem do peso total da mistura seca.

Índice de plasticidade

A diferença entre o limite líquido (LL) e o limite plástico (PL) é chamada de índice de plasticidade (PI). A tabela em 2.2 indica alguns valores típicos para LL, PL e PI.

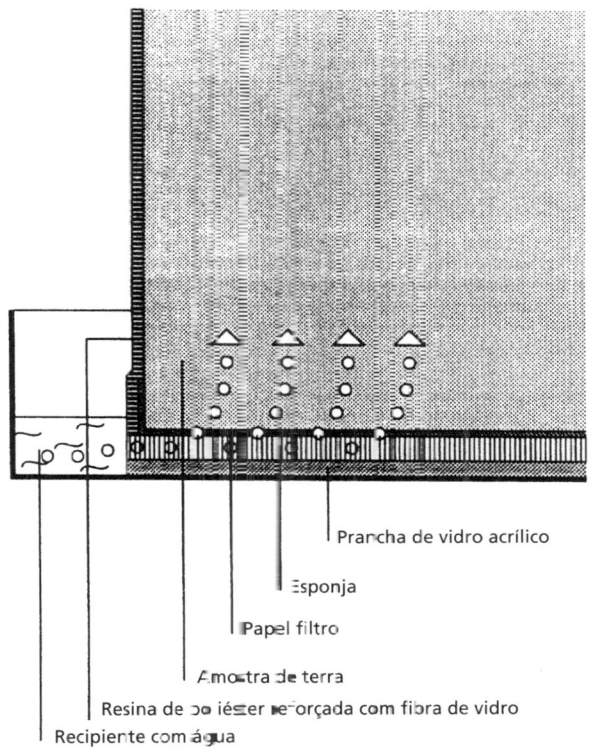

2.3-5 Equipamento de testes para obter o valor w das amostras de solo (Boemans, 1990).

Índice de consistência

O índice de consistência (C) pode ser calculado para qualquer conteúdo de água existente (W) do estado plástico, utilizando-se a seguinte fórmula:

$$C = \frac{LL - W}{LL - PL} = \frac{LL - W}{PI}$$

O índice de consistência é 0 no limite líquido e 1 no limite plástico.

Consistência padrão

Na medida em que a definição do limite plástico de Atterberg não é muito exata, Niemeyer propõe a "consistência padrão" como base para a comparação de misturas de igual consistência. O método para obter essa consistência é descrito em 2.3.3

Achatamento

A consistência das misturas de argamassa se define pelo achatamento. Isso pode ser especificado por um método descrito nas normas alemãs DIN 1060 (Parte 3) ou DIN 1048 (Parte 1). Aqui, a argamassa é vertida através de um funil padrão sobre uma placa que é levantada e cai num tipo definido de número e golpes. O diâmetro da amostra assim formada é medida em centímetros e se chama achatamento.

Limite de retração

O limite de retração (LR) define o limite entre o estado semi-sólido e o sólido. É o limite em que cessa a retração. Isso pode ser identificado visualmente no solo argiloso, quando a cor escura da mistura úmida adquire um tom mais claro devido à evaporação da água pelos poros. Esse não é um método de medição exato, mas é um método prático e corriqueiro.

2.3.5 Ação capilar

O movimento da água

Todos os materiais com estruturas porosas como a terra são capazes de armazenar e transportar água através de

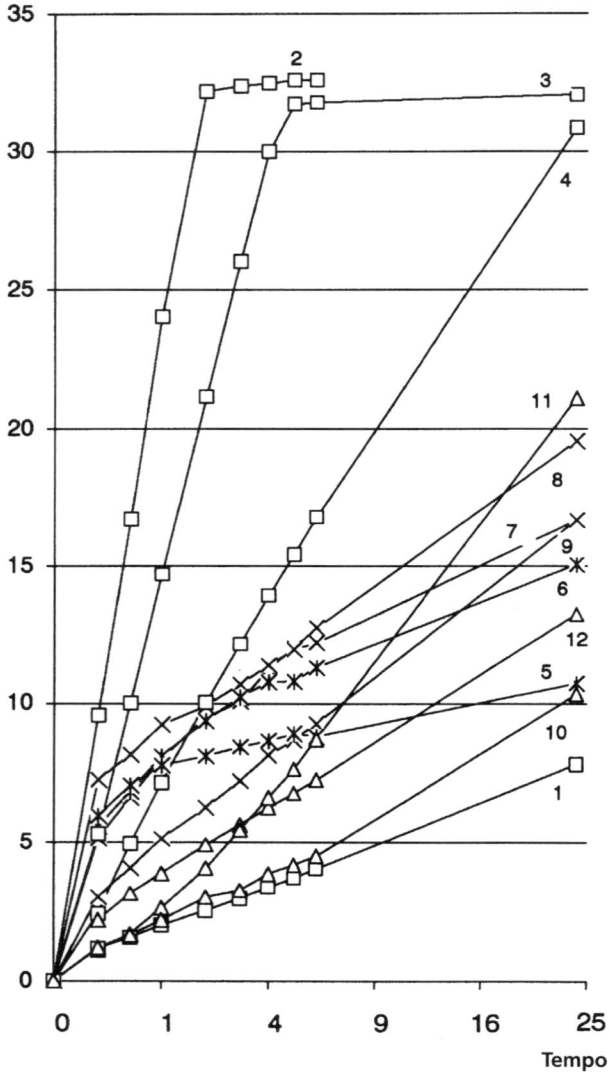

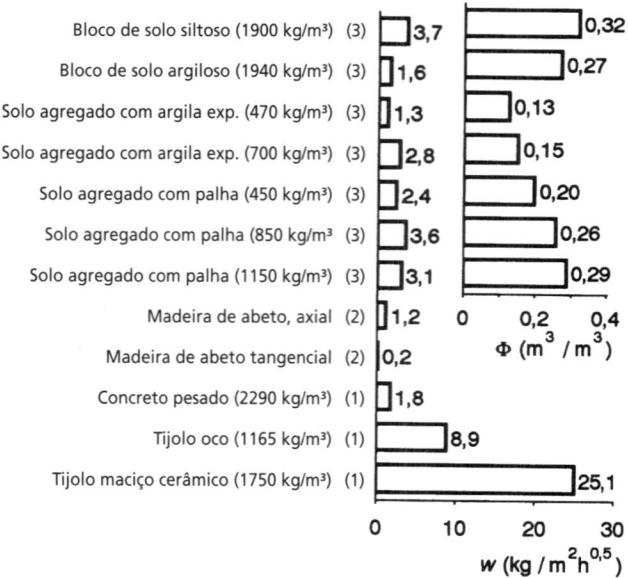

2.3-6 Coeficiente de absorção de água w dos solos, em comparação com materiais de construção comuns.

2.3-7 Absorção de água de diferentes solos.

seus vasos capilares. Dessa maneira, a água se move a partir de regiões com mais umidade para regiões com menos umidade. A capacidade de a água ser absorvida se denomina "capilaridade" e o processo de transporte da água é chamado "ação capilar". A quantidade de água (W) que pode ser absorvida ao longo de um determinado período de tempo é definida pela fórmula:

$$W = w \sqrt{t} \ [kg/m^2]$$

onde w é o coeficiente de absorção de água medido em $kg/m^2h^{0,5}$ e o tempo em horas.

Determinação do coeficiente de absorção de água

O coeficiente de absorção de água (w) se obtém de acordo com a norma alemã DIN 52617, do seguinte modo: uma amostra de solo em forma de cubo é disposta sobre uma superfície plana, e imersa em água até uma profundidade de aproximadamente 3 mm, e o seu aumento de peso é medido periodicamente. O coeficiente (w) é então calculado pela fórmula:

$$w = \frac{W}{\sqrt{t}} \ [kg/m^2h^{0,5}]$$

em que W é o aumento do peso por unidade da área de superfície e t o tempo em horas decorridas. Com este ensaio, todos os quatro lados do cubo devem ser selados para que não entre água pelas superfícies, apenas pela parte inferior.

O desafio com as amostras de terra é que se expandem e fragmentam sob ação da água. Por isso, no LCE, desenvolvemos um método especial para evitar isso: visando impedir a penetração de água, cobrem-se os quatro lados da amostra com uma resina de poliéster reforçada com fibra de vidro, evitando assim a penetração de água, bem como a expansão e a deformação do cubo. Para evitar a erosão de partículas da superfície submersa, um papel de filtro é anexado embaixo e colados os lados com resina de poliéster. Já a deformação do barro enfraquecido no fundo durante a pesagem pode ser evitada colocando-se uma esponja de 4 mm de espessura sobre uma placa de acrílico (ver fig. 2.3-5). Com o objetivo de comparar ambos os métodos, realizou-se teste com tijolo cozido, e este mostrou que o método LCE reduziu o resultado em 2%.

O coeficiente de *w* de diferentes amostras de solos foi testado juntamente com os valores *w* de materiais comuns de construção, que estão listados em 2.3-6. Curiosamente, as amostras de solos com silte apresentaram valores *w* mais elevados do que as de solo argiloso. A comparação com tijolos cozidos mostra, surpreendentemente, que o solo tem os valores *w* que são menores por um fator de 10.

A absorção de água em relação ao tempo é também muito interessante, como se vê em 2.3-7. É possível observar aqui o efeito surpreendente do aumento da absorção causada pela adição de pequenas quantidades de cimento.

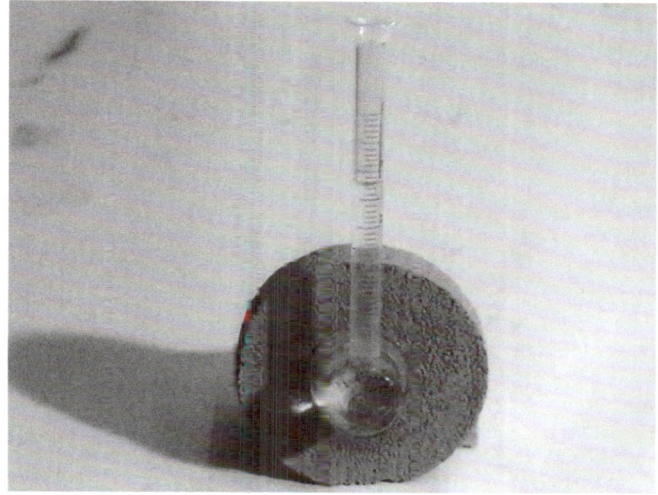

2.3-8 Teste de penetração de água segur do Karsten.

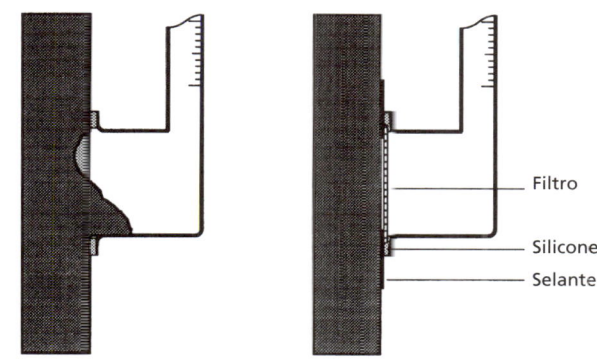

2.3-9 Teste modificado de penetração de água segundo o LCE.

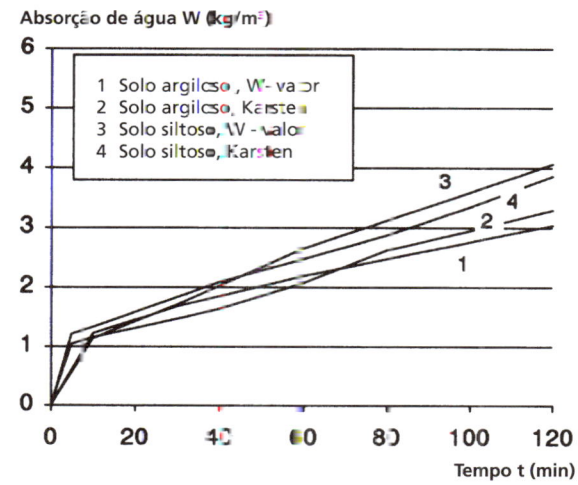

2.3-10 Absorção de água segundo Karsten e a norma alemã DIN 52617.

2.3-11 Equipamento de teste de aspersão de água para simular temporal, desenvolvido pelo LCE.

Capacidade de capilaridade da água

A quantidade máxima de água que pode ser absorvida em comparação com o volume ou massa da amostra é chamada de capacidade de capilaridade da água f, expressa em [kg/m³] ou [m³/m³]. Este é um valor importante quando se considera o fenômeno de condensação em componentes de construção. A il. 2.3-6 mostra os valores de w.

Teste de penetração de água segundo Karsten

No teste de penetração de água de Karsten, um recipiente esférico de vidro com um diâmetro de 30 mm, com um cilindro de medição ligado se fixa com silicone à amostra de teste, de maneira que a superfície de teste em contato com a água seja de 3 cm² (Karsten, 1983, ver 2.3-10).

O método habitual utilizando água é problemático, uma vez que a amostra se dissolve na superfície de contato. Por isso, o LCE modificou o método, selando a abertura do recipiente de vidro com um filtro (ver fig. 2.3-9, à direita). Os resultados utilizando este método foram comparáveis àqueles que utilizam a norma alemã 52617 DIN (ver fig. 2.3-10).

2.3.6 Estabilidade na água estática

A estabilidade de amostras de terra na água estática pode se definir segundo a norma alemã DIN 18952 (Parte 2), como se segue: uma amostra prismática é imersa 5cm de profundidade em água e mede-se o tempo que leva para a parte submersa dissolver-se. De acordo com essa norma, amostras que se desintegram em menos de 45 minutos são inadequadas para construção com terra. Mas este teste é desnecessário para a construção com terra, devido ao fato de que os elementos de terra não estão permanentemente submersos em água. Entretanto, a resistência ao escoamento de água é significativa.

2.3.7 Resistência ao escoamento da água

Durante a construção, os elementos de terra são frequentemente expostos à chuva e são sensíveis à erosão, ainda mais quando estão úmidos. Por essa razão, é importante conhecer a resistência ao escoamento da água.

Para comparar os graus de resistência de diferentes misturas de terra, o LCE desenvolveu um aparelho capaz de testar até seis amostras simultaneamente (ver fig. 2.3-11). O aparelho lança jatos de água com diâmetros de 4 mm num ângulo de 45° e com uma velocidade de 3,24 m/seg sobre as amostras, simulando piores condições de chuva. Nas partes 4.3.3 e 11.11 são compartilhados resultados desse teste de escoamento de água em diferentes tipos de superfície.

2.3.8 Erosão por chuva e frio

A figura 2.3-12 apresenta duas amostras de rebocos de terra antes do teste (esquerda), e as mesmas amostras

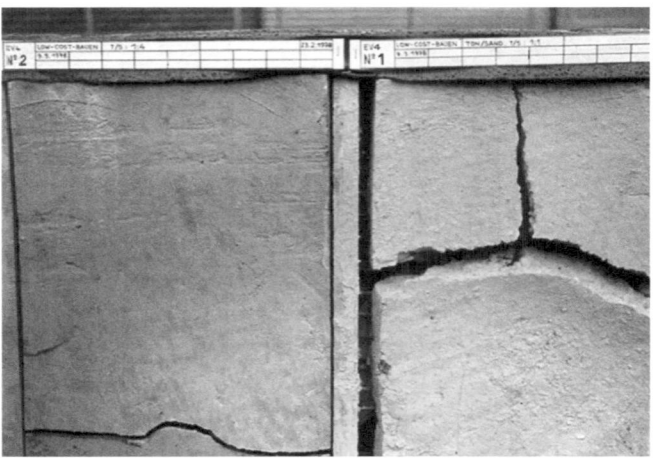

2.3-12 Amostras de terra antes (esq.) e depois (dir.) de serem expostas às inclemências do tempo durante três anos.

após três anos de exposição às intempéries (à direita). A mistura de terra da direita contém 40% de argila; a da esquerda foi misturada com areia, reduzindo-se o teor de argila para 16%. Ambas as consistências das misturas foram testadas numa única camada de 5 cm de espessura. Após a secagem, apareceram grandes fissuras de retração.

A mistura de textura argilosa mostrou 11% de retração linear; a mistura arenosa apenas 3%. Após três anos de exposição ao tempo, o solo argiloso mostrou um tipo especial de escalonamento causado pela geada. Esse fenômeno é causado pelas fissuras que surgiram durante a secagem, através das quais a água da chuva foi absorvida por ação capilar. Quando essa água se congela, o seu volume aumenta, provocando fissuras e colapso. Em áreas onde não há fissuras finas isso não ocorreu.

A amostra do lado esquerdo não apresentou esse tipo de erosão, mesmo após três anos. Nessa amostra, se observa que um pouco de terra foi lavada pela chuva, de modo que

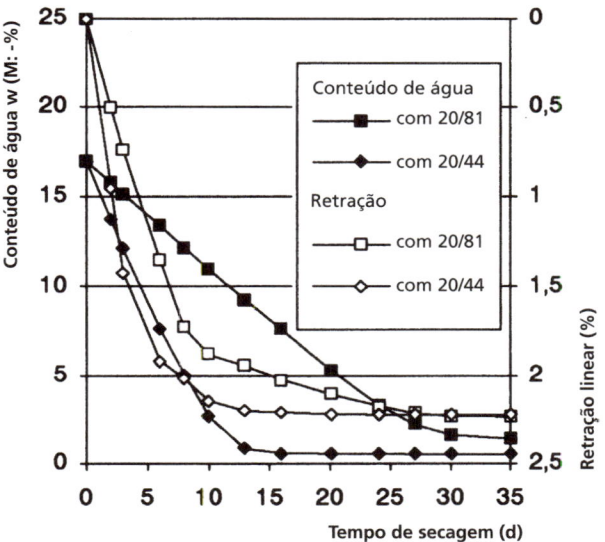

Esquerda:
2.3-13 Retração linear e período de secagem da argamassa de terra (4% argila, 25% de silte, 71% de areia) com um achatamento de 42 cm, segundo a norma alemã DIN 18555.

Abaixo:
2.3-14 Comportamento da secagem de amostras de solos em comparação com outros materiais.

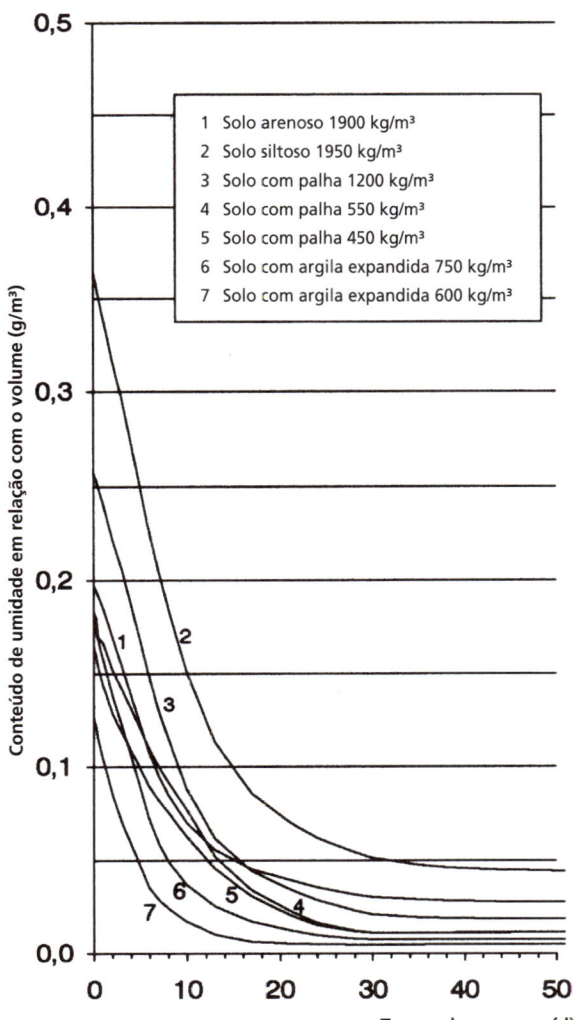

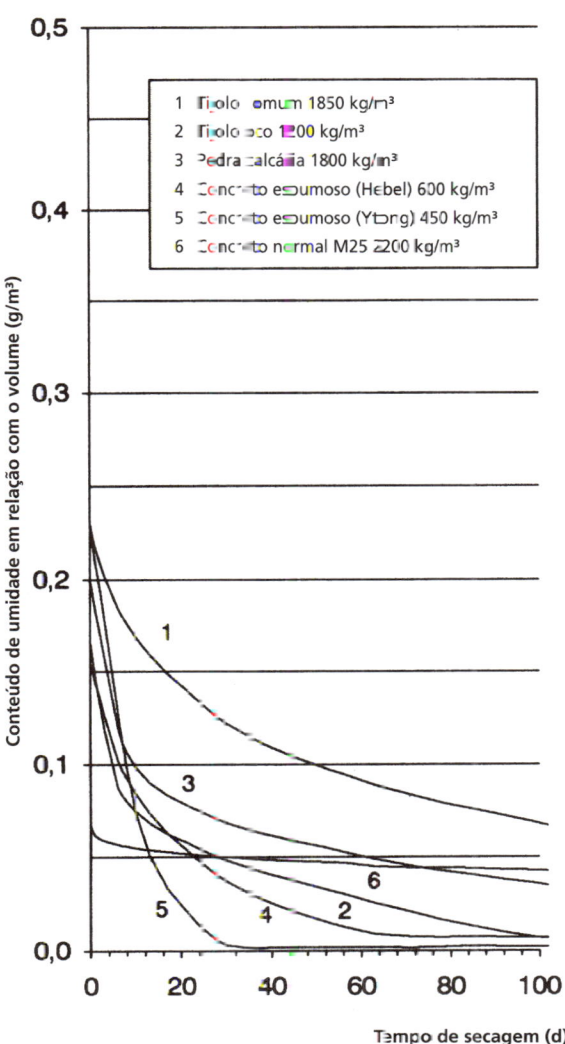

a fissura horizontal de retração foi parcialmente preenchida pelas partículas, mas não apresenta erosão por geada, somente erosão causada pela chuva. Isso ocorreu porque não havia fissuras, e a terra tinha poros suficientemente grandes nos quais a água congelada permitiu a expansão. O teste resultou nas seguintes conclusões:

• Uma terra arenosa tem pouca resistência contra a chuva, mas é resistente ao frio quando não tem fissuras.

• Uma terra com alto teor de argila tende a desenvolver fissuras quando seca, e é suscetível à erosão com o frio. Se não houver fissuras, é praticamente resistente à ação da chuva.

Quanto maior a porosidade, maior a resistência da terra ao frio. Por essa razão, tijolos comuns produzidos em fábrica não são resistentes ao frio, e não devem ser usados nas paredes exteriores em climas frios. Em contraponto, adobes artesanais, feitos a partir de terra arenosa, são geralmente resistentes ao frio.

2.3.9 Período de secagem

O período em que a terra úmida atinge seu equilíbrio do conteúdo de umidade é chamado de período de secagem. Na fig. 2.3-13, se mostra a diminuição do conteúdo de água e o aumento de solo arenoso, seco num ambiente fechado, a uma temperatura de 20°C e com uma umidade relativa do ar entre 81 e 44% respectivamente. Com uma umidade relativa de 44%, o período de secagem durou cerca de 14 dias, enquanto que, com 81% de umidade, durou cerca de 30 dias.

A figura 2.3-14 representa o processo de secagem de diferentes amostras de solo, em comparação com outros materiais de construção. Nesse teste, realizado no LCE, amostras do tamanho de tijolos foram imersas em 3mm de água durante 24 horas, e em seguida mantidas num espaço fechado com uma temperatura de 23°C e umidade relativa de 50%.

Curiosamente, todas as amostras de terra haviam secado após 20 a 30 dias, enquanto o tijolo cozido, os blocos sílico-calcários e os de concreto, mesmo depois de 100 dias, ainda não haviam secado.

2.4 Efeitos do vapor

2.4.1 Generalidades

A terra em contato com a água se expande e abranda. Pelo contrário, sob a influência do vapor, ela absorve a umidade, mas permanece sólida, mantendo sua rigidez sem se expandir. Dessa maneira, a parede de terra pode balancear a umidade do ar interior, como se descreve em detalhes na parte 1.4.

2.4.2 Difusão do vapor

Em climas moderados e frios, em que a temperatura interior é geralmente superior à exterior, se produz uma diferença de pressão do vapor do interior para o exterior através das paredes. Essa ação se denomina difusão.

A resistência do material da parede a essa ação é definida pelo coeficiente de resistência à difusão do vapor µ. O produto de µ pela espessura do elemento de construção s, dá a resistência específica de difusão do vapor s_d. O ar estático tem um valor s_d de 1. Na figura 2.4-1, se mostram

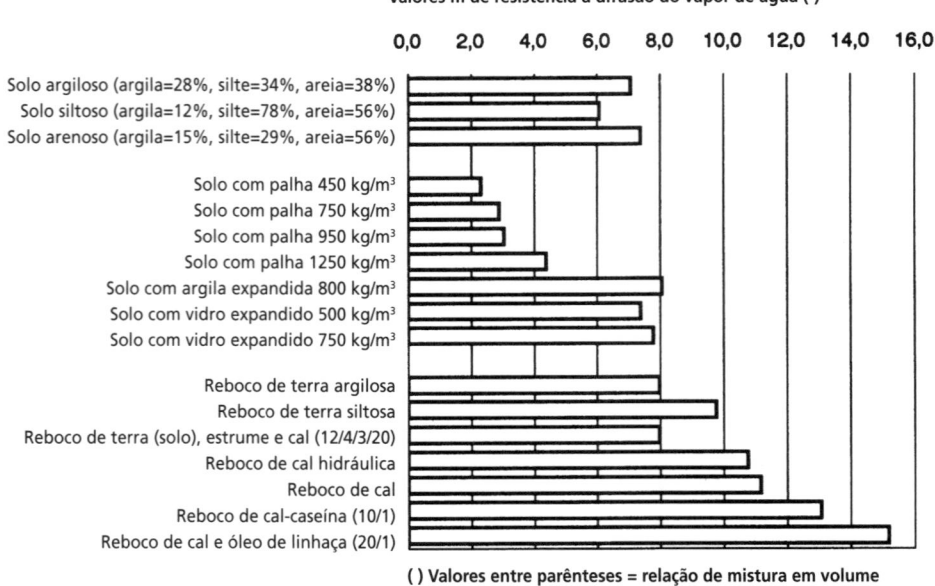

2.4-1 Coeficiente de difusão de vapor de diferentes terras e rebocos, segundo a norma alemã DIN 52615.

alguns dos valores μ de diferentes tipos de terra, determinados pelo LCE.

É interessante assinalar que um solo siltoso tem um valor μ aproximadamente 20% mais baixo do que de um solo argiloso e um solo arenoso. Mesmo assim, a terra com argila expandida que pesa 750 kg/m³ tem um valor 2,5 vezes mais alto do que a terra misturada com palha e com a mesma densidade.

A parte 12.3.4 descreve como a pintura reduz a penetração do vapor através das paredes.

2.4.3 Equilíbrio do conteúdo de umidade

Todo material poroso, mesmo que esteja seco, possui uma umidade característica denominada equilíbrio do conteúdo de umidade, que depende da umidade do ar ambiente. Quanto maior a umidade, maior a quantidade de água absorvida pelo material. Se a umidade do ar reduzir, o material deixará de absorver água.

As curvas de absorção de diferentes misturas de solo se mostram na fig. 2.4-2. Os valores variam de 0,4% para uma terra arenosa com 20% de umidade do ar, a 6% para uma terra argilosa com 97% de umidade do ar. É preciso notar que a palha de centeio sob 80% de umidade tem um equilíbrio do conteúdo de umidade de 18%.

Em contraponto, a argila expandida, que também se utiliza para misturar ao solo, alcança seu equilíbrio do conteúdo de umidade só a 0,3%. No quadro 2.4-3 se mostram quatro valores de misturas de terra em comparação com os valores de outros materiais de construção comuns.

Pode-se constatar que quanto maior o conteúdo de argila, maior é o equilíbrio do conteúdo de umidade. Acrescente-se que é preciso mencionar que a bentonita, que contém 70% de argila montmorilonita, tem um equilíbrio

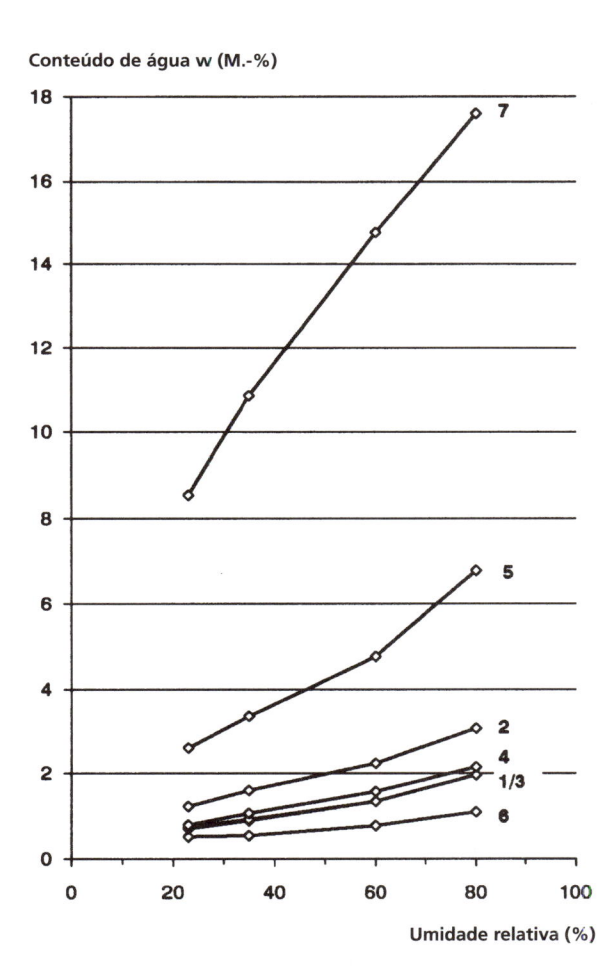

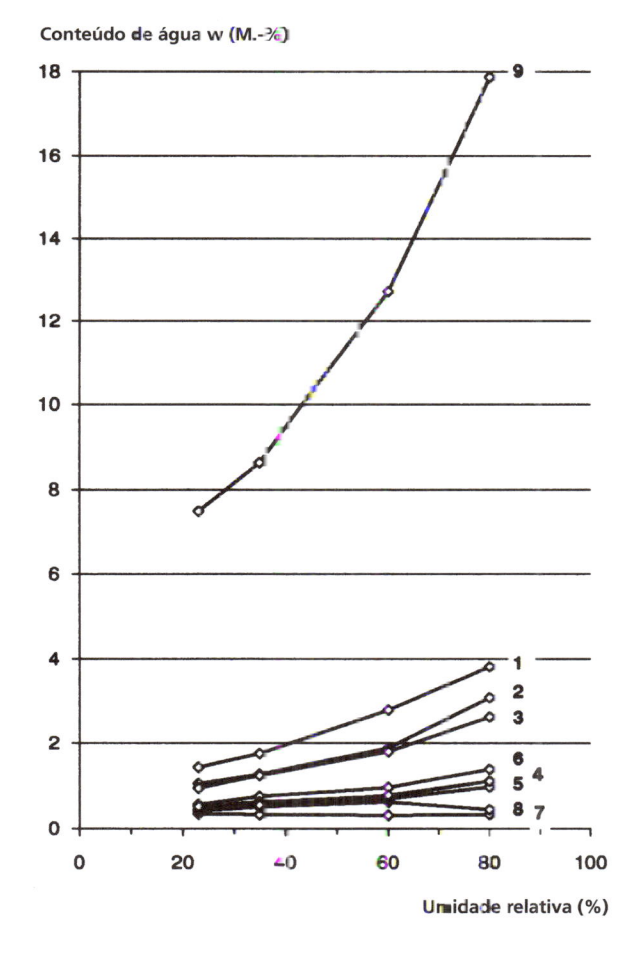

1 Solo argiloso
2 Solo siltoso
3 Solo arenoso
4 Solo argiloso granulado
5 Bloco de terra Meldorf
6 Pó de caulinita
7 Pó de bentonita

1 Solo com palha 450 kg/m³
2 Solo com palha 850 kg/m³
3 Solo com palha 1200 kg/m³
4 Solo com argila expandida 450 kg/m³
5 Solo com argila expandida 550 kg/m³
6 Solo com argila expandida 700 kg/m³
7 Partículas de argila expandida
8 Partículas de vidro expandido
9 Palha de centeio

2.4-2 Curvas de absorção de solos massivos (esquerda) e agregados (direita).

do conteúdo de umidade de 13% sob 50% de umidade, enquanto que o equilíbrio do conteúdo de umidade da argila caulinita, sob as mesmas condições, é de apenas 0,7%. O gráfico mostra que blocos feitos com terra siltosa (4 no gráfico) atingem um conteúdo de umidade que é cinco vezes maior do que o do reboco de barro argiloso (9 no gráfico) sob a umidade relativa de 58%.

Deve-se ter em conta que, para o efeito de balanço da umidade dos materiais de construção, a velocidade do processo de absorção e liberação é mais importante do que o equilíbrio do conteúdo de umidade, como foi explicado na parte 1.4.

2.4.4 Condensação

Em zonas climáticas temperadas e frias, o vapor da água do ar se difunde através dos muros para o exterior, se o ar se esfria nas paredes e alcança a temperatura de condensação. Essa umidade reduz a capacidade de isolamento térmico e pode provocar o surgimento de mofo. Nesse caso, é importante que a umidade se transporte rapidamente pela ação capilar na superfície das paredes a partir do ponto onde ela evaporar. Por isso, materiais com alta capilaridade, como a terra, são mais aconselháveis.

Com o objetivo de reduzir o risco de condensação nas paredes, a transmissão do vapor deve ser maior no interior do que no exterior. Por outro lado, a resistência à transferência de calor deve ser maior no exterior do que no interior. Embora os princípios anteriores sejam normalmente suficientes para inibir a formação de condensação nas paredes, é possível criar uma barreira de vapor no interior empregando pinturas ou lâminas. Contudo, é necessário mencionar que as barreiras de vapor apresentam duas importantes desvantagens:

- As barreiras de vapor não são, na prática, totalmente seladas, em particular nas uniões de diferentes elementos em que condensações prejudiciais podem ocorrer.
- Se, em paredes com seções monolíticas, a água penetra durante a estação chuvosa, a partir do exterior sobre a parede, posteriormente não poderá evaporar no interior devido à barreira de vapor. Nesse caso, a parede retém a umidade por um período maior de tempo, do que sem uma barreira de vapor.

2.5 Influência do calor

2.5.1 Generalidades

Uma parede de terra pode promover bom isolamento térmico na medida que tiver elementos porosos em sua composição. Uma parede de taipa de pilão, sem palha ou outros agregados, tem quase o mesmo efeito isolante que uma parede maciça de tijolos cozidos.

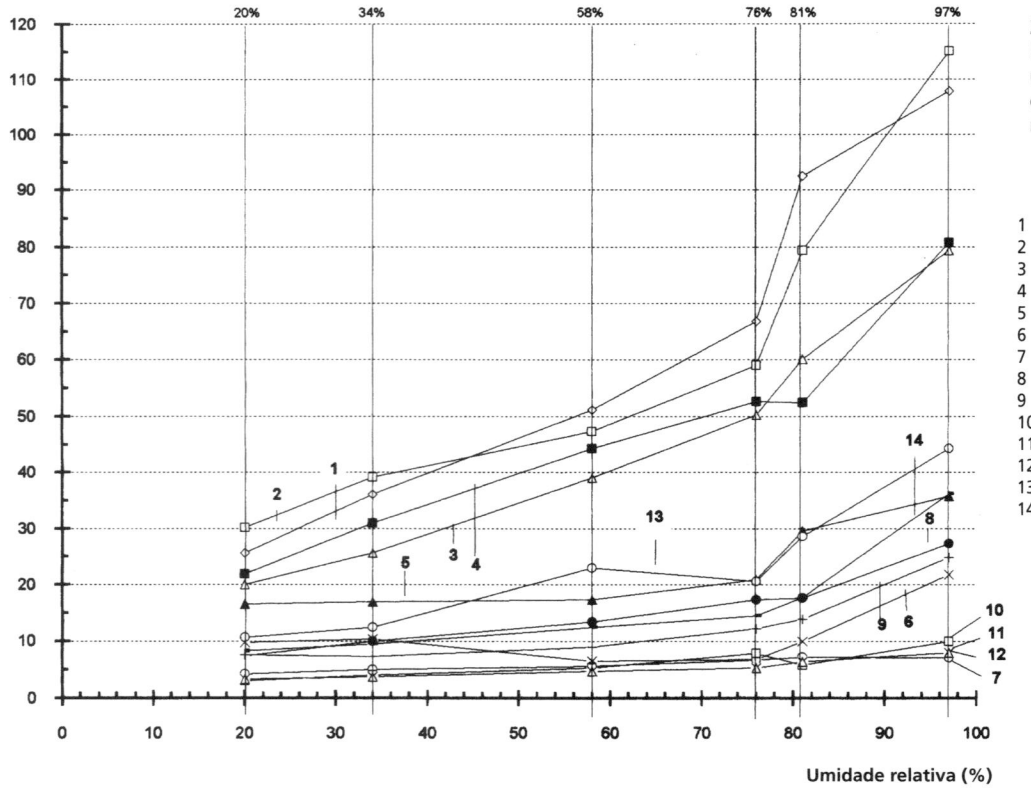

2.4-3
Equilíbrio do conteúdo de umidade de diferentes amostras de terra em relação a outros materiais de construção.

1 Madeira de abeto
2 Madeira de limba
3 Adobe argiloso
4 Adobe siltoso
5 Reboco de cimento
6 Reboco de cal-cimento
7 Reboco de cal-caseína
8 Reboco de terra siltosa
9 Reboco de terra argilosa
10 Tijolo cerâmico
11 Tijolo cerâmico altamente queimado
12 Tijolo oco
13 Pedra silico-calcária
14 Concreto espumoso

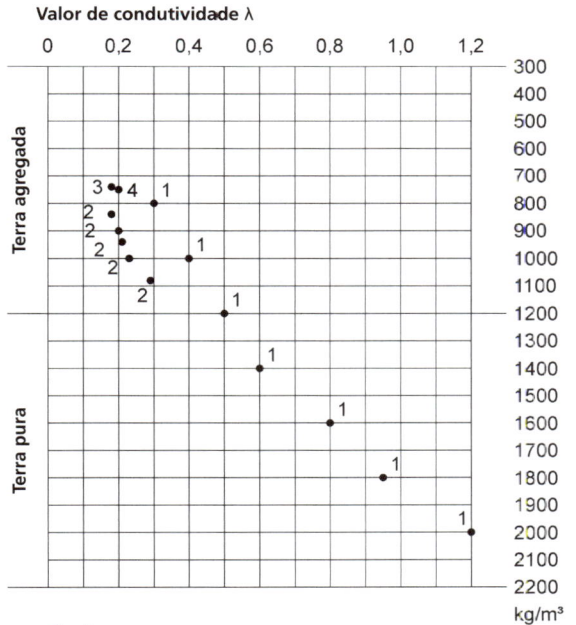

Fontes:
1 Resultados de cálculos segundo DIN 4108 (1998)
2 Solo agregado com palha segundo Vanros
3 Solo agregado com vidro expandido segundo o LCE
4 Solo agregado com palha segundo LCE

2.5-1 Resultados λ de cálculo segundo DIN 4108 (1998) e resultados λ de medições para solos agregados.

O volume de ar alojado nos poros de um material e sua umidade é relevante para o efeito de isolamento térmico. Quanto mais leve o material, maior o seu isolamento térmico, e quanto mais úmido o material, menor o seu efeito isolante. O calor que transita através de um material de construção se define pelo coeficiente u de transferência de calor.

2.5.2 Condutividade térmica

A transferência de calor de um material se caracteriza por sua condutividade térmica λ [W/m]. Esse valor indica a quantidade de calor, medida em watts/m² que penetra numa parede de 1 m de espessura com uma diferença de temperatura de 1°C.

Na fig. 2.5-1 se mostram os diferentes valores λ segundo vários autores e a norma alemã DIN 4108 (1998). Os valores λ para a terra com densidade menor a 600 kg/m³ estão extrapolados, mas não foram verificados empiricamente.

No LCE, uma terra com palha, com uma densidade de 750 kg/m³, resultou num valor de 1 de 0,20W/mK, enquanto que a terra com argila expandida, com densidade de 740 kg/m³ deu um valor de 0,18 W/mK.

2.5.3 Calor específico

A quantidade de calor necessária para aquecer 1 kg de material a 1°C se denomina "calor específico c". A terra tem um calor específico de 0,1 kJ/kgK que é igual a 0,24 kcal/kg°C.

2.5.4 Capacidade térmica

A capacidade térmica (capacidade de armazenamento de calor) S de um material se define como o produto do calor específico c e a densidade p:

$$S = C.p \ [kJ/m^3K] o [Wh/m^3K]$$

A capacidade térmica de calor define a quantidade de calor necessária para aquecer 1 m³ de material a 1°C.

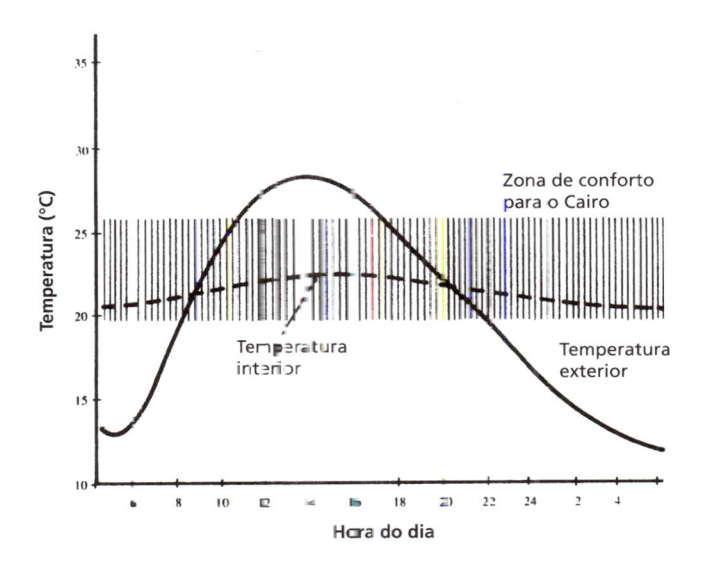

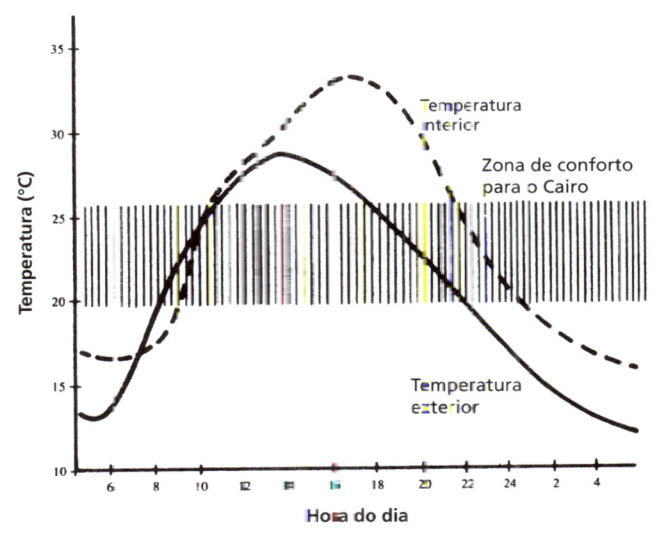

2.5-2 Comparação de temperaturas interiores e exteriores de uma construção com abóbadas de adobe (acima) em relação a uma construída com elementos pré-fabricados de concreto (abaixo) (Fathy, 1986).

A capacidade de armazenamento de calor Q, para uma unidade de área de uma parede, é S multiplicada pela espessura s do elemento:

$$Qs = c.p.s \ [kJ/m^2K] \ o \ [Wh/m^2K]$$

2.5.5 Perda e ganância térmica

A velocidade com que um material perde e absorve calor se define pela difusão térmica b que é dependente do calor específico c, a densidade p e a condutividade térmica λ.

$$b = \sqrt{cp\lambda} \ [kJ/Km^2h^{0,5}]$$

Quanto maior o valor b, mais rápido o calor penetra.

2.5.6 Decréscimo e retrocesso térmico

Uma parede com alta capacidade de armazenamento cria um amplo retrocesso da penetração do calor e a diminuição da amplitude térmica. Num clima com dias quentes e noites frias, em que a temperatura média está no nível de conforto (entre 17 e 25°C), a capacidade térmica é muito importante para criar um clima interior confortável.

Na fig. 2.5-2, o efeito do material e a forma de uma edificação em relação ao clima interior se mostram em acordo com dados colhidos em duas construções experimentais com o mesmo volume, construídas no Cairo, Egito, em 1964. Uma foi construída com paredes de terra compactada, com 50 cm de espessura e abóbadas de blocos de terra; a outra, com elementos de concreto pré-fabricado, com 10 cm de espessura e teto plano.

Quando a variação diurna da temperatura exterior era de 13°C, a temperatura interior na residência de terra variava 4°C, enquanto que, na residência de concreto, a variação era de 16°C. Isso quer dizer que a amplitude era quatro vezes maior na residência de concreto, em comparação com a residência de terra. Na residência de concreto, a temperatura interior era de 5°C superior do que no exterior às 4 pm, enquanto que, no interior da residência de terra, era 5°C mais baixa do que no exterior, na mesma hora (Fathy, 1986).

2.5.7 Expansão térmica

A expansão de um material provocada pelo aumento da sua temperatura é relevante, se os materiais da parede e do reboco forem distintos. O coeficiente de expansão linear medido pelo LCE, em uma amostra de terra com alto conteúdo de agregados grossos, é de 0,0043 a 0,0052 mm/mK, para adobes é de 0,0062 mm/mK e para uma argamassa de terra arenosa 0,007 mm/mK. Para uma argamassa com alto conteúdo de cimento é de 0,010 mm/mK, o mesmo que o concreto (Knöfel, 1979 e Kunzel, 1990).

2.5.8 Comportamento em relação ao fogo

Na norma alemã DIN 4102, parte 1 (1977), a terra que contém palha não é considerada combustível se a densidade for maior do que 1700 kg/m³.

2.6 Resistência

2.6.1 Coesividade

A resistência à tração da terra em estado plástico se denomina coesividade. A coesividade da terra depende não só do conteúdo de argila, mas também do tipo de minerais argilosos. A coesividade de diversas terras só pode ser comparada se o conteúdo de água ou sua plasticidade forem iguais.

Segundo a norma alemã DIN 18952, p. 2, a terra deve ter uma consistência padrão. Na parte 2.3.3 descreve-se como obtê-la. As amostras para testar têm a forma de um oito e são feitas com a mistura de consistência padrão, preenchendo e compactando a mistura com uma ferramenta, em três camadas (ver fig. 2.6-2).

Devem ser feitas pelo menos três amostras de cada mistura, dispostas de imediato no equipamento de testes que se vê na fig. 2.6-1. Assim que estiverem dispostas no equipamento, verte-se areia num recipiente que afunila na parte inferior, numa velocidade média de 750 g por minuto. Só se deve parar de verter quando a amostra se romper. O peso sob o qual a mistura se rompe, dividido pela seção da amostra que é 5 cm² da coesão.

Toma-se a média dos resultados das três amostras, que não devem diferir mais de 10% entre elas. Os valores variam normalmente de 25 a 500. Segundo a DIN 18952, os solos com uma coesividade inferior a 50 g/cm² não são aceitos para construção. Testes realizados em paredes históricas de terra, na Alemanha, mostraram que alguns deles têm, de fato, coesões mais baixas. Numa amostra, se obteve um resultado de coesividade menor do que 25 g/cm².

2.6.2 Resistência à compressão

A resistência à compressão de elementos de construção secos feitos de terra como, por exemplo, blocos de terra comprimida e taipa de pilão, diferem em geral de 5 a 50 kg/cm². Esse valor depende não só da quantidade e do tipo de argila, mas também da distribuição granulométrica do silte, da areia e agregados maiores, assim como do método de preparação e compactação.

Os métodos de tratamento e os aditivos para aumentar a resistência à compressão de terra são tratados na parte 4.5. Experimentos realizados no LCE demonstraram que não há correlação entre a resistência à compressão e a coesão. Por exemplo, uma terra com silte que apresente uma coesividade de 80 g/cm² tem uma resistência à compressão de 66 kg/cm², enquanto que um solo argilo-siltoso com coesão de 390 g/cm² tem uma resistência à compressão de apenas 25 kg/cm².

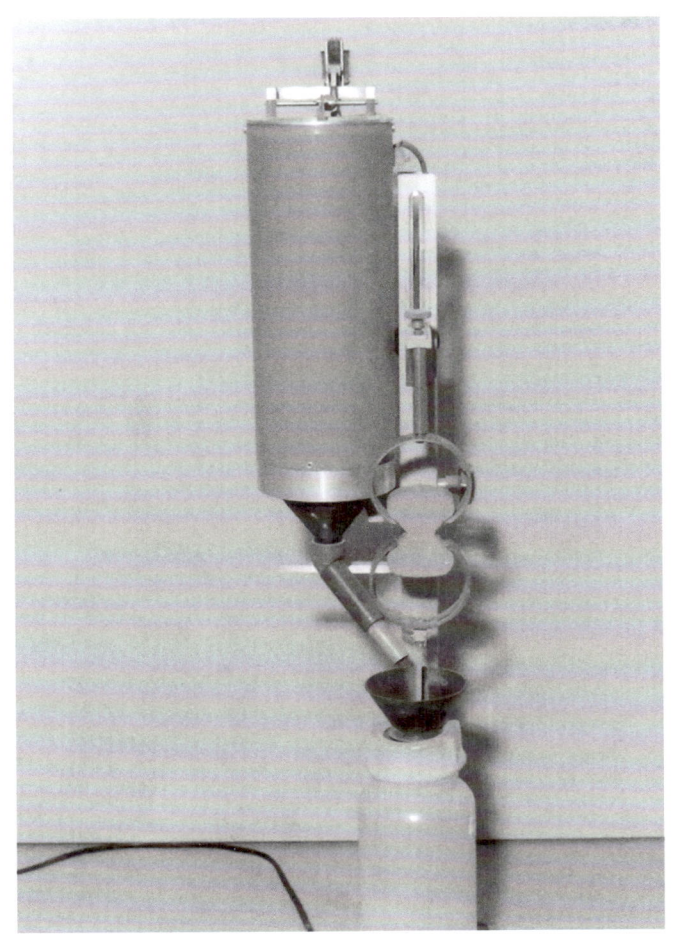

2.6-1 Equipamento de teste para medir coesividade desenvolvido pelo LCE.

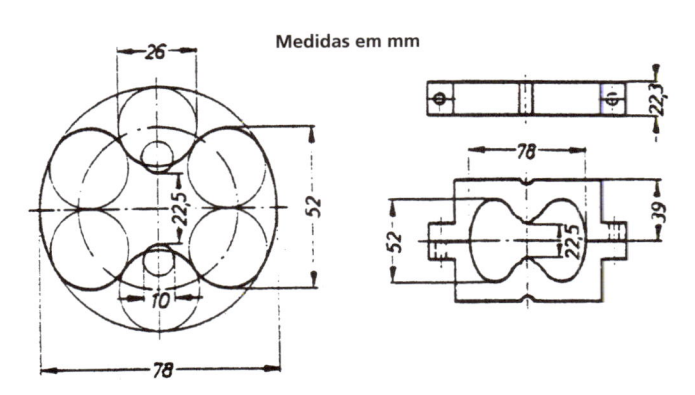

2.6-2 Modelo de preparação de amostras para testes de coesividade, segundo norma alemã DIN 18952.

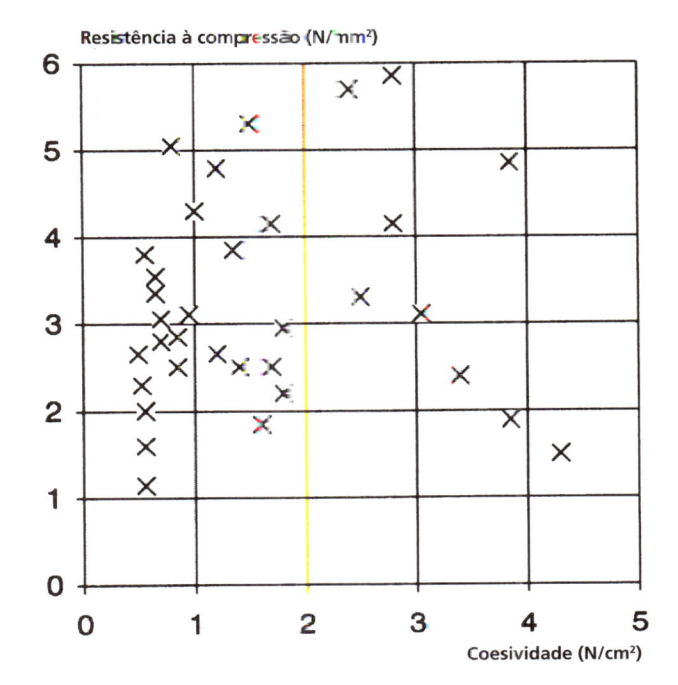

2.6-3 Relação de coesividade e resistência à compressão de vários testes segundo Gottharct, 1949, e testes no LCE.

Tabela 2.3 Compressões permissíveis em solos de acordo com a norma alemã DIN 18954

Peso específico	Resistência à compressão	Valores permissíveis em kg/cm²					
		Parede	Coluna altura/espessura				
kg/m³	kg/cm²		11	12	13	14	15
1600	20	3	3	2	1		
1900	30	4	4	3	2	1	
2200	40	5	5	4	3	2	1

Alguns desses resultados se mostram na fig. 2.6-3. A resistência permissível a compressão em elementos de construção de terra, segundo a DIN 18954, é de 3 a 5 kg/cm² (tabela 2.3).

O fator de segurança

Em componentes de terra, segundo esse raciocínio, o fator de segurança é de aproximadamente 7. Isso implica que a atual resistência à compressão é sete vezes maior do que a compressão permitida no elemento. Vendo as atuais compressões na edificação ilustrada na fig. 1.2-11, construída em 1828 e ainda em uso, temos uma parede de terra compactada (taipa de pilão) de cinco andares e a compressão máxima na base é de 7,5 kg/cm² (Niemeyer, 1946), valor que não seria permitido pela norma DIN 18954.

Existem exemplos, no Iêmen, de residências de paredes maciças de terra de até o dobro da altura do exemplo mencionado anteriormente. É óbvio que é possível construir um prédio de terra de até 10 andares, mas a DIN 18954 só permite dois. De acordo com as normas hindus para blocos de terra comprimida, a resistência à compressão úmida do bloco deve ser testada, também. Para esse efeito, o bloco deve ser submerso em água numa profundidade de 3 mm, durante 24 horas.

2.6.3 **Resistência à tração**

A resistência da terra à tração em estado plástico foi descrita na parte 2.6.1. Para a construção com terra, a resistência à tração do material seco não é relevante devido ao fato de que as estruturas de terra não devem se submeter à tração.

2.6.4 **Resistência à flexão**

A resistência à flexão da terra em estado seco tem pouca importância para a construção com terra. No entanto, quando se trata de estabelecer a qualidade da argamassa de terra e a rigidez das bordas dos blocos de terra, isso adquire muita importância. A resistência à flexão depende fundamentalmente do conteúdo de argila e do tipo de minerais da argila.

A montmorilonita tem uma resistência à flexão muito maior do que a caulinita. O valor mais baixo, investigado por Hofmann, Schembra *et al.* (1967), com caulinita, alcançou 1,7 N/cm²; o maior com montmorilonita, estudado por Hofmann, Schembra *et al.*(1967), apresentou resistência à flexão entre 17 e 918 N/cm².

2.6.5 **Adesão**

A adesão é importante só para a argamassa de terra. Ela depende da aspereza da superfície e da resistência à flexão da argamassa. A norma alemã DIN 18555, parte 6, oferece um método de teste padrão muito complexo para estudar isso. Na fig. 2.6-4 se mostra um teste para controlar a adesão. Dois blocos cerâmicos se unem a argamassa de 2 cm de espessura, e o tijolo superior deve ser disposto obliquamente a 90° do inferior.

Quando a argamassa estiver seca, o tijolo superior é colocado sobre dois tijolos, apoiado em seus extremos, enquanto que o inferior é reforçado com um recipiente cheio de areia. Quando a argamassa se parte, o peso do tijolo inferior mais o da areia se dividem pela área da argamassa, resultando, assim, na resistência da adesão. Isso só é relevante quando ocorre uma falha na união entre a argamassa e o bloco. Se a falha acontece na própria argamassa, significa que a resistência da argamassa à tração é menor do que a adesão.

2.6.6 **Resistência à abrasão**

As superfícies de terra empregadas como rebocos e pisos são sensíveis à abrasão. No LCE foi construído um aparato com o qual se pode medir a resistência à abrasão (ver fig. 2.6-5). O aparato consiste numa escova giratória que, com uma pressão de 2 kg, se mantém contra a superfície da argamassa. Após vinte voltas, é pesado o material que se desprende.

2.6.7 **Módulo de elasticidade**

O módulo de elasticidade da terra flutua normalmente entre 600 e 700 kg/mm².

2.7 **Valor de pH**

Os solos argilosos têm um valor de pH entre 7 e 8,5. Atualmente, se o solo for extraído de zonas industriais, as partes superiores podem ser ácidas por causa das chuvas ácidas. Um pH com mais de 7 previne o crescimento de fungos (o valor de pH favorável para o crescimento de fungos varia entre 6,5 e 4,5).

2.8 **Radioatividade**

Medições de radiação de raios beta e gama revelaram que a terra possui valores que não são maiores do que os do concreto ou de tijolos cozidos. Pelo contrário, alguns tijolos testados pelo autor exibiram mais radiação, provavelmente devido a aditivos como cinzas, ou restos de fornos onde se produz ferro. Muito mais importante do que os raios beta e gama são os raios alfa irradiados pelo gás radioativo, o radônio. Esses raios não penetram no corpo humano, pois a pele os absorve, mas podem ser inalados ao se respirar e provocar câncer.

2.9 **Proteção das ondas eletromagnéticas de alta frequência**

As investigações sobre o bloqueio ou a proteção que oferecem os materiais de construção contra as ondas eletromagnéticas de alta frequência (celulares, microondas, telefones sem fio), realizadas pela Universidade de Bundeswehr, em Munique, apresentaram como resultado que uma parede de adobe com 24 cm de espessura de 1600 kg/m³ de densidade e 15% de entreferros em seu interior, exposta a uma frequência de categoria 1,8 a 1,9 GHz de microondas de um celular ou de um telefone sem fio, amortiza as ondas em 22dB, equivalente a uma redução de 99,4%, enquanto que uma parede de tijolos leves com a mesma espessura de 1200 kg/m³ só reduz as frequências em 17dB e uma parede de tijolos mais compactos de 1800 kg/m³ apenas 7dB (ver fig. 2.9-1).

Para frequências mais altas, como a de ligação de rádio dirigida 11 cm (2.32-2.45 GHz) ou antenas direcionais (4.4.5.0 GHz), os valores se encontram numa categoria maior, como se pode ver na figura. Para 4 GHz a resistência das ondas numa parede de terra é de 50dB (=99,999%), em contraposição a uma parede de tijolos, que só isola 17dB.

Uma parede de sistemas de construção leves, como se encontra em muitas construções pré-fabricadas atuais, não oferece quase nenhuma proteção.

Um teto verde sobre cúpula de adobes de 24 cm oferece, em um campo de 2 GHz, uma boa proteção de 49 dB = 99,999%. Um teto de telhas, ao contrário, alcança apenas uma proteção mínima, enquanto que um teto verde com 16 cm de espessura alcança sob uma exposição de 2GHz, 22mdB, o que equivale a 99,4% de proteção.

As janelas podem oferecer boa proteção se tiverem vidros duplos e uma lâmina de metal nobre aderida ao vidro térmico, ou uma malha metálica, como mostra a fig. 2.9-1.

2.10 Conteúdo primário de energia

A energia que se necessita para a produção de um material, ou de um elemento de construção será designado aqui como Conteúdo Primário de Energia (CPE). Teremos em conta todos os transportes e energias de produção até a finalização do produto. Os produtos naturais têm baixo CPE, ao contrário dos produtos industrializados. Ele é medido em kilowatt hora (kWh) ou em mega Joules (MJ) por tonelada o metro cúbico. 1 MJ é igual a 0,278 kWh. Na tabela 2.9, podemos ver os valores de diferentes insumos de terra, em comparação com outros elementos de construção. Podemos ver na tabela que os valores ou-

2.6-4 Testes de campo para determinar coesividade de uma argamassa de terra.

2.6-5 Equipamento do LCE para testar abrasão.

Tabela 2.9 Conteúdos primários de energia
em elementos construtivos.

Material de construção	Densidade (t/m³)	CPE kWh/t	CPE kWh/m³	Fonte
Adobes	1,7	2 - 4	5 -10	6
Terra leve agregada	0,8	14	11	1
Terra compactada (taipa de pilão)	2,2	20	44	2
Rebocos industriais de terra	1,7	139	236	1
Blocos de terra secos em fornos	1,2	290	349	2
Tijolo poroso oco	0,75	722	541	1
Tijolo comum	1,8	750	1350	1
Concreto armado pré-fabricado			800	3
Grade de ferro	7,8	3.611	28.166	1
Placas de alumínio		72.500	195.00	3
Arenito	1,8	313	564	2
Manta mirenal	-	-	169	4
Argila expandida	0,35	857	300	7
Serragem seca no forno		1.306	588	1
Pranchas laminadas de madeira	0,43	1.691	727	2
Placas de OSB	0,62	2.058	1.276	2
Madeira prensada	0,49	2.681	1.314	2
Fardos de palha	0,11	64	7	5

Fontes: 1: Waltjen 1999; 2: Hegger *et al.* 2006; 3: Baler 1982; 4: Eyerer,
Reinhardt 2000; 5: Krick 2008; 6: Minke 1986; 7: Marmé, Seeberger 1982

torgados aos rebocos de terra e aos blocos de terra são altos porque estão baseados numa produção industrializada, com processos de secagem e moagem artificiais. Os adobes de produção industrial, porém secos ao ar livre, necessitam menos de 10 % deste valor, e os adobes feitos manualmente e secos ao sol, menos ainda. Com um transporte e a mistura dentro do normal, o valor outorgado à taipa de pilão é também relativamente alto, já que partiu de um processo mecanizado com máquinas pneumáticas e cofragens de fabricação industrial.

1 Teto verde 16 cm/ isolamento térmico 20 cm/ adobes 24 cm/reboco de terra 2 cm
2 Teto verde 16 cm/ terra úmida com 1/3 de argila expandida/ 20 cm de isolamento térmico
3 Adobes de 24 cm 1600 kg/m³/reboco de terra de 2 cm
4 Reboco de cal 2 cm/terra agregada com argila expandida 800 kg/m³ 25 cm/ reboco de terra 1,5 cm
5 Ecoblocos de cavaco e terra 1400 kg/m³ 10 cm
6 Concreto poroso 500 kg/m³ 24 cm
7 Tijolos perfurados 1200 kg/m³ 24 cm
8 Pedra calcária 1800 kg/m³ 24 cm
9 Teto de telhas 1,3 cm
10 Cortina refletora solar
11 Rede metálica de 1x1mm
12 Vidro duplo com câmara

Fonte: 1-4 FEB 2001, 5-12 Pauli, Moldan 2000

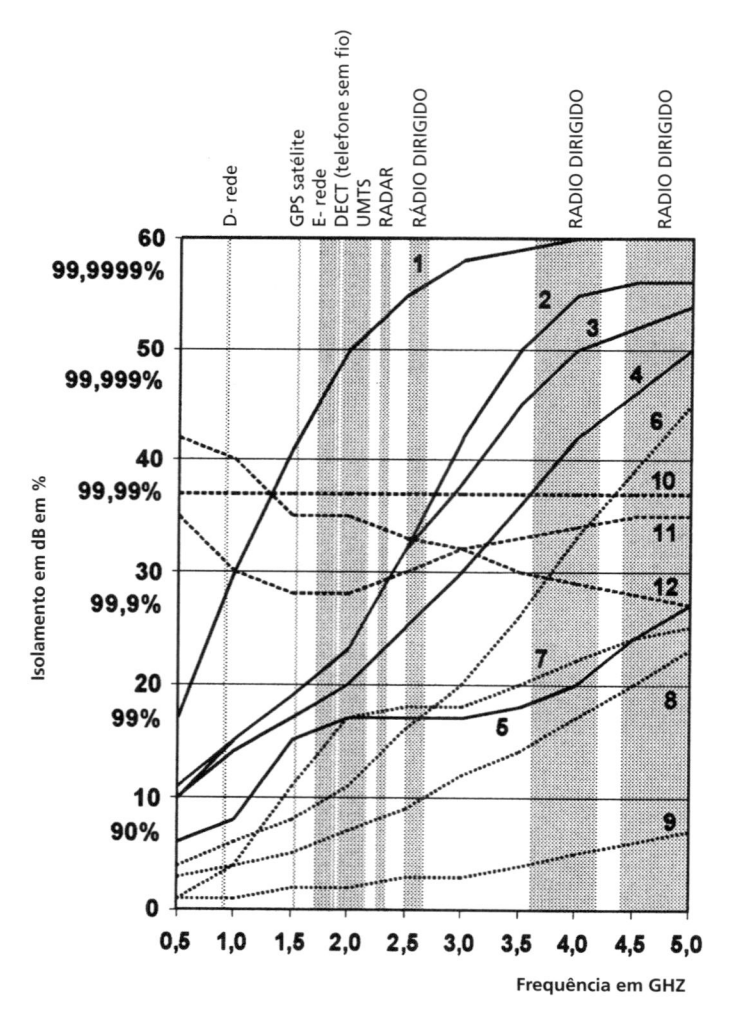

2.9-1 HF resistência à transmissão sob MIL-standard 285
de ondas polarizadas verticais.

3. Preparação da terra

3.1 Generalidades

Obter um material de construção a partir de um solo argiloso não é fácil e requer experiência. A mistura adequada depende do tipo de solo, da sua consistência e da aplicação que se quer dar. Um solo úmido solto, com baixo teor de argila e alto teor de areia, pode ser utilizado diretamente para a construção de uma parede de taipa de pilão.

Porções de terra com alto teor de argila não podem ser utilizadas como material de construção. Devem ser trituradas e dissolvidas em água, e posteriormente o conteúdo de argila deve diminuir com agregação de areia à mistura. Este capítulo descreve as diferentes possibilidades de preparar a terra para aplicações específicas.

3.2 Umedecimento, trituração e mistura

Há diferentes métodos que podem ser empregados para se obter material de construção laborável e sem torrões de terra. Um dos métodos mais usados para reduzir o tamanho dos torrões, e tornar sua consistência laborável sem utilizar força mecânica, consiste em mergulhá-los em água, de maneira que obtenham plasticidade por si mesmos.

Os torrões são dispostos em camadas de 15 a 25 cm de espessura em depósitos planos e posteriormente cobertos

3.2-1 Misturador usado no LCE, Kassel.

com água. Entre 2 e 4 dias, se obtém uma massa que pode ser moldada e misturada com agregados como areia e pedregulho, manualmente com os pés ou de forma mecânica.

Nos climas frios, em que há neve, se emprega um método tradicional que consiste em amontoar a mistura de barro num monte de 20 a 40 cm de altura, e deixar congelar durante o inverno para que a desintegração seja provocada pela expansão da água congelada. A forma mais correta de preparar a mistura adequada é remexendo o barro com uma enxada, ou amassar a mistura com os pés.

Também se podem utilizar animais para esse trabalho. A palha, a areia e outros aditivos podem ser misturados na mesma operação.

No Laboratório de Construções Experimentais (LCE), da Universidade de Kassel, foi construída uma roda de moenda (fig. 3.2-1). Encheram-se dois pares de pneus velhos de trator com concreto, que foram usados para pre-

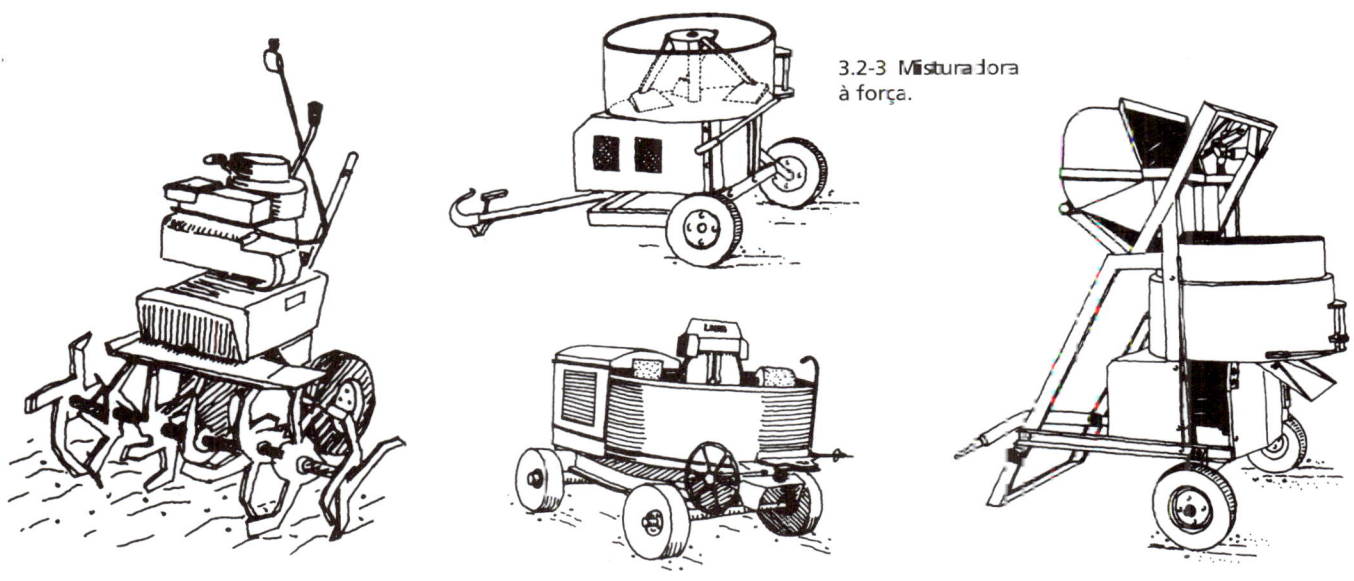

3.2-2 Cortador de jardim.

3.2-3 Misturadora à força.

3.2-4 Misturador de argamassa com rodas.

3.2-5 Misturador com adição de preenchimento.

parar a mistura. Os pneus foram montados nos extremos de um eixo horizontal fixo à um poste vertical central, e para movê-los, utilizou-se um trator, mas também pode se utilizar a tração animal ou a força manual.

Com a adição correta de água, foi produzido um metro cúbico de barro em 15 min (com ajuda de 2 a 3 pessoas, que jogavam com uma pá no depósito o barro que se derramava durante o processo). Se usarmos um trator, é correto também, e mais efetivo dispersar a terra sobre uma superfície do terreno e triturar a mistura várias vezes com as rodas. Para pequenas quantidades, é muito útil um pequeno aparador de jardim (il. 3.2-2).

Na tecnologia moderna de construção com terra, se empregam misturadores movidos à força de máquinas. Na il. 3.2-3, a mistura é preparada com a ajuda de palhetas misturadoras que se fixam a um eixo vertical ou horizontal (il. 3.2-5). É conveniente ter um adicional mecânico para encher a misturadora, como se observa na il. 3.2-5.

As antigas máquinas misturadoras de argamassa, como a com cilindros rotatórios, podem ser utilizadas também (il. 3.2-4). A máquina na il. 3.2-5 foi desenvolvida especialmente para preparar o barro com qualquer tipo de terra (afirma Heuser, Höhr-Grenzhausen).

Um método mais rápido para preparar barro a partir de torrões secos de terra argilosa é triturando-os numa máquina (il. 3.2-8). Essa máquina tem angulares de aço fixos numa prancha horizontal que roda a uma velocidade de 1440 rotações por minuto e precisa de um motor elétrico de 4 kW. A máquina não funciona se os torrões estiverem úmidos.

Podemos observar outro exemplo na il. 3.2-9. Esse equipamento foi construído pela empresa belga Ceratec, e tem condições para triturar até 20m³ de torrões em 8 horas, com um motor de 3 cavalos. Nessa máquina, os torrões são triturados por dois cilindros que giram em sentido inverso.

A máquina que se mostra na il. 3.2-10, da Royer, França, pode triturar até 30m³ de torrões de terra em 8 horas. Para tirar a mistura da máquina, há várias possibilidades. A máquina da fig. 3.2-3 tem uma abertura na parte inferior, através da qual a mistura pode ser esvaziada automaticamente num carrinho de mão. O recipiente do equipamento que se mostra na fig. 3.2-6 pode ser virado para que a mistura caia no recipiente plano que há embaixo.

As betoneiras comuns de concreto, em que só o tambor gira, não são adequadas para preparar as misturas de barro, isso porque os torrões se aglomeram em vez de se triturarem. Uma misturadora elétrica do tipo que se mostra na fig. 3.2-7 consome demasiado tempo e é recomendada apenas para preparar pequenas quantidades de argamassa e reboco.

3.2-6 Misturador à força (Heuser).
3.2-7 Misturador elétrico manual.
3.2-8 Triturador elétrico (Erdwolf).

3.3 Peneiramento

Para a execução de algumas técnicas de construção, é indicado o peneiramento da terra para se extraírem as partículas maiores. O método mais simples é fazer passar a terra seca por uma peneira. O equipamento mecânico consiste numa peneira cilíndrica inclinada, que gira manualmente ou com um motor (il. 3.3-1).

3.4 Dissolver a terra

Com o objetivo de enriquecer o solo arenoso com argila, ou preparar uma argamassa feita com o barro, é necessário dissolver a terra. É fácil de fazer com o pó da terra seca misturado com água. Caso se utilizem torrões de solo argiloso, deve-se embebê-los por alguns dias, cobertos com água num recipiente baixo e plano.

A argamassa é obtida usando-se ancinhos especiais como se vê na fig. 3.4-1, ou utilizando-se misturadoras elétricas manuais, como se mostra na fig. 3.2-7. Uma misturadora à força é mais comumente utilizada para misturar e aplicar reboco.

3.5 Cura

Mauken é o termo alemão usado para designar um tipo de cura no qual a mistura de barro fica repousando entre 12 e 48 horas. A experiência demonstra que a coesão do barro aumenta com esse processo. Esse fenômeno ocorre provavelmente porque a atração eletroquímica entre os diferentes minerais argilosos os força a adotar uma estrutura mais compacta e ordenada.

3.6 Redução do conteúdo de argila

A terra deve ser corrigida granulometricamente caso seja muito rica em argila. Agregados grossos como areia e pedregulho são adicionados, aumentando a resistência da terra à compressão. Os agregados devem ser umedecidos antes de serem agregados à mistura.

Para além da areia e seixos, também podem ser utilizados peles, esterco, palha, cascas, serragem, folhas secas e outros materiais similares. Servem para reduzir a retração, e alguns servem também para aumentar o isolamento térmico.

3.2-9 Triturador (Ceratec).

3.2-10 Triturador (Royer).

3.3-1 Equipamento mecânico de peneiramento.

3.4-1 Ancinhos especiais para preparar misturas de barro.

4. Melhoramento das características da terra segundo tratamentos especiais e aditivos

4.1 Generalidades

Só para aplicações específicas é preciso modificar as características da terra. Aditivos que melhoram algumas propriedades podem piorar outras, como podemos observar na fig. 4.1-1.

Por exemplo, a resistência à compressão e à tração podem aumentar empregando-se amido e celulose. Contudo, esses aditivos reduzem, ao mesmo tempo, a coesão e aumentam a retração, o que implica desvantagem no seu uso.

4.2 Redução das fissuras provocadas pela retração

4.2.1 Generalidades

As fissuras de retração em superfícies de terra expostas à chuva devem ser evitadas, devido à crescente erosão. A retração durante a secagem depende da quantidade de água, do tipo e quantidade de minerais argilosos, e da distribuição granulométrica dos agregados, como se descreve na parte 2.3.3.

4.2.2 Redução com agregados

Adicionando areia ou agregados maiores à terra, se reduz a proporção de argila, reduzindo também a média da retração na secagem. Nas fig. 4.2-1 e 4.2-2 se mostram os resultados desse método.

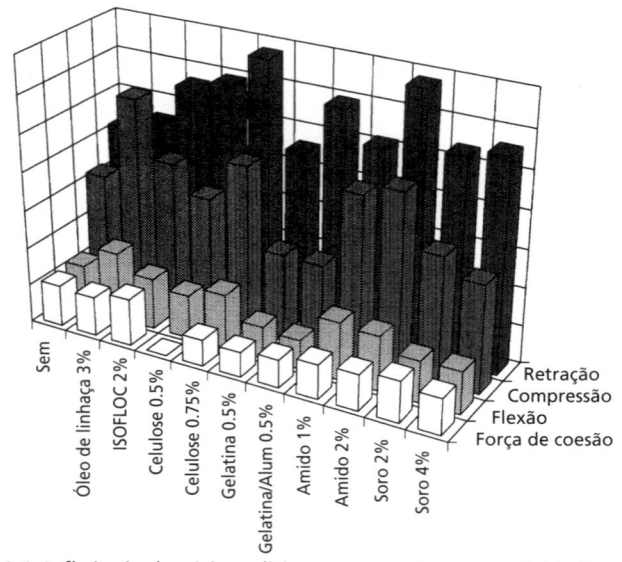

4.1-1 Influência de vários aditivos na retração, na coesividade, na tração em flexão e na compressão de um solo arenoso.

Na fig. 4.2-1, a um solo com 50% de argila e 50% de silte se misturou areia, aumentando gradualmente a quantidade, até que a média da retração se aproximou do zero (todas as amostras examinadas tinham uma consistência padrão para serem comparáveis, ver parte 2.3.3).

É interessante assinalar que a média de retração de 0,1% se alcança com um conteúdo de 90% de areia de 0 a 2 mm de diâmetro, enquanto que, com a areia de 0,25 a 1 mm de diâmetro, se alcança antes de o volume de areia chegar a 80%.

Um efeito similar vê-se na fig. 4.2-2 com um solo siltoso, em que a adição de areia grossa (de 1 a 2 mm de diâmetro) resulta num efeito melhor do que a areia normal de 0 a 2 mm de diâmetro. A fig. 4.2-3 mostra a influência de diferentes tipos de argila. Foi reduzido o conteúdo de argila da primeira série de amostras com partículas de areia de 0 a 2 mm de diâmetro misturadas com 90 a 95% de caulinita pura; a outra série se reduziu com bentonita, constituída por 71% de montmorilonita e 16% de ilita.

4.2.3 Redução com líquidos

Na indústria da cerâmica, os meios de redução com líquidos são empregados para se obter uma liquidez maior e assim usar menor quantidade de água, com o objetivo de reduzir a retração. Os meios de redução mais comuns são com silicato de sódio ($Na_2O \cdot 3\text{-}4SiO_2$), carbonato de sódio ($Na_2CO_3$), ácido de húmus e ácido tânico.

Testes realizados pelo LCE, de Kassel, Alemanha, mostraram que, para empregar terra como material de construção, os métodos foram poucos relevantes. Mas os testes com soro foram exitosos.

4.2.4 Adição com fibras

Quando se adicionam fibras como pelo animal, fibras de coco, sisal, agave, bambu e palha a retração se reduziu. Isso se deve ao fato de que o conteúdo relativo de argila se reduz e parte da água é absorvida pelos poros das fibras. Também se reduziu o surgimento de fissuras, já que as fibras aumentam a coesividade da mistura. Alguns resultados dos testes realizados pelo LCE se mostram na fig. 4.2-4.

4.2.5 Medidas estruturais

O método mais simples para reduzir as fissuras por retração em elementos de terra é reduzir suas dimensões e aumentar o tempo de secagem. Durante a produção de

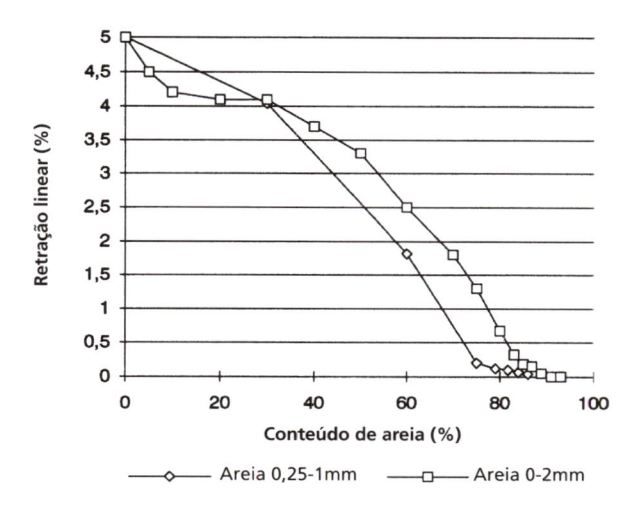

4.2-1 Redução da retração com adição de areia a uma terra arenosa.

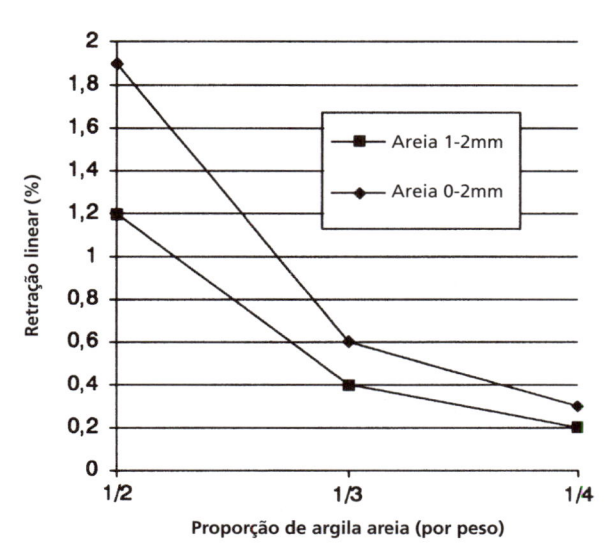

4.2-2 Redução da retração com adição de areia a uma terra siltosa.

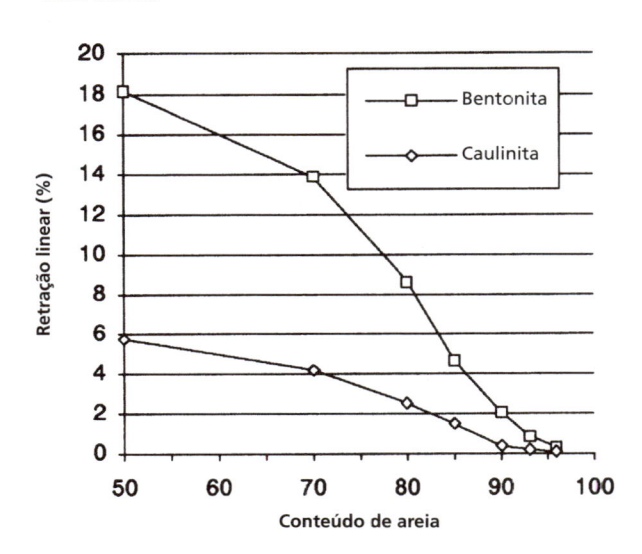

4.2-3 Redução da retração, com adição de areia à caulinita e à bentonita.

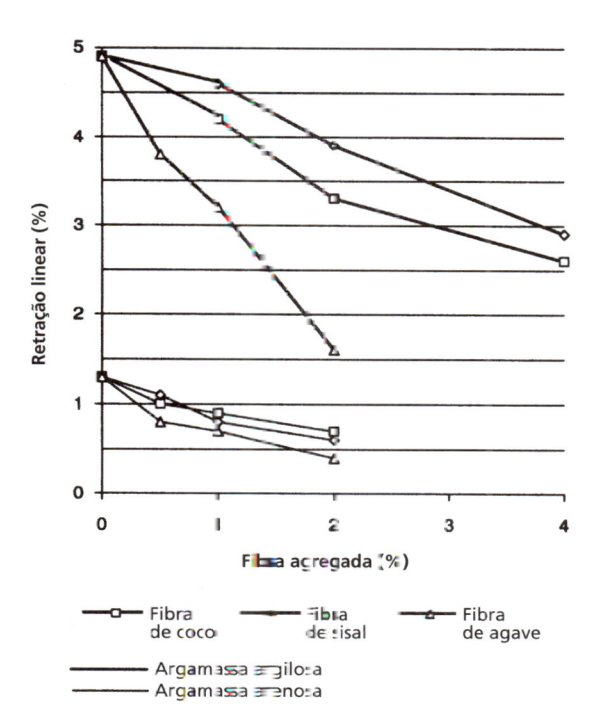

4.2-4 Redução da retração de argamassa de terra com adição de fibras.

adobes, é importante colocá-los verticalmente e protegê-los dos raios do sol e da brisa diretos para garantir um processo de secagem homogêneo e lento. Outro método inteligente é projetar juntas de retração, evitando, assim, as fissuras de retração no elemento. Tais juntas podem posteriormente ser seladas em separado (ver partes 5.6.1 e 15.4.3).

4.3 Estabilização contra a água

4.3.1 Generalidades

Em geral, não é necessário aumentar a impermeabilidade de elementos de terra. Se, por exemplo, uma parede de terra é protegida da chuva por beirais e telhas, assim como é protegida da umidade que sobe do solo, elevando-a e protegendo a sua base, não é preciso acrescentar estabilizadores à mistura. Contudo, para rebocos de terra expostos a chuva e elementos de terra sem proteção durante a construção, o uso dos estabilizadores pode ser necessário.

Teoricamente, uma pintura resistente às inclemências do tempo é a proteção suficiente, mas na prática, em geral, aparecem fissuras na superfície ou elas se criam por ação mecânica. Há o perigo de que a água da chuva penetre na terra provocando expansão e, em seguida, a erosão.

Diz-se que o cimento e o betume são bons estabilizadores para solos com pouca argila, e que a cal é indicada para solos argilosos. Mas essa regra não leva em conta o tipo de argila. Por exemplo, a argila montmorilonita e a

4.3-1 Teste de erosão em adobes.

caulinita reagem de maneira distinta, como se vê em 4.5.5. Os estabilizadores cobrem os minerais da argila e previnem que a água não os alcance e provoque a expansão. Neste capítulo, se descrevem os estabilizadores comuns empregados tradicionalmente na atualidade. Outros estabilizadores que aumentam a resistência à compressão se mencionam nas partes 4.5.5 e 4.5.6.

A impermeabilidade pode aumentar modificando a distribuição granulométrica do silte e da areia com três adobes, como se vê na fig. 4.3-1, nos quais se despejaram 10 litros de água por um lapso de 2 minutos. O adobe do centro, com alto conteúdo de silte, apresentou uma erosão extrema de 5 mm de profundidade. O adobe da direita, com um conteúdo maior de argila, aproximadamente 30%, apresentou uma erosão de 3 mm; o adobe da esquerda, com o mesmo conteúdo de argila, mas com menos areia fina e mais areia grossa, mostrou uma erosão ínfima.

4.3.2 Estabilizadores minerais

Cimento

O cimento atua como estabilizador contra a água em terras com baixo conteúdo de argila. Quanto maior o conteúdo de argila, mais cimento se necessita para atingir o mesmo efeito de estabilização. O cimento interrompe as forças aglutinantes da argila, fazendo com que a resistência à compressão de uma terra estabilizada com cimento seja menor que a da mesma terra sem cimento, como se mostra na parte 4.5.5.

Tal como o concreto, a resistência máxima dos blocos de terra estabilizados com cimento é atingida aos 28 dias. Tais blocos devem ser curados com no mínimo 7 dias e não devem ter uma secagem demasiado rápida. Se não estiverem protegidos do sol e do vento, os blocos devem ser molhados levemente com água durante o processo de cura. Para acelerar e otimizar o processo de cura, devem ser adicionados 20 a 40 g de hidróxido de sódio (NaOH) por cada litro de água. Efeitos similares podem ser obtidos com aproximadamente 10g por litro de água de qualquer um dos seguintes componentes: $NaSO_4$, Na_2CO_3 e Na_2SiO_2.

Cal

O intercâmbio de íons ocorre no solo com cal como estabilizador, se existir umidade suficiente. Os íons de cálcio da cal se intercambiam com os íons metálicos da argila, resultando daí aglomerações de partículas finas que evitam a penetração da água. Ademais, a cal reage com o CO_2 do ar formando calcário. O conteúdo positivo de cal no solo difere e deve ser investigado com pormenor em cada caso. Na parte 4.5, mostramos que, se adicionarmos uma pequena quantidade de cal, a resistência à compressão pode ser menor do que a do solo sem estabilizar.

Betume

Na Babilônia, se usava betume para estabilizar adobes, antes do século V a.C. Normalmente o betume é apropriado para solos com baixo teor de argila. O efeito de estabilização é otimizado se a mistura for compactada. Por isso, o betume deve ser dissolvido primeiro com um emulsionador, como a nafta, a parafina ou o petróleo. É preferível empregar uma mistura de 4 a 5 partes de betume, 1 parte de óleo de parafina e 1% de parafina aquecida numa temperatura de 100° C. Entre 3 e 6% dessa solução é o bastante para estabilizar o solo. Depois que o solvente e a água se evaporam, forma-se uma película que aglutina as partículas do solo, evitando a penetração da água.

Silicato de Sódio

Silicato de sódio ($NaO_2 \cdot 3\text{-}4\ SiO_2$) é um bom estabilizador para terras arenosas, mas deve ser reduzido com água numa proporção de 1:1 antes de adicioná-lo, senão aparecerão microfissuras que provocam uma forte absorção de água.

4.3.3 Produtos animais

Produtos animais como sangue, urina, esterco, caseína e cola animal foram usados durante séculos para estabilizar a terra. Na Antiguidade, o sangue de boi foi usado como agente aglutinante e estabilizador. Na Alemanha, a superfície de casas de terra compactada era tratada com sangue de boi, para torná-la resistente à abrasão e facilitar sua limpeza.

O soro e a urina são utilizados comumente em diversos países como estabilizador de superfícies de terra. Se for utilizado esterco, ele deve ficar em repouso de 1 a 4 dias, para permitir a fermentação. Nesse caso, o efeito de estabilização aumenta consideravelmente devido ao intercâmbio de íons entre os minerais da argila e do esterco. Na Índia, os rebocos tradicionais (reboco *gobar*) apresentam um alto conteúdo de esterco, que fica em repouso por um dia. Essa técnica é empregada até hoje.

Investigações efetuadas no LCE mostraram que uma amostra de reboco testada com a prova de aspersão com jatos de água (ver partes 2.3.7 e 11.11) começa o processo de erosão em quatro minutos, enquanto uma amostra com 3,5% em peso de esterco começou a apresentar erosão após 4 horas.

4.3.4 Produtos animais e minerais

Na Antiguidade, a estabilidade contra a água era aumentada adicionando-se cal e esterco, ou cal e soro. Um exemplo de uma receita tradicional: 1 parte de cal misturada com 1 parte de solo arenoso embebida com urina de cavalo por 24 horas. Após esse processo, a mistura pode ser utilizada como reboco. Como é óbvio, a cal reage quimicamente com alguns elementos da urina, observando-se, inclusive, o surgimento de alguns cristais finos. A caseína na urina e o esterco reagem com a cal, formando o aluminato de cálcio (que não é solúvel na água). A celulose da urina e do esterco aumenta a resistência à flexão, quando as fibras da celulose atuam. Os componentes do amoníaco atuam como desinfetantes contra micro-organismos. Outras receitas que foram testadas com êxito no LCE são: a) uma parte de cal hidráulica, quatro partes de esterco reduzido e repousado por três dias e oito partes de solo arenoso; b) quatro partes de cal hidráulica, uma parte de coalhada desnatada e dez partes de solo arenoso.

4.3.5 Produtos vegetais

Seivas de plantas oleáceas com teor de látex, como sisal, agave, cactos (*Opuntia*), bananeira e *Euphorbia herea*, em combinação com a cal, tiveram êxito quando utilizadas como pintura estabilizadora, em muitos países. Pesquisas realizadas no Laboratório de Construções Experimentais (LCE) mostraram que, usando-se óleo de linhaça duplamente cozido, se obtém uma alta resistência às inclemências do tempo em superfícies de terra. É preciso acrescentar que, nesse caso, a difusão do vapor é reduzida consideravelmente (ver parte 2.4.4).

Alguns dados demonstram que o amido cozido e o melaço podem ser utilizados para otimizar a estabilidade. Esse efeito aumenta ainda mais adicionando-se cal. Houve êxito ao incorporar de 2 a 3% de um creme feito de farinha de trigo ou centeio, da seguinte maneira: dissolver uma parte de farinha de trigo em água fria, juntar duas partes de água fervendo à mistura, mexer e cozinhar até formar um creme. Não é possível alcançar uma resistência completa nos rebocos exteriores feitos com aditivos naturais, ao serem lavados pela chuva.

4.3.6 Emulsão asfáltica

Com o agregado de betume como emulsão em pasta, produto já por si impermeável, se consegue um reboco impermeável. Esse tipo é utilizado no Peru e na Califórnia. Segundo constatações feitas no LCE, se conseguem rebocos impermeáveis com a incorporação de 4 a 8% de emulsão asfáltica na mistura, dependendo da quantidade de água nela existente.

4.3.7 Estabilizadores sintéticos

Resinas sintéticas, parafinas, ceras sintéticas e látex sintético são muito conhecidos por terem um efeito de estabilização sobre a terra. Assim, como os custos desses materiais são mais elevados, são também propensos à degradação, devido aos raios ultravioleta, e atuam como barreiras de vapor. Não discutiremos em detalhe sobre esses materiais neste livro. Tais estabilizadores devem ser testados antes de sua utilização. Silano, siloxano, silicones e acrilatos são produtos que possuem um efeito repelente à água. Tratamos sobre eles na parte 12.4.

4.4 Aumento da coesão

4.4.1 Generalidades

A maneira como se obtém a coesão foi descrita na parte 2.6.1. Ao se utilizar a terra como material de construção, não se requer uma coesão específica. Mas, se a coesão não é suficiente, pode-se aumentá-la acrescentando argila e também com um melhor preparo, ou seja, amassando e curando corretamente (ver parte 3.5). Os produtos minerais, animais e vegetais, que normalmente se adicionam para melhorar a resistência às inclemências do tempo, servem também para aumentar a coesividade, embora, às vezes, as reduza. Nessa parte, explicamos vários métodos com os quais se pode aumentar a coesão.

4.4.2 Misturar e curar

Diferentes amostras de solo de uma mesma mistura podem ter diferentes coesividades, dependendo do método empregado em seu preparo. Se a mistura tiver água suficiente no preparo, então o processo de amassar a mistura e a cura influenciam positivamente no aumento da coesividade.

No LCE, se descobriu que uma argamassa de terra siltosa, ao ser misturada por 10 minutos numa misturadora de

4.4-1 Teste da queda da bola para demonstrar diferentes coesividades.

laboratório, alcançou uma coesividade 57% superior que a mesma amostra misturada durante 1 minuto. Conseguiu-se obter uma diminuição de 11% logo aos 20 minutos, indicando que existe um tempo certo de mistura. O aumento de coesão obtido a partir de um maior tempo de preparo é demonstrado através de um teste simples.

A figura 4.4-1 apresenta duas bolas de terra de 5 cm de diâmetro, que se deixaram cair de uma altura de 2 m sobre uma superfície dura. Ambas foram preparadas com a mesma consistência, determinada pelo limite plástico. A bola da esquerda foi misturada por 2 minutos e a da direita por 10 minutos. A comparação entre ambas demonstrou que a amostra que foi misturada por mais tempo apresentou menor deformação e menor tendência para fissuras.

4.4.3 Aumento do conteúdo de argila

Com misturas de terra muito pobres (com baixo conteúdo de argila), emprega-se um método simples para aumentar sua coesividade, adicionando solo com alto teor de argila, ou argila pura. Isso se torna mais fácil se houver argila em pó, que pode ser adicionada à mistura úmida. É preciso ter em conta que, assim como a montmorilonita possui alta coesividade, por sua vez, possui também uma alta capacidade de expansão e retração.

É mais fácil obter pó de argila da indústria cerâmica ou de solos extremamente argilosos utilizados pelas olarias. Torrões de terra ricos em argila devem ser mergulhados em água para formar uma argamassa que, posteriormente, se mistura com a massa de terra numa misturadora (ver parte 3).

4.4.4 Aditivos

A coesividade de solos pobres pode ser aumentada com soro, coalhada desnatada (*quark*, em alemão), queijo branco, urina, esterco, óleo de linhaça duplamente cozido ou cola de cal e caseína. Os resultados devem ser testados em cada caso, antes de usar aditivos em elementos de construção. Alguns dados compilados pelo LCE podem ser observados na fig. 4.1-1.

4.5 Aumento da resistência à compressão

4.5.1 Generalidades

A terra a ser utilizada para construção deve possuir resistência à compressão de 20 a 50 kg/cm^2 (2 a 5 N/mm^2). A resistência à compressão permissível para paredes de acordo com a norma alemã DIN 18954 é de 3 a 5 kg/cm^2.

Na prática, é pouco comum que se requeira uma resistência à compressão superior, necessária somente em alguns elementos muito expostos a cargas extremas, e isso ocorre apenas em estruturas com muitos andares.

No caso de componentes de terra, a resistência das quinas aos impactos é muito importante, e, em muitos casos, precisa ser aumentada. Essa rigidez depende tanto da resistência à compressão como da flexão. Ela é muito importante durante a construção quando os blocos de terra ou adobes forem transportados ou empilhados.

A resistência à compressão do barro depende, principalmente, de sua distribuição granulométrica, do conteúdo de água, da compactação dinâmica ou estática, assim como do tipo de argila. Se as partículas de areia e pedregulho estiverem bem distribuídas, como para obter menor volume de compactação, e se o silte e a argila forem constituídos de tal maneira que todos os espaços intergranulares da areia e do pedregulho estiverem bem preenchidos com eles, então se atinge a máxima densidade e, com isso, maior resistência à compressão.

4.5.2 Preparação

A resistência à compressão de uma mistura depende de seu tipo e sua duração, assim como da proporção de água utilizada, um aspecto não muito conhecido e pouco investigado. No Instituto de Construção da Universidade de Zurique, Suíça, e no LCE, ficou comprovado que um solo, numa prensa de blocos de terra, possui resistência à compressão menor que o mesmo solo com água suficiente, misturado à mão e apenas jogado dentro do molde (como quando se fazem adobes).

Numa experiência realizada no LCE, os adobes feitos manualmente tinham uma média de resistência à compressão maior em 19% do que se fossem produzidos em prensas de blocos de terra, o que gera uma pressão de 2 mm kg/cm^2 sobre o material. A ideia de muitos investigadores e profissionais de que a compressão em prensas de terra conduz ao aumento da resistência à compressão é correta em alguns casos.

O segredo do solo está na estrutura laminar dos minerais da argila e na sua atração elétrica interna, a mesma que

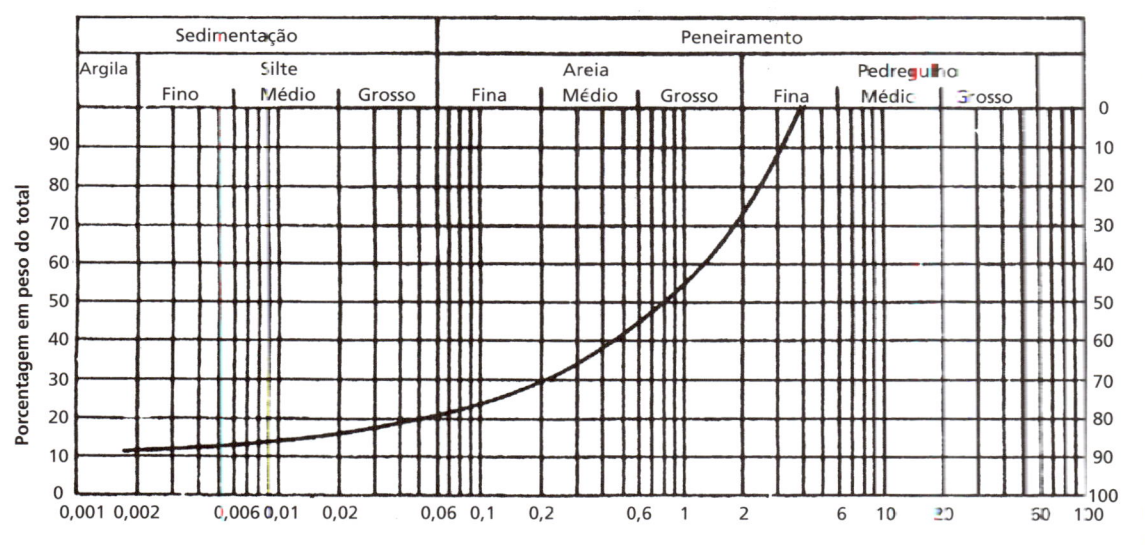

4.5-1 Parábola modificada de Fuller (Boemans, 1989).

é ativada através da água e do movimento. Isso significa que, ao se amassar o barro em estado plástico, os minerais da argila ficam em condições de se unir melhor num padrão mais denso, adquirindo, assim, uma coesão maior, e uma maior resistência à compressão na secagem.

Produziram-se amostras cilíndricas de 76 mm de diâmetro e 100 mm de altura, que foram testadas utilizando um equipamento que se mostra na fig. 4.5-2, desenvolvido pelo LCE para testar amostras de uma mesma densidade. As amostras são compactadas com 10 batidas, com um peso de 4,5 kg caindo sobre elas, de uma altura de 0,45 cm. O volume da amostra de terra escavada recentemente foi compactado entre 30 e 40%.

O mesmo solo siltoso foi misturado com água numa misturadora mecânica durante 2 e 15 minutos respectivamente, e, nesse estado pastoso, foi disposto posteriormente num molde cilíndrico do mesmo tamanho. Após a secagem, a amostra não compactada apresenta uma resistência à compressão de 28 a 38%, respectivamente, mais alta do que aquelas que foram compactadas.

Esse teste demonstra que a preparação pode ser mais importante para a resistência do que a compactação. Mas se deve ter em conta que a amostra mencionada anteriormente era siltosa, e que, com terras com alto teor de argila ou areia, a diferença não é tão notória.

Tabela 4.1 Resistência à compressão em seguida à compactação estática e dinâmica de uma terra arenosa (argila 15%, silte 29%, areia 56%) e de uma terra siltosa (argila 12%, silte 74%, areia 14%).

Terra	Peso específico (kg/m²)	Vibração (l/min)	Força de compressão (N/mm²)
Siltosa	2003	0	3,77
	1977	1500	4,11
	2005	3000	4,17
Arenosa	2023	0	2,63
	2009	1500	2,91
	2024	3000	3,00

4.5.3 Compactação

Compactar a terra com força estática para aumentar sua resistência à compressão é, em geral, menos efetivo do que bater ou compactar a mistura durante a vibração (aplicando forças dinâmicas). Quando um objeto pesado cai sobre o solo, causa ondas que provocam vibrações em

4.5-2 Equipamento de compactação para amostras de solo, desenvolvido pelo LCE, Kassel.

suas partículas. Por sua vez, cria movimentos que permitem às partículas adquirirem um padrão mais denso.

Se houver água suficiente, os minerais da argila apresentam a capacidade de formar uma estrutura interlaminar paralela, que é mais ordenada e conduz a uma maior coesão e resistência à compressão. A tabela 4.1 mostra a efetividade comparativa da compactação dinâmica em relação à estática, baseada em vários testes realizados no LCE.

Podemos observar que a resistência à compressão de uma terra arenosa, sob uma pressão constante aplicada por 10 segundos, vibrando a 3000 ciclos por minuto, aumenta em 14%. Para cada técnica de preparação existe um conteúdo positivo de água que só pode ser determinado mediante testes.

De acordo com a norma alemã DIN 18127, o conteúdo positivo de água é aquele com o qual a densidade máxima em seco é alcançada. A compactação deve ser feita com um martelo Proctor. Com o objetivo de obter o conteúdo positivo de água, se compactam amostras com diferentes teores de água e se determina sua densidade. O teor de água que oferecer maior densidade é designado como conteúdo positivo de água. A curva que se obtém com esses pontos se chama Curva de Proctor (fig. 4.5-3).

Na construção com terra, a densidade máxima ou compactação, o chamado conteúdo positivo de água, não conduz necessariamente a máxima resistência à compressão, e isso não é um parâmetro decisivo. Pelo contrário, a trabalhabilidade e a coesão são os parâmetros decisivos e, por essa razão, se recomenda não usar um solo com conteúdo positivo, como na DIN 18127, mas com um conteúdo de água um pouco maior do que o positivo obtido.

De fato, esse conteúdo positivo de água deve ser tomado, na prática, como o conteúdo mínimo de água. Observou-se que, com blocos de terra comprimidos, com um conteúdo de água 10% maior que o positivo, se obtêm melhores resultados do que com o chamado positivo. Boemans defende que o conteúdo de água positivo não leva à máxima resistência a compressão.

Descobriu-se que, se houver uma menor compactação e um maior conteúdo de água, se pode alcançar a mesma resistência à compressão utilizando menor conteúdo de água (Boemans, 1989, p. 60 e seguintes). No Laboratório Géomateriaux, École Nationales des Travaux Publics de l'état, Vaulx en Velin Cedex (ENTPE), França, descobriu-se que os tipos de minerais da argila também produzem efeito sobre a resistência à compressão após a compactação. Por exemplo, aumentando a pressão estática de 2 a 8 Mpa, para produzir blocos usando uma prensa, a resistência à compressão aumenta em 50% com a caulinita e aproximadamente em 100% com a montmorilonita (Oliver Mesbah, 1985), e novamente com a adição de 2% de cimento.

Como se pode ver na fig. 4.5-6, essa resistência original é alcançada adicionando-se 4% de cal. Nesse caso, ela diminui novamente após a estabilização com 6% de cal.

4.5.4 Aditivos minerais

Um solo argiloso pobre pode atingir uma resistência à compressão alta com a adição de argila montmorilonita. No LCE, se realizaram testes com areia enriquecida com 17% em peso de caulinita e bentonita, respectivamente (a bentonita tem aproximadamente 70% de montmorilonita). Com caulinita, a resistência à compressão alcançada foi de 5 kg/cm², enquanto que, com bentonita, foi de 12 kg/cm².

A adição de cal e cimento usada para aumentar a resistência da terra às inclemências do tempo aumenta em geral,

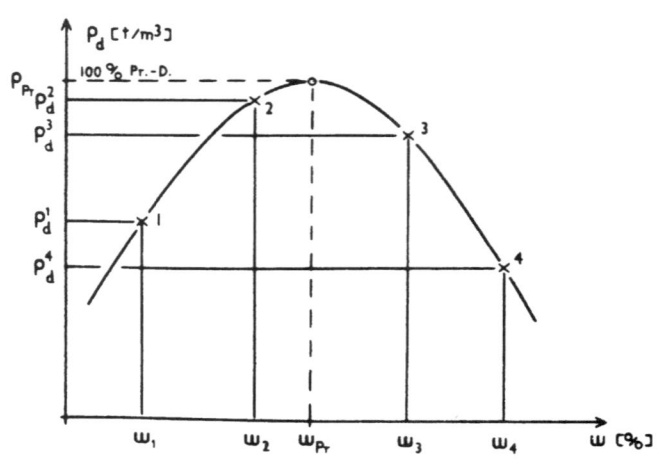

4.5-3 Obtenção da Curva Proctor segundo o método de multipontos (Voth, 1978).

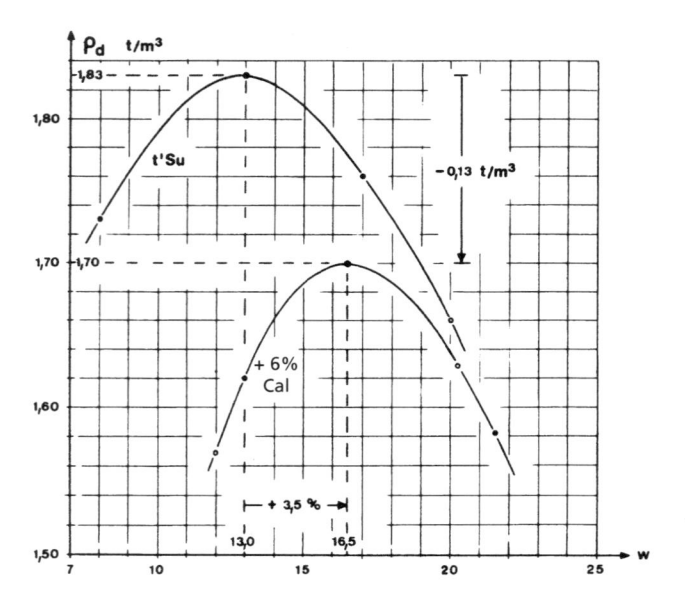

4.5-4 Curvas de Proctor de um solo siltoso com e sem adição de cal (Voth, 1978).

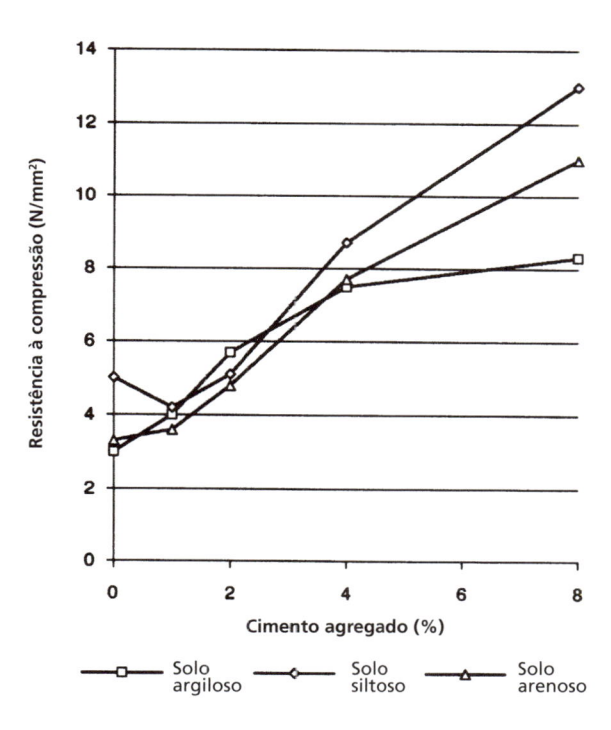

4.5-5 Alterações da resistência à compressão de terras com adição de cimento.

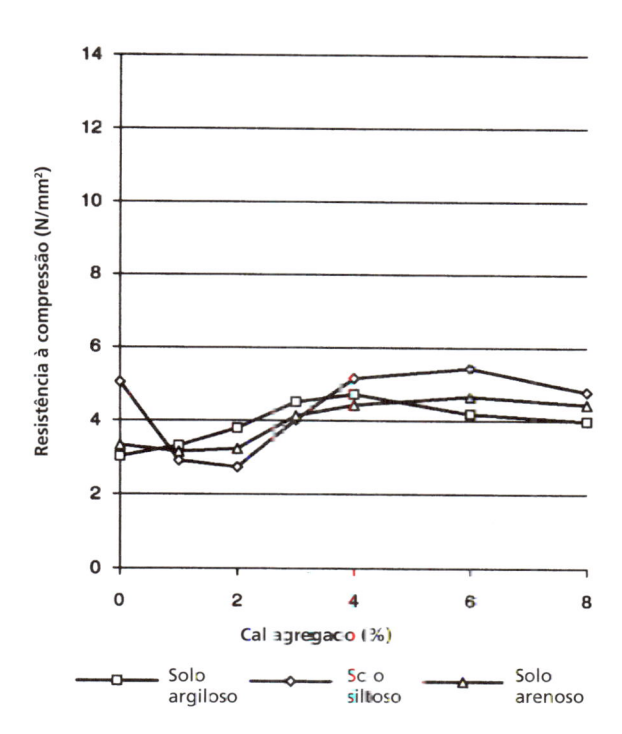

4.5-6 Alterações na resistência à compressão de solos com adição de cal.

também, a resistência à compressão. Ela pode decrescer com esses aditivos, especialmente quando a quantidade é menor do que 5%. Isso se deve ao fato de que a cal e o cimento interferem na coesão dos minerais da argila. Quanto maior for o conteúdo de argila, maior deve ser a quantidade de cal e cimento a adicionar. Testes demonstraram que a cal dá um melhor efeito de estabilização com solos ricos em argila, enquanto o cimento produz melhores resultados com solos pobres (em argila). Ademais, o cimento é mais efetivo com caulinita e a cal com montmorilonita. Na prática, se recomenda sempre fazer os testes pertinentes. Ao efetuá-los, se deve ter em conta as seguintes recomendações:

1. Quando o solo se estabiliza com cimento ou cal, alguns poros devem ser mantidos abertos. Só os pontos de contato dos agregados grossos devem ser cimentados, mas não como no concreto, em que a maioria dos poros deve ser preenchida.
2. Quando o cimento é hidratado, se forma a cal livre, que reage aos ácidos de silicato dos minerais da argila, de tal maneira que, além da primeira estabilização provocada pelo cimento, ocorre posteriormente um endurecimento mais pronunciado. Diferentemente do concreto, a resistência da terra estabilizada com cimento aumenta após 28 dias.
3. Quando se adiciona cal hidráulica, ocorre um intercâmbio de íons entre os minerais da argila e os íons de cálcio adicionados, que dura entre 4 e 8 horas. O processo de endurecimento adicional provocado pela reação da cal hidratada com dióxido de carbono do ar é muito lento. Mesmo após vários meses, pode-se observar um pequeno aumento da resistência. Para esse processo de cura, certa umidade é essencial e, por isso, os elementos de terra devem ser protegidos dos raios diretos do sol e do vento.
4. Quando se adiciona cal, o conteúdo positivo de água aumenta, enquanto a densidade nesse estado diminui, diferentemente de quando não se adiciona cal (fig. 4.5-3).

Resultados de experiências realizadas no LCE (fig. 4.5-5) demonstram que a resistência à compressão de um solo altamente siltoso, com 12% de argila, 74% de silte e 14% de areia, com uma resistência à compressão de 50 kg/cm², sem cimento, decresce com a adição de pequenas quantidades de cimento. A resistência à compressão original se alcança quando se estabiliza a argamassa de solos pobres, como se vê na fig. 4.5-7 (à direita). À esquerda, podemos ver mudanças correspondentes à tração em flexão. Os valores das resistências à compressão em seco e úmido de adobes feitos manualmente com percentuais variáveis de conteúdo de cimento, se mostram na fig. 4.5-8. Pesquisas realizadas na ENTPE mostram que a caulinita pura, com 4% de cimento, aumenta a resistência à compressão, mas que, com montmorilonita, a mesma quantidade de cimento revela diminuição da resistência.

A resistência à compressão de ambos os tipos de argila é aumentada aproximadamente em 100% com a adição de 4% de cal e 2% de cimento (Oliver Mesbah, 1985). Deve se ter em conta que esses testes foram feitos com conteúdo

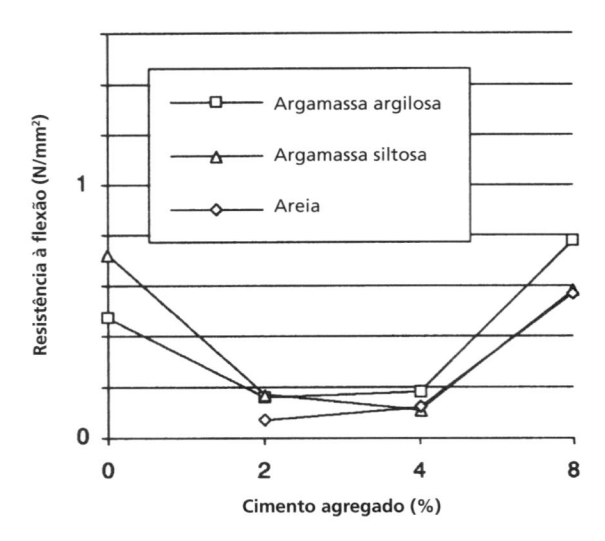

4.5-7 Alterações na resistência à tensão em flexão e à compressão de areia e argamassas de terra com adição de cimento.

positivo de água e com argila pura. Na prática comum, tal aumento não é tão alto, já que o solo usado na construção contém usualmente entre 5 a 15% de argila e não deve ser utilizado com um conteúdo positivo de água.

Resultados de testes efetuados pelo LCE com adobes feitos manualmente se mostram nas figuras 4.5-9 e 4.5-10. Foram testadas quatro diferentes misturas de areia e argila, com adição de 6% de cimento e cal, respectivamente. É interessante notar que os resultados foram aproximadamente os mesmos, no caso da areia para rebocos e a areia com bentonita.

Quando se adiciona cal a tais misturas, as resistências à compressão de um barro caulinítico são menores do que com areia (fig. 4.5-9). Com essas pesquisas, surgem as seguintes recomendações:

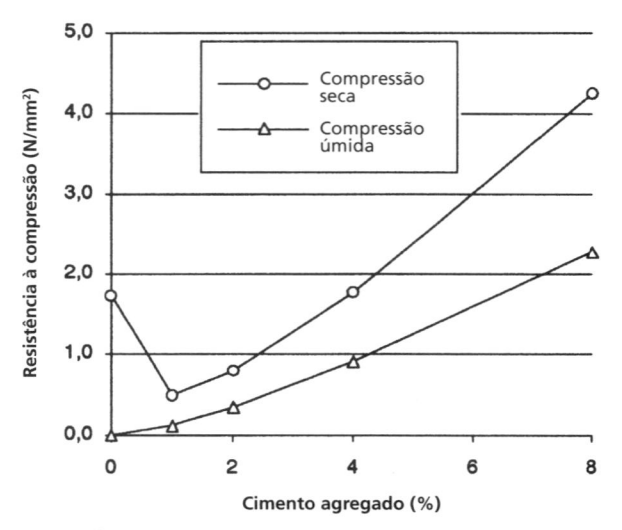

4.5-8 Alterações na resistência à compressão de adobes (argila 11%, silte 14%, areia 75%) com adição de cimento.

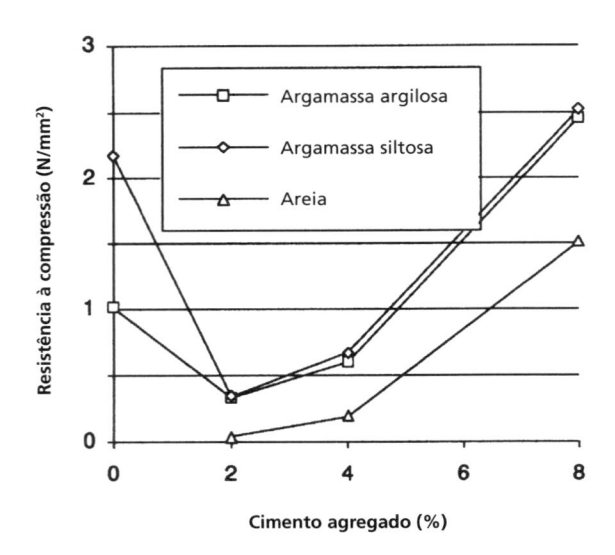

1. Um barro com alto conteúdo de caulinita deve se estabilizar com cimento (e não com cal).

2. Um barro com alto conteúdo de montmorilonita deve se estabilizar com cal ou com uma mistura de cal e cimento, numa proporção de 2:1.

3. Uma forte compactação aumenta significativamente a resistência à compressão da montmorilonita. Esse efeito é pequeno com a caulinita. CRATerre sugere estabilizadores apropriados sobre a base do limite líquido, do limite plástico e o índice de plasticidade (fig. 4.5-10), sem ter em conta o tipo de minerais da argila (CRATerre, 1979).

Quando se adiciona cimento ao solo, essa mistura deve ser usada de imediato, devido ao fato de que o modelamento do cimento começa em seguida. Caso se deixe repousar a mistura por várias horas antes de ser comprimida em blocos, a resistência à compressão desses blocos pode ser reduzida em mais de 50%. Se adicionarmos cal, esse lapso de tempo não terá influência negativa na resistência final. Se adicionarmos menos de 5% de cimento, o processo de secagem afetará a resistência à compressão. Se os blocos permanecerem expostos ao vento e ao sol, o que significa que secam mais rápido, sua resistência final pode ser reduzida em 20%, em comparação com os blocos que se mantiveram protegidos com cobertura úmida. Se a cobertura úmida não for possível, pelo menos devem estar protegidos do sol e umidificados com água várias vezes ao dia. Quando se adicionam 10% de cimento, essa proteção é menos relevante para a resistência final dos blocos (Houben, Guillaud, 1983).

Se adicionarmos pozolana com cal, obtém-se um efeito adicional de estabilização, e a quantidade de cal pode ser reduzida. Algumas cinzas vulcânicas apresentam propriedades pozolânicas, como as cinzas e a cinza de casca de arroz. O pó de tijolos cozidos em baixa temperatura

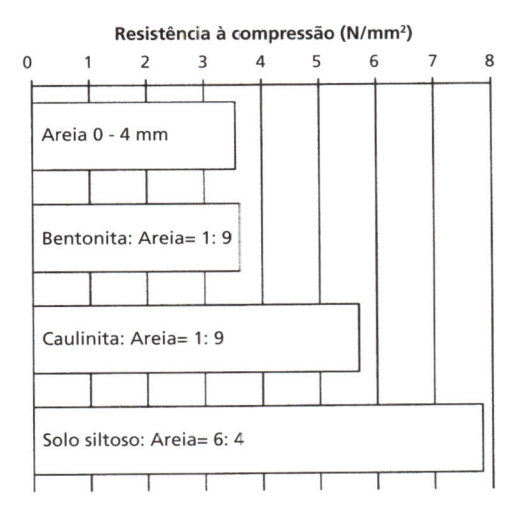

4.5-9 Resistência à compressão de solos e areia com adição de 6% de cimento.

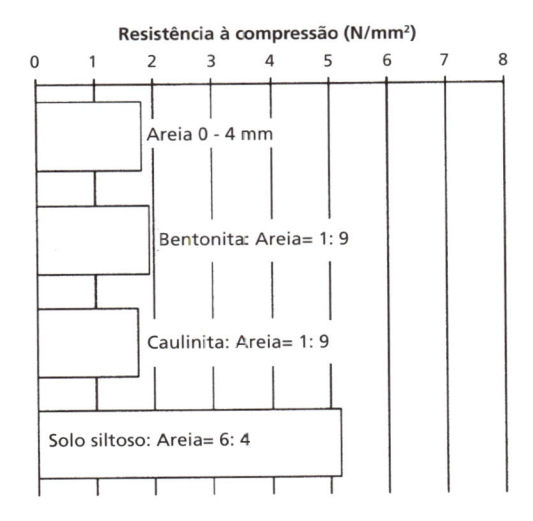

4.5-10 Resistência à compressão de solos e areia com adição de 6% de cal.

possui também baixas propriedades pozolânicas. Ao contrário, o pó de tijolos cozidos em altas temperaturas, em olarias industriais, não possui nenhuma. Um efeito interessante de estabilização se observa quando a argila, o gesso e o pó de quartzo se misturam com silicato de sódio. Esse produto, que se denomina geopolímero, se obtém pela policondensação, uma rede tridimensional que ocorre em estado alcalino mediante a expulsão da água. O produto ser extruído, comprimido ou espumado com peróxido de hidrogênio (H_2O_2).

4.5.5 Aditivos orgânicos

A resistência à compressão e à flexão da caulinita pode ser aumentada significativamente adicionando-se ureia e acetato de amoníaco (Weiss, 1963). Weiss sugere que a alta resistência da porcelana provém da caulinita embebida em urina em estado de putrefação (a mesma que contém ureia e acetato de amoníaco). A resistência à tensão em flexão pode ser aumentada de 10 a 20 vezes mediante esse método.

4.5.6 Adição de fibras

As fibras são adicionadas, em geral, com o objetivo de reduzir as fissuras de retração. Diz-se, em relação à sua plasticidade, que as fibras aumentam sempre a resistência à compressão, mas essa opinião não é totalmente correta. Quando se adicionam fibras finas ou pelos em pequenas quantidades, a resistência em tensão e, por conseguinte, a resistência à compressão, aumenta levemente. Contudo, quando se adiciona palha, o efeito oposto ocorre, como ficou demonstrado segundo pesquisas realizadas no LCE (ver tabela 4.2).

4.6 Resistência à abrasão

Experiências efetuadas no LCE para aumentar a resistência de uma amostra de terra compactada – com conteúdo de 14% de argila, 41% de silte e 45% de areia, com adição de diferentes aditivos, como silicato de sódio, cola animal, coalhada desnatada com cal, parafina, petróleo-parafina, cera para pisos ou óleo de linhaça duplamente cozido – demonstraram que, adicionando 10% de silicato de sódio, se pode obter uma superfície mais resistente. Contudo,

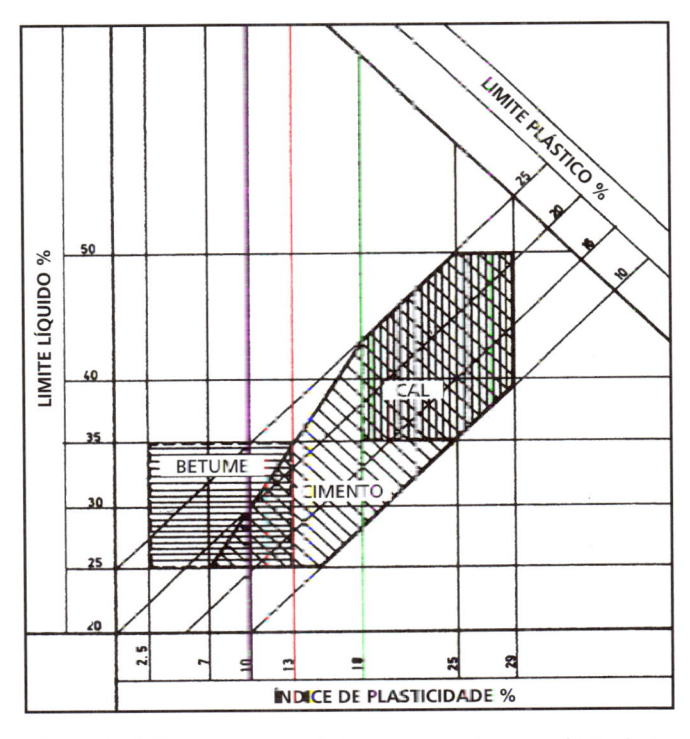

4.5-11 Estabilizadores apropriados para os solos em relação à sua plasticidade (CRATerre 1979).

Palha (%/massa)	Peso (kg/m³)	Resistência à compressão (N/mm²)
0	1882	2.2
1	1701	1.4
2	1571	1.3
4	1247	1.1
8	872	0.3

Tabela 4.2 Redução da resistência à compressão do solo com adição de palha picada (5cm).

apareceram algumas fissuras que permitiram a penetração de água. Isso pode ser evitado se o silicato de sódio for misturado antecipadamente com água, numa proporção de 1:1.

A segunda melhor solução foi obtida adicionando-se 5% de óleo de linhaça. A superfície trabalhada foi alisada com uma esponja, fechando-se as fissuras de tal maneira, que a superfície ficou brilhante. A terceira melhor solução foi obtida adicionando-se 5% de coalhada desnatada e 5% de cal. A resistência à abrasão pode ser aumentada, também, com pinturas.

Nesse caso, deve-se ter em conta que a pintura deve penetrar no material e ser refeita de tempos em tempos. As experiências demonstram que as aplicações adicionais de cera de piso aumentam consideravelmente a resistência à abrasão.

Uma receita tradicional alemã, com a qual se obtém um revestimento que torna as superfícies resistentes à abrasão, é uma pintura a partir do sangue de boi, que se aplica mediante aspersão com Fe_3O_4, e se bate na superfície de terra. Pinturas com sangue ou fel de boi e alcatrão são tradicionalmente utilizados também (ver parte 15.2).

4.7 Aumento do isolamento térmico

4.7.1 Generalidades

O isolamento térmico da terra pode ser aumentado adicionando-se aditivos porosos, como palha, algas marinhas, cortiça e outras fibras vegetais leves. Partículas minerais porosas de origem natural ou artificial, como pedra-pomes, lava, argila expandida, vidro expandido, perlita expandida, ou partículas vegetais porosas, como cortiça expandida, podem ser adicionadas. Detritos como serragem, aparas de madeira e cascas de grãos também podem ser usados, mas, devido à sua alta densidade e baixa porosidade, produzem um efeito isolador menor. Quanto mais porosa a mistura, mais leve é e maior seu isolamento térmico.

Segundo a norma alemã DIN18951, a terra com agregados leves é chamada de terra leve se sua densidade for menor que 1200kg/m³. Se empregamos palha como agregado, se chamará então terra leve com palha; caso empregamos serragem ou aparas de madeira, trata-se de terra leve com madeira. Caso sejam empregados agregados minerais porosos, ela se denomina terra leve com mineral. Como esses três tipos de terra leve diferem em suas propriedades e métodos de preparação, serão descritos separadamente.

4.7.2 Terra agregada com palha

Generalidades

A terra agregada com palha é uma mistura de palha e terra com uma densidade em estado seco menor do que 1200 kg/m³. O tipo de palha que se considera apropriada é tema de grandes debates no mundo, e deve ser testado em cada caso. Para rebocos de terra com palha, provou-se que a palha de cevada é a mais adequada, por ser mais suave do que as outras palhas. A estrutura das hastes é mais importante ainda do que a palha. Quando o objetivo é aumentar o isolamento térmico, é preferível hastes rígidas, que não se deformam facilmente, mantendo o ar encapsulado.

Corte da palha

A comprimento das hastes não deve ser maior do que a espessura do elemento construtivo. O corte pode ser feito com métodos manuais ou mecânicos.

Preparação da mistura

A terra e a palha podem ser misturadas vertendo a argamassa sobre a palha, ou submergindo a palha na argamassa. Os talos devem estar totalmente cobertos pela argamassa. A maneira como se utiliza essa mistura, para diferentes tipos de aplicações, é descrita na parte 10.3.

Isolamento térmico

Mostrou-se amplamente a concepção errônea de que a terra com palha, usada como preenchimento em construções medievais, oferecia suficiente isolamento térmico. Caso se misturem 10 partes de palha moída com uma argamassa espessa de terra composta por 2 partes de terra argilosa seca e 1 parte de água, se obtém uma mistura com uma densidade seca de aproximadamente 1300 kg/m³, e um valor Lambda de aproximadamente 0,53 W/mK. Dessa maneira, um elemento típico desse material, com uma espessura de 14 cm, coberto com um reboco de cal de dois cm em ambos os lados, resulta num valor U de 2,1 W/m²K.

Por outro lado, se quisermos alcançar o valor um valor U de 0,5 W/m²K, essa parede deveria ter uma espessura de 0,95 m. Mesmo que o conteúdo de palha fosse triplicado, não seria o suficiente para alcançar o valor U. É quase impossível se obter, na prática, uma densidade de barro menor que 500 kg/m³, porque a palha se abranda com a umidade provocada durante o processo de mistura e quando é compactada nos moldes. Há quem afirme que densidades inferiores a 300 kg/m³ são factíveis, mas são, em geral afirmações incorretas, pois estão baseadas ou são resultantes de métodos de testes inexatos.

É usual que se preencha um molde pequeno de tijolo com uma mistura de barro com palha sem compactar. A amostra deve ser pesada quando secar. Divide-se o peso pelo volume do molde, o que pode levar a erros de 40%. O único método exato para obter a densidade é cortar um cubo a partir de uma amostra maior, de tal maneira que se eliminem as pontas dobradas das palhas nas quinas, assim como as bolhas de ar. Quanto maior a amostra, maior a exatidão, já que existe sempre erosão nas bordas durante o corte e a manipulação. Quando se trabalha com terra agregada com palha, deve-se ter em conta as seguintes considerações.

Em climas temperados ou úmidos, em poucos dias, forma-se logo mofo e um odor intenso e característico. Isto poderia causar alergias. Por essa razão, deve-se garantir uma boa ventilação durante a construção, de maneira que os materiais sequem rápido. O mofo não cria esporos quando as paredes secam totalmente, processo que poderia levar vários meses e até mais de um ano, dependendo da espessura da parede e do clima. A formação de esporos se reativa se a água penetrar na parede, seja por fora, pelo escoamento, seja pelo interior, através condensação. O surgimento de mofo pode ser evitado com cal ou bórax. Mas, nesse caso, a coesão e a resistência à compressão diminuem de modo significativo. Igualmente, as paredes com espessura maior do que 25 cm podem parecer secas na superfície, embora, no interior, estejam apodrecidas. (Ver parte 10.30).

Considerações em relação à terra agregada com palha

1. A resistência da superfície da mistura para um muro com uma densidade menor que 700 kg/m³ é, em geral, muito baixa para poder fixar os pregos ou as buchas que, muitas vezes, são requeridos numa construção. O reboco é mais trabalhoso, por exigir duas camadas e, às vezes, algum reforço intermédio.
2. Após secar, originam-se bases verticais que provocam a aparição de aberturas na parte superior do elemento (fig. 4.7-1). Elas devem ser cuidadosamente preenchidas, de tal maneira que se evitem pontos de calor e som, assim como infiltração de ar.
3. Esse material exige muito trabalho. Sem equipamentos especiais para misturar e transportar, despender-se-á, na construção de uma parede de 30 cm de espessura, aproximadamente 6h/m² (20h/m³). Em relação à alvenaria do tijolo, é quatro vezes maior.

As desvantagens mencionadas podem ser evitadas se empregarmos agregados minerais porosos, em vez de palha. Trataremos desse ponto na próxima parte. A vantagem da terra agregada com palha é o baixo custo dos materiais e a possibilidade de utilizá-la sem a necessidade de ferramentas e máquinas especializadas. Por isso, é apropriada para a autoconstrução.

4.7.3 Terra com agregados minerais

Generalidades

Com o objetivo de aumentar o isolamento térmico, podem ser adicionados à terra agregados minerais porosos, como, por exemplo, argila expandida, vidro expandido, lava expandida, perlita expandida ou pedra-pomes. Em geral, quando se utiliza terra agregada, há uma retração desvantajosa, mas é possível obter uma retração zero, usando as proporções corretas dos minerais agregados. Em comparação com o barro com palha, a resistência à difusão de vapor é de duas a três vezes maior, e, por isso, a probabilidade de condensação da água dentro da parede é menor (ver parte 2.4.2). Outra vantagem dessas misturas é que podem ser bombeadas diretamente no molde, reduzindo consideravelmente a mão de obra. As densidades que se alcançam variam entre 500 kg/m³ a 1200 kg/m³.

Aditivos

Em alguns países industrializados, a argila expandida é um material de baixo custo. Tem uma densidade (peso por unidade de volume) de aproximadamente 300 kg/m³ e se produz queimando barro em fornos rotatórios a 1200°C, sem nenhum outro aditivo que provoque a expansão. Isso ocorre devido ao súbito aquecimento que a água da cristalização e a água dos poros originam ao evaporar (como quando fazemos pipoca). Os poros das bolas de argila expandida se fecham e, por isso, não absorvem água. O equilíbrio do volume de umidade é só de 0,03%.

4.7-1 Assentamento de um elemento de teste de terra agregada com palha.

O vidro expandido tem características similares à argila expandida, mas apresenta uma densidade menor. Pode ser produzido reciclando vidro com alguns aditivos. A perlita expandida é produzida a partir de rocha vulcânica (que se encontra na Europa, na ilha grega de Milos e na Hungria). Ela contém de 3 a 6% de água de cristalização e, quando se aquece a 1000°C, se evapora e aumenta o volume inicial de 15 a 20 vezes. A densidade pode ter, no mínimo, 60 kg/m³, e o valor lambda de 0,045 W/mK. A resistência à difusão de vapor é aproximadamente 2.7. O calor específico é de 1000 J/kgK. Com um material de densidade 90 kg/m³, se alcança um valor lambda de 0,05 W/mK. A composição química da perlita expandida é SiO_2 (60 a 75%), Al_2O_3 (12 a 16%), Na_2O (5 a 10%). A lava expandida é similar à perlita expandida de origem vulcânica, mas sua densidade é maior. A pedra-pomes é uma pedra porosa que se expande durante sua formação vulcânica. Sua densidade varia entre 500 a 750 kg/m³.

Mistura

Enquanto, para produzir misturas de terra, se exigem misturadoras à força (ver parte 3.2), a terra agregada com minerais pode ser produzida numa misturadora de concreto comum. Nessa misturadora, os agregados podem ser colocados previamente, e a argamassa de terra é disposta em cima. A mistura é preparada em 3/5 minutos. A argamassa deve ter um alto conteúdo de argila e alta coesão. A preparação da terra está descrita no capítulo 3.

Distribuição granulométrica

A distribuição granulométrica dos agregados minerais afeta as propriedades da terra. A quantidade de argamassa de terra deve ser determinada de maneira que os espaços entre as partículas dos agregados não estejam completamente preenchidos, o que significa que os agregados estejam juntos entre si, nos pontos de contato.

Uma densidade de 500 kg/m³ pode ser alcançada se adicionarmos 2,5 partes de terra a 12 partes de argila expandida (8 a 16 mm). Os blocos elaborados com essa mistura possuem baixa rigidez nas quinas e na superfície. Uma mistura mais resistente se obtém com 24 partes de argila expandida (8 a 16 mm), 5 partes de argila expandida (1 a 2 mm) e 5 a 7 partes de terra. A densidade que se alcança com essa mistura é de 640 a 700 kg/m³.

Manipulação

A terra agregada com mineral, diferentemente da terra agregada com palha, pode ser vertida ou bombeada se possuir uma consistência adequada. Os métodos de preparação e manipulação dessa mistura são explicados pormenorizadamente na parte 10.

Isolamento térmico

O isolamento térmico da terra agregada com mineral depende, fundamentalmente, de sua densidade, e é o mesmo que o da terra agregada com palha, quando sua densidade é superior a 600 kg/m³. Para misturas com densidades menores que 600 kg/m³, o isolamento térmico da terra agregada com mineral é um pouco melhor que o da terra agregada com palha, porque a palha tem um equilíbrio do conteúdo de umidade maior e, por conseguinte, mais umidade, o que reduz o isolamento. Por exemplo, o conteúdo de umidade de equilíbrio da palha de centeio, para uma umidade relativa de 50% e uma temperatura de 21°C, é de 13%, enquanto que esse conteúdo de umidade de equilíbrio é de 0,1% no caso da argila expandida.

Energia primária

Muitas vezes, argumenta-se que os agregados minerais artificialmente expandidos, como a argila expandida, requerem uma quantidade considerável de energia para sua produção. Nesse contexto, deve-se saber que a energia necessária para a produção de madeira ou tijolos utilizados na construção é muito maior. A energia que a madeira precisa chega a ser 6 vezes maior do que a da lã mineral, e 2 vezes maior do que a necessária para a argila expandida, para o mesmo volume (Turowski, 1977, Weller and Rehberg, 1979, Elias 1980, Marmé and Seeberger 1982).

4.7.4 Terra agregada com cortiça

Em vez de agregados minerais porosos, pode-se agregar cortiça à terra. A vantagem da utilização da cortiça é sua baixa densidade. A desvantagem é que esse material tem um custo relativamente elevado, além da sua baixa resistência à compressão. Por isso, os blocos elaborados com essa mistura tendem a se partir facilmente nas bordas.

4.7.5 Terra agregada com madeira

Serragem, cavaco de madeira e pedaços de madeira podem ser usados como aditivos agregadores para aumentar o isolamento térmico da terra. A madeira possui uma densidade mais elevada do que a palha e a cortiça. O isolamento térmico dessa mistura é obviamente menor. A densidade mínima que se pode alcançar é de aproximadamente 500 kg/m³, mas uma mistura seca dessa densidade não possui suficiente rigidez. O risco de surgimento de mofo e putrefação é menor do que com palha, porém, ainda é latente. É ecologicamente desejável utilizar partes elaboradas a partir de galhos e pedaços de árvores que não podem ser usados como elementos estruturais. Tais partes contêm grandes quantidades de córtex, e, por isso, são suscetíveis a desenvolver mofo e putrefação.

5. Terra compactada (taipa de pilão)

5.1 Generalidades

A terra compactada, bastante referida como por taipa de pilão, é conhecida há séculos em todos os continentes do mundo, como uma técnica tradicional de construção. De fato, na Síria se encontraram paredes de terra compactada que datam de 5000 a.C.

A técnica consiste em preencher formas com camadas de terra de 10 a 15 cm, compactando cada uma delas com batidas. A norma brasileira referente à técnica é a NBR 17014.

A cofragem, sistema de formas ou moldes, é composta por tábuas paralelas separadas e unidas por uma viga (il. 5.2-1). Em francês, essa técnica é chamada *pisé*; em espanhol *tapial*; em inglês *rammed earth*; em alemão *Stampflehmbau*. A técnica tradicional da taipa de pilão é utilizada, hoje, em diversos países do mundo. Sistemas de formas mais sofisticados e com uma compactação mediante a utilização de soquetes elétricos ou pneumáticos reduzem os custos da mão de obra significativamente, e fazem dessa técnica uma opção relevante em países industrializados.

Essa tecnologia mecanizada para executar paredes de taipa de pilão, quando comparada à construção industrializada com tijolos, não é só uma alternativa viável do ponto de vista ecológico, mas econômico, sobretudo naqueles países onde, por razões climáticas, não há grande exigência de isolamento térmico. No sudoeste dos Estados Unidos e na Austrália, existem várias empresas que executam, há vários anos, essa técnica de construção.

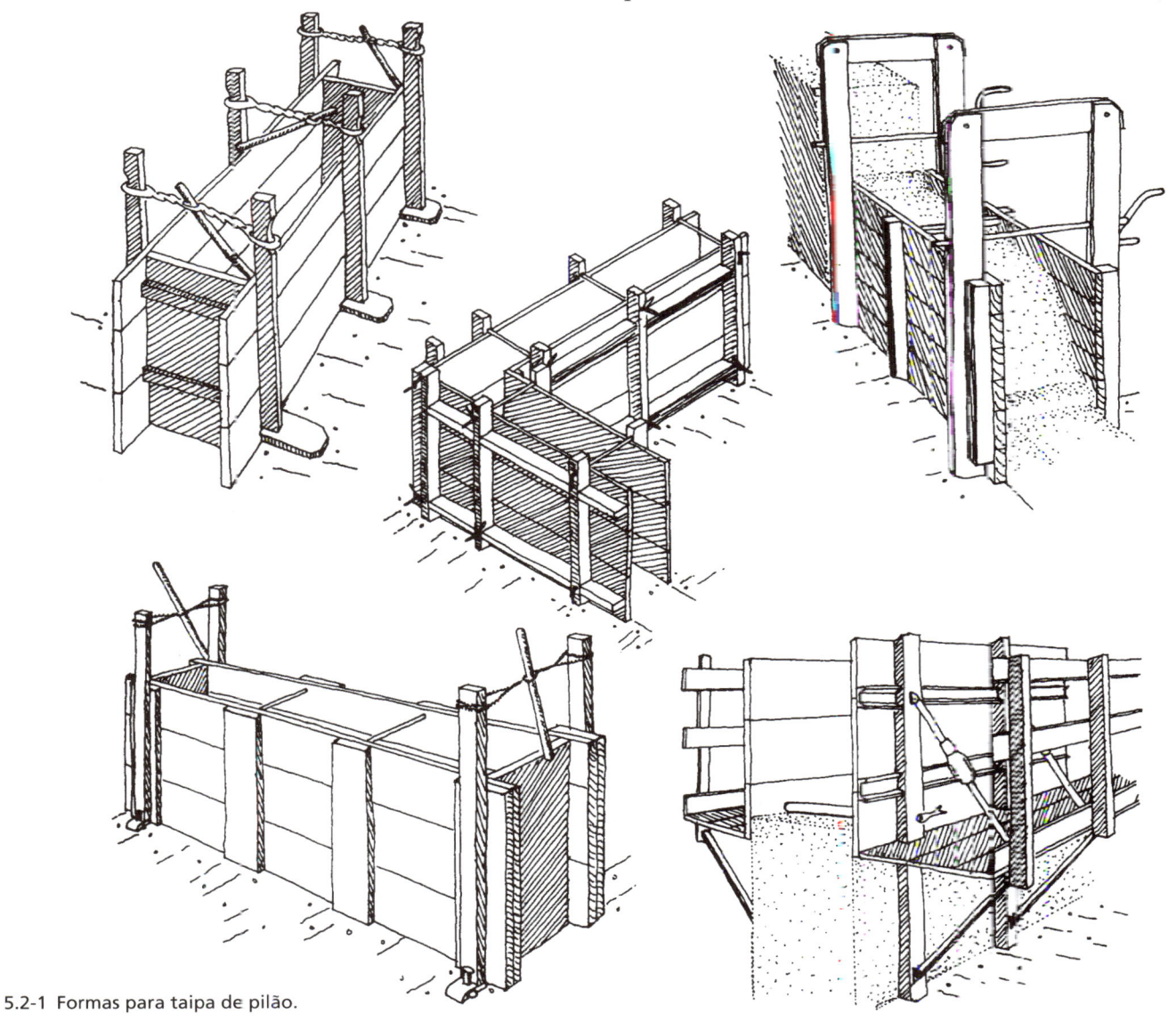

5.2-1 Formas para taipa de pilão.

Em comparação com as técnicas em que a terra é utilizada num estado mais úmido (ver parte 9), a técnica da taipa de pilão proporciona uma retração muito mais baixa e uma maior resistência. A vantagem, em relação às técnicas de construção com adobe (ver parte 6), é que as construções de taipa de pilão são monolíticas e, por isso, possuem uma maior durabilidade.

As técnicas de construção de paredes de taipa de pilão e construção de cúpulas são descritas nas seções seguintes. Uma técnica especial antissísmica de terra compactada, reforçada com bambu, é descrita na parte 14.4.

5.2 Formas

Nas formas tradicionais, as tábuas paralelas se unem por meio de vigas (com uma espessura considerável) que atravessam a parede (il. 5.2-1), e, quando desmoldados, os elementos deixam espaços vazios que, posteriormente, devem ser preenchidos. Um sistema que otimiza a espessura das vigas que penetram a parede (4x6 mm) foi desenvolvido no LCE (il. 5.2-2). Com o objetivo de eliminar totalmente essa desvantagem, desenvolveram-se sistemas de formas sem barras (il. 5.2-3 e parte 5.6-1). Como se demonstra na fig. 5.2-4, formas sem barras, com escoras laterais ancoradas, requerem muito espaço e obstruem, de forma considerável, a circulação na construção.

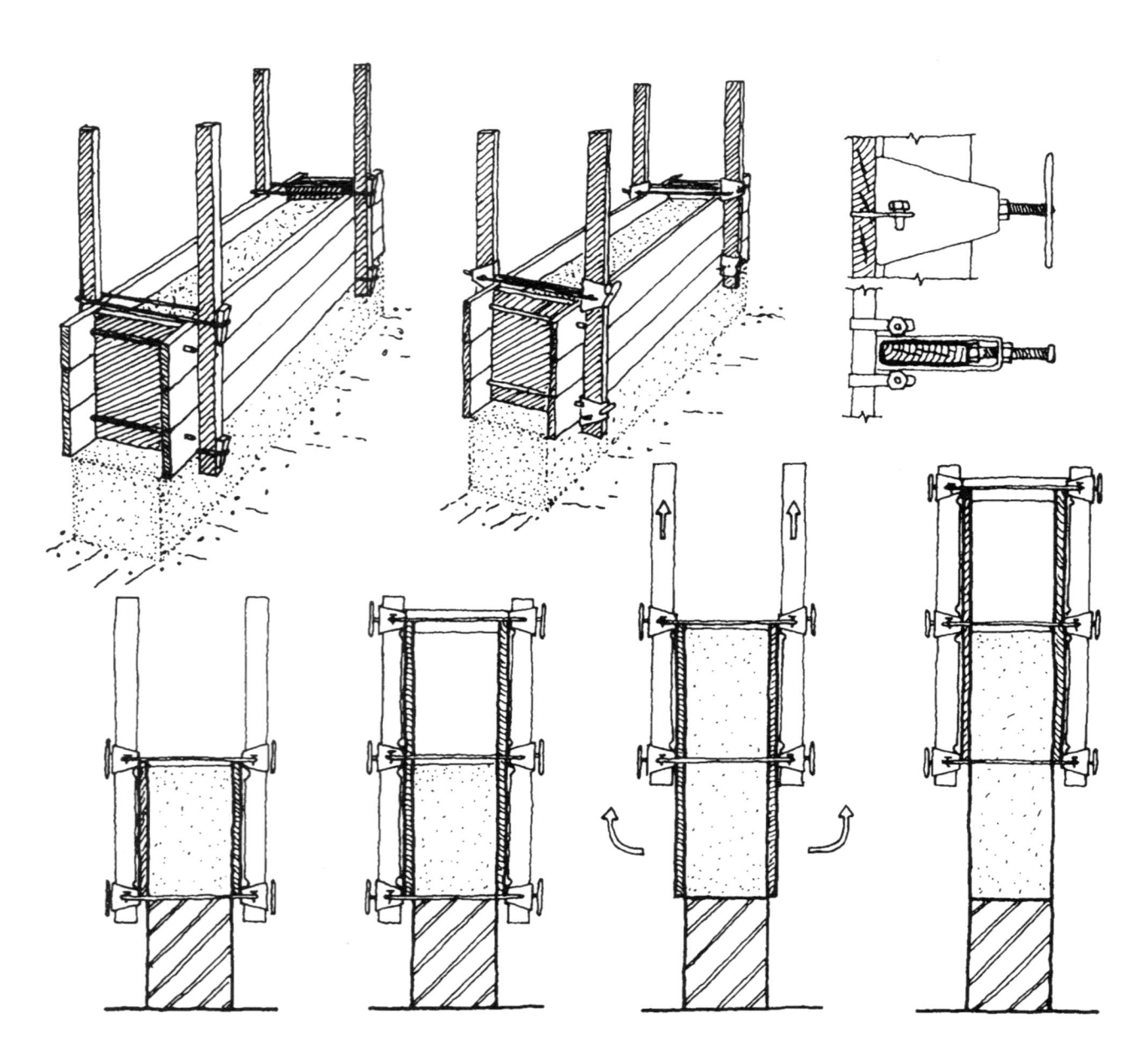

5.2-2 Formas ascendentes, LCE (Minke, 1984).

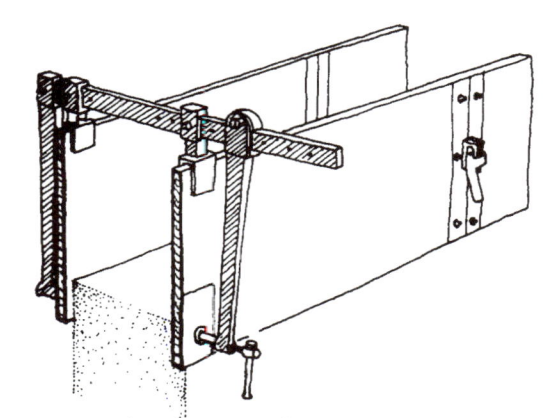

5.2-3 Formas sem barras intermédias.

5.2-4 Formas típicas com apoios laterais utilizadas na China.

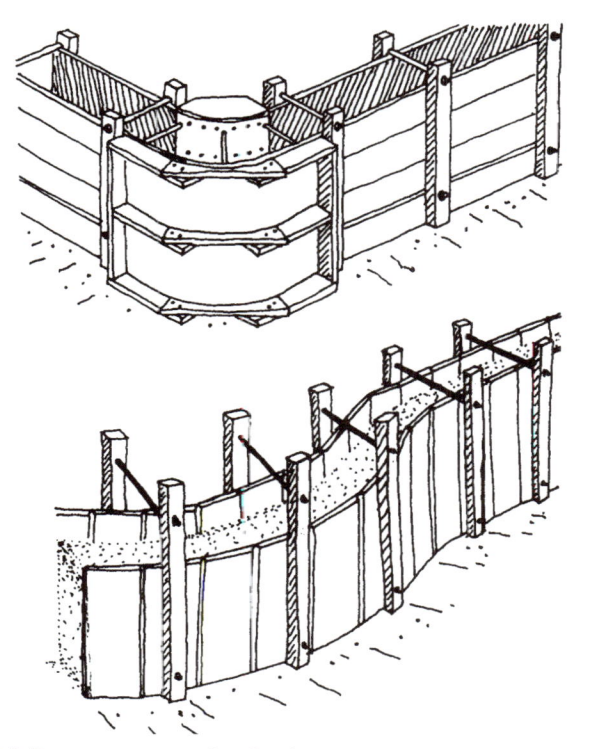

5.2-5 Formas para paredes circulares e curvas.

5.2-6 Celeiro circular, Bollbrügge, Alemanha (1831).

Com formas especiais, é possível construir também quinas arredondadas e paredes curvas (il. 5.2-5). A il. 5.2-6 mostra um celeiro circular, com paredes de 90 cm de espessura, construído com terra compactada, em 1831, em Bollbrügge, Alemanha. Formas comuns empregadas na construção de elementos de concreto podem também ser utilizadas, mas são geralmente muito pesadas e seus custos mais elevados. Na Europa, tábuas de 19 mm de espessura são comumente utilizadas. Elas devem ser sujeitas a elementos verticais a cada 75 cm. A forma deve ser rígida, para evitar encurvar durante o processo de compactação. Por essa razão, é mais econômico empregar tábuas de 35 a 45 mm de espessura, que necessitam de elementos verticais só a cada 100/150 cm. Se a mistura é muito argilosa, a forma não deve ser desmontada diretamente, mas deve-se deixá-la deslizar cuidadosamente sobre a superfície do elemento, para evitar que as partículas da mistura fiquem pegadas a ela. Por isso, não é aconselhável utilizar pranchas de madeira de superfícies muito rugosas nem muito lisas. Se não se otimizam as formas para tais técnicas, inverte-se 30% do tempo de execução ao montar, ajustar e desmontar a o sistema de formas. Deve-se ter em conta as seguintes recomendações:

- As peças da forma devem ser rígidas para evitar que se curvem durante o processo.
- Importante que sejam suficientemente leves para serem transportadas por pessoas.
- As formas devem ser de fácil ajuste na direção vertical e horizontal.
- As variações de espessura da parede devem ser controláveis através da tolerância específica.
- É preferível que as quinas não exijam formas especiais. Por isso, a forma deve admitir variações na longitude.

5.3 Ferramentas

Antigamente, a terra era compactada com ferramentas manuais, usando-se pilões ou soquetes de base cônica, em forma de cunha ou de base plana (il. 5.3-1). Utilizando pilão de base cônica e aqueles com forma de cunha, as camadas de terra se misturam melhor e se obtém uma maior coesão do solo, quando a mistura tem umidade suficiente. Não obstante, a taipa batida com esse tipo de pilão requer um maior tempo do que aquela executada com pilão de base plana.

Paredes compactadas com pilão de base plana revelam uniões laterais frágeis e, por isso, devem suportar só cargas verticais. A base do soquete não deve ter uma ponta muito aguda, e, caso seja de madeira, ele não será danificado pelo soquete. A superfície da base não deve ser menor do que 60 cm² nem maior do que 200 cm². O peso do pilão deve ser entre 5 e 9 kg. É preferível usar um pilão de duas cabeças com uma cabeça arredondada num lado, e no outro uma quadrada. Isto permite que se possa usar o lado quadrado para compactar melhor as quinas, e do lado redondo o restante. Tais soquetes são usados no Equador (il. 5.3-2).

No segundo quarto do século XX, eram usados, na Alemanha, França e Austrália, compactadores elétricos e pneumáticos. O compactador elétrico que se mostra na fig. 5.3-3, da empresa alemã Wacker, foi usado antigamente em muitos projetos de taipa de pilão, e muito se escreveu sobre esse assunto. Tem uma ação similar à do martelo, com um salto (altura da elevação) de 33 mm, e uma frequência de 540 golpes por minuto. Seu efeito de compactação é bem efetivo. Sua única desvantagem é a dificuldade de manipulação devido ao peso de 24 kg. Essa ferramenta já não é fabricada.

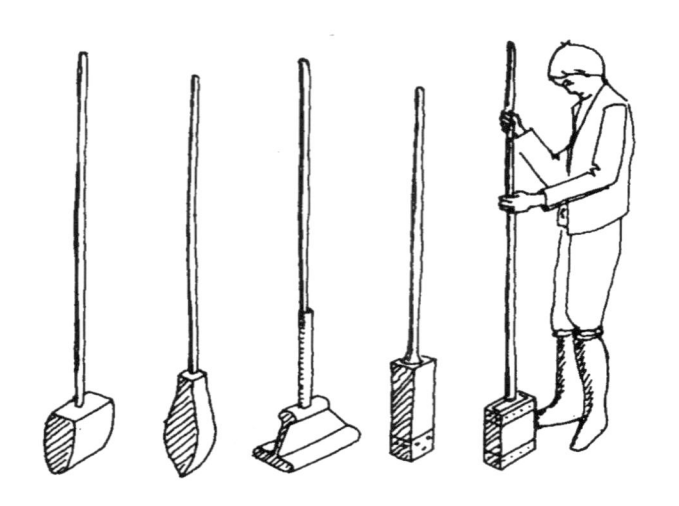

5.3-2 Pilão ou soquete de duas cabeças usado no Equador.

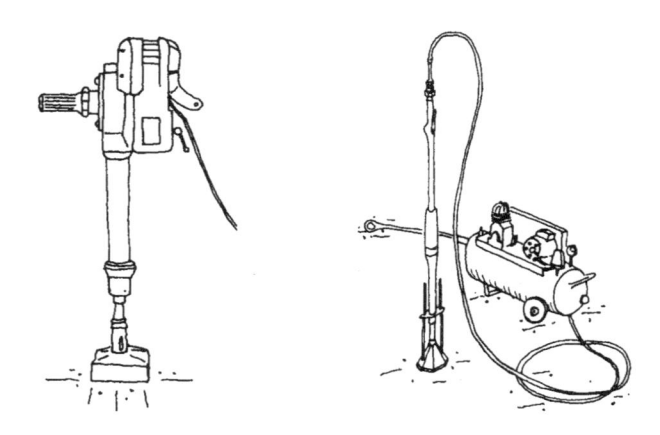

5.3-3 Compactador elétrico (Wacker).

5.3-4 Compactador pneumático, Austrália.

5.3-1 Pilões ou soquetes usados para compactação manual.

5.3-5 Compactadores pneumáticos (Atlas-Copco).

Na Austrália, utilizou-se, nos anos 50, um compactador pneumático (fig. 5.3-4), que funcionava como um martelo pneumático, com uma frequência de 160 golpes por minuto, pesando cerca de 11 kg. Normalmente, os equipamentos comerciais de compactação de terra utilizados nas estradas não são apropriados para o trabalho com terra compactada (taipa de pilão), por causa de sua frequência, que é muito alta, e o salto muito baixo. As ferramentas que produzem apenas o efeito de vibração são apropriadas para solos arenosos, mas não são apropriadas para solos argilosos. Os compactadores pneumáticos que se mostram na fig. 5.3-5, são mais indicados para trabalhos com taipa de pilão.

O compactador Ram Il G, produzido por Atlas Copco, é indicado porque tem uma cabeça fixa que não quebra devido a um elemento especial. Outra vantagem é que o soquete circular pode ser modificado por um soquete retangular para compactar as quinas. Todos os compactadores ilustrados necessitam de uma pressão de 6 bar e um fluxo de ar de 0,4 a 0,9 m³/min. Devido aos altos custos, a infraestrutura e a energia necessárias para operá-los, são usados apenas para obras de grande escala.

No LCE, desenvolveu-se um compactador elétrico por vibração (fig. 5.3-6 e 5.3-7). Seu motor tem uma frequência de 1000 a 1200 ciclos por minuto. A parte mais importante do equipamento é a forma da base, que lhe permite mover-se por si mesmo através das formas durante o processo de compactação. Esse equipamento pode compactar a terra em camadas de 7 cm de espessura.

5.4 Processo de construção

Em quase todas as técnicas tradicionais de terra compactada, as formas se desmontam e voltam a ser montadas horizontalmente, passo a passo. Isso significa que a terra é compactada em camadas de 50 a 80 cm de altura, formando uma camada de parede nessa altura antes que as formas sejam movimentadas.

A camada superior de uma parede de taipa de pilão é sempre mais úmida do que a inferior já parcialmente seca. Por isso, há uma retração maior na camada superior, o que leva ao aparecimento de fissuras na junta das duas camadas (fig. 5.4-1). Isso pode ser perigoso, já que a água capilar pode se infiltrar nas juntas e permanecer ali, provocando umidade e desintegração. Como se pode ver na mesma figura, também podem aparecer fissuras verticais nesses muros.

5.3-6 Compactador elétrico por vibração (Firma Heuser).

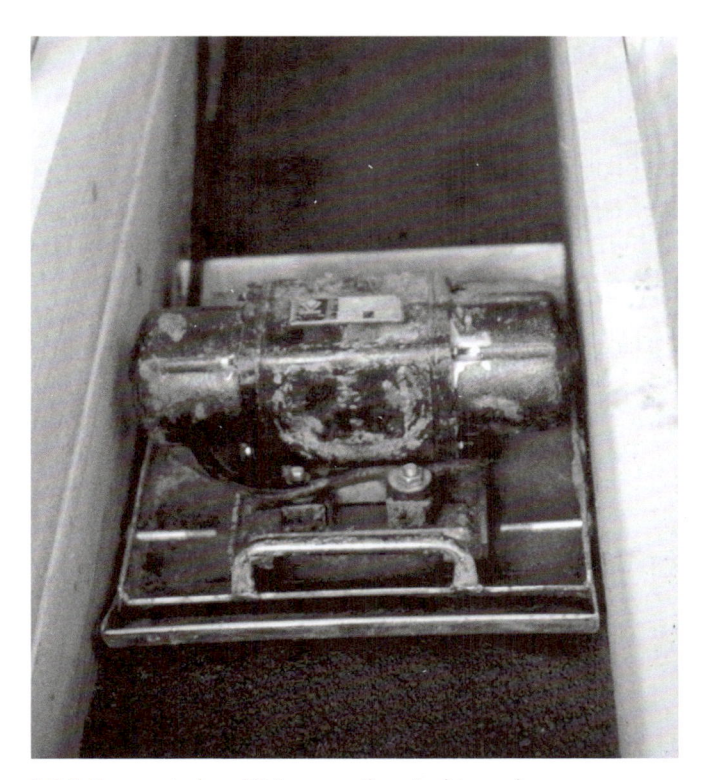

5.3-7 Compactador elétrico por vibração (Heuser).

5.4-1 Fissuras de retração em uma parede de taipa de pilão, Equador.

Na técnica francesa *pisé*, o problema foi resolvido mediante a aplicação de uma camada de argamassa de cal sobre cada camada, antes de executar a seguinte. A argamassa de cal tem um processo de cura que dura várias semanas e se mantém plástica até que a terra deixe de se retrair. Às vezes, mesmo as juntas laterais entre os fragmentos se executam com argamassa de cal e com uma inclinação (fig. 5.4-2).

Outro método para evitar as fissuras horizontais de retração é compactar de tal maneira, que a parede seja executada verticalmente. Isso é descrito mais detalhadamente na parte 5.6.

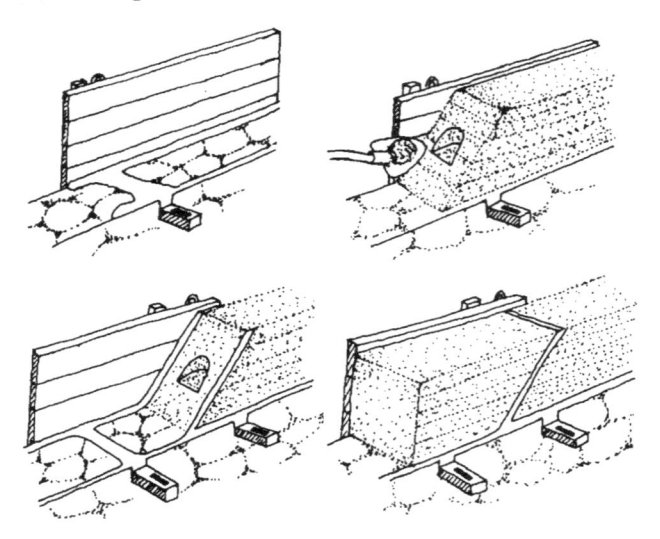

5.4-2 Técnica francesa conhecida por *pisé*.

5.5-1 Taipa de pilão moldada diretamente após a retirada da forma.

5.5 Execução de vãos

Logo após a conclusão da compactação, a forma pode ser desmontada. Em simultâneo, a taipa de pilão pode ser perfurada, raspando ou cortando. Em geral, para serem feitas aberturas, colocam-se, dentro do molde, durante a compactação, peças adicionais que deixam definidos os espaços.

Na parede de taipa de pilão, as perfurações podem ser feitas com menos esforço, utilizando-se um machete ou arame farpado como serra. Essa técnica permite o modelado de ombreiras, como se vê na fig. 5.5-1. É preciso mencionar que, nesse estado, a taipa de pilão adquiriu resistência suficiente para a introdução de pregos sem necessidade de fazer perfurações com uma broca.

5.6 Novas técnicas de construção de paredes

5.6.1 Painéis de terra compactada

Com o objetivo de prevenir as fissuras horizontais de retração nas juntas verticais das técnicas tradicionais de taipa de pilão, desenvolveu-se, no LCE, uma nova técnica para elaborar painéis da altura de um pé-direito com 2,40 m, mediante um processo de compactação contínua. Essa técnica evita as juntas horizontais, formando-se somente juntas verticais, que são seladas depois do processo de retração. Para se garantir a estabilidade lateral das juntas verticais, é executado um sistema de encaixe. Não surgem fissuras de retração nos painéis devido a suas pequenas dimensões. A junta atua como uma junta de retração pré-desenhada.

Para evitar um sistema de formas que necessite ter a altura de um pé direito, desenvolveu-se, no LCE uma espécie de forma trepadora. A fig. 5.6-1 mostra o projeto em aço, enquanto que as figuras 5.6-2 e 5.6-3 mostram o projeto em madeira com o qual o trabalho foi mais fácil. Os dois elementos paralelos da forma se sujeitam na base por meio de uma barra de ferro, que deixa um oco pequeno ao desmontar a forma. Na parte superior, a barra se encontra sobre o nível da parede e não interfere no processo de compactação. Como se mostra nas figuras, é possível também utilizar uma solução simples com uma barra de madeira fixa aos elementos verticais, formando, assim, uma união, ou então utilizar uma versão mais sofisticada de ferro que permita ajustes precisos da distância na parte superior.

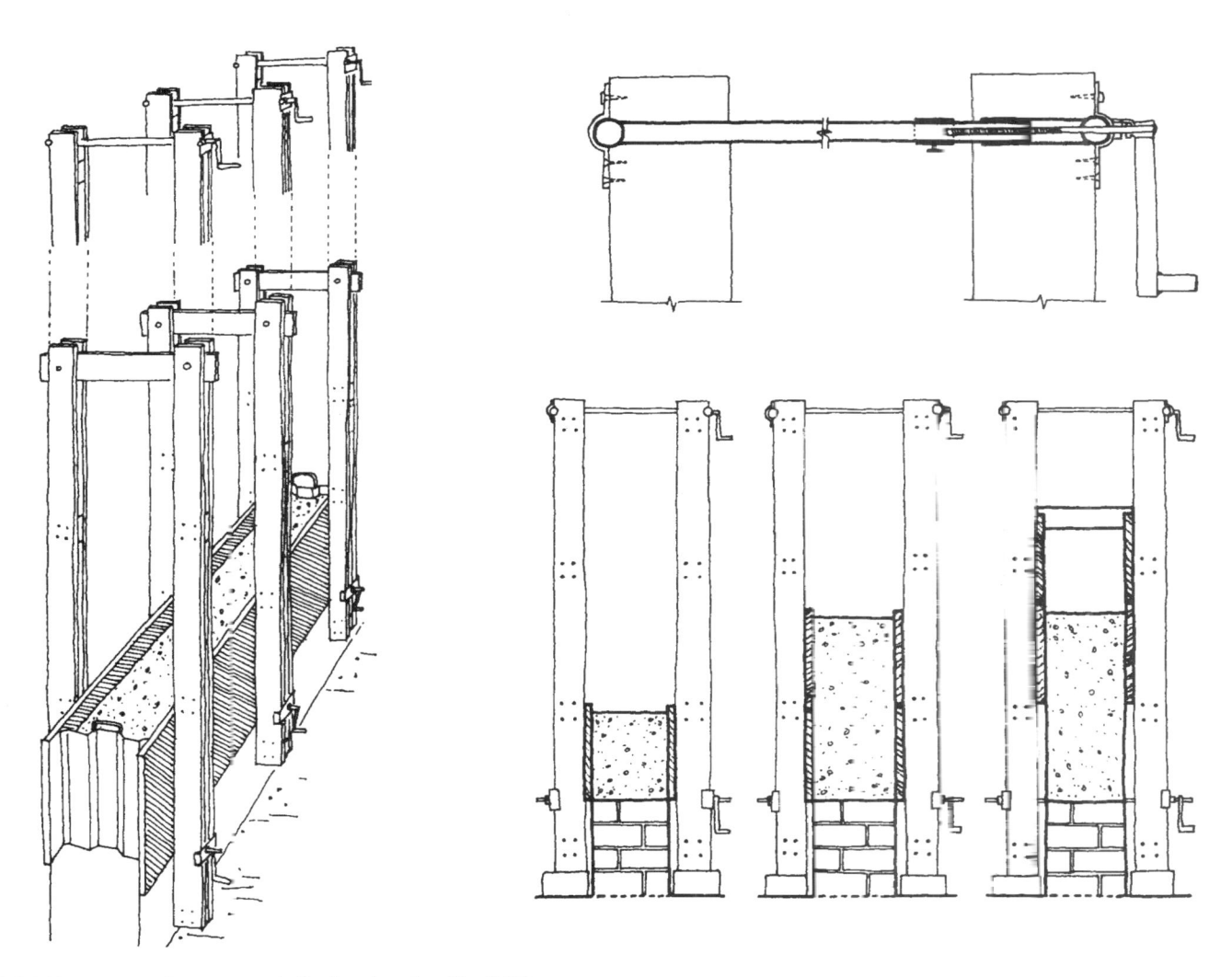

5.6-1 Forma trepadora para painéis de taipa de pilão (LCE).

5.6-2 e 5.6-3 Forma trepadora para painéis de taipa de pilão (LCE).

A primeira construção em que se executou essa técnica foi realizada na Universidade de Kassel, em 1982, (fig. 5.6-5). O solo continha aproximadamente 10% de argila e 50% de areia. A terra foi batida com o compactador de vibração descrito na parte 5.3. A retração linear desses elementos foi só de 0,4%. Após a secagem das juntas, elas foram preenchidas com terra estabilizada com 8% de óleo de linhaça duplamente cozido. Um beiral de 60 cm e uma base elevada em 50 cm foram suficientes para assegurar que a parede não tenha erosão pela chuva e não exija nenhum tratamento da superfície.

5.6.2 Técnicas mecanizadas

A empresa Rammed Earth Works construiu, na Califórnia, várias habitações de taipa de pilão, utilizando formas especiais de madeira prensada, como se mostra na fig. 5.6-4. A terra é despejada nos moldes com um pequeno trator, ou com o uso de um compactador pneumático. Isso significa que a mão de obra pode ser menor a 2h/m³.

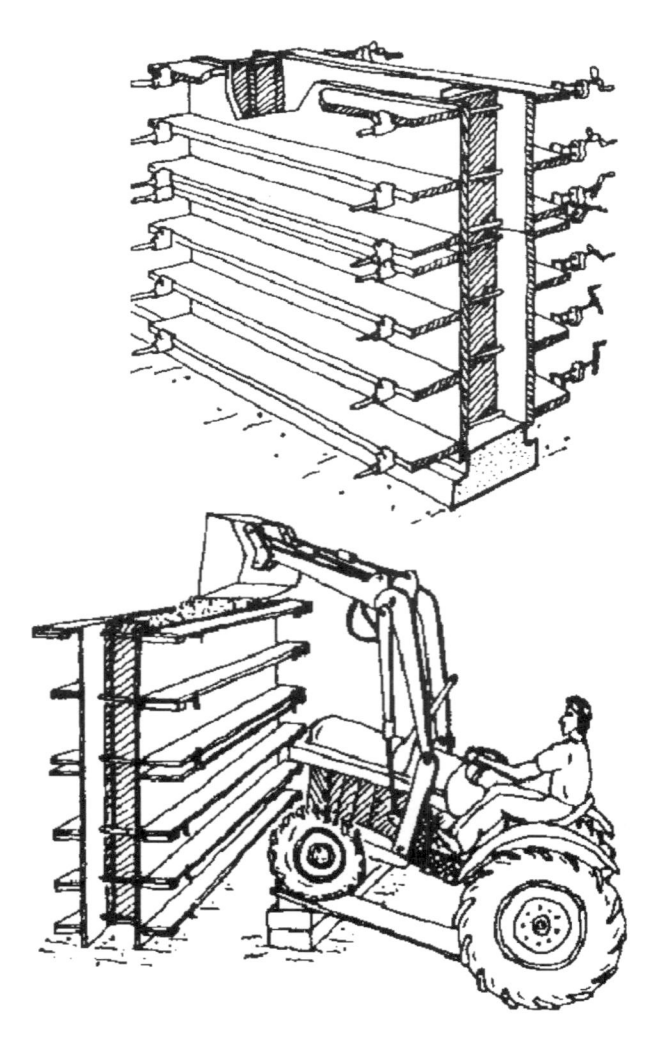

5.6-5 Casa experimental, Universidade de Kassel, Alemanha, 1982.

5.6-4 Formas (Rammed Earth Works).

5.6-6, 5.6-7 Taipa mecanizada em processo (Terrastone).

5.6.3 Estrutura engradada com preenchimento de terra compactada

O Centro de Pesquisas e Desenvolvimento (CEPED), na Bahia, desenvolveu um sistema construtivo que corresponde à execução de painéis delgados com solo-cimento compactado em formas, geralmente de madeira. Utilizam-se guias verticais para fixar as formas e garantir o prumo e alinhamento da parede; as formas são presas entre si com parafusos (fig. 5.6-10).

5.6.4 Construções com forma perdida

Devido ao fato de que, para a execução da técnica de construção com taipa de pilão, o custo da forma é elevado, em alguns casos, seria preferível usar paredes de tijolos ou adobe, que servissem como "formas perdidas", situação em que a forma permanece na parede após a sua execução. Dessa maneira, pode evitar-se o sistema de formas em um ou em ambos os lados da parede. Na figura 10.5-8, é possível ver uma forma perdida feita com cana (esteiras de junco). A rigidez dessas formas perdidas deve ser suficiente para resistir aos impactos laterais durante o processo de compactação.

5.6-8, 5.6-9 Igreja, Margaret River, Austrália.

Na Austrália, existem várias empresas que estão utilizando esse tipo de processo de construção mecanizado (figs. 5.6-6 e 5.6-7). Segundo Oliver, até 1986, mais de 100 construções de taipa de pilão foram erguidas no país. As figs. 5.6-8 e 5.6-9 apresentam uma igreja em Margaret River, projetada pelos arquitetos Hodge & Wilson e construída pela empresa Ramtec.

Como se vê na figura 5.6-9, as paredes, inclusive as colunas que sustentam a estrutura da cobertura, foram construídas com terra compactada. Em 1992, construiu-se, na Austrália, o Hotel Kooralbyn Valley Resort (arquitetos: I. Hannaford, F. Raadschelders, D. Oliver), em que todas as paredes são de taipa de pilão sem reboco (figs. 5.6-11 e 5.6-12).

5.6-10 Execução do painel monolítico de solo-cimento compactado (CEPED, Bahia, Brasil).

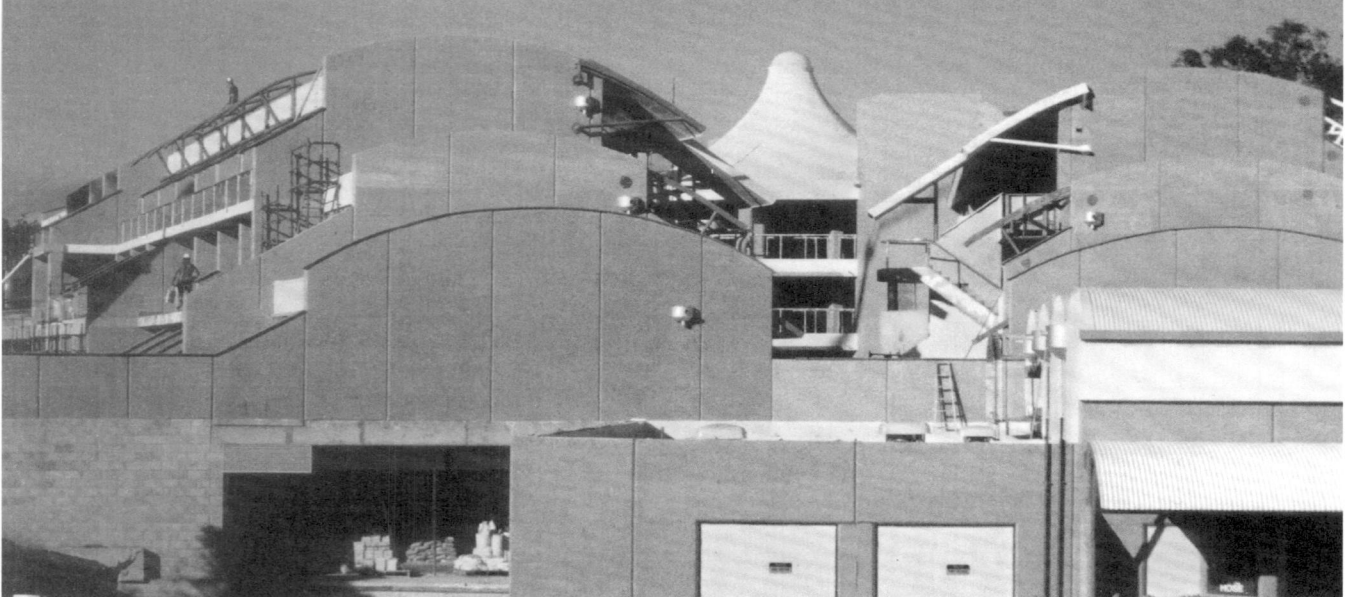

5.6-11, 5.6-12 Hotel, Kooralbyn, Austrália.

5.7 Cúpulas de terra compactada

A primeira cúpula de terra batida foi construída em Kassel, em 1983, utilizando-se uma técnica especial desenvolvida pelo LCE. Trata-se de uma forma rotatória, em que se compacta a terra (figs. 5.7-1, 5.7-2, 5.7-3). A espessura da cúpula é de 18 cm na base e 12 cm na parte superior. As paredes, de 6 lados no exterior e 12 no interior, foram feitas também de terra compactada. Os contrafortes estão integrados às paredes. A forma do modelado da parte superior dos contrafortes, assim como as janelas, foram feitas com uma faca, após a desmontagem da forma. A terra foi compactada num molde, utilizando-se o vibrador, ou manualmente, como está descrito na parte 5.3.

5.8 Processo de secagem

Não é possível estabelecer o momento em que a parede de terra está seca, porém o seu processo de secagem é mais rápido do que o de uma parede de tijolo ou de concreto

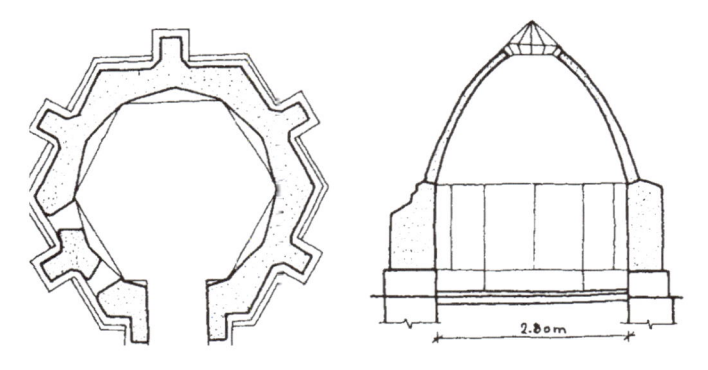

5.7-1 Cúpula experimental de taipa de pilão, Universidade de Kassel, Alemanha, 1983.

5.7-2. 5.7-3 Construção de cúpula de taipa de pilão com forma rotatória.

(parte 2.3.9). Se o clima é seco e quente, e se há movimento suficiente de ar, o processo de retração se conclui após alguns dias. Depois de 3 semanas, sente-se, pelo tato, que a parede está seca, mas o conteúdo de água é mais elevado em relação ao equilíbrio de umidade.

5.9 Mão de obra

A mão de obra, nas técnicas tradicionais de taipa de pilão, executadas manualmente, inclui a preparação, o transporte e a construção, e é de 20 a 30 h/m³. Otimizando o sistema de formas e utilizando compactadores elétricos de vibração, descritos na parte 5.6-1, a mão de obra diminui para 10 h/m³. Com técnicas altamente mecanizadas, explicadas na parte 5.6.2, em que o transporte e o preenchimento da forma são executados por pequenos tratores, e a compactação mediante pesados compactadores pneumáticos, a mão de obra pode reduzir-se a 2 h/m³, valor que é só 10% do necessário para as técnicas tradicionais de alvenaria.

5.10 Isolamento térmico

O isolamento térmico de paredes monolíticas de terra compactada não é suficiente para atingir os níveis exigidos de isolamento térmico em climas frios. O valor U de uma parede de taipa de pilão de 30 cm de espessura é de 1,9 a 2,0 W/m²K. Para alcançar o valor de 0,5W/m²K, exigido em muitos países europeus, é necessária uma espessura de 1,6 a 1,8 m. Por isso, em climas frios, deve-se utilizar, caso seja uma parede de maior espessura de terra agregada, isolamento térmico adicional.

5.11 Tratamento de superfície

Uma parede de taipa de pilão necessita de menos trabalho e material para seu acabamento do que aquelas construídas com outras técnicas. Normalmente, não é preciso rebocar uma parede de taipa de pilão. Pode-se obter com facilidade uma superfície lisa, sobre a qual se pode aplicar pintura, esfregando-a com esponja ou feltro, logo em seguida ao desmonte da forma. Se uma superfície exterior tratada com essa técnica pode ser protegida da chuva com um beiral e dos respingos da chuva com uma base elevada, então bastará um revestimento de pintura para proteger das inclemências do tempo. Deve-se ter cuidado para que a pintura não tenha rachaduras e não venha a descascar.

6. Adobe e bloco de terra comprimida

6.1 Generalidades

Adobe corresponde ao bloco de terra em estado plástico (pastoso), produzido em moldes, com desmoldagem imediata e secagem natural. Pode conter fibras vegetais e outros tipos de adições que proporcionam menor retração por secagem, maior resistência mecânica e, consequentemente, melhora de sua durabilidade. Blocos de terra produzidos mediante uma extrusora (geralmente em olarias) são denominados tijolos crus. A norma alemã DIN 18945 considera a fabricação do tijolo cru entre outras formas de produção dos blocos de terra. No Brasil, a norma NBR 16814 trata especificamente de adobes produzidos em moldes.

Blocos de terra em estado úmido, designados como blocos de terra comprimida (BTC), são produzidos mediante uma prensa manual ou hidráulica. No Brasil, são cinco as normas referentes à produção do BTC (tijolos e blocos) com o uso de cimento como aglomerante: NBR 8491, NBR 8492, NBR 10833, NBR 10834 e NBR 10836.

A aplicação específica dos adobes em paredes e coberturas (abóbodas e cúpulas) é descrita nos itens 14.2, 14.3 e 14.7.

6.2 História do adobe

O uso do adobe propagou-se por todo o mundo, especialmente em regiões de climas quente e seco, subtropicais e temperados. Encontram-se construções com adobe no Turquistão e na Rússia, que datam de 8000 a 6000 a.C. (Pumpelly, 1908), e na Síria, de 4000 a.C. No norte do Egito, encontram-se estruturas monumentais de 3200 anos de antiguidade, tais como as paredes com enormes blocos de terra da fortaleza Medinet Habu e as abóbadas em Gourna (fig. 1.2-1). A arte de construir abóbadas e cúpulas com adobes e sem formas propagou-se muito nas culturas antigas (ver parte 15.7).

Durante séculos, os índios do povo Taos, Novo México, construíram suas habitações com adobes, utilizando a terra do local, a água dos rios próximos e a palha de suas colheitas de cereais (fig. 6.2-2). O centro histórico da cidade de Shibam, no Iêmen, com aproximadamente 20.000 m2, e no qual se penetra através de uma porta, foi construído completamente em adobe. A maioria dos edifícios atinge até oito andares de altura e datam do século XV (fig. 6.2-1).

Na Escandinávia e na Inglaterra, a construção com torrões de terra (em inglês *sod*) foi comum nos séculos XVII e XVIII. A técnica consiste em extrair blocos de terra (torrões) com raízes da última camada de solo argiloso em que cresce a grama. Para construir a parede, assen-

6.2-1 Centro histórico da cidade de Shibam, Iêmen.

6.2-2 Casas tradicionais dos índios Pueblo, Taos, Novo México, EUA.

tam-se os torrões com a grama voltada para baixo e as raízes para cima, sem utilizar argamassa. Essa técnica foi levada pelos imigrantes europeus para os Estados Unidos, onde foram construídas muitas casas nos séculos XVIII e XVIX (figura 6.2-3). Alguns indígenas, como os das tribos Omaha e Pawnee, adotaram a técnica de torrões, especialmente para construir o telhado das suas habitações circulares (Houben; Guillard, 1984).

No Novo México utilizavam-se blocos de solo siltoso extraídos das margens dos rios, localmente denominados tijolos ou tijolões, que também foram usados no México e na América Central. Os blocos contêm raízes que atuam como reforço. Acrescente-se que esse sistema construtivo está incluído nas normas de construção do Novo México.

Na Alemanha, a utilização dos adobes na construção data do século VI a.C. Adobes de 40x40 cm, de 6 a 8 cm de altura, foram usados na construção do forte de Heuneburg, próximo ao lago Constance (Dehn, 1964). Para paredes de 3 m de altura, empregaram-se 140 000 blocos e 400 m3 de argamassa (Güntzel, 1988, p. 23). Um informativo sobre a introdução ao uso do adobe na construção de paredes foi publicado em 1764 (Güntzel, 1988). David Gilly publicou manuais sobre a construção com adobes em 1787/90.

6.2-3 *Sod house*, casa construída com torrões de terra nos EUA.

6.3 Produção de adobes

Para a produção do adobe, coloca-se o barro diretamente no molde, ou se lança o barro menos pastoso no molde. São empregados diferentes tipos de moldes, geralmente de madeira, como mostra a figura 6.3-1. As figuras de 6.3-3 a 6.3-5 mostram um procedimento de fabricação manual de adobe.

Na técnica de lançamento de barro, a mistura é feita com terra arenosa e água, com ou sem adição de palha. A mistura é lançada com força no molde: quanto mais força se utilizar ao lançar o barro, melhor será a compactação e maior a resistência do adobe. A superfície é uniformizada à mão, com madeira, pá ou arame (fig. 6.3-2).

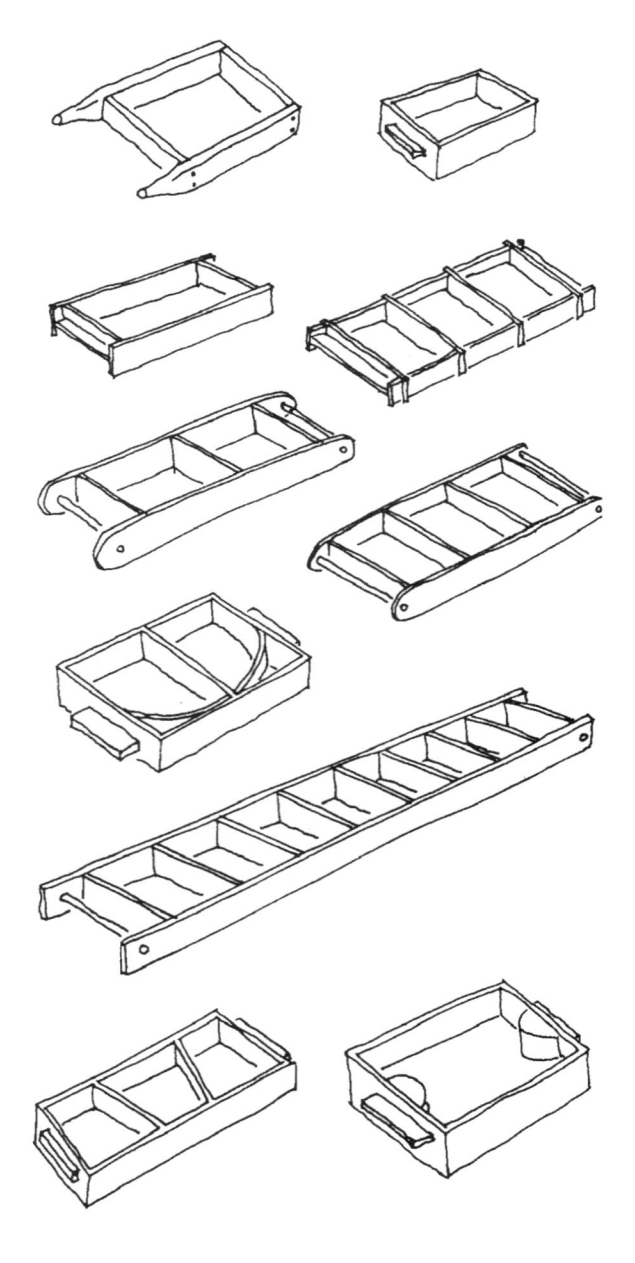

Uma pessoa pode produzir aproximadamente 300 adobes por dia, incluindo a preparação da mistura, o transporte e o empilhamento. Na Índia, uma pessoa pode produzir mais de 500 adobes por dia, utilizando um molde duplo, com um tamanho menor. Com o objetivo de facilitar o trabalho com adobes, eles podem ser confeccionados sobre uma mesa, como tradicionalmente se fazia na Alemanha (fig. 6.3-6). Outro método é utilizar moldes com alça de 80 cm de altura, permitindo ao trabalhador manter uma posição ereta (figura 6.3-7).

Para a produção industrializada de adobe, foi desenvolvido e patenteado um equipamento em 1946 por Hans Sumpf, nos Estados Unidos (figuras 6.3-8 e 6.3-9). A terra, devidamente destorroada e peneirada, é colocada na misturadora e, com adição de água, adquire a consistência pastosa adequada. A mistura é colocada nos moldes por meio de um grande funil, que se move sobre uma grade de moldes; a superfície dos adobes é uniformizada mecanicamente. Uma alavanca ergue a grade, deixando os adobes separados para secagem. Após o período de secagem preliminar, os blocos podem ser virados de lado, para que a secagem seja uniforme.

Nas olarias industriais, para a produção de blocos cerâmicos, a terra destorroada é misturada com água até obter a consistência apropriada. A mistura, mediante tubos, é introduzida numa extrusora, novamente misturada e pressionada através de um bocal operado à vácuo. A massa extrudada, com a seção na forma retangular do bloco, é cortada com arame no comprimento estabelecido, formando o paralelepípedo. Após a secagem preliminar, os blocos são aquecidos em fornos. A temperatura de "queima" é superior a 700°C. O processo de produção é computadorizado.

O custo de produção de tijolos crus em olarias nem sempre é compensador. Tomando-se como parâmetro um caso de produção na Alemanha, com um simples processo de secagem dos tijolos ao ar livre foi possível obter tijolos crus 40% mais baratos do que os blocos cerâmicos.

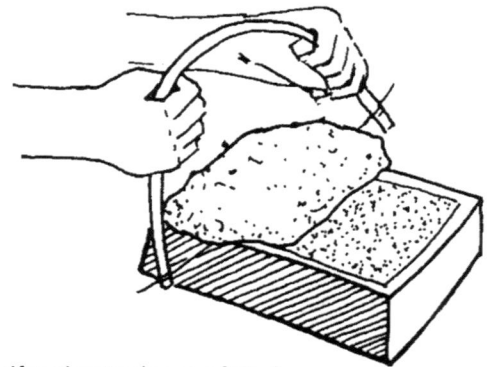

6.3-1 Moldes para adobes.

6.3-2 Uniformização da superfície do adobe com arame para sua produção.

6.3-6 Produção de adobes sobre uma mesa de trabalho.

6.3-3 a 6.3-5 Produção de adobes no Equador.

6.3-7 Modelo de molde metálico com alças.

6.3-8 e 6.3-9 Técnica de elaboração de adobes desenvolvida por Hans Sumpf, Estados Unidos.

6.3-10 Secagem de tijolos crus ao ar livre numa olaria, Alemanha.

6.4 Produção de blocos de terra comprimida (BTC)

Outro tipo de bloco feito com terra é o que utiliza uma mistura úmida de terra e água (mais seca que o barro do adobe) em um equipamento para sua prensagem. A produção de BTC com prensas manuais é conhecida na Europa, desde o século XVIII. A primeira prensa manual foi desenvolvida em 1789, pelo arquiteto François Cointeraux. Diferentes prensas foram construídas desde então. Uma prensa muito conhecida e empregada em várias regiões é a CINVA-Ram, desenvolvida na Colômbia pelo engenheiro chileno Ramírez, em 1952 (fig. 6.4-1). A figura 6.4-2 mostra a CETA-Ram em operação. Essa última, similar à CINVA-Ram, foi desenvolvida no Paraguai e permite a confecção de três unidades por vez. As prensas manuais desse tipo produzem uma pressão de 5 a 25 kgf/cm², e exigem de 3 a 5 pessoas para um fluxo de produção ótimo.

As prensas hidráulicas manuais, como, por exemplo, a BREPAC, concebida na Inglaterra, produzem uma pressão de até 100 kgf/cm². Apesar da produção mecânica com prensas manuais, só se alcança um rendimento de 150 a 200 unidades por dia/homem, rendimento notavelmente inferior ao que se obtém com a técnica manual do lançamento na produção do adobe. A vantagem na produção do BTC é a possibilidade de se utilizar a mistura úmida de terra e água, que permite o armazenamento imediato. A desvantagem é a necessidade de estabilização com cimento entre 4 e 8% para obter resistência necessária, já que a capacidade de aglomeração da argila não pode ser ativada com tão baixo conteúdo de água. Por não ter sido socada ou amassada, não se ativam as forças aglutinantes dos minerais da argila. Sem cimento, os blocos prensados possuem resistência à compressão menor

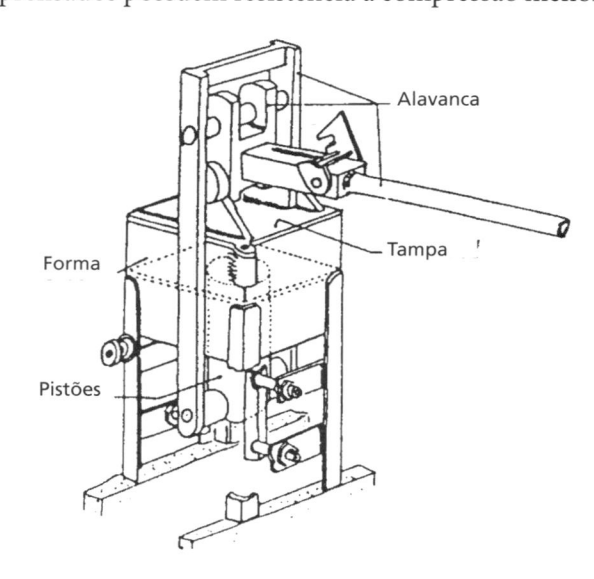

6.4-1 Prensa CINVA-Ram para produção de BTC, Colômbia.

6.4-2 Prensa CETA-Ram para produção de BTC, Paraguai.

do que os adobes feitos manualmente (ver parte 4.5.3).

Outra desvantagem do BTC reside na necessidade de preparação de misturas com composição e umidade constantes. Se a composição e a umidade variam, a quantidade da mistura para preencher o molde e a pressão de compressão se alteram, provocando variações na altura e na resistência dos blocos.

As prensas automáticas, motorizadas (ver fig. 6.4-3 e 6.4-4), podem produzir de 1500 a 4000 blocos por dia, mas aumentam os custos de produção e comercialização do BTC e são difíceis de reparar. Essas máquinas exigem também um sistema eficiente para o preparo da mistura (destorroador, peneira e misturador), capaz de assegurar sua composição e umidade e o volume necessário para a produção automatizada. O uso de prensas automáticas para a produção do BTC só se torna viável se elas tiverem longo do tempo de vida sob uma exploração expressiva e matéria-prima disponível em quantidade suficiente. Por outro lado, os custos de amortização, reparações e manutenção são significativos e devem ser considerados.

Nos países onde a mão de obra tem menor custo, a produção manual de adobe e BTC é mais vantajosa, ao contrário dos países industrializados, onde a produção industrializada do adobe e do BTC é economicamente melhor. Outras informações sobre o BTC podem ser obtidas em Mukerji (1986, 1988), Smith y Web (1987) e CRAterre (1991).

6.5 Dosificação da mistura

A terra utilizada nas olarias industriais exige alto conteúdo de argila para poder alcançar a resistência suficiente após a queima (aquecimento acima de 700°C). A figura 6.5-1 mostra a distribuição granulométrica típica de uma terra que contém 24% de argila, 50% de silte, 23% de areia

6.4-3 Prensa automática CLU 3000, Suíça.

6.4-4 Prensa automática Pacifica Adobe, EUA.

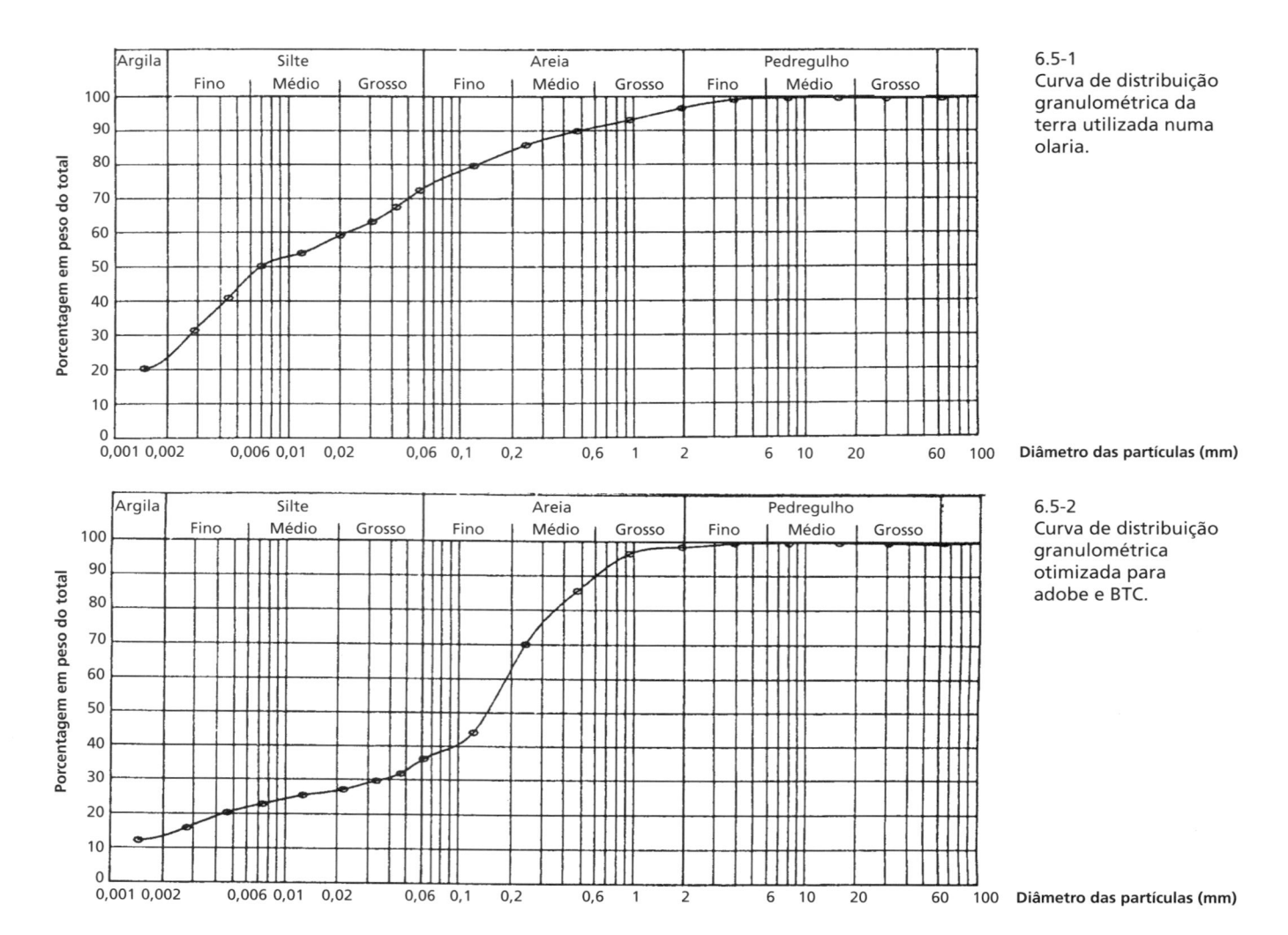

6.5-1 Curva de distribuição granulométrica da terra utilizada numa olaria.

6.5-2 Curva de distribuição granulométrica otimizada para adobe e BTC.

6.5-3 Fissuras de retração que apareceram após a secagem de tijolos crus que foram molhados por uma chuva.

e 3% de pedregulho. Quando a terra com essa composição é empregada na produção de tijolos crus, eles apresentam fissuras, além de expansão e retração em contato com a água (figura 6.5-3).

Uma curva de distribuição granulométrica otimizada para adobes e BTC é mostrada na fig. 6.5-2, e apresenta 14% de argila, 22% de silte, 62% de areia e 2% de pedregulho, e não revela fissuras de retração na secagem.

Geralmente, pode-se afirmar que os adobes devem ter suficiente areia grossa que lhes permita alcançar alta porosidade (e, por isso, alta resistência às nevascas) e alta resistência à compressão com um mínimo de retração. Mas, por sua vez, devem conter argila suficiente para ter uma boa coesão que permita sua manipulação.

6.6 Execução das paredes de adobe

No local de trabalho, é importante proteger os blocos de terra da chuva, seja durante o seu armazenamento, seja durante a obra. Podem ser armazenados sob estruturas de madeira cobertas por plástico.

Os adobes se unem com argamassa de terra ou de cal hidráulica. É possível adicionar pequenas quantidades de cimento a essa mistura, porém misturas só de cimento não são aconselháveis, pois são muito rígidas e provocam fissuras. Com o objetivo de evitar fissuras de retração na argamassa durante a secagem, ela deve conter suficiente quantidade de areia grossa. O conteúdo de argila pode variar de 4 a 10%. A formação de fissuras de retração pode ser evitada se a camada de argamassa for delgada.

6.6-1 Corte de tijolos crus com serrote.

6.7-1 Parede de adobes finalizada com mistura de terra e cal, Bendigo, Austrália.

É prazeroso trabalhar com argamassa de terra, já que não é abrasiva à pele, ao contrário da argamassa com cal que irrita a pele. É possível construir paredes de adobe, prescindindo de argamassa, se os adobes forem mergulhados em água minutos antes da sua disposição, para que as superfícies se abrandem. Os adobes mais leves são dispostos e apertados uns contra os outros, de maneira que sequem logo e fiquem bem unidos.

Esse método requer muita prática e destreza, pois é mais difícil colocar as peças com exatidão, controlando as juntas horizontais e o padrão, já que não há tolerância da argamassa. Por esse motivo, não faz muito sentido empregá-lo com adobes produzidos manualmente, por causa da irregularidade de tamanho e a ausência de superfícies planas.

Os tijolos crus e os adobes podem ser cortados com mais facilidade do que os blocos cerâmicos. Podem ser cortados, por exemplo, usando-se um serrote, como se vê na fig. 6.6-1. Se houver necessidade de pedaços, eles podem ser cortados com um serrote, fazendo-se uma fenda de 2 cm no adobe, que logo se rompe com um golpe de martelo. Em vez de utilizar o serrote, pode-se fazer uma abertura com uma faca ou talhadeira.

6.7 Tratamento de superfície

A alvenaria de adobes com superfícies ou juntas irregulares pode ser uniformizada com facilidade, se for umedecida com um pano de feltro. O reboco não é recomendado porque interfere no equilíbrio higroscópico, ou troca de umidade entre a parede e o ambiente (ver parte 1.4.4). No lugar dele, pode-se aplicar à alvenaria de adobe uma camada de tinta de terra estabilizada com cal ou cal-caseína (fig. 6.7-1). Para mais detalhes sobre o tratamento das superfícies, ver parte 12.3.

6.8-1 Prateleiras de livros fixas em uma parede de tijolo cru.

6.8 Fixação de elementos nas paredes

É mais fácil introduzir pregos nos adobes do que em blocos cerâmicos. Quanto mais úmido e poroso o material, mais fácil se dá a penetração de um prego. Os tijolos crus industriais são mais propensos às rachaduras do que os adobes elaborados manualmente. No caso de pregos grossos, recomenda-se fazer previamente o buraco. Em paredes de terra, é perfeitamente possível instalar estantes ou armários com parafusos e buchas. Deve-se ter em conta que o diâmetro da broca, do parafuso e da bucha devem ser proporcionais, já que, se o parafuso for maior, o adobe poderá arrebentar quando aparafusado. Na fig. 6.8-1, vemos estantes robustas de livros instaladas com parafusos e buchas em parede de tijolos crus.

7. Blocos de terra de grande formato e elementos de terra pré-fabricados

7.1 Generalidades

Em construções com paredes monolíticas de terra compactada, como a taipa de pilão, ou em alvenarias de tijolos de pequeno formato, a mão de obra é elevada e o tempo de secagem atrasa a construção devido à água inerente a esse material. Por isso, buscaram-se novas alternativas com elementos pré-fabricados de maior escala.

7.2 Blocos de terra de grande formato

Os blocos de terra grande formato, devido a seu maior tamanho, proporcionam mais rapidez para a finalização das paredes do que os adobes, e, por isso, se tornam interessantes. Agregados e cavidades podem ser utilizados para diminuir seu peso. É recomendável fazer buracos nos blocos para facilitar a manipulação.

Duas soluções desenvolvidas na Alemanha para produzir blocos de terra compactada com moldes desmontáveis se mostram nas fig. 7.2-1 e 7.2-2. A fig. 7.2-3 mostra outro sistema para produzir blocos grandes com terra agregada

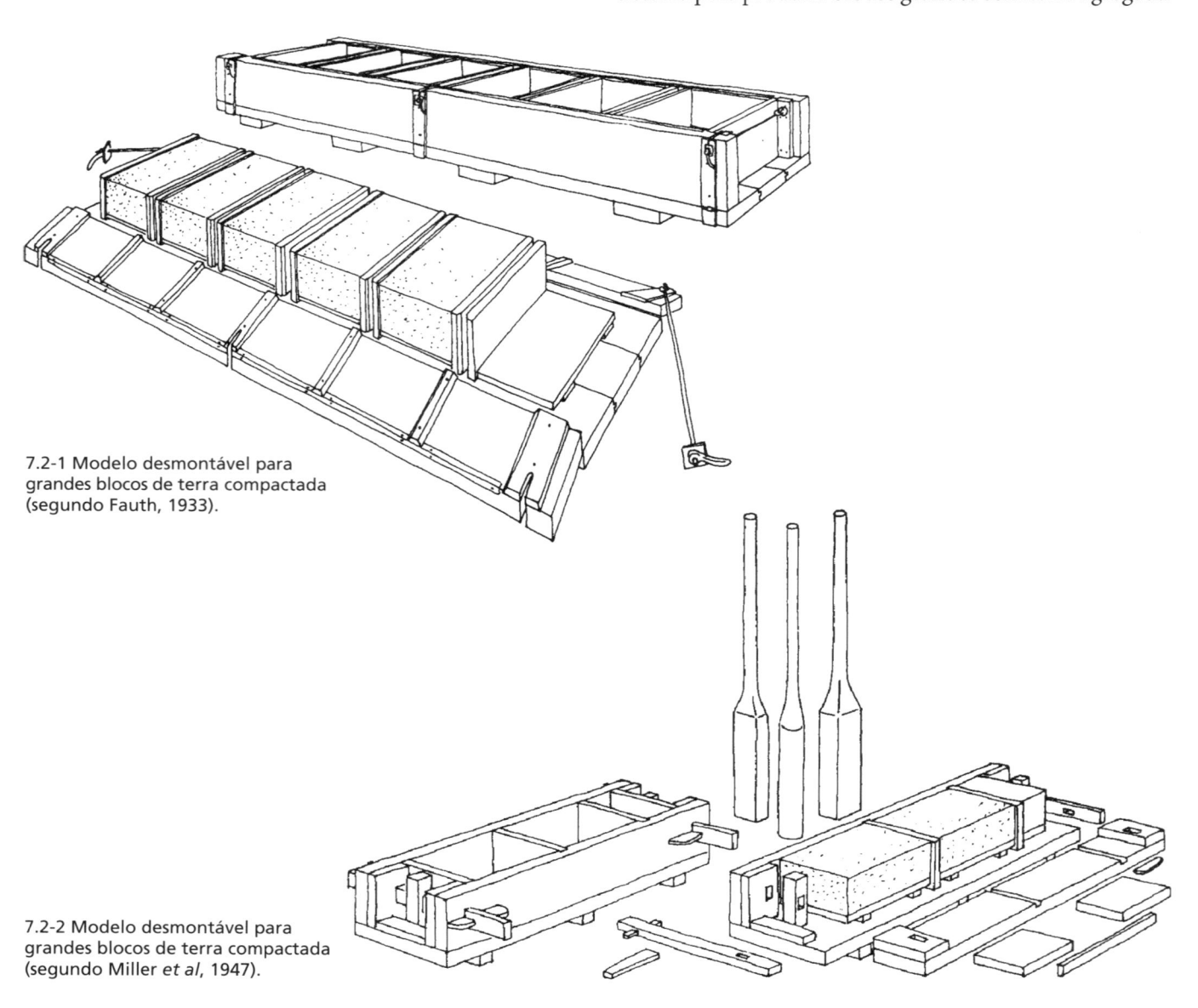

7.2-1 Modelo desmontável para grandes blocos de terra compactada (segundo Fauth, 1933).

7.2-2 Modelo desmontável para grandes blocos de terra compactada (segundo Miller et al, 1947).

com palha. A fig. 7.2-4 mostra uma parede de blocos com 15x24x30 cm, de terra compactada agregada com palha e pesando cada um 9,5 kg. Eles apresentam uma abertura que deve ser preenchida com argamassa e que pode ser utilizada para inserir um perfil de madeira que ajuda a melhorar a estabilidade lateral do muro.

Os blocos agregados com palha de 50x60x30 cm, empregados pelo arquiteto alemão Sylvester Dufter em muitos projetos, são mais eficientes para a construção de paredes, apesar de cada bloco pesar 26 kg. Para facilitar sua logística, podem ser produzidos sob a própria estrutura ou próximos à parede que será construída, de maneira que sejam depois facilmente dispostos na sua posição final (fig. 7.2-5 e 7.2-6). Este sistema de parede de 50 cm de espessura oferece um valor U de 0,3 W/m²K.

Dufter conduziu vários projetos de autoconstrução utilizando esses blocos. Num dos casos, a família proprietária produziu 1500 blocos em cinco semanas, suficientes para toda a casa. Na Hungria, se produziram blocos de terra agregada com argila expandida de 15x15x30 cm, com máquinas do tipo utilizado para fazer blocos de concreto

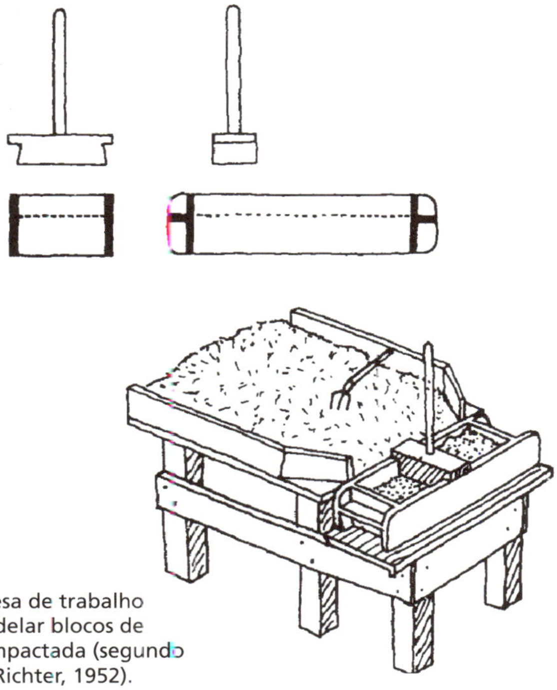

7.2-3 Mesa de trabalho para modelar blocos de terra compactada (segundo Pollack, Richter, 1952).

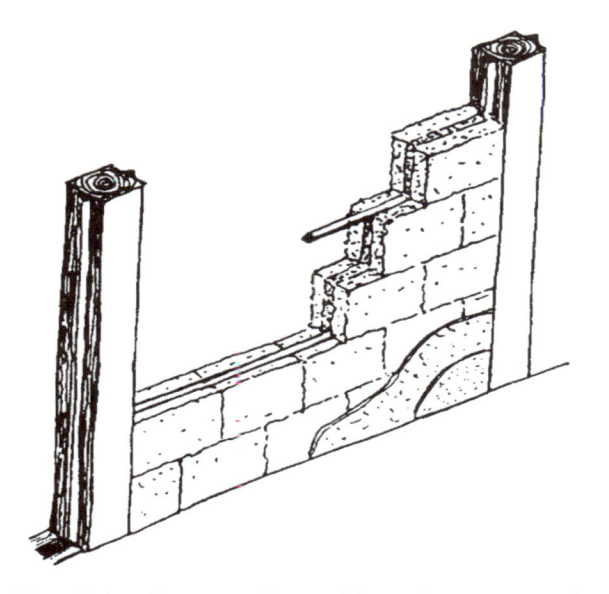

7.2-4 Parede interior construída com blocos de terra agregada com palha (segundo Ökologie in der Region).

7.2-5 Elaboração de blocos de terra agregada com palha.

7.2-6 Parede exterior construída com blocos grandes de terra agregada com palha.

(fig. 7.2-7). Esses blocos foram usados para prover um isolamento térmico externo numa casa em Tata, na Hungria (fig. 7.2-8). Seções diferentes para painéis de maior escala para paredes feitas de terra agregada com mineral desenvolvidas pelo autor se mostram na fig. 7.2-9. Podem ser utilizados em paredes interiores, assim como em paredes exteriores para aumentar o isolamento térmico. As cavidades reduzem o peso, aumentam o isolamento térmico e, ao mesmo tempo, permitem uma melhor manipulação. A fig. 7.2-10 mostra elementos similares, que podem ser utilizados para construir abóbadas.

7.2-7 Elaboração de blocos de terra agregada com mineral, Tata, Hungria.

7.2-8 Utilização de blocos de terra agregada com mineral como isolamento externo adicional para uma parede de terra compactada, Tata, Hungria.

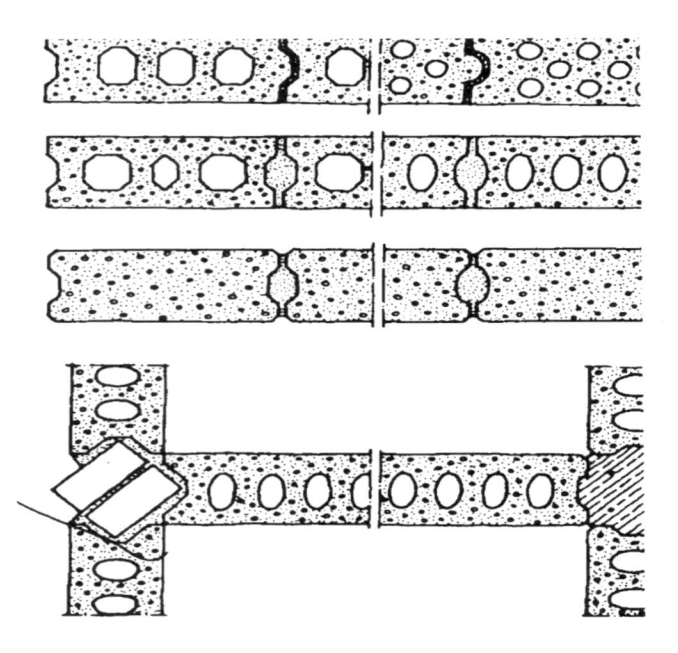

7.2-9 Desenho em planta de blocos de terra agregada para construção de paredes.

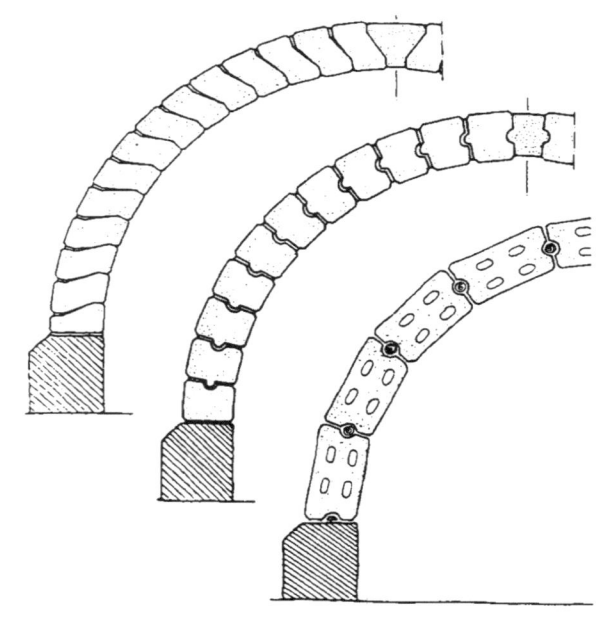

7.2-10 Seção vertical de blocos de terra agregada para abóbadas.

7.3 Painéis pré-fabricados para paredes

Têm-se utilizado painéis pré-fabricados de 6 a 12 cm com espessura de 30x60 cm até 62,5x100 cm como elementos não portantes. Eles devem ser de terra agregada, com uma densidade de 800 a 1000 kg/m^3. Um painel extremamente leve, com uma densidade de 550 kg/m^3, foi desenhado pela empresa alemã Breidenbach. Foi feito de esteiras de cana, rebocado com terra e coberto com tela de juta.

A fig. 7.3-1 mostra uma parede de painéis agregados "karphosit" de 62,5x25x10 cm, produzidos com argila em pó e palha picada, com uma densidade de 950 kg/ m³.

A empresa alemã "Terra Limes" desenvolveu um painel que consiste num entramado de madeira de 1 m de largura e até 3m de altura, preenchido com terra agregada, que pode ser montado com uma grua (ver fig. 7.3-2 e 7.3-3).

7.3-1 Parede interior de painéis de terra agregada "Karphosit".

7.3-2 e 7.3-3 Entramado de madeira preenchido com terra.

7.4 Elementos pré-fabricados para lajes

Os elementos de terra que atuam como preenchimento de apoio para lajes oferecem também isolamento térmico e isolamento contra o ruído (fig. 7.4-1). O autor produziu, na Hungria, em 1987, elementos de apoio para preenchimento de lajes feitos de terra agregada com cimento. A fig. 7.4-2 mostra um desses elementos, assim como o molde. A fig. 7.4-3 mostra diferentes desenhos do autor para elementos de apoio para preenchimento de lajes.

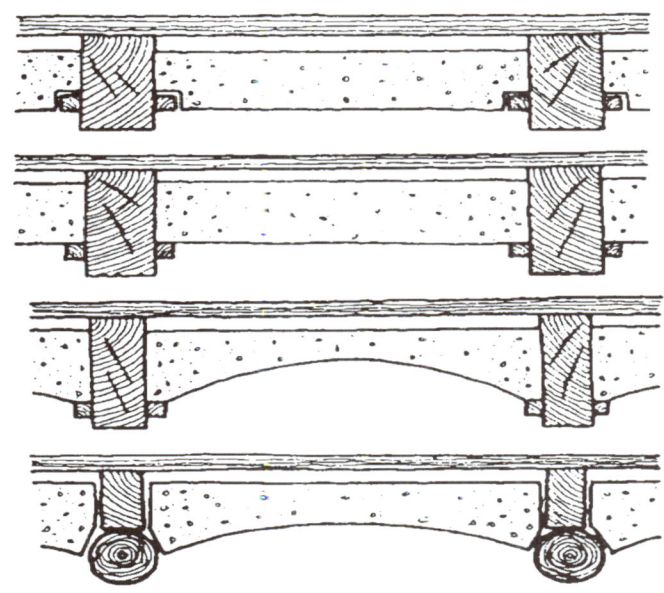

7.4-1 Seção vertical de elementos de preenchimento para lajes.

7.4-2 Elementos de preenchimento de apoio de terra agregada e estabilizado com cimento, Hungria.

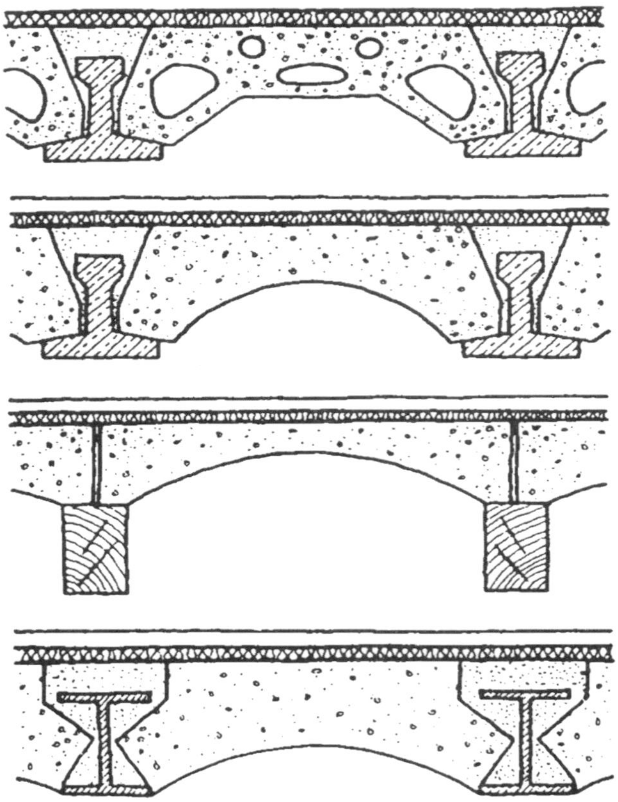

7.4-3 Seção vertical de elementos de preenchimento de apoio para lajes de terra agregada.

7.5 Adobes para otimizar a acústica

Para otimizar a acústica das cúpulas, o autor desenhou adobes especiais com buracos e bordas arredondadas (fig. 7.5-2). Devido a essa forma, nas bordas e na inclinação dos adobes (fig. 7.5-1), se obtém uma boa distribuição de som pelas juntas fundidas e os buracos nos adobes.

Em um instituto em Kassel, na Alemanha, se construíram 760m² com esses adobes, não só para otimizar a acústica, mas também para otimizar o equilíbrio da umidade e o armazenamento de calor. Como se pode ver na fig. 7.5-3, esses blocos possuem a vantagem de não necessitarem de proteções para as quinas, devido às bordas arredondadas.

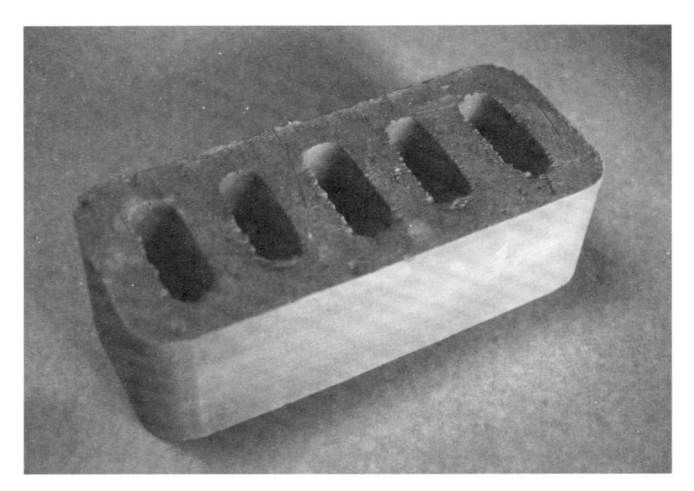

7.5-2 Adobe especial para otimizar a acústica de uma cúpula.

7.5-1 Detalhe de uma cúpula de adobes arredondados.

7.5-3 Adobes de borda arredondada não necessitam de proteções para as quinas devido ao seu formato.

7.6 Revestimentos pré-fabricados de terra

Podem-se utilizar, para o acabamento de habitações, revestimentos pré-fabricados de terra. Eles possuem a vantagem de, após a secagem, a retração só ocorrer nas juntas. Miller, *et al.* (1947, p. 5) recomenda usar Fe_3O_4, sangue de boi e alcatrão para estabilizar e proporcionar uma boa resistência na superfície dos revestimentos.

Testes efetuados no Laboratório de Construções Experimentais (LCE), da Universidade de Kassel, demonstraram que se pode alcançar um alto grau de resistência da superfície dos revestimentos acrescentando 6% de óleo de linhaça duplamente cozido na mistura, combinado com uma compactação da superfície e aplicação posterior de cera. Métodos para aumentar a resistência de superfícies de terra são descritos na parte 15.4.3.

7.5-4 Detalhe de cúpula construída com adobe acústico.

7.5-5 Cúpula com adobe acústico sendo construída no Paraguai.

8. Terra em estado plástico modelada diretamente

8.1 Generalidades

A terra, como nenhum outro material de construção, tem características para se transformar em material plástico ao ser misturado com água e, assim, adquirir a capacidade de modelamento. Esse é um desafio de criatividade para os projetistas e construtores.

O modelado manual de paredes, com bolas ou massas de terra em estado plástico, é uma técnica tradicional muito explorada na África e na Ásia, e também conhecida na Europa e na América. É a técnica mais simples e primitiva, que não exige ferramenta alguma. Com essa técnica, a mistura preparada é utilizada diretamente (sem moldes nem processos intermediários). A desvantagem, porém, é que as misturas reduzidas, com apenas 10 a 15% de argila, mostram uma retração linear de 3 a 6% na secagem. Quanto mais elevado for o conteúdo de argila e água na mistura, maior será a retração. As massas de barro com

8.1-1
Banco modelado com terra em estado plástico.

8.1-2
Fendas de retração no banco após a secagem.

um alto conteúdo de argila podem chegar a conter uma retração linear de até 10%.

As figs. 8.1-1 e 8.1-2 apresentam um banco modelado com elementos de barro em que não se levou em conta a retração. As seções seguintes mostram como as juntas pré-desenhadas, os elementos com menores dimensões e a utilização de elementos curvos podem reduzir, e, inclusive, evitar as fissuras de retração. A teoria de redução das fissuras mediante uma mudança na composição da mistura foi exposta na parte 4.2.

8.2 Técnicas tradicionais com terra em estado plástico

Enquanto, na construção com adobes, é usada argamassa, nas técnicas úmidas, se emprega, na construção de paredes, barro em seu estado plástico sem argamassa, unindo-o mecanicamente através da compactação, apertando ou lançando.

No sul da Índia, se emprega, ainda hoje em dia, uma técnica de barro muito simples: com uma enxada, junta-se o barro com água até obter uma mistura que é transportada

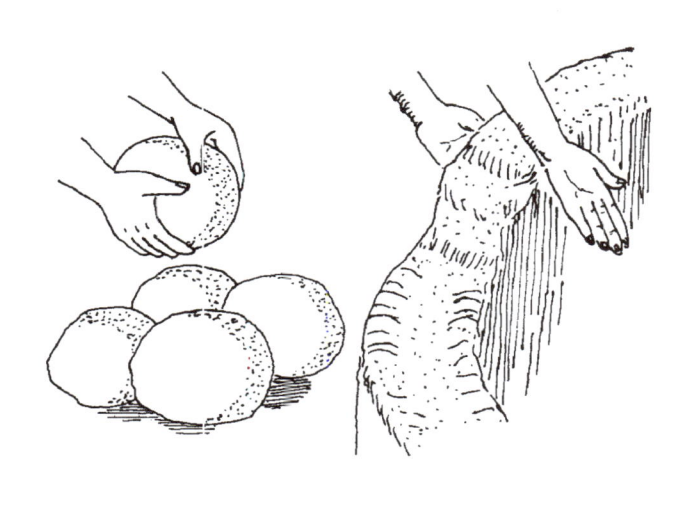

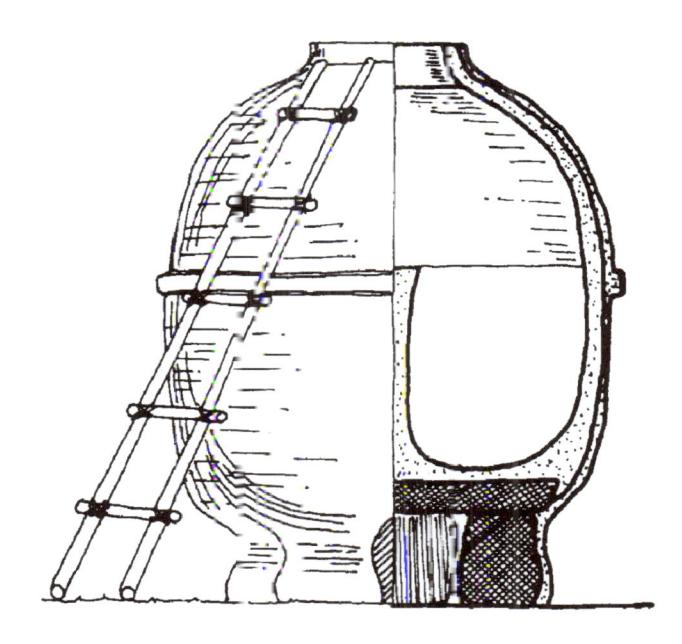

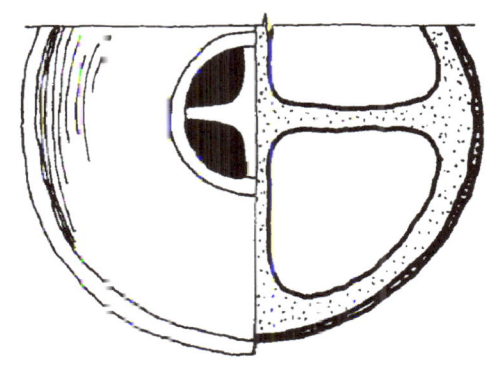

8.2-3 Seção vertical (acima) e planta (abaixo) de celeiro, Gana (segundo Schreckenbach).

sobre a cabeça em vasilhas e depois vertida sobre a parede em construção. O barro é distribuído manualmente em camadas de 2 a 4 cm de espessura. A mistura, exposta ao sol, seca rapidamente, e a parede pode ser construída camada a camada.

No Nordeste de Gana, se emprega outra técnica em que se moldam bolas de terra úmida, que são usadas logo para construir paredes circulares, amontoando e pisando o barro (fig. 8.2-1 e 8.2-2). Após a secagem da parede, a superfície é rebocada em ambos os lados, e é uniformizada e polida com uma pedra plana mediante movimentos circulares. A figura 8.2-3 mostra um celeiro construído com barro, estrume de boi e palha, com utilização dessa técnica.

8.2-1, 8.2-2 Construção de uma parede com o uso de bolas de barro úmido, nordeste de Gana (segundo Schreckenbach).

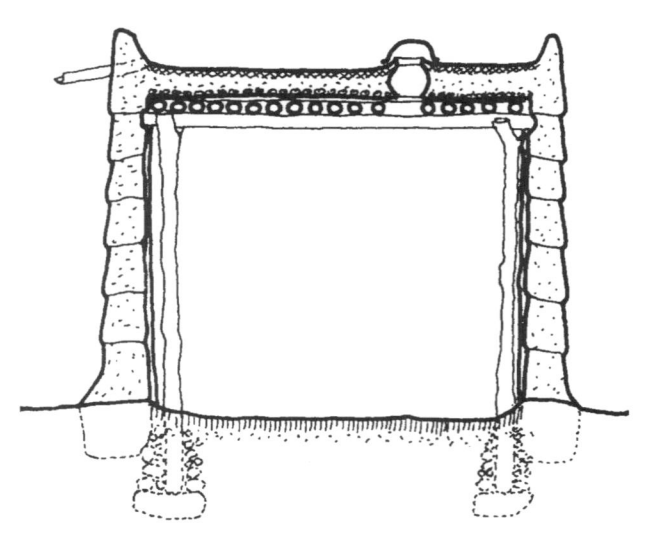

8.2-4 Seção vertical de uma casa típica do noroeste de Gana (segundo Schreckenbach).

8.2-6 Casa com vários andares, construída segundo a técnica *Zabur*, Iêmen.

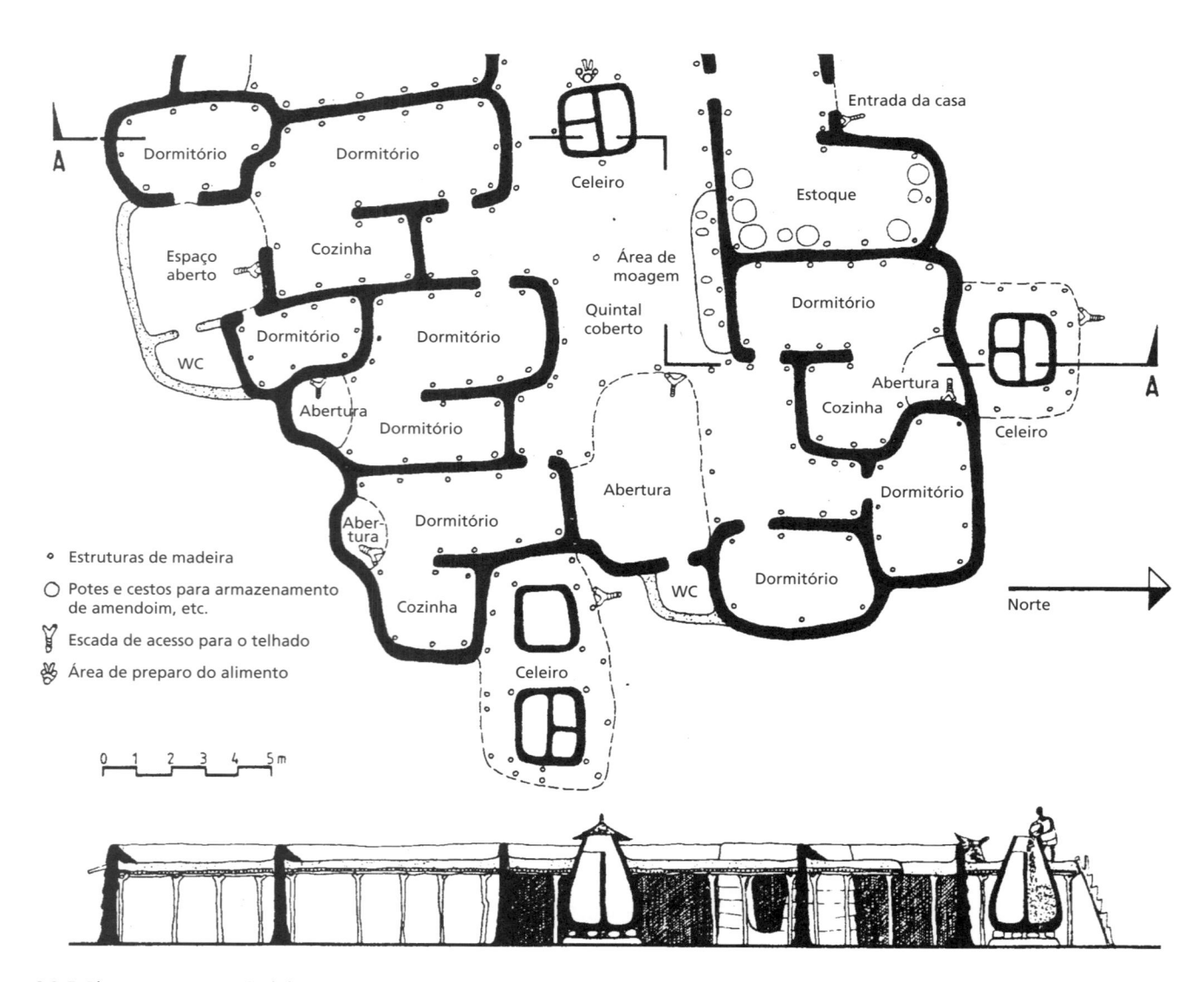

8.2-5 Planta e seção vertical de uma casa tradicional Lobi, construída com barro, noroeste de Gana (segundo Schreckenbach).

No noroeste de Gana, se constroem paredes de 40 cm de espessura com outra técnica tradicional de bolas de barro plástico, colocadas em camadas de ta maneira, que cada fileira se sobreponha à anterior (fig 8.2-4). As plantas dessas habitações são mais ou menos retangulares, com quinas arredondadas (fig. 8.2-5).

No norte do Iêmen, se construíram casas utilizando uma técnica de barro úmido denominada *zabur* (8.2-6 a 8.2-8). Modelam-se bolas de barro com palha que são lançadas com força, e assim se ergue a parede, de maneira que fique compactada e aderida à base, formando uma massa homogênea. A superfície é geralmente compactada e uniformizada golpeando-se com uma pá.

Uma técnica de construção denominada *COB*, que utiliza bolas de barro, foi amplamente empregada no século XV até finais do século XIX, no sudeste da Inglaterra, em particular na cidade de Devon (fig. 8.2-9).

Hill descreve essa técnica da seguinte maneira: um trabalhador é posto com um tridente sobre a base da parede, enquanto outro forma bolas do tamanho de um punho, e as lança para o primeiro, que as recebe, e, por sua vez, as lança e as compacta na parede. Dessa maneira, foram construídas fileiras de 50 a 60 cm de altura, em seguida, a superfície é alisada. A espessura da parede é de 45 a 60 cm (McCann, 1983).

8.2-7 e 8.2-8 Construção de parede de barro usando a técnica *zabur*.

8.2-9 Casa de 1410, construída com a técnica *COB*, em Cockington, Devon, Inglaterra.

8.2-10 Técnica tradicional de *Wellerbau*, Alemanha.

Uma técnica similar, denominada *wellerbau*, é conhecida na Alemanha desde a Idade Média, e se difundiu principalmente em Thürigen e Sachsen. Nessa técnica, o barro com palha não é modelado em forma de bolas, como na técnica de *COB*, nem se compacta mediante o lançamento, como na técnica *zabur*, mas é lançado com uma enxada e, em seguida, compactado com os pés (fig. 8.2-10). A parede é construída em camadas de 80 a 90 cm. Após um curto período de secagem, a superfície dessas fileiras é uniformizada com uma espátula.

8.3 Torrões de barro

Existiram técnicas similares utilizadas na Eslováquia e no Iêmen, assim como no Norte da África. Gustav Von Bodelschwing, um pastor alemão, adaptou essa técnica às condições alemãs. Com ela, os painéis úmidos de barro são dispostos em padrões de alvenaria, mas sem argamassa. Um buraco cônico é feito com os dedos nos dois lados de cada torrão, cujo objetivo é melhorar a aderência da argamassa do reboco que é aplicado posteriormente (figs. 8.3-1 a 8.3-3). Uma fileira de 3 a 5 camadas é disposta por dia. Depois da secagem, aplicam-se várias camadas de reboco de cal na parede. A primeira casa foi construída em 1925 (fig. 8.3-3). Nos anos seguintes, cooperativas criadas por desempregados, uma iniciativa de Bodelschwing, construíram mais de 300 casas. Todos os membros das famílias participavam na construção como se vê na fig. 8.3-1.

8.4 Técnica de *stranglehm*

8.4.1 Generalidades

No LCE, da Universidade de Kassel, se desenvolveu, em 1982, uma nova técnica de barro plástico denominada *stranglehm*, que permite a construção de paredes, abóbadas e cúpulas. Permite ainda a construção de móveis e artefatos sanitários *in situ*, como se descreve na parte 15.10.

8.4.2 Elaboração de elementos de *stranglehm*

Com o objetivo de produzir perfis de barro plástico, o LCE desenvolveu um extrusor. Utilizando essa máquina, produziram-se perfis de terra em estado plástico de 8x16 cm de secção, a uma velocidade de 3 m por minuto (2m³/h). Ver fig. 8.4-1 e 8.4-2. O equipamento consiste numa seção de alimentação com cilindros que giram no sentido contrário, misturando e passando o material para outra seção que contém palhetas rotatórias para mover e empurrar para frente o material, que passa por um torno, cuja pressão é suficiente para forçar o material a sair pelo gargalo do extrusor.

8.3-1 Técnica de torrões de barro, Alemanha (Heimstätte Dünne).

8.3-2 Parede de torrões de barro sem reboco, Dünne, Alemanha.

8.3-3 Casa, Dünne, Alemanha.

8.4.3 Preparação da mistura

Testes realizados com mais de 30 amostras, algumas contendo palha, serragem e folhas secas, demonstraram que a redução da retração e o aumento de rendimento eram insignificantes. Isso demonstrou que a força de trabalho adicional e os esforços exigidos para agregar esses aditivos não valiam a pena. Contudo, a adição de soro aumenta um pouco o rendimento, propiciando uma melhor resistência à água e rigidez da superfície. O pó de caseína e a água podem substituir o soro. A mistura, para essa técnica, deve ter maior conteúdo de argila do que para os blocos de terra compactada. Um conteúdo de argila de 15% é mais vantajoso. Uma mistura com baixo conteúdo de argila apresentou baixa resistência nas bordas dos elementos. O conteúdo deve ser otimizado de maneira que o perfil concluído esteja suficientemente seco para ser manipulado e suficientemente úmido para aderir com outros, quando forem dispostos na parede.

8.4.4 Disposição dos elementos

Na primeira casa construída para teste, na Universidade de Kassel (fig. 8.4-3 e 8.4-4), foram transportados perfis de 2 m de largura sobre uma prancha e dispostos sobre as paredes. O acabamento das juntas foi feito com a mão ou com uma espátula modeladora. Exige-se que as camadas superiores não esmaguem as inferiores, e, para que seja dessa maneira, deve-se executar de 4 a 5 camadas por dia. Como os perfis apresentam uma retração de aproximadamente 3%, foi necessário preencher as fissuras de retração que apareceram nos elementos. Como este trabalho demonstrou ser muito laborioso, decidiu-se que, na habitação seguinte, construída em Kassel, em 1984, seriam utilizados perfis de 70 cm de comprimento, já que os resultados demonstram que, com essa medida e as juntas pré-desenhadas de 70 cm, não aparecem fissuras. O extrusor foi colocado no centro da habitação para

8.4-1 Extrusor vertical para perfis de barro (Heuser).

8.4-2 Extrusor horizontal otimizado (Heuser).

8.4-3 e 8.4-4 Paredes de barro extruído, casa de teste, universidade de Kassel, 1982.

minimizar a distância de transporte. As figs. 8.4-5 até 8.4-8 mostram a elaboração, o transporte e a disposição dos elementos. As paredes desse projeto apresentam uma estrutura de madeira com colunas dispostas a uma distância de 2,1 m. O painel que se forma é dividido em três partes, com elementos de madeira verticais de 4x4 cm (fig. 10.8-7). Eles atuam como encaixes, fixando-se os elementos de barro para a estabilidade lateral. Para garantir a separação dos elementos em seus extremos, de maneira que essa junta atue como uma junta pré-desenhada de contração, fez-se um corte com uma colher de pedreiro. Após a secagem, os buracos se expandem devido à retração, permitindo o preenchimento com uma mistura de cal, gesso, areia e barro. É fácil alisar a superfície desses elementos com uma esponja úmida (fig. 8.4-9). A fig. 8.4-13 mostra o preenchimento da junta de retração com barro ligeiramente úmido, com utilização de um martelo e um pedaço de madeira. A fig. 8.4-14 mostra a parede concluída. As paredes construídas com essa técnica podem ser esculpidas facilmente no estado úmido, extraindo-se algumas partes, como se mostra na fig. 8.4-10 e 8.4-11, em que se adiciona ou extrai material para esculpir a parede. Dependendo do gosto estético, é mais fácil aplicar na superfície uma argamassa de terra, cal e coalhada desnatada, em proporções de 1:1:1 (fig. 8.4-12). O autor já não utiliza essa técnica; em seu lugar, desenvolveu uma nova técnica descrita na parte 10.8.

8.4-5 Extrusão de perfis de barro.

8.4-6 a 8.4-8 Disposição de perfis de terra extruída em estado plástico.

8.4-7

8.4-8

8.4-9 Alisando superfície com esponja úmida.

8.4-12 Parede de *stranglehm* sem alisamento, e pintada com mistura de cal e barro.

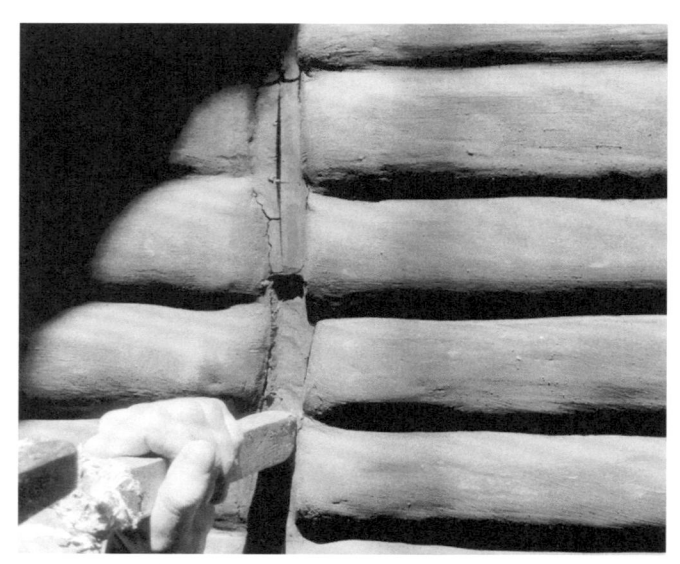

8.4-10 Parede interior esculpida, feita de perfis extruídos de barro.

8.4-13 Preenchimento de uma junta de retração.

8.4-11 Reboco exterior esculpido, feito de perfis extruídos de barro.

8.4-14 Parede interior feita com perfis de barro extruído.

9. Entramados preenchidos com barro

9.1 Generalidades

A terra foi utilizada durante milhares de anos para preencher espaços em habitações construídas com troncos, ou em que a madeira serrada foi colocada horizontalmente em paliçadas (onde os troncos são dispostos verticalmente). Nas habitações onde se usam o entramado tradicional, na Europa (*fachwerk*, também conhecido por enxaimel no Brasil), assim como nas técnicas americanas, africanas e asiáticas de pau a pique, a terra em estado plástico (barro), geralmente misturada com palha picada, é lançada numa esteira de galhos, ramos, bambu e outros (fig. 9.1-1). Existem muitas variantes dessa técnica, como poderemos ver neste capítulo. Nas partes 9.3 e 9.6, se apontam técnicas modernas de preenchimento com equipamentos mecânicos que reduzem o tempo de execução.

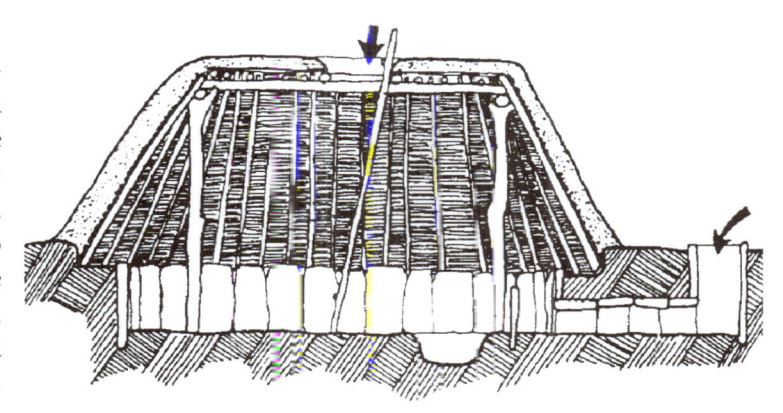

9.1-1 Construção tradicional *pit house*, dos povos indígenas Pueblo, séc. III a.C. (Bardou, Arzoumarian, 1978).

9.2-1 Parede de pau a pique.

9.2 Pau a pique

As técnicas mistas foram utilizadas em todos os climas tropicais, subtropicais e temperados do mundo, e são, provavelmente, mais antigas do que as técnicas de taipa de pilão e adobes. Essas técnicas mistas se denominam, em espanhol *bahareque, bajareque, quincha*; em inglês *wattle and daub*; e *lehmbewurf*, em alemão. No Brasil, é conhecida por pau a pique, taipa de mão, taipa de sopapo ou taipa de sebe, a depender da região.

A estrutura consiste em elementos verticais e horizontais que formam uma malha. Os sistemas europeus empregam, usualmente, elementos verticais de madeira, combinados com ramos delgados (fig. 9.2-3). O barro é misturado com palha picada ou fibras, é lançado sobre a malha, de modo que todos os elementos fiquem cobertos com, ao menos, 2 cm da mistura. Se esse preenchimento não tiver a espessura suficiente e se as fissuras não forem reparadas devidamente, a parede poderá se deteriorar rapidamente. A forma da malha varia de região para região, assim como o seu preenchimento e a adição de materiais à massa de terra.

A consistência da argamassa a ser utilizada pode ser facilmente testada deixando cair uma bola de 10 cm de diâmetro, de uma altura de 1 m, sobre uma superfície rígida. Se o diâmetro do disco achatado que se forma for de 13 a 14 cm, a consistência é a apropriada. As figs. 9.2-1 e 9.2-4 mostram a variação da técnica de pau a pique, em que a dimensão da malha é superior (até 20 cm) e existe uma malha interior e outra malha exterior. O espaço intermediário que se forma é preenchido com bolas de barro. Algumas vezes, se empregam pedregulhos grossos ou pedras como preenchimento. A parede que se mostra na fig. 9.2-4 foi construída com elementos pré-fabricados e usados em muitos projetos de baixo custo na Bahia, Brasil.

9.3 Barro projetado

Já que a técnica do pau a pique requer muita mão de obra, experimentou-se o uso de máquinas projetoras para umidificar a mistura. O problema principal com tais técnicas é o surgimento de fissuras de retração. O arquiteto alemão Hans-Bernd Kraus desenvolveu uma técnica na qual uma mistura de terra reduzida se projeta simultaneamente com serragem seca (a partir de um bocal separado).

Ambos os materiais se misturam antes de alcançar a parede. Camadas de 4 a 6 cm de espessura se projetam sobre painéis de fibra de madeira, utilizados como forma perdida, que também são um bom isolante térmico (fig. 9.3-1). Outra massa de barro que é possível projetar, empregada para aumentar o isolamento térmico de paredes, é descrita na parte 11.5.

9.2-2 Habitação tradicional de *bahareque*, Venezuela.

9.2-3 Pau a pique tradicional alemão, *lehmbewurf*, museu Kommern, Alemanha.

9.2-4 Sistema pré-fabricado para pau a pique, Brasil.

9.3-1 Projeção mecânica de terra agregada.

9.4-1 Entramado de madeira *fachwerk*, com preenchimento de rolos de barro e palha *wickelstaken* (segundo Houben, Guillaud, 1984).

9.4-2 Elaboração de rolos de palha e barro *wickelstaken* (segundo Vorhauer, 1979).

9.4 Estacas enroladas e garrafas de barro

Na Alemanha e na França, os espaços dos entramados das habitações tradicionais são preenchidos, algumas vezes, através da técnica de *wickelstaken*, que consiste em usar elementos formados com palha e barro enrolados ao redor de uma estaca de madeira, como se vê nas figs. 9.4-1 e 9.4-2.

Essa técnica requer menos trabalho que o pau a pique, e tem uma vantagem, que é a ausência de fissuras de retração ao endurecer. Empregam-se dois sistemas: a estaca é mergulhada e coberta com palha e barro, retirando-se com um movimento giratório, ou uma esteira de palha embebida em barro é enrolada na estaca (9.4-2). O trabalho exigido com essas técnicas é maior do que com a técnica de *strangleam* (barro extruído), como se pode ver parte na 8.4.

No Laboratório de Construções Experimentais (LCE), testou-se uma variante dessa técnica. Utilizou-se uma mistura com alto conteúdo de areia grossa, que foi aplicada numa malha metálica ou plástica (comumente utilizada para reforçar rebocos). A argamassa de terra foi aplicada sobre a malha, com uma espessura de aproximadamente 2 cm em ambos os lados, e se enrolou ao redor de uma ripa de bambu, formando, assim, o elemento de preenchimento (9.4-3 a 9.4-5). Surpreendentemente, não surgiram fissuras de retração com essa técnica. A fig. 9.4-6 mostra a técnica tradicional alemã de construção com *lehmflaschen* ("garrafas" de barro). Elementos verticais secundários são fixados a cada 15 ou 20 cm, na estrutura entramada. As "garrafas" são moldadas com montes de palha entrecruzados, em cujo ponto de intersecção é colocada uma porção de 1,5 litros da mistura.

Os extremos do monte de palha se erguem envolvendo o barro. São modelados, depois, em forma de garrafas e cobertos com barro. A garrafa se sustenta horizontalmente, e o gargalo é entrelaçado ao redor do elemento vertical, enquanto a base é pressionada contra a garrafa anterior.

9.4-6 Método tradicional de moldar "garrafas" de barro.

9.4-3 a 9.4-5 Método moderno para elaboração de rolos de palha e barro *wickelstaken* (LCE).

9.5 Entramados com preenchimento de terra agregada

As técnicas tradicionais descritas nas seções anteriores não podem ser utilizadas nas construções modernas em climas frios, já que não possuem isolamento térmico suficiente. Para adquirir isolamento térmico, os entramados podem ser preenchidos com misturas de terra agregada, ou são usadas coberturas exteriores com camadas de materiais usados para isolamento térmico. Essa técnica tem a vantagem de exigir menos trabalho e não apresentar fissuras de retração. Sistemas que proporcionam melhor isolamento térmico se mostram na parte 15.2.1. Os aditivos agregados são apresentados nas partes 4.7.2 a 4.7.4.

9.6 Preenchimentos com barro extruído e com tubos preenchidos com terra agregada

Soluções modernas de preenchimento de aberturas em entramados com barro extruído ou tubos cilíndricos preenchidos com terra agregada são descritos nas partes 8.4 e 10.7.

10. Técnicas para compactar, despejar e bombear terra agregada

10.1 Generalidades

Várias técnicas para compactar, despejar e bombear terra ou barro agregado na execução de paredes ou sistemas de coberturas são descritas neste capítulo. Os diferentes tipos de terra agregada estão na parte 4.7; na parte 9.5, se explica a utilização da terra agregada com preenchimento em estruturas entramadas e esqueletos de madeira. Na parte 15.5 se descreve o preenchimento de coberturas com terra agregada e, na parte 11.5, sua utilização como reboco projetado. Projetos especiais para paredes que permitem um alto isolamento térmico adicional, empregando-se terra agregada, são apresentados na parte 15.2.1, e medidas adicionais de isolamento térmico com terra agregada estão na parte 13.6.

10.2 Formas

As paredes de terra agregada podem ser construídas com qualquer tipo de forma, já que o impacto da compactação, nessa técnica, é menor do que na taipa de pilão, possibilitando que as tábuas da forma sejam mais delgadas. A fig. 10.2-1 mostra um sistema utilizando escadas como separadores proposto por Fauth (1946). Já que os separadores em forma de escadas permanecem na parede, as pranchas de madeira podem ser fixadas por ambos os lados ou fixadas diretamente, com pregos ou parafusos, sem necessidade de se criarem buracos, como é comum com as barras na taipa de pilão (ver parte 5). As pranchas de madeira podem ser fixadas aos elementos de apoio que se encontram centro da parede. Possíveis variações se mostram nas seções horizontais da fig. 10.2-2. Com o objetivo de reduzir a quantidade de pranchas de madeira, são utilizadas formas trepadoras (deslizantes). Quatro tipos desses sistemas estão ilustrados na fig. 10.2-3.

É possível, também, usar forma num só lado, quando se utiliza terra agregada com mineral. Isso pode ser feito com uma prancha de madeira no exterior, sobre a qual se lança a mistura no interior, com a mão ou uma colher de pedreiro.

10.2-1 Forma tradicional para taipa de terra agregada com palha (Fauth, 1946).

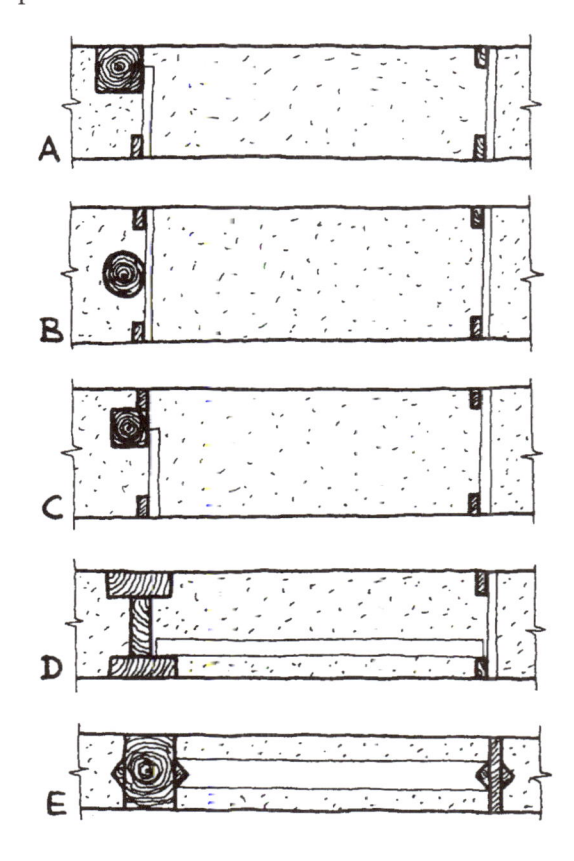

10.2-2 Desenhos em planta mostrando distintos elementos de madeira para fixar a forma.

10.2-3 Sistemas de formas trepadoras (deslizantes).

10.3 Parede de taipa de terra agregada com palha

A fig. 10.3-1 ilustra como se organiza uma obra para misturar, transportar e compactar o barro com palha numa parede. A preparação da mistura está descrita na parte 4.7.2. A mistura é lançada na forma com a mão ou uma pá, em camadas de 10 a 20 cm de espessura, e compactada com soquetes manuais. A parte superior da parede (debaixo da viga) é formada compactando só por um lado, onde a forma deve ficar aberta, como mostra a fig. 10.3-2.

Deve-se ter em conta que o barro agregado tende a se assentar, e os buracos que se formam devem ser preenchidos posteriormente. O elemento de teste de 1m de altura, que se pode ver na fig. 10.3-3, se alicerçou em 9%. Quando se trabalha com misturas muito leves, com densidade abaixo de 600 kg/m³ e com paredes de mais de 25 cm de espessura, a palha pode decompor-se no interior da parede.

A fig. 10.3-4 mostra um exemplo de parede de 30 cm de espessura, construída com terra agregada, com uma densidade de 350 kg/m³. Após alguns meses, quando o exterior parecia completamente seco, se perfurou a parede até o centro para uma instalação elétrica, e se descobriu que a palha estava em estado de decomposição. Inclusive os elementos estruturais de madeira foram atacados por micro-organismos, numa profundidade de 2 cm.

Nas paredes com terra agregada, podem aparecer insetos que devoram a palha. Por isso, recomenda-se que as hastes da palha estejam totalmente cobertas pela terra, ou seja, a mistura deve ter o mínimo de densidade de 600 kg/m³.

10.3-1 Organização de um processo de obra com terra agregada com palha (Fauth, 1948).

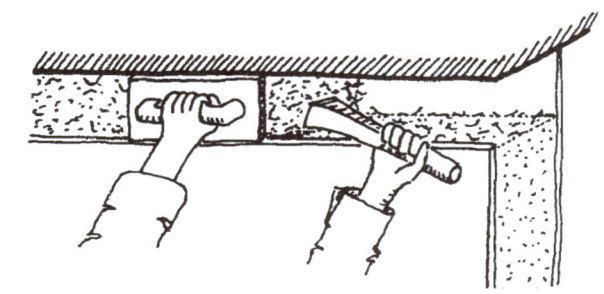

10.3-2 Preenchimento compactado da seção superior da parede (segundo Vollhard, 1983).

10.3-3 Parede de teste de terra agregada com palha.

10.3-4 Parte interior, em estado de decomposição, de uma parede de terra agregada com palha.

10.4-1 Parede de terra agregada com lascas de madeira, destruída por fungos.

10.4 Parede de terra agregada com cavacos de madeira

Atualmente, é comum se utilizarem cavacos de madeira e serragem, em vez de palha, como agregados. São mais fáceis de misturar com o barro, mas produzem menor efeito de isolamento térmico, e necessitam de um maior tempo de secagem. A fig. 10.4.1, mostra uma parede de 50 cm de espessura que pertence a uma construção antiga restaurada, em que as partes de madeira foram totalmente destruídas por fungos, devido ao fato de o período de secagem da terra agregada com madeira ter sido longo.

10.5 Paredes de terra bombeada agregada com aditivos minerais

10.5.1 Generalidades

A terra agregada com minerais pode se compactar na forma com a terra com palha. O barro também pode ser bombeado se a consistência for adequada. A terra absorve menos água e, por isso, ela seca mais rapidamente, apresenta pouco crescimento de fungos, tem maior resistência depois da secagem, maior resistência à difusão de vapor e maior rigidez na superfície do que a terra agregada com palha ou madeira. Na parte 4.7.3 se descrevem diferentes agregados minerais.

10.5.2 Paredes com terra compactada

A fig. 10.5-1 mostra a construção de uma habitação em Pujili, Equador, em que foi usada pedra-pomes como agregado, misturada com terra ligeiramente compactada numa forma. A cofragem (forma) foi desmontada logo após o término da parede, que mostrou uma alta resistência, mesmo quando se efetuava a abertura das janelas, e a construção dos lintéis, com uma espátula, como se vê na fig. 10.5-2.

10.5-1 Parede de terra e pedra-pomes, Pujili, Equador.

10.5.3 Paredes de barro despejado

A maneira mais simples de se fazer uma parede de barro agregado com mineral é despejando-o na forma (fig. 10.5-4). Nesse caso, a argamassa é feita numa misturadora elétrica (fig. 10.5-3). Com essa técnica, é possível usar uma betoneira de concreto, na qual a argamassa de terra é vertida sobre o agregado mineral (fig. 10.5-6). A argamassa foi preparada com uma misturadora elétrica manual (fig. 10.5-5). A forma fica aberta de um lado da parte superior da parede, a mistura é vertida e depois se compacta com soquete plano.

Numa habitação de dois andares, em Tata, Hungria, uma parede apoio de 50 cm de espessura foi construída com uma mistura de barro e argila expandida. A mistura foi bombeada na forma por uma caçamba transportada por uma grua, método comum utilizado na construção com concreto (fig. 10.5-7). Um método simples para reduzir os custos é utilizar a forma perdida (ver parte 5.6.4) de bambu em um ou em ambos os lados (fig. 10.5-8). As figs. 10.5-9 a 10.5-11 apresentam uma forma de tela perdida, projetada pelo autor. Uma tela é estendida com cabos fixados à estrutura de madeira. Isso dá a ideia da quantidade ilimitada e criativa de texturas de superfícies que se podem fazer.

10.5-2 Modelando um vão com espátula.

10.5-3 Mistura de barro agregado com mineral.

10.5-4 Vertendo barro agregado com mineral.

10.5-5 Preparação de uma mistura de barro, com uso de misturadora elétrica manual.

10.5-6 Mistura de barro agregado, com uso de uma betoneira.

10.5-7 Transportando barro agregado com mineral.

10.5-8 Dispondo barro agregado com mineral numa forma perdida.

10.5.4 **Paredes bombeadas**

Para projetos de grande magnitude, em especial se houver empresas que se encarreguem do barro agregado com mineral, é recomendável bombear a mistura na forma utilizando bombas de argamassa ou concreto. Para que assim seja, a consistência deve estar mais líquida do que quando é vertida. É possível bombear a partir de uma altura de 2 andares com o uso de mangueiras. A fig. 10.5-12 mostra uma habitação restaurada de entramado com mais de 300 anos, em que a mistura foi feita numa misturadora móvel e, em seguida bombeada para forma.

10.5-9, 10.5-10 Modelos para paredes interiores com o uso de barro agregado com mineral e formas perdidas, com tela suspensa por cabos.

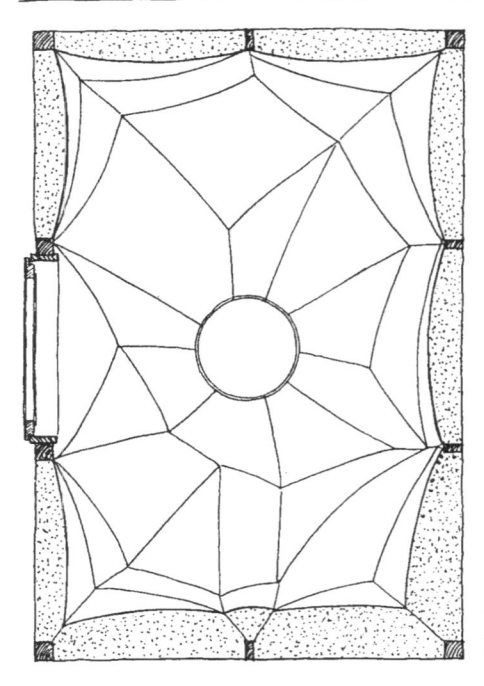

10.5-11 Seções vertical e planta que mostram o teto de um banheiro com claraboia central.

10.5-12 Transporte e bombeamento de barro agregado com mineral.

10.5.5 **Tratamento de superfícies**

Após a desmontagem da forma, as superfícies de paredes de terra compactada, vertida ou bombeada, com densidade de 600 a 900 kg/m³, têm uma aparência sólida, ainda que áspera (fig. 10.5-13).

A superfície só exige ser rebocada com uma camada fina, diferentemente das paredes de barro agregado com palha, que exigem, pelo menos, duas camadas de reboco. Uma parede de barro agregado com mineral, com densidade de 1000 kg/m³, raspada depois da desmontagem da forma, se mostra na fig. 10.5-14. Obtém-se, assim uma textura ótima e rugosa, que só precisa ser pintada posteriormente, sem necessidade de reboco.

10.5-13 Superfície de uma parede de barro agregado feito de solo argiloso e argila expandida (8 a 16 mm) após a desmontagem da forma.

10.5-14 Raspagem de uma parede de barro agregado com argila expandida para obter uma superfície com textura sem reboco.

10.6 Habitações de terra agregada e bombeada

A terra ou o barro agregado com mineral e bombeado por tubos é apropriado para casas e mezaninos. A fig. 10.6-1 mostra uma seção vertical de um andar com alto isolamento térmico que, num clima frio, proporciona a sensação agradável ao se caminhar sobre ele. Na fig. 10.6-2, mostra-se a possibilidade de utilização de barro agregado com mineral para preenchimento entre as vigas de um andar. Se o barro mineral tiver uma densidade maior do que 1000 kg/m³, ele serve como barreira contra os ruídos e oferece um bom armazenamento térmico.

10.7 Blocos preenchidos com barro

Existem diferentes tipos de blocos ocos, nos países industrializados, que normalmente se preenchem com concreto. São feitos com materiais como pedra-pomes ou argila expandida, aglutinados com cimento, areia aglomerada com cal, argila cozida ou poliestireno expandido. Em vez de preenchê-los com concreto, pode se utilizar barro, se a parede não for de apoio. Os elementos de apoio se podem integrar com essas paredes, ou se dividirem, como se mostra na fig. 10.7.1 Se for necessário um alto isolamento acústico e uma boa capacidade térmica, então se deve adicionar maior proporção de pedregulho ou barro. Se a exigência for de isolamento térmico, devem-se adicionar agregados leves.

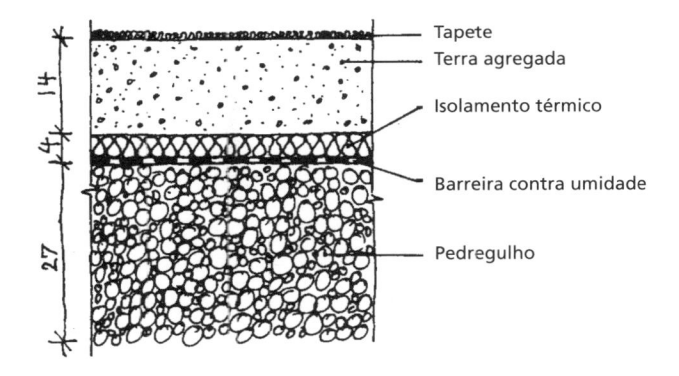

10.6-1 Seção vertical de um piso feito de terra agregada com argila expandida.

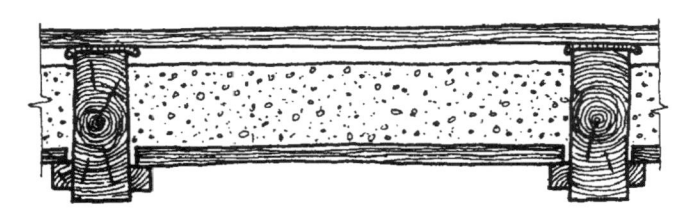

10.6-2 Barro agregado com mineral utilizado com preenchimento num entrepiso de madeira

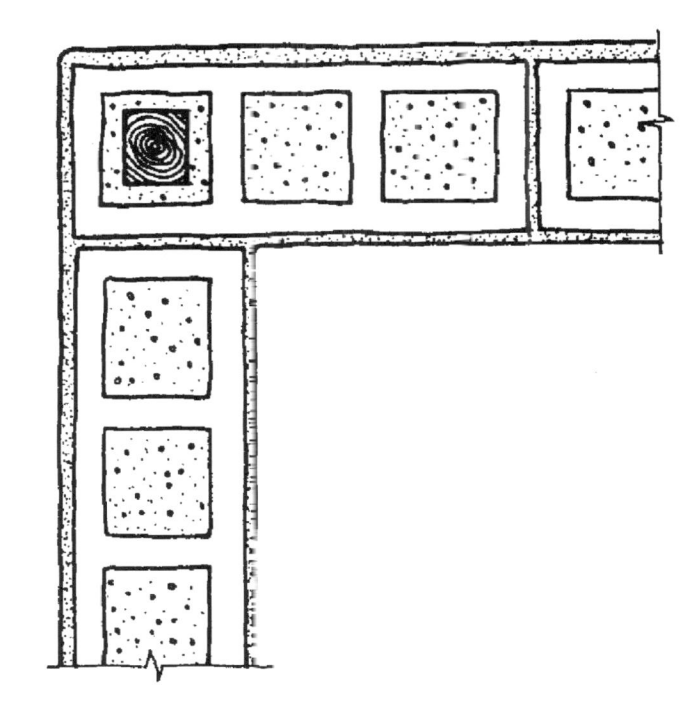

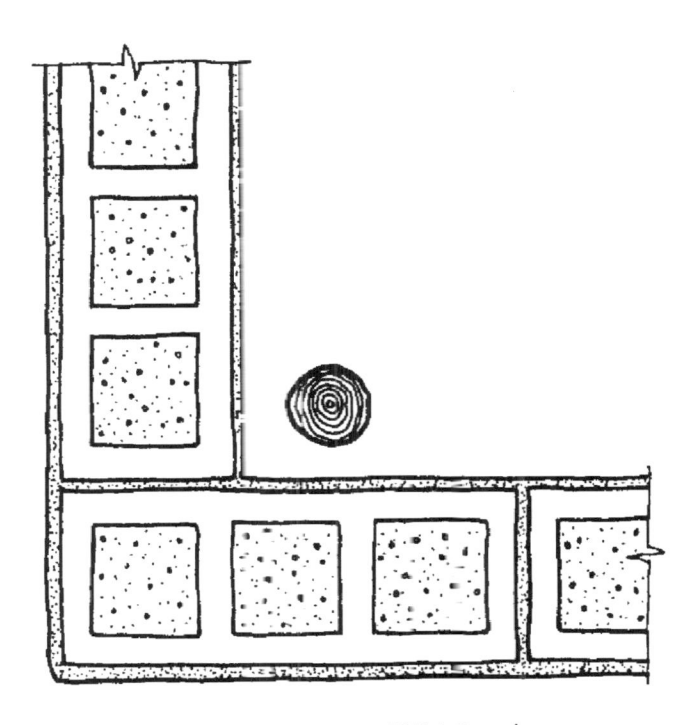

10.7-1 Desenhos em planta de blocos com preenchimento de terra formando uma quina, com a coluna estrutural em diferentes posições.

10.8 Tubos preenchidos com barro

Uma técnica desenvolvida pelo autor foi utilizada em três residências em Kassel, Alemanha, em 1992. A aparência externa dessas paredes é similar à daquelas construídas segundo a técnica de *stranglehm* (barro extruído), descritas na parte 8.4, mas o procedimento de produção, o manejo e a colocação são diferentes.

Nessa técnica, um tubo (ou saco cilíndrico) elástico de algodão é preenchido com uma mistura de barro agregado com mineral. O tubo pode ser preenchido com uma bomba (fig. 10.8-1), ou manualmente com um funil (fig. 10.8-2 e 10.8-3). Quando se alcança a largura exigida, o tubo cilíndrico é cortado, e os extremos selados com um nó. Os tubos preenchidos são facilmente manipulados devido ao reforço que a tela oferece. Antes de serem colocados na parede, devem ser esfregados com a mão, para que o barro cubra a tela. Ao serem empilhados, os elementos do barro aderem entre si (fig. 10.8-4 a 10.8-5).

Pela facilidade com que os tubos podem ser moldados, sem rupturas, criam-se modelos escultóricos muito atrativos (fig. 10.8-6, 10.8-8 e 10.8-9). Mesmo no estado úmido, a superfície pode ser alisada com uma escova

10.8-1 Preenchimento manual de tubos com barro agregado com mineral com utilização de uma bomba.

10.8-2, 10.8-3 Preenchimento de tubos de barro agregado com mineral utilizando um funil.

embebida em água. Na parede mostrada na fig. 10.8-9, tubos cilíndricos de 70 cm são empilhados entre colunas verticais de 4x4 cm, dispostas em 45°, ou entre elementos triangulares fixados nas colunas principais da parede. Essa seção se mostra na fig. 10.8-8.

A fig. 10.8-7 mostra a aplicação dessa técnica na fachada de uma casa em Portugal, projetada pelo autor. Em geral, é possível colocar de 3 a 5 camadas por dia, mas, para se obter mais camadas, pode-se adicionar cimento para acelerar o processo de secagem.

10.8-4, 10.8-5 e 10.8-6
Processo de construção de uma parede de barheiro com tubos de barro agregado.

10.8-7 Casa em Tamera, Portugal.

10.8-8 e 10.8-9 Desenho em planta e vista de um interior feito com tubos preenchidos com barro.

11. Rebocos de terra

11.1 Generalidades

Os rebocos de terra são compostos por areia e silte, com a quantidade de argila necessária (entre 5 a 12%) para ativar a coesividade e a aderência. É difícil estabelecer quais deveriam ser as proporções ideais de um reboco de terra, já que elas não só influem em propriedades das proporções de areia, silte e argila, como, principalmente, em granulometria da areia, conteúdo de água, o tipo de argila, a forma da preparação, o tipo e a quantidade dos aditivos.

Por esse motivo é necessário fazer rebocos com misturas variadas para poder determinar qual o mais adequado. Os rebocos de terra aderem bem e podem ser aplicados sobre superfícies de terra, tijolos, pedra e concreto. O importante é que a superfície seja suficientemente rugosa. A qualidade dos rebocos de terra para equilibrar a umidade interior foi descrita na parte 1.4.

11.2 Preparação da superfície

Como o reboco de terra não reage quimicamente com a superfície em que se aplica, ela deve ser suficientemente rugosa para se obter uma boa aderência física. Se for rebocar em alvenaria, especialmente quando se empregam adobes maiores e lisos, é recomendável que se façam ranhuras de 45° com uma colher de pedreiro, como se vê na fig. 11.2-1. Outro método para se obter uma boa aderência do reboco sobre paredes de terra, é o umedecimento da superfície até que suavize e, posteriormente, fazer uma ranhura na diagonal (figs. 11.2-2 e 11.2-3).

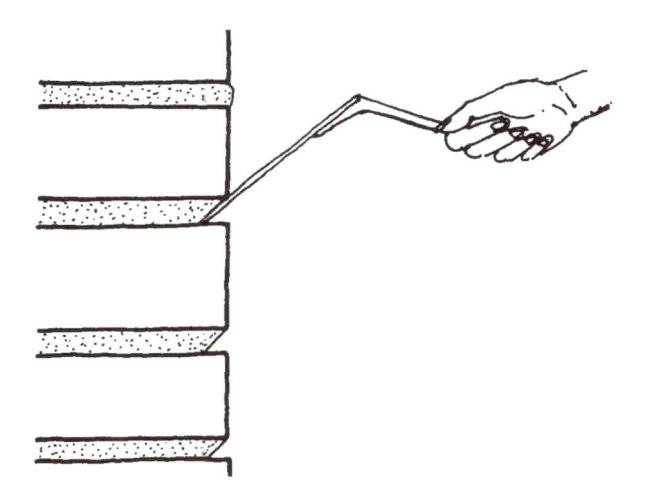

11.2-1 Corte das juntas com uma colher de pedreiro.

11.2-2 Ranhuras de uma superfície úmida de terra.

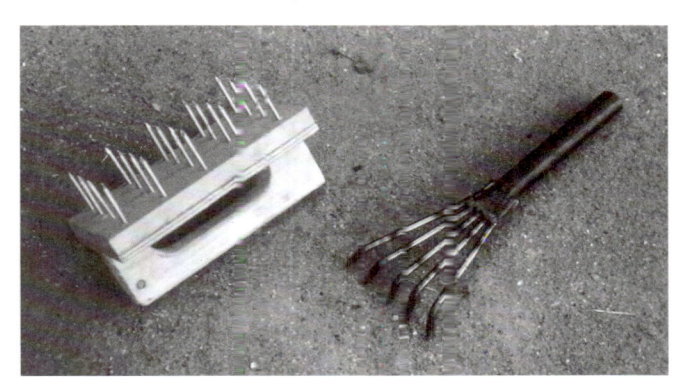

11.2-3 Ferramentas para fazer ranhuras em superfícies úmidas de terra.

11.3 Composição do reboco

11.3.1 Generalidades

Para se obter um reboco de terra sem fissuras, é preciso atentar para as seguintes considerações:

- A terra ou a mistura deve conter areia grossa suficiente.
- Podem-se adicionar à mistura pelos de animais, fibras de coco ou sisal, palha ou feno. Uma quantidade demasiada desses aditivos reduz a aderência do reboco sobre a superfície. Portanto, é importante dosar bem.
- Para rebocos interiores, grãos de cereal, serragem, fibras ou similares, podem ser empregados como aditivos.
- Com a finalidade de obter uma boa coesividade, as forças adesivas dos minerais da argila devem ser ativadas mediante uma quantidade adequada de água e amassadura.
- Quando o reboco adere a uma colher de pedreiro sem se despegar, mesmo estando na vertical, e, ao lançá-lo sobre uma parede, ele se desapega da colher, então, foi obtida uma consistência correta.

11.3-1 Teste de aderência de argamassas de terra.

Como prova prévia para comprovar as características de um reboco de terra, pode-se fazer um teste fácil de adesão. Deve-se aplicar um reboco com 2 cm de espessura sobre a superfície de um tijolo liso. O reboco deve se manter pegado ao tijolo, até a secagem completa, que pode durar entre 2 a 4 dias. Se ele desprender numa peça só, como se vê na primeira amostra da figura 11.3-1, então contém muita argila e se deve reduzi-la com areia grossa. Caso ele se desprenda em pedaços, ao se golpear o tijolo com um martelo, como se vê na segunda amostra da fig. 11.3-1, então não possui coesividade suficiente e deve ser enriquecido com argila. Caso se mantenha bem pegado e mostrar fissuras finas, como na terceira amostra da fig. 11.3-1, então é argiloso e deve ser ligeiramente reduzido com areia grossa. Contudo, o reboco pode ser empregado sem ser reduzido na primeira camada de um reboco com duas camadas. Se a superfície não mostrar fissuras e não se desprender ao ser golpeado com um martelo, como na amostra da direita da fig. 11.3-1, então a amostra é adequada.

É recomendável, nessa mistura, a realização de uma amostra de 1m de largura por 2m de altura sobre a superfície que será rebocada. Se aparecerem fissuras, deve-se adicionar areia grossa ou misturar fibras. Devido ao fato de que as bordas das paredes rebocadas apresentam danos com facilidade, aconselha-se que sejam arredondadas ou protegidas com um elemento rígido. Nas partes 4.2, 4.3, 4.6, 11.11 e 12, se descrevem muitas possibilidades para reduzir a retração, aumentar a resistência às inclemências do tempo e a rigidez das superfícies.

11.3.2 Rebocos exteriores

Os rebocos exteriores expostos às inclemências do tempo devem ser resistentes às mudanças climáticas, ou devem ser protegidos mediante a aplicação de pinturas impermeáveis. É importante, nos climas frios, que o reboco exterior e a pintura tenham uma boa difusão do vapor, para que a água condensada na parede possa ser facilmente transportada para o exterior. O reboco exterior deve ser mais elástico do que a superfície onde foi aplicado, para poder resistir às influências hídricas e térmicas, sem que apareçam fissuras.

Em geral, em climas muito chuvosos, não é recomendável rebocos externos de terra, a menos que se tenha um beiral adequado, proteção da base e uma boa pintura impermeável. Para rebocos estabilizados contra chuva e abrasão, ver parte 11.11.

11.3.3 Rebocos interiores

Os rebocos interiores de terra são menos problemáticos do que os exteriores, e usualmente não criam problemas se apresentarem fissuras já que elas podem ser seladas com pintura. As superfícies para rebocos podem ser alisadas após a secagem com uma escova previamente embebida em água. Se a superfície requer um reboco com uma espessura maior do que 15 mm, então se aconselha aplicá-lo em duas camadas. A primeira camada deve ter mais argila e agregados grossos do que a segunda. Se aparecerem fissuras de retração, não haverá problema, já que permitem ao reboco final uma melhor aderência. A adição de farinha de centeio ao reboco torna-o mais manejável, aumentando a resistência da superfície sob abrasão.

Ficou comprovado, através de testes, que a resistência aumenta também com a adição de cola de caseína elaborada com uma parte de cal hidráulica e 4 a 6 partes de coalhada, bórax, ureia, gluconato de sódio e jornal picado. Com as seguintes misturas se obtiveram bons resultados:

Componentes	Mistura[1]				
	A	B	C	D	E
Argamassa de terra[2]	10	10	10	10	10
Areia (0-2 mm)	25	25	25	25	25
Jornal moído[3]	-	5	5	-	5
Cola caseína[4]	1	-	-	-	1
Coalhada desnatada	-	-	-	1	-
Ureia	-	-	0.2	-	-
Gluconato de sódio	-	0.2	-	-	-

(1) Todas as proporções estão expressas em volume.
(2) Elaborada com 1 parte de terra argilosa e 2 partes de areia.
(3) Tratado com bórax.
(4) Elaborada com 4 partes de coalhada desnatada, 1 parte de cal hidráulica e misturada intensamente por alguns minutos.

A cal reage com a caseína, que contém coalhada desnatada, formando-se o albuminato de cal, agente resistente à água. Uma reação química similar ocorre entre o bórax (conteúdo do jornal picado) e a cal. O gluconato de sódio faz com que se use menos água na mistura (reduzindo, assim, a retração). A adição de ureia pode provocar, especialmente em solos com silte, o aumento da resistência à compressão e da resistência à flexão (ver parte 4.5). O papel de jornal picado permite que a mistura seja mais trabalhável e reduz a retração. As misturas B, C e E resultaram mais manejáveis. Para as misturas A e E, é preferível misturar primeiro a cola com caseína e o papel jornal picado misturado com água, deixar repousar por uma hora, e, em seguida, acrescentar a terra e a areia. Constatou-se, em todas as misturas, que era melhor alisar ou esfregar a superfície após algumas horas, ou no dia seguinte.

11.4 Recomendações para aplicação de rebocos

Já que o reboco de terra pura não reage quimicamente com a superfície em que é aplicado, é necessário tratá-la de uma maneira que se obtenha boa aderência. Nesse sentido, deve-se ter em conta as seguintes recomendações:

1. A superfície da terra a ser rebocada deve estar suficientemente seca para que não haja retração.
2. Todo material solto deve ser removido, raspando-se a superfície.
3. A superfície deve ser suficientemente rugosa. Se necessário, deve-se umedecer e raspar. No caso de adobes, devem-se fundir as juntas, como está descrito na parte 11.2.
4. Antes da aplicação do reboco, deve-se umedecer a superfície para que fique branda e se expanda, de maneira que a argamassa possa aderir.
5. A argamassa deve ser lançada com força, para que se impregnem as partículas de terra do reboco com as camadas exteriores da superfície, alcançando-se, também, uma melhor coesividade provocada pelo impacto.
6. Se for preciso aplicar um reboco de espessura maior do que 10 a 15 mm, ele deverá ser aplicado em duas ou três camadas, para evitar fissuras na secagem.
7. Para reduzir as fissuras de retração durante a secagem, o reboco deve conter suficiente areia grossa, assim como fibras ou pelos.
8. Para aumentar a rigidez da superfície, se adicionam, à mistura da camada final, aditivos como estrume de vaca, cal, caseína ou outros (ver partes 4.3 e 4.6).
9. Para se obter uma superfície mais rígida e melhorar a resistência à abrasão úmida, deve-se aplicar uma camada de pintura.
10. Ao se utilizarem rebocos, deve-se ter em conta as mudanças das propriedades físicas provocadas pela aplicação de aditivos ou pinturas, especialmente em relação à resistência da difusão do vapor.

11.5-1 Reboco projetado de terra agregada

11.6-1 Reboco de terra agregada com argila expandida de 1 a 4 mm.

11.5 Barro projetado

Um reboco projetável de barro agregado com papel jornal picado, com alto isolamento térmico, foi desenvolvido com êxito pelo autor, em 1984. Esse reboco pode ser aplicado em camadas com uma espessura de 30 mm, utilizando-se uma bomba comum para reboco (fig. 11.5-1). Com o objetivo de reduzir o tempo de cura, se adicionou à mistura um pouco de cal e gesso. Outros rebocos agregados projetáveis, que se empregam para preencher entramados e estruturas em esqueleto, são descritos na parte 9.3.

11.6 Reboco de terra agregada com aditivos minerais

A fig. 11.6-1 mostra a superfície de um reboco de terra agregada com argila expandida de 1 a 4 mm de diâmetro. A terra se estabilizou com 5% de cal hidráulica para reduzir o tempo de cura e aumentar a resistência à difusão do vapor. Não é fácil alisar a superfície com uma lixa, já que o agregado tende a desprender-se durante o processo. Para evitar isso, se adiciona à mistura papel jornal picado, farinha de centeio ou cola de caseína.

11.7 Reboco lançado

Nas figs. 11.7-1 e 11.7-2, mostra-se uma técnica africana, que consiste em lançar bolas de barro sobre uma parede. Foi adaptada sobre uma prancha de madeira prensada numa parede em uma estufa, para aumentar a capacidade de a parede armazenar calor e balancear a umidade do ar, como se vê na parte 15.8. Para melhorar a adesão, foram colocados pregos de bambu na prancha de madeira.

11.8 Reboco em paredes de fardos de palha

O revestimento mais simples para esse tipo de parede é o reboco de palha. A aplicação do reboco pode ser efetuada manualmente ou com bombas para rebocos. Torna-se mais econômico cobrir a superfície de palha com 2 ou 3 camadas de barro, ou, em caso de muita chuva, utiliza-se um reboco de cal e cal-cimento. Um reboco só de cimento não é recomendável, já que é muito frágil. A forma mais fácil de aplicar o reboco de terra é lançá-lo com as mãos ou bombas. Em ambos os casos, se obtém uma superfície desigual, devido à forma e à colocação de fardos. Caso se busque uma superfície mais plana, então se devem preencher as juntas e outras asperezas com uma mistura de terra e palha. Para mais informações, ver Minke, G.; Mahlke, F.; *Manual de construcción con fardos de paja*, ed. Fin de Siglo, Montevideo, 2004.

11.7-1 e 11.7-2 Reboco lançado manualmente em jardim de inverno.

11.9-1 Parede exterior modelada com mistura de cal e caseína.

11.9 Modelagem de rebocos de terra em estado úmido

Como o reboco de terra permanece plástico por um tempo longo, e já que não é corrosivo para a pele como a cal e o cimento, é um material ideal para ser modelado com as mãos. A fig. 11.9-1, mostra um exemplo de parede exterior modelada e estabilizada com mistura de cal e caseína.

11.10 Proteção das quinas

Como os rebocos de terra são suscetíveis aos impactos mecânicos, as quinas devem ser protegidas com perfis de madeira, tijolos cozidos ou outros elementos (fig. 11.10-1).

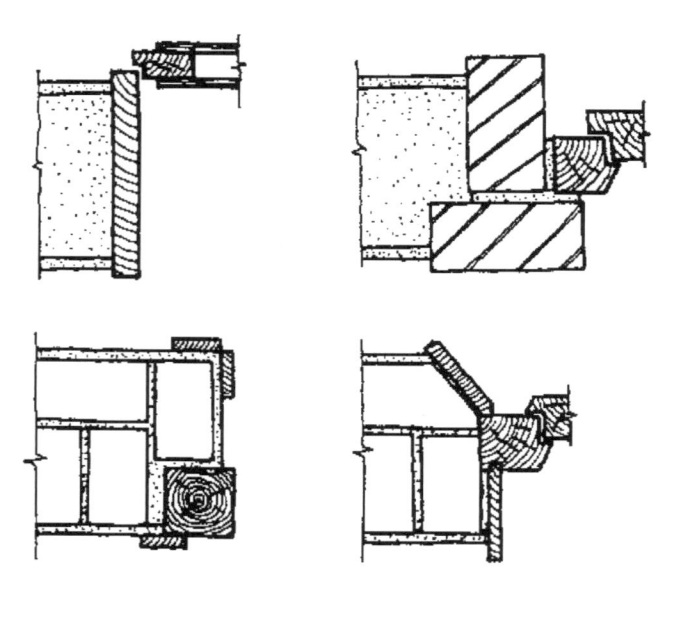

11.10-1 Desenhos em planta de quinas protegidas com perfis de madeira, tijolos e outros elementos.

11.11 Rebocos exteriores estabilizados

São considerados rebocos estabilizados aqueles que, além da argila, possuem outros aglomerados orgânicos ou minerais como, por exemplo, cimento, cal, gesso, fécula modificada, metilcelulose, estrume, óleos, resinas, emulsões asfálticas, ou outros aglomeradores sintéticos, que, após a secagem, não são mais solúveis na água. Deve-se ter cuidado com os rebocos exteriores aos quais foram agregados betume ou óleos para torná-los impermeáveis à chuva, em zonas de grandes alterações climáticas, já que produzem uma barreira de vapor muito potente, não sendo adequados para tais climas. As quantidades adequadas a adicionar para cada reboco dependem do solo do local, o que se deve determinar, em cada caso, realizando testes.

Misturas propícias para um clima temperado, como na Colômbia, foram testadas pelo autor e se encontram na tabela 11.1. Com isso, resultou que os rebocos realizados com agregados de óleo de linhaça ou cal e cimento são mais difíceis de processar do que os outros. A mistura à qual foram agregados 6% de pasta de emulsão asfáltica foi a que teve melhor aderência.

O agregado de cola de farinha foi feito misturando-se uma parte de farinha com uma parte de água fria até sua dissolução completa nessa mistura. Foram agregadas duas partes de água fervendo, cozinhando-se em fogo baixo até se tornar uma mistura translúcida. Deixou-se esfriar e se misturou com o reboco de terra.

Com o agregado de estrume de boi ou cavalo, a resistência à abrasão e à erosão do reboco é maior. Para seu preparo, é importante misturar o estrume com barro e água, formar uma pasta e esperar o processo de fermentação por vários dias.

Na tabela 11.2, se mostra a resistência à erosão, pela chuva, de diferentes rebocos de terra estabilizados, resultantes de uma pesquisa do LCE, utilizando-se a máquina descrita na parte 2.3.7 para simular uma chuva extremamente forte. Com o reboco não estabilizado, a erosão começou em 3 segundos, enquanto alguns dos rebocos estabilizados resistiram ao jorro permanente de água por mais de 4 dias, sem aparecer erosão.

Tabela 11.1 Dosificação para rebocos de terra estabilizados.

	Reboco A		Reboco B		Reboco C		Reboco D		Reboco E		Reboco F	
	1.Camada	2.Camada (1)	1.Camada	2.Camada	1.Camada	2.Camada	1.Camada	2.Camada	1.Camada	2.Camada	1.Camada	2.Camada
Solo argiloso úmido			2	2	1	1	1	1	1	1	1	1
Areia grossa (0-4mm)	1,5	1	3	3	1	0,5	1,5	1,5	1,5	1	1,5	1,5
Arena fina (0-1mm)	1	1	1	1	1	1,5	1	1		1,5	1	1
Estrume de boi úmido com terra 1:1												
Fermentado de estrume de boi com barbotina	1	1	1	1							0,5	1
Cal									5%	5%		
Cimento									5%	5%		
Emulsão asfáltica							5%	6%				
Cola de farinha cozida					3%	4%						
Caldo de caseína + cal 1:1											3%	3%
Óleo de linhaça			4%	4%								

Tabela 11.2 Horas de resistência à erosão.

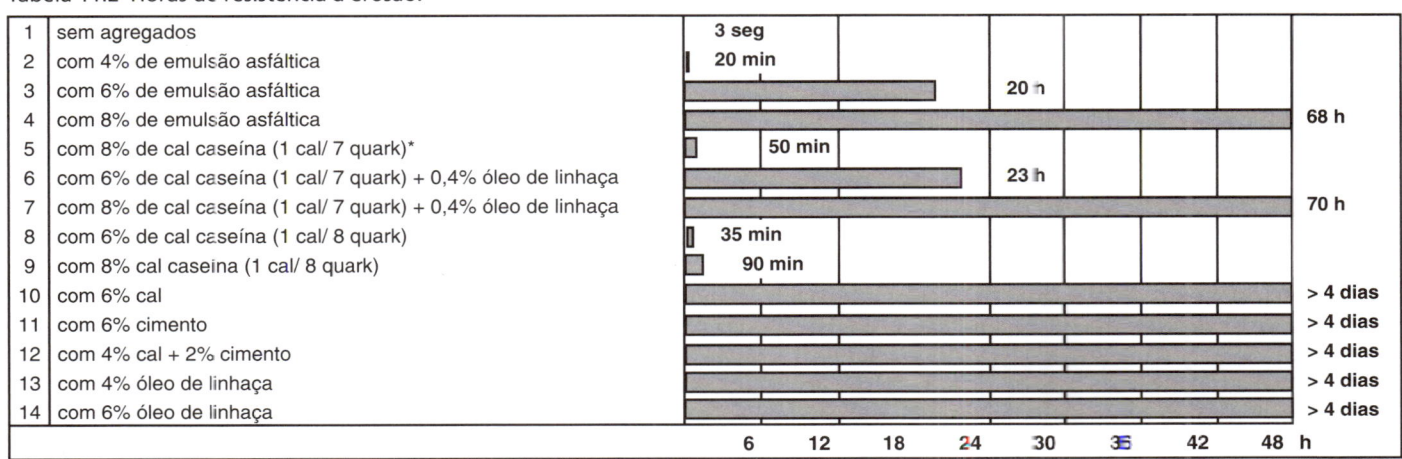

1	sem agregados	3 seg
2	com 4% de emulsão asfáltica	20 min
3	com 6% de emulsão asfáltica	20 h
4	com 8% de emulsão asfáltica	68 h
5	com 8% de cal caseína (1 cal/ 7 quark)*	50 min
6	com 6% de cal caseína (1 cal/ 7 quark) + 0,4% óleo de linhaça	23 h
7	com 8% de cal caseína (1 cal/ 7 quark) + 0,4% óleo de linhaça	70 h
8	com 6% de cal caseína (1 cal/ 8 quark)	35 min
9	com 8% cal caseína (1 cal/ 8 quark)	90 min
10	com 6% cal	> 4 dias
11	com 6% cimento	> 4 dias
12	com 4% cal + 2% cimento	> 4 dias
13	com 4% óleo de linhaça	> 4 dias
14	com 6% óleo de linhaça	> 4 dias

* Quark: queijo branco desnatado, que contém 11% de caseína.

12. Proteção de superfícies de terra contra as inclemências do tempo

12.1 Generalidades

Não é sempre necessário que as superfícies de terra tenham aditivos para torná-las resistentes às inclemências do tempo. Basta, às vezes, proteger o suficiente ou reforçar a superfície com reboco ou pintura. Neste capítulo, descrevem-se diferentes vias para aumentar a resistência das superfícies de terra, assim como medidas estruturais exigidas para protegê-las. Para rebocos de terra estabilizados contra a chuva, ver parte 11.11.

12.2 Alisando a superfície

O método mais simples de reforçar uma superfície, especialmente contra a erosão por chuva e vento, é alisando-a. Isso pode ser feito alisando a superfície com uma lixa de metal, exercendo pressão, quando estiver úmida e ligeiramente plástica.

Métodos tradicionais hindus e de diferentes povos africanos empregam pedras lisas e convexas com as quais se esfrega a superfície com movimentos circulares e grande pressão. O tratamento é adequado quando a superfície ficar brilhosa e não forem visíveis poros ou fissuras. Embora essa ação não altere a composição do material, produz-se uma resistência surpreendente às inclemências do tempo.

12.3 Pinturas

12.3.1 Generalidades

As pinturas das superfícies expostas devem ser periodicamente renovadas. A pintura pode, fisicamente, sofrer erosão pelo vento, por congelamento, pela chuva, ou sofrer quimicamente através da radiação ultravioleta e da chuva ácida. As pinturas exteriores devem ser capazes de repelir a água, e, ao mesmo tempo, especialmente em climas frios, devem ser porosas, com uma rede contínua de microporos, com o objetivo de permitir a difusão de vapor para o exterior. Por isso, o látex e algumas pinturas de dispersão não são recomendados. Além das informações contidas neste capítulo, pode-se encontrar mais informação sobre pinturas em Wehlte (1985) e no manual *Cores da Terra* (Carvalho, Cardoso, 2021).

12.3.2 Preparação da superfície

Se a superfície apresenta muito silte e se usam pinturas à base de cal, deve-se aplicar um preparado de argamassa fina com cal-caseína e, posteriormente, alisar. O preparado pode ser feito com cal hidráulica, coalhada desnatada e água, na proporção 2:1:15.

12.3.3 Misturas recomendadas para pintura

Pintura de cal pura

A pintura de cal deve ser muito fina, para que possa penetrar profundamente na superfície, e, quando secar, não vir a descascar. Por isso, é recomendável aplicar três ou quatro camadas, sendo a primeira mais líquida. A mistura pode ser feita com 50 kg de cal hidráulica dissolvida em 60 l de água. É preferível agregar de 1 a 2 kg de sal de cozinha, que, sendo higroscópico, prolonga o tempo em que a mistura se mantém úmida, assegurando uma melhor cura da cal. Como a pintura de cal pura é branca ao secar, para se obter uma cor distinta, pode-se agregar argila ou pó de barro ou outros pigmentos de terra resistentes à cal. A pintura de cal pura não é resistente ao efeito de limpeza.

Pintura de cal-caseína

As pinturas de cal são mais resistentes ao efeito de limpeza e são mais duráveis se lhes adicionarmos soro, coalhada desnatada ou pó de caseína. A coalhada é obtida quando se adiciona leite desnatado ao coalho de reses jovens. Essa coalhada contém 11% de caseína. A cal combinada com a caseína forma um agente químico impermeável à água, denominado albuminato de cal. Nas pinturas tradicionais, emprega-se soro ou leite desnatado, em vez de coalhada. As misturas com 1 parte de coalhada desnatada, 1 a 3 partes de cal hidráulica e 1,5 a 2,5 partes de água obtiveram bons resultados. O óleo de linhaça duplamente cozido, em pequenas quantidades (não mais do que 4% da quantidade de coalhada), aumenta a resistência, mas faz com que a pintura seja menos manejável. Essa composição deve ser muito bem misturada, revolvendo-se várias vezes, a cada cinco ou dez minutos, para obter a emulsão.

Uma pintura mais forte e resistente à limpeza é obtida misturando-se cal hidráulica, coalhada desnatada e terra em proporções 1:5:5. Em banheiros e cozinhas, onde se requer maior resistência à limpeza a seco e úmida, se recomenda o seguinte procedimento: 1 parte de cal hidráulica e 5 partes de coalhada desnatada misturadas sem água durante dois minutos, utilizando-se uma misturadora elétrica. Pode-se deixar essa mistura repousar por um tempo e, em seguida, acrescentar 20 partes de cal hidráulica, 2 a 4% de óleo de linhaça duplamente cozido e água. Duas camadas dessa mistura são suficientes para se obter resistência à limpeza a seco ou úmida. Partes da cal podem ser substituídas por pigmentos de terra. Para uma pintura transparente, mistura-se 1 parte de cal com 8 até 10 partes de coalhada desnatada.

Pintura de bórax-caseína

O bórax pode ser utilizado em vez da cal hidráulica. Ele reage quimicamente com a caseína de uma forma similar à cal. Com conteúdo alto de bórax, formam-se cristais que se podem observar na pintura. Diferente da cal, o bórax não dá como resultado uma cor branca, o que é preferível caso se desejem cores escuras. Acrescenta-se pó de gesso com o objetivo de espessar a pintura e clarear a cor. Uma pequena adição de pó de argila torna a mistura mais trabalhável. Caso seja empregado pó de caseína em vez de coalhada desnatada, deve-se deixar repousar esse pó sob água por três horas, para que se expanda (320 g de pó de caseína em 1 l de água). Posteriormente, se dissolvem 65 g de bórax em 1 l de água quente e se adicionam à argamassa de caseína. Essa mistura se reduz com 12 litros de água.

Pintura incolor de caseína

Com o objetivo de manter a cor da superfície de terra, e simultaneamente aumentar a resistência à limpeza, pode-se utilizar uma pintura com as seguintes proporções: 1 parte de coalhada desnatada com 1,3 a 2 partes de água e 1/8 a 1/9 partes de pó de cal hidráulica. Mediante a aplicação dessa pintura, obtém-se uma superfície incolor e ligeiramente leitosa, com um brilho suave e sedoso, causado por sua estrutura fina e cristalina.

Pintura de sebo-cal

Em seguida, se descreve uma mistura do Nepal, que proporciona um acabamento exterior espesso, pastoso

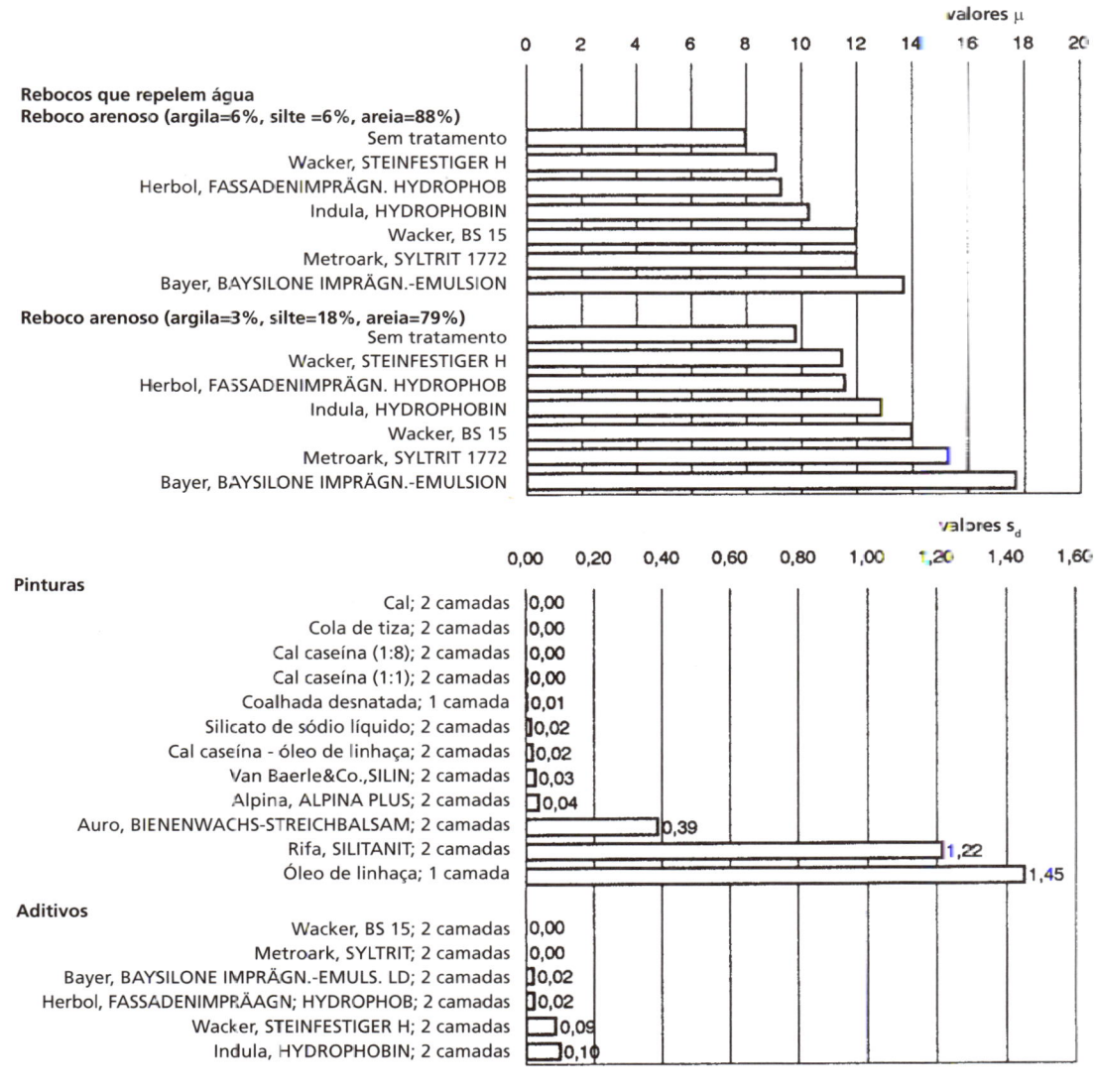

12.3-1 Valores s_d de pinturas e valores μ de rebocos de terra que repelem água.

( ) = Proporção por volume

e impermeável à água. Em 36 l de água, se despejam 15 kg de cal em pó e 6 kg de sebo (derretido). A mistura deve ser remexida com cuidado (é preciso ter precaução, já que a cal reage intensamente com a água e pode queimar a pele). Após adicionar 6kg de sal de cozinha e mexer cuidadosamente, a mistura deve repousar por 24 h em ambiente frio. A camada de água que se forma se decanta. A mistura pastosa que resta é misturada com 3 kg de areia fina de quartzo e se aplica na parede em camadas de 3 a 5 mm de espessura (Manandhar, 1983). Essa pintura requer muitas semanas de cura. No Nepal, se diz que esse reboco dura entre 4 e 6 anos. Uma mistura similar foi utilizada com êxito na Austrália (Department of Housing, 1981). Testes efetuados com essa mistura, no LCE, mostraram que ela tem boa aderência num reboco rugoso e pobre (pouca argila). Mas, numa superfície de terra compactada, feita de com solo argiloso, partes da pintura se descascaram por causa da chuva ou do congelamento, ao longo de vários meses. É provável que isso ocorra devido à aderência entre a pintura e a superfície ter sido insuficiente.

Outras pinturas estabilizadas com cal

Muitos antigos textos alemães afirmam que, apesar de ser possível misturar cal com soro, também se pode misturar com urina. Weiss (1963) descobriu que, usando argila caulinítica, se pode aumentar a resistência, assim como adicionando ureia e acetato de amônio. Essa prática foi muito utilizada na China, onde se produziram peças de porcelana extremamente delgadas com a adição de urina putrefata à mistura. De acordo com Jain *et al.* (1978), a adição de 70 g de cola animal, dissolvida em 0,5 l de água fervendo e mesclada com 1 kg de cal hidráulica, resultou ser muito adequada.

Em Auroville, na Índia, se utilizou com êxito a seguinte pintura como cobertura de cúpulas de blocos de terra: foram misturados 60 ovos com 2 l de soro de manteiga (*buttermilk*) e 5 l de vinho de palma batido, e se juntou tudo com 40 l de cal de conchas e 4 l de cimento.

Tendo em conta várias fontes, as seguintes substâncias vegetais adicionadas à cal aumentam a resistência aos efeitos de limpeza e do clima:
- cola de farinha de centeio (15 l de farinha de centeio cozida em 220 l de água com adição de um pouco de sulfato de zinco);
- seiva de agave;
- folhas de bananeiras fervidas;
- seiva de cactos *Opuntia*;
- seiva de *Euphorbia lactea*;

- óleo de sumaúma;
- óleo de linhaça natural ou duplamente cozido.

Pintura com cola de celulose

Mistura-se cola de celulose com pó de gesso para pintar interiores devido a seu baixo custo. Contudo, essa pintura não é muito resistente às inclemências do tempo, e a resistência à limpeza é baixa também.

Pintura com betume

As emulsões betuminosas oferecem uma boa proteção para paredes exteriores contra as inclemências do tempo. No Central Building Research Institute (CBRI), em Roorkee, na Índia, se testou com êxito a seguinte mistura: uma parte de betume 80/100 é aquecida num recipiente com 2 partes de nafta (solvente). Essa mistura é aplicada posteriormente numa superfície seca feita de terra. Após a secagem dessa camada, se aplica uma segunda camada. Com o objetivo de proteger a superfície negra obtida, é recomendável aplicar uma camada final de cal, que é preparada com 70 g de cola animal misturada com 1 kg de cal hidráulica dissolvida em 0,5 l de água (Jain *et al.* 1978).

12.3.4 Difusão de vapor

As pinturas podem reduzir muito a difusão de vapor nas paredes. É preciso lembrar que, nos climas frios, o efeito de barreira de vapor dessas pinturas deve ser menor no exterior do que no interior. As propriedades da difusão do vapor, nas pinturas disponíveis no mercado, não são mencionadas nos recipientes e, por isso, a experiência pessoal deve ser usada ao avaliar suas características. Resultados de testes realizados no LCE com pinturas, coberturas, rebocos que repelem a água e outros aditivos similares são mostrados na fig. 12.3-1. Os valores do coe-

Tabela 12.1 Valores-w de superfícies de terra com diferentes coberturas.

Pintura	g/m²	kg/m²h$^{0.5}$	
Sem pintura	0	9.5	
Óleo de linhaça	400	0.0	
Cal-caseína 1:1	420/350	0.6/1.5	0.6hr/6-24 hs
Cal-caseína 1:8	300/300	0.7	
Silin (van Baerle)	700/250/310	0.3	
Hidrofobizante (Herbol)	390/390	0.0	
Baysoline LD (Bayer)	400/290	0.2	
Syltrit (Metroark)	350/320	0.0	
BS 15 (Wacker)	450/430	0.1	
Steinfestiger H (Wacker)	290/290	0.0	

ficiente da resistência à difusão de vapor e a resistência específica ao vapor s_d se podem ver na parte 2.4.2.

12.3.5 Penetração de água

A absorção de água capilar na superfície de terra (parte 2.3.5) está significativamente influenciada pela cobertura. A tabela 12.1 oferece alguns coeficientes de absorção de água capilar (valores *w*) de rebocos de terra com ou sem tratamentos.

12.4 Como construir paredes que repelem a água

12.4.1 Aditivos que repelem a água

Existem muitos líquidos incolores que, ao serem utilizados para impregnar superfícies de terra, tornam as paredes capazes de repelir a água. A propriedade de uma superfície repelir a água pode se definir pelo ângulo que se forma pela tangente da borda de uma gota de água numa superfície (fig. 12.4-1). Se esse ângulo medido, como se mostra na figura, for maior que 90°, então se designa essa superfície capaz de repelir a água. Os agentes que repelem a água penetram nos poros da terra, sem selá-los, de tal maneira que, quando se reduz significativamente a absorção de água capilar, a difusão de vapor não se reduz muito. Os aditivos que repelem a água se dissolvem em álcoois orgânicos, hidrocarbonetos ou água. Distinguimos os seguintes grupos de aditivos que repelem a água:

– silano e siloxano;

– polisiloxano (resinas de silicones);

– siliconatos;

– resinas acrílicas;

– éster de silicato com aditivos que repelem água;

– silicatos com aditivos que repelem a água.

O silano, o siloxano e as resinas de silicone reagem quimicamente com substâncias minerais do barro e são muito resistentes às inclemências do tempo. Reduzem a

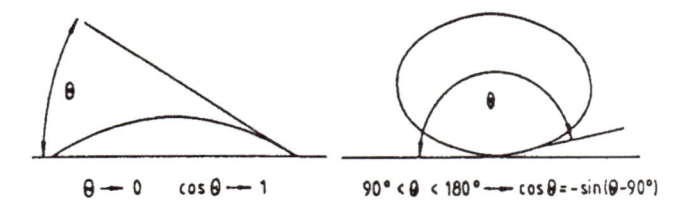

12.4-1 Gota de água sobre uma superfície tratada com aditivos que repelem a água (direita, ângulo maior a 90°) e sobre uma superfície não tratada (esquerda, ângulo menor a 90°).

12.4-2 Teste de aspersão (LCE).

absorção da água em mais de 90%. A difusão do vapor diminui entre 5 e 8%.

Os ésteres de silicato e as resinas acrílicas apresentam uma ótima *performance* repelente contra água, mas reduzem o vapor entre 15 e 30%.

Devido ao fato de vários aditivos que repelem a água apresentarem diferentes efeitos com as misturas de terra, eles devem ser testados previamente. O coeficiente de absorção de água *w* de diferentes rebocos de terra que foram mergulhados em água duas vezes, com diferentes aditivos que repelem a água, estão em 0,0 e 0,2 kg/m² h^{0,5} (tabela 12.1).

12.4.2 Aplicação de aditivos que repelem a água

Os aditivos que repelem a água são aplicados, no mínimo, duas vezes, através da chamada técnica de "inundação", em que a solução é aplicada com uma trincha sobre a superfície. A segunda inundação deve ser feita antes que a primeira seque. A superfície de terra deve estar seca e com uma temperatura que não ultrapasse menos de 8° nem mais do que 25°C, antes de ser tratada. Só os silanos e os siloxanos exigem uma base um pouco úmida. Essa aplicação deve ser repetida após alguns anos, devido ao efeito de deterioração causado pelas inclemências do tempo.

12.4.3 Testes

Na parte 2.3.7 se explica o teste de aspersão para verificar a resistência das superfícies aos temporais. Ver fig. 2.3-11.

12.5 Rebocos de cal

12.5.1 Generalidades

Os rebocos de terra utilizados em paredes exteriores (descritos no capítulo 11) são só apropriados se não tiverem fissuras e se forem impermeáveis. As superfícies expostas normalmente não devem ter rebocos de terra, sendo a alternativa mais comum os rebocos de cal. Os rebocos de cimento não são apropriados, já que são muito frágeis. Em geral, não resistem a cargas térmicas e higrométricas sem apresentar fissuras, permitindo, assim, a penetração de água na terra e gerando sua expansão, o que, por sua vez, aumenta as fissuras ou acaba descascando o reboco.

Na casa mais antiga de taipa de pilão construída na Alemanha, em 1795 (fig. 1.2-10), foi encontrada, durante trabalhos de reparação em 1992, uma erosão massiva por congelamento que destruiu a terra até uma profundidade de 20 cm, por causa da água que penetrou através do reboco de cimento aplicado décadas antes. Um fenômeno similar foi referido por Bourgeois (1991), no Novo México, Estados Unidos. Nesse caso, uma igreja em Ranchos de Taos (fig. 12.5-1), construída com adobes em 1815, foi rebocada com cimento durante restauração levada a cabo em 1967. Onze anos depois, o reboco de cimento teve de ser desmantelado, pois a parede de terra apresentava danos severos provocados pela umidade. Em climas frios, a secagem rápida das paredes é necessária se a chuva penetrar a partir do exterior, ou ocorrerá condensação de vapor a partir do interior. Por isso, a resistência ao vapor das camadas exteriores deve ser menor do que a das camadas interiores. A norma alemã DIN 18550 parte 3 determina que rebocos externos que repelem a água devem cumprir as seguintes condições:

- coeficientes de absorção de água $w \leq 0,5 kg/m^2.h^{0,5}$;
- a resistência à difusão específica de vapor deve ser $s_d \leq 2,0$ m e o produto $w \times s_d$ deve ser $\leq 0,2$ $kg/m.h^{0,5}$.

12.5.2 Preparação da superfície

As superfícies de terra a serem rebocadas devem estar secas e rugosas para permitir uma boa aderência. As superfícies lisas devem ser umidificadas para que suas camadas exteriores se umedeçam e se expandam, permitindo serem feitas ranhuras diagonais com 2 a 3mm de profundidade (fig. 11.2-2). Enquanto a superfície preparada está úmida, deve-se aplicar uma fina camada de argamassa de cal que penetre a superfície alguns milímetros. Uma mistura de 0,5 a 1 parte de coalhada desnatada, 2 partes de cal hidráulica e 30 partes de água comprovou ser adequada.

Se o reboco de cal é exposto a cargas térmicas severas, se a superfície a ser rebocada é muito grande, ou se a aderên-

12.5-1 Igreja de São Francisco de Assis, rancho de Taos, EUA.

cia é fraca, então se exigem malhas metálicas ou esteiras de palha fixadas na superfície para aplicar o reboco. Caso se utilizem esteiras, é recomendável umidificá-las com argamassa de cal para prevenir a putrefação.

12.5.3 Reforço

Painéis grandes expostos a cargas térmicas intensas necessitam ser reforçados. Por isso, deve-se utilizar uma tela de metal galvanizado com tecido hexagonal ou similares. Os trabalhadores preferem, em geral, telas de fibras de vidro, já que não corroem e são dobráveis.

12.5.4 Composição

O reboco normal de cal consiste em 1 parte de cal hidráulica e 3 a 4 partes de areia. Como essa mistura é comumente usada na construção em todo o mundo, não vamos nos aprofundar nela neste livro. No entanto, os rebocos de cal-caseína não são tão comuns e, por isso, os descrevemos a seguir. Fórmulas do passado indicam que o pelo de animal e a caseína melhoram o comportamento dos rebocos.

Antigamente, a caseína era adicionada em forma de soro, ou soro de manteiga (*buttermilk*). A caseína e a cal reagem quimicamente para formar o albuminato de cálcio, um componente resistente à lavagem. A adição de caseína reduz a absorção de água de um reboco de cal, mas, por sua vez, dificulta a difusão de vapor. No LCE, foi testado com êxito um reboco de cal-caseína para exteriores. A mistura consiste em coalhada desnatada, cal hidráulica e areia numa proporção 1:10:40. A cal deve ser primeiro bem misturada com a coalhada desnatada, formando uma pasta cremosa, sem adição de água. Após a mistura ficar em repouso, se adicionam água e areia. Para se obter uma mistura para ser usada num acabamento, aplicada com uma trincha, uma mistura mais líquida deve ser adequada, com uma proporção 1:6:25 a partir dos mesmos ingredientes respectivamente. Em climas quentes, deve-se adicionar um pouco de sal de cozinha para manter o reboco úmido durante um tempo maior, e, assim, otimizar a cura.

12.5.5 Aplicação

Antes de se aplicar o reboco na superfície de terra, deve-se umedecer e prepará-lo com uma argamassa de cal-caseína. Em seguida, o reboco é aplicado em duas camadas até que a espessura total alcance o máximo de 20 mm. Na primeira camada, deve-se adicionar um pouco de cimento para acelerar a cura. A segunda camada deve ser aplicada enquanto a outra se mantiver um pouco úmida. Quando as fissuras de retração aparecem, devem ser umedecidas com uma trincha embebida em cal, e, em seguida, seladas, esfregando-se com uma colher de pedreiro.

Deve-se ter em conta que os rebocos de cal solidificam em contato com o dióxido de carbono do ar, e o processo só é possível na presença de umidade suficiente. Dessa maneira, as paredes devem estar protegidas dos raios de sol e do vento e (ou) manterem-se úmidas, com uma tela úmida. Os rebocos interiores devem ser aplicados numa só camada. O reboco de gesso ou de cal e gesso, com ou sem caseína, pode ser utilizado em trabalhos interiores. Não é recomendável aplicar rebocos de cimento em interiores.

12.5.6 Efeito sobre a difusão de vapor

No Laboratório de Construções Experimentais (LCE), foi testado o efeito sobre a diminuição da difusão de vapor que apresentam os rebocos de cal, quando se adicionam óleo de linhaça duplamente cozido e caseína. Os valores do coeficiente de resistência de difusão de vapor obtidos estão listados na tabela 12.2.

Tabela 12.2 Valores µ de rebocos de cal (os valores estão expressos em volume).

Cal	Cal	Areia	Coalhada desnatada	Óleo de linhaça	Solo argiloso	Estrume	Valores m
1	-	3	-	-	-	-	11.2
-	1	3	-	-	-	-	10.8
1	-	6	0.5	-	-	-	6.2
1	-	15	0.5	-	3	-	9.7
1	-	3	-	0.05	-	-	15.2
1	-	3	0.25	0.05	-	-	28.5
1.5	-	10	-	-	2	6	8.0

12.6 Telhas, tábuas e outras coberturas

Além dos rebocos, as coberturas, telhas, tábuas, painéis grandes ou paredes de tijolos separados por câmara de ar podem ser utilizados para proteger paredes de terra. Tais métodos são especialmente úteis caso se aplique, a partir do exterior, um isolamento térmico adicional. Uma solução comum é apresentada na fig. 12.6-1. As figs. 12.6-2 e 12.6-3 mostram os métodos desenvolvidos no LCE, que utilizam pneus de automóveis cortados em formas de telhas. Eles podem ser fixados diretamente na parede de terra ou sobre uma subestrutura de madeira. A fig. 12.6-4 mostra o equipamento desenvolvido para cortar pneus em três partes. O pneu é fixado num disco rotatório, e uma lâmina o pressiona de maneira a cortá-lo ao meio,

12.6-1 Parede de terra com isolamento exterior adicional e pranchas de madeira que formam uma câmara de ar.

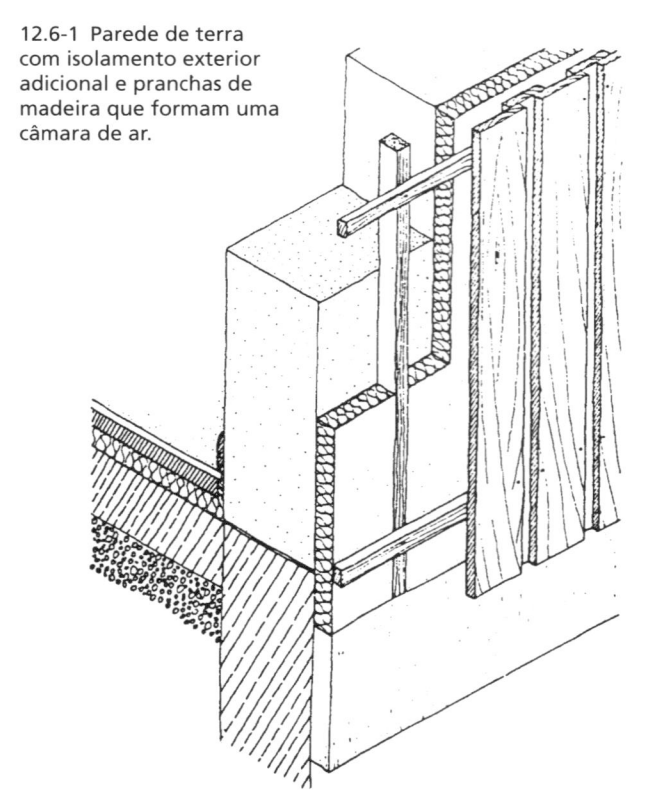

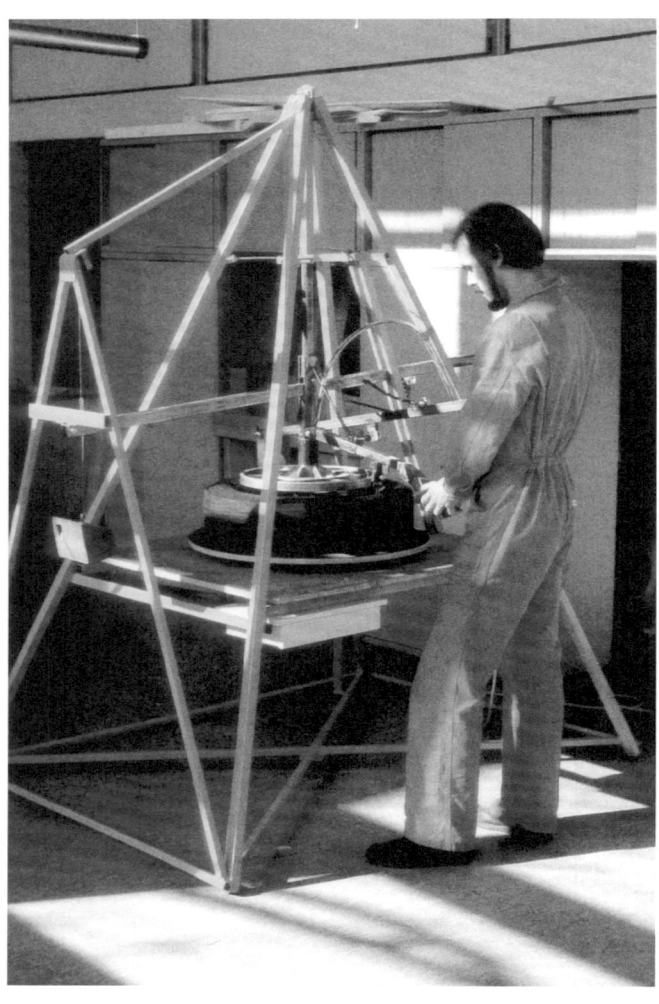

12.6-4 Equipamento para cortar pneus de carros, LCE, Universidade de Kassel.

12.6-2, 12.6-3 Telhas feitas de pneus.

12.6-5 Cúpula de blocos de terra coberta com telhas feitas de placas usadas em impressão offset, LCE.

separando os dois lados. Podem ser usados, abertos, como elementos largos e sobrepostos para cobrir uma abóbada, como se mostra na fig. 12.6-3. A fig. 12.6-5 mostra uma cúpula de terra coberta por telhas feitas de pranchas de alumínio que foram utilizadas em impressão *offset*.

Na Mesopotâmia, há milhares de anos, se cobriam paredes de adobe com uma camada de tijolos vitrificados. É aconselhável separar esse tipo de cobertura de parede com uma câmara de ar, de maneira que a chuva que penetrar possa ser drenada e não prejudique a parede.

12.7 Métodos estruturais

12.7.1 Proteção contra a chuva

Um método para prevenir que a chuva tenha contato com a parede de terra é construir um beiral. O método para prevenir os respingos da chuva é construir uma base suficientemente alta (30 a 50 cm). A junta entre a parede e a base deve ser cuidadosamente projetada, de maneira que a água da chuva possa escorrer sem problemas e não penetre nas juntas. Na fig. 12.7-1, a solução A é inaceitável; já as soluções B e C são aceitáveis em zonas de pouca chuva. As soluções D, E e F mostram projetos perfeitos para evitar esse problema.

12.7.2 Proteção contra umidade ascendente

As paredes exteriores de terra devem ser protegidas da umidade ascendente, da mesma maneira que as paredes de tijolo cozido ou as de pedra. Para esse efeito, emprega-se uma camada impermeável, normalmente de manta asfáltica, pranchas metálicas ou plásticas. Como esses elementos podem ter um custo elevado, emprega-se, como alternativa, uma camada de 3 a 4 cm de espessura de concreto rico em cimento, que, por sua vez, é misturado com asfalto (betume) ou óleo usado de automóveis.

12.7.3 Proteção contra inundação

Em banheiros e cozinhas, a base deve ter um revestimento impermeável, que pode ser de telhas, peças para bases ou um reboco rico em cimento. O projeto de revestimento deve ser feito de maneira que a água proveniente de rupturas de tubos e inundações não tenha contato com a parede de terra.

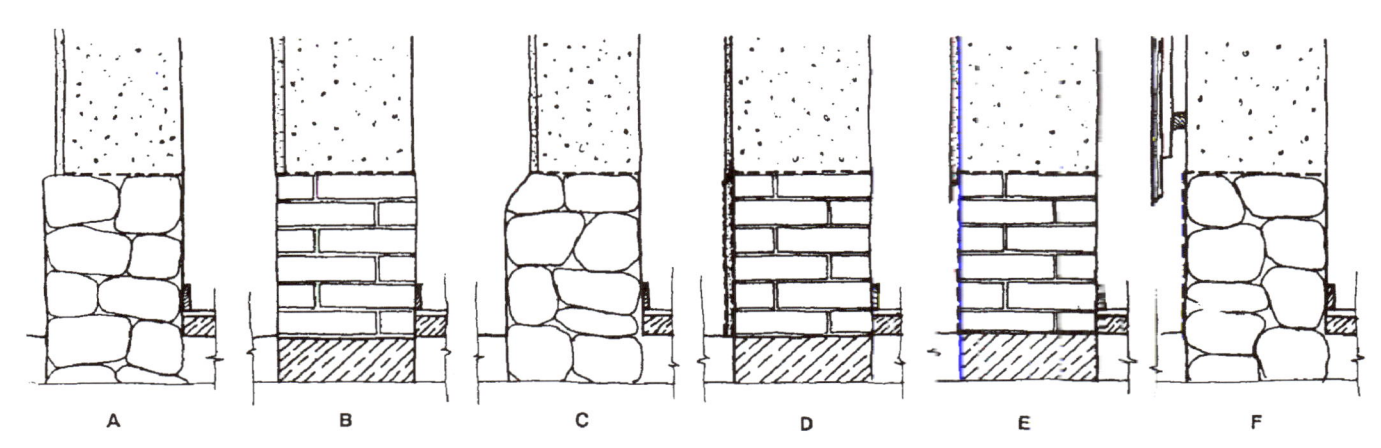

12.7-1 Seção vertical de projetos de bases realizadas correta e incorretamente.

13. Reparos de elementos de terra

13.1 Generalidades

Os reparos de partes danificadas da terra, especialmente fendas ou juntas grandes, demandam medidas especiais, diferentes daquelas utilizadas em alvenaria industrializada e rebocos de cal. Os problemas específicos dos reparos de elementos de terra e o aumento do isolamento térmico são apresentados neste capítulo.

13.2 Danos em construções de terra

Os danos nos elementos de terra podem aparecer devido a diferentes retrações na secagem e pela expansão térmica, assim como pelo efeito da água ou efeitos mecânicos. Se o reboco se contrai durante o processo de secagem, ou não adquire aderência na superfície, então sucede que pode se desprender da parede. Essas partes fracas podem ser localizadas com facilidade, bastando golpear o reboco com os punhos. Se uma grande quantidade de água se condensar na parede, então a terra se expande, removendo o reboco ou a pintura. Esse dano também pode ocorrer se houver condensação de grandes quantidades de água na superfície exterior de uma parede de terra, ou se houver infiltração do exterior na parede, através de fendas ou buracos. O congelamento pode produzir o mesmo problema, pois, se a parede estiver úmida, a água se expande.

13.3 Reparos em fendas e juntas com preenchimento de barro

13.3.1 Generalidades

Para o reparo com barro (terra em estado plástico) de fendas e juntas em elementos de terra já secos, é necessário umedecer a superfície a ser reparada com água. Caso contrário, o barro do reparo, ao secar, se solta da superfície. Por isso, é importante tratar previamente a junta com água e utilizar uma mistura que tenha uma pequena retração prévia, se for possível.

13.3.2 Misturas

Para estabelecer a composição da mistura para o preenchimento, deve-se ter em conta as características a seguir apresentadas:

- O preenchimento deve ter coesão suficiente para ter aderência na superfície úmida das fendas e juntas.
- A mistura deve conter areia suficientemente grossa, ou outras partículas capazes de minimizar a retração. Fibras ou pelos também podem ser utilizados.
- Com o objetivo de diminuir o tempo de solidificação, deve-se adicionar gesso, cal ou cimento. As desvantagens de usar tais aditivos é que a coesão e a resistência se reduzem.

Juntas e fendas em elementos interiores podem ser preenchidos com uma mistura de 1 parte de terra, 0,5 a 1 de cal hidráulica e 0,5 a 1 de gesso. Em juntas expostas às inclemências do tempo, não se deve utilizar gesso, mas se pode adicionar cimento, cal hidráulica, ou uma mistura de ambos numa porcentagem de 8 a 20%. Em vez desses aditivos, podem ser adicionados 4 a 7% de óleo de linhaça duplamente cozido. Esse preenchimento se mantém plástico por várias semanas.

13.3.3 Aplicação de preenchimentos

Para se obter uma boa aderência entre o preenchimento e a superfície a reparar, é necessário ampliar as fendas em até 1 cm de espessura, extrair as partículas soltas e umedecer as bordas das juntas até que a terra se expanda e a superfície se torne plástica. Quando se emprega barro com óleo de linhaça duplamente cozido como preenchimento, a superfície deve ser tratada previamente com óleo de linhaça. Primeiro, aplica-se o preenchimento plástico das bordas da junta com uma espátula e, depois, se preenche a junta com uma mistura mais seca, introduzindo-a mediante golpes de martelo (fig. 8.4-14). É recomendável que a junta seja preenchida com mais material que o necessário, para que, quando secar e se contrair, possa ser compactada novamente, enquanto estiver ligeiramente úmida.

13.4 Reparos de fendas e juntas com outros materiais de preenchimento

13.4.1 Generalidades

Preenchimentos das fendas e juntas com barro consomem muito tempo e exigem experiência. Outros preenchimentos com uma menor retração, melhor aderência e necessitando de menos tempo e habilidade são apresentados nesta parte.

13.6-1 Bombeamento de barro agregado com mineral.

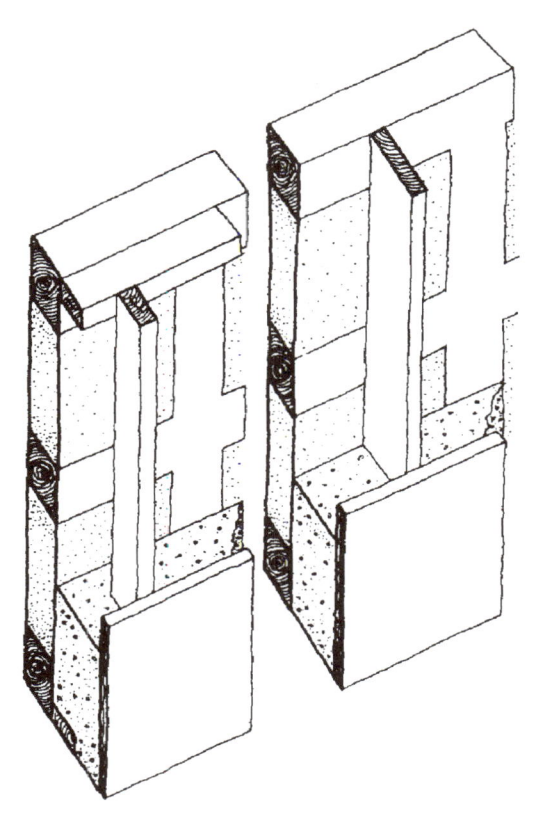

13.6-2 Camada adicional de isolamento térmico interior de barro agregado com mineral num muro de entramado *fachwerk*.

13.4.2 Misturas

Como alternativa para preenchimentos de barro, todos os materiais que podem ser utilizados como reboco também podem ser usados como preenchimento. Cal hidráulica, cimento, gesso, caseína, celulose e óleo de linhaça duplamente cozido podem ser utilizados como aglutinantes. Silte, areia, pedregulho e aditivos orgânicos, como cortiça, serragem, casca de cereais ou arroz e papel de jornal picado podem ser usados como materiais de preenchimento. Para os reparos de juntas exteriores, não se devem usar materiais orgânicos, a não ser que a mistura tenha um pH alto, o que previne o crescimento de micro-organismos. Misturas sintéticas elásticas de silicone ou acrílico podem também ser empregadas para o preenchimento. O silicone adere à terra, se a superfície da junta estiver seca e livre de partículas soltas.

13.5 Reparo de danos com maior magnitude

13.5.1 Reparo de barro

Superfícies maiores com erosão, ou que se desprendem, devem ser reparadas removendo-se todas as partículas soltas, umedecendo a superfície antes de aplicar o barro de reparo, como se descreve na parte II sobre rebocos de terra. Com objetivo de reduzir a retração, cada camada de reboco de terra não deve ter uma espessura maior que 1 a 1,5 cm. Se o dano tiver uma profundidade maior do que 2 cm de espessura, é recomendável raspar a área numa profundidade de 4 a 6 cm. A superfície deve ser preenchida posteriormente com adobes quebrados e argamassa. Nas regiões propensas à nevasca, não se devem usar tijolos crus, já que não são resistentes ao congelamento.

13.5.2 Pinturas

Ao reparar a pintura de uma superfície de terra, deve-se primeiro remover a pintura anterior. Prepara-se, de início, a superfície com uma pintura de cal-caseína, como se descreve na parte 12.3.2. Se a superfície for muito arenosa e lisa, o melhor é empregar uma pintura de goma de cal-caseína. Deve ser preparada com cal hidráulica e coalhada desnatada, misturada intensamente, sem água, por dois minutos, em proporções de 1:5. A mistura deve repousar e depois rebaixar com água em proporções de 1:5. A cola deve ser usada no máximo em uma hora (Lezner e Stein, 1987, p. 145).

13.6 Melhoramentos posteriores do isolamento térmico com terra agregada

13.6.1 Generalidades

Nesta parte, descrevem-se aspectos físicos e estruturais para o melhoramento posterior de isolamento térmico com terra agregada (ou barro agregado), em paredes exteriores. Diferentes tipos de agregados são descritos na seção 4.7. Projetos de paredes de terra altamente isoladoras são apresentados na parte 15.2.1.

13.6.2 Condensação

Nas últimas décadas do século XX, ocorreram muitos danos significativos em edifícios históricos de entramado *fachwerk* na Alemanha (ver parte 9). A maioria ocorreu devido à condensação das paredes, problema que não acontecia antes. Hoje, se produz mais umidade nas cozinhas e banheiros do que antigamente. Naquela época, os banhos eram tomados com água fria e uma bacia; nos dias de hoje, uma ducha quente é a maneira mais comum. A lavagem de roupa era feita no exterior, ao ar livre, e a secagem também; ao contrário, hoje, a limpeza da roupa é feita no interior da habitação. Tais fatores contribuem para a produção de mais umidade nas habitações. As temperaturas interiores também são maiores, em comparação com o passado. A umidade relativa no interior é mais ou menos a mesma, e a umidade absoluta é significativamente maior. As portas e janelas das habitações estão agora mais isoladas, o que proporciona a um intercâmbio de ar menor. Tais fatores provocam uma maior condensação nas paredes. Por isso, é imperativo que as características da difusão do vapor das paredes sejam cuidadosamente controladas.

13.6.3 Isolamento térmico

As paredes exteriores das habitações típicas de entramado *fachwerk* possuem uma espessura de 14 a 20cm. O preenchimento do entramado é feito com tijolos crus, adobes ou trançados de palha e barro. O coeficiente de transmissão de calor U desses preenchimentos é de 2,0 a 2,7 W/m²K. Tendo em conta o entramado de madeira, se obtém um valor U de 1,2 a 2,2 W/m²K. Isso significa que a transmissão de calor através dessas paredes é de 3 a 6 vezes maior do que a desejada pelas normas modernas

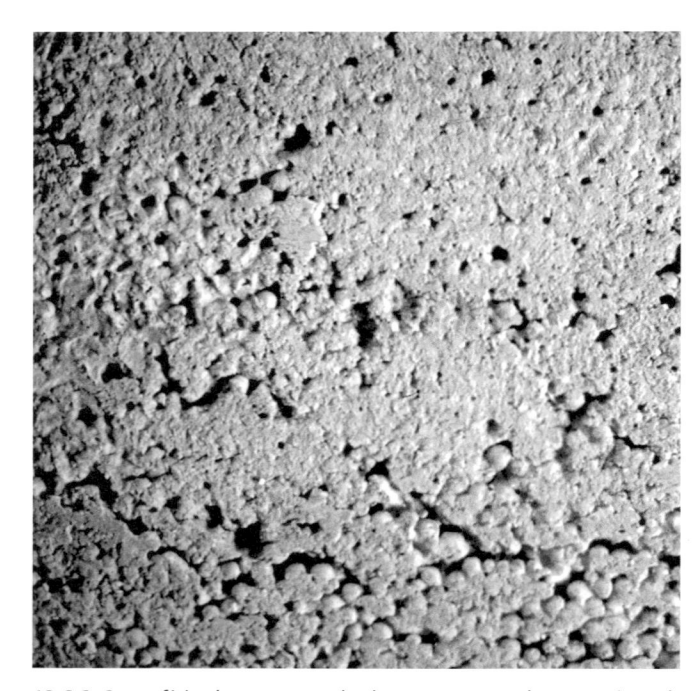

13.6-3 Superfície de uma parede de terra agregada com mineral, densidade de 1000 kg/m³, logo ao retirar a forma.

em regiões com climas temperados ou frios. A solução mais simples e adequada, de um ponto de vista físico, para aumentar o isolamento térmico dessas paredes é fazê-lo no exterior.

Se a habitação é um patrimônio, e sua fachada exterior não pode ser transformada, o isolamento térmico deve ser aplicado no interior. Em geral, isso provoca problemas, já que, na prática, não se podem evitar pontos de calor e vapor, o que acaba gerando o umedecimento parcial da parede, devido à condensação, e os subsequentes danos na sua superfície. Mesmo assim, o aumento da perda de calor conduz à formação de mofo.

13.6.4 Revestimento de barro agregado como isolamento interior

A possibilidade de aplicar isolamento térmico interior adicional é mostrada na fig. 13.6-2. Um molde é fixo com vigas montadas sobre uma parede, e se bombeia uma camada de barro agregado com mineral. É importante que não sobre espaço entre as duas camadas, para não interromper o transporte de água capilar e vapor. No projeto que se mostra na fig. 13.6-1, cinco pessoas levaram 8 horas para completar 60 m² de parede, empregando o método descrito no capítulo 10, aplicando uma camada de 15 a 25 cm de espessura de barro agregado.

14. Construções antissísmicas

14.1 Generalidades

A terra, como material de construção, perdeu credibilidade, sobretudo porque muitas casas modernas, com paredes com esse material, não suportaram terremotos, e também por ser considerada um "material pobre". Entretanto, convém assinalar que um censo realizado pelo governo de El Salvador, após o terremoto de 13 de janeiro de 2001 (com intensidade de 7.6 na escala de Richter), apontou que as casas de adobe não foram afetadas mais do que as outras construções.

Por outro lado, inúmeras construções históricas de terra suportaram vários terremotos nos últimos séculos como, por exemplo, as construções de Hakas, na China (fig. 14.1-1), e várias casas de taipa, na Argentina. Casas de tetos leves e paredes flexíveis, como a habitação guatemalteca que se mostra na fig. 14.1-2, podem suportar sismos, por causa de sua flexibilidade. A qualidade de uma estrutura antissísmica pode ser expressa pela fórmula:

qualidade da estrutura = resistência x flexibilidade

Isso significa que quanto menor a resistência de uma determinada estrutura, maior deve ser sua flexibilidade; quanto maior sua flexibilidade, menor a resistência exigida.

Não é a terra usada como material de construção a responsável pelas falhas estruturais, mas o sistema estrutural de um edifício e a localização ou proporção das aberturas, como se discute a seguir.

O sismo ocorre pelo movimento das camadas tectônicas, ou atividades vulcânicas. As regiões do mundo que são mais propensas aos sismos são mostradas na fig. 14.1-3. Na Ásia, detectaram-se sismos com intensidade 8 na escala de Richter, e, nos Andes, houve registros de sismos de até 8.7. Cerca de cem sismos com intensidade maior

14.1-1 Condomínio em Hakas, China.

14.1-2 Casa de teto leve e paredes flexíveis, Guatemala, 1976.

14.1-3 Áreas do mundo propensas a sismos (Houben, Guillaud, 1934).

que 7 na escala de Richter são registrados anualmente. Os edifícios são principalmente afetados por causa da aceleração horizontal criada pelo movimento do solo nesse plano. As acelerações verticais criadas pela atividade sísmica são 50% menores do que as horizontais.

Como a maioria das habitações é geralmente térrea, este capítulo tratará principalmente da resistência aos sismos nesses tipos de construção. Em construções de um ou dois andares, o perigo consiste na circunstância de que, com o movimento, as paredes tendem a cair para fora e, portanto, os tetos ou andares desabam. Uma solução técnica antissísmica para construções de até dois andares deve ajudar a impedir que as paredes caiam para fora.

14.2 Requisitos construtivos e de projeto

Ao projetar edifícios para zonas propensas a sismos, deve-se considerar que as forças sísmicas que atuam sobre o edifício são proporcionais à massa, e que a de flexão aumenta significativamente com a altura. Por essa razão,

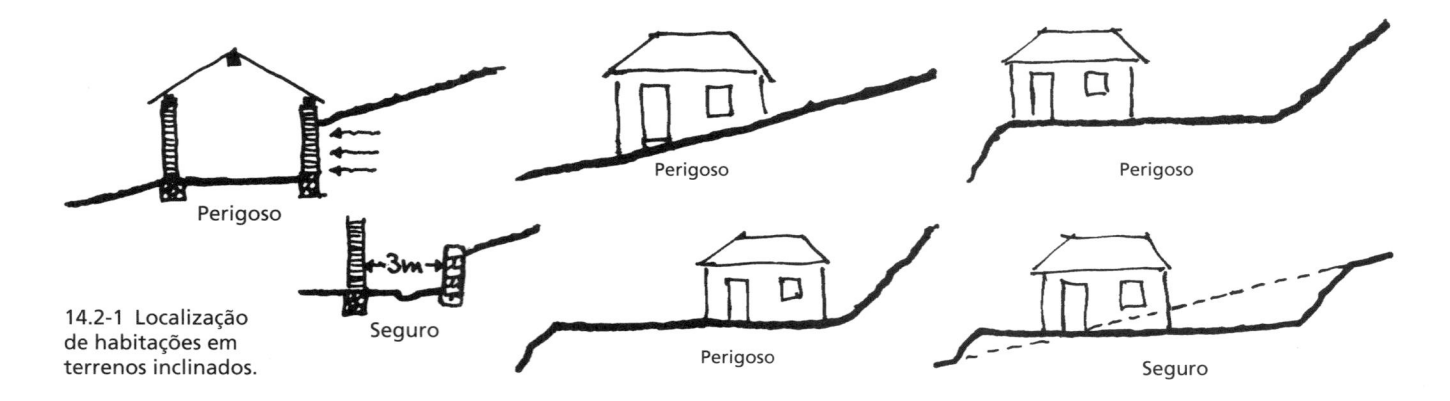

14.2-1 Localização de habitações em terrenos inclinados.

ao projetar habitações de dois andares, se aconselha que a planta térrea seja sólida, e que a do pavimento superior seja leve, preferencialmente uma estrutura flexível de madeira e pau a pique. Em qualquer caso, os telhados pesados, com pranchas de madeira, terra ou telhas devem ser evitados. As paredes, em geral, desabam porque não possuem uma viga superior anelada (cinta de amarração) e (ou) por sua falta de resistência às forças de corte e flexão. Ainda assim, as aberturas de portas e janelas causam a fragilidade dos telhados. Sob a influência sísmica, as forças se concentram nas quinas e nas aberturas, criando as rachaduras.

Com o objetivo de reduzir o perigo do colapso, deve-se ter em conta os aspectos a seguir enunciados:

1. As casas não devem se localizar em terrenos inclinados (fig. 14.2-1).
2. A frequência de ressonância da casa não deve ser igual à do movimento telúrico durante o sismo. Isso implica que as casas pesadas, construídas com técnicas sólidas, não devem se situar sobre uma base de rocha, senão em solos arenosos ou siltosos. Casas leves apresentam um melhor comportamento sobre um solo rochoso do que sobre um solo flexível.
3. Os diferentes espaços da casa não devem ter níveis diferentes, ou alturas diferentes. Se assim for, tais partes devem estar estruturalmente separadas. Devido ao fato de que as partes com alturas distintas têm diferentes frequências de ressonância, deve-se, então, lhes permitir uma oscilação independente.
4. A planta da casa deve ser compacta e simétrica, tanto quanto possível. As plantas circulares dão melhor rigidez do que as retangulares (fig. 14.2-2).
5. As fundações devem atuar como uma ancoragem fixa rígida (viga perimetral), e, por isso, devem ser adequadamente reforçadas.
6. As fundações, paredes e tetos devem estar bem fixos entre si, e as juntas em condições de resistir às forças de corte que produzem.
7. As paredes devem estar estáveis contra as forças de flexão e corte que se produzem. A alvenaria deve ser feita com juntas bem preenchidas e argamassa com boa capacidade aglutinante.
8. As paredes de apoio da alvenaria devem ter uma espessura de no mínimo 30 cm e a altura não deve ser maior do que oito vezes sua espessura (fig. 14.2-3).
9. As paredes de alvenaria devem ser reforçadas com contrafortes espaçados em, no máximo, 4 metros entre eles e com 30x30 cm de seção mínima, ou com colunas que estejam fixadas estruturalmente às fundações (capazes de conter os movimentos; ver fig. 14.2-4).
10. As quinas das paredes, juntas entre paredes, paredes em T, e as aberturas de janelas devem ser reforçadas com colunas verticais de madeira ou concreto armado, fixos às fundações ou com contrafortes, de maneira que as forças horizontais não quebrem esses elementos (fig. 14.2-5 e 14.3-3).
11. No ponto de encontro superior das paredes, deve ser construída uma cinta de amarração que enlace a estrutura como um todo.
12. Recomenda-se fazer aberturas sem lintel ou verga, usando a própria cinta de amarração superior para tal (fig. 14.3-2).

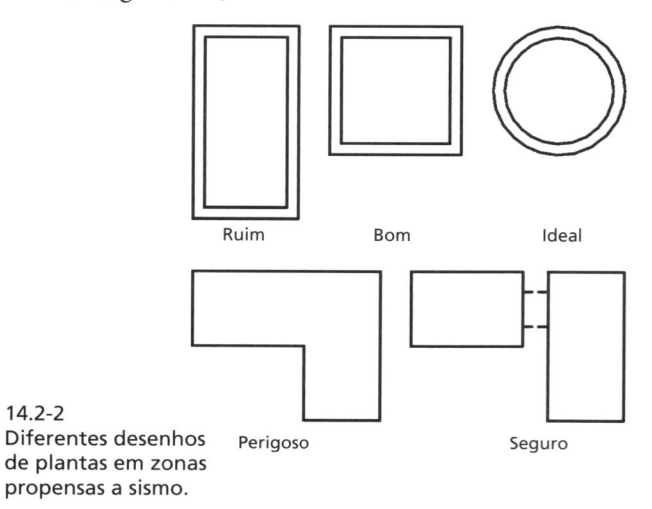

14.2-2 Diferentes desenhos de plantas em zonas propensas a sismo.

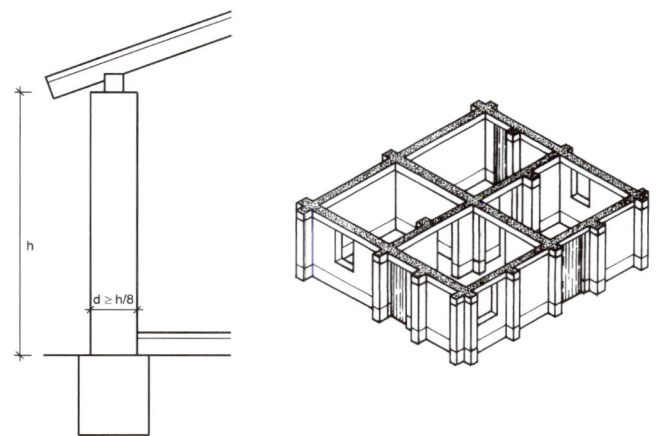

14.2-3 Proporção da parede.

14.2-4 Paredes de alvenaria reforçadas com contrafortes.

14.2-5 Estabilização das quinas.

13. As coberturas devem ser o mais leve possível.
14. Os impulsos horizontais de abóbadas e cúpulas devem ser suficientemente seguros pela cinta de amarração, contrafortes ou tirantes.
15. As aberturas desestabilizam as paredes, e devem ser cuidadosamente proporcionais (fig. 14.3-4).

Existem dois métodos construtivos para projetar construções antissísmicas. O primeiro método, e mais comum, é o da construção de paredes e coberturas com suas juntas, tão fortes, que não possam romper nem se deformar sob a ação de cargas sísmicas. O segundo método é permitir à estrutura ser elástica, de maneira que a energia cinética do impacto sísmico se dissipe pela deformação do edifício. Essa é a solução mais inteligente, principalmente porque exige menos material e esforço.

Por exemplo, se uma parede vertical com estrutura estabilizada com tensores diagonais é impactada horizontalmente, a partir da direita, como se vê na fig. 14.2-6, ocorrerá a concentração de tensão em ambos os extremos da viga que sai da base esquerda para a parte superior direita, provocando fissuras ou rompendo em definitivo na diagonal. Por isso, a fragilidade ocorre primeiro naquelas junções, que são mais propensas a quebrar na parede.

Numa estrutura elástica, sem diagonais, as quinas estão em condições de suportar momentos de flexão e nenhum elemento estrutural é sobrecarregado Dessa maneira, ocorre a deformação sem ocorrer o colapso da parede. Obviamente, no segundo caso, o preenchimento da estrutura deve ser também flexível. Daí que paredes construídas com a técnica de pau a pique, nas quais existe uma malha horizontal e vertical de componentes rebocados com terra, são menos propensas aos danos do que as paredes de alvenaria.

A fig. 14.1-2 mostra uma casa da Guatemala afetada por um sismo, e que resistiu ao abalo por causa da sua flexibilidade. Há três princípios gerais diferentes para o projeto de estruturas resistentes aos sismos:

1) As paredes e o teto estão bem interconectados e são suficientemente rígidos para que não aconteça deformação durante o sismo.

2) As paredes são suficientemente flexíveis para absorver, com a sua deformação, a energia cinética do sismo. Nesse caso, é necessário instalar uma viga forte o suficiente contra as forças de flexão. As junções entre parede e anel e entre anel e teto devem ser fortes o suficiente.

3) As paredes foram projetadas tal como se especificou em 2, mas o teto está apoiado em colunas livres da parede, de maneira que ambos os sistemas estruturais se movam independentemente, já que ambos têm diferentes frequências durante o sismo.

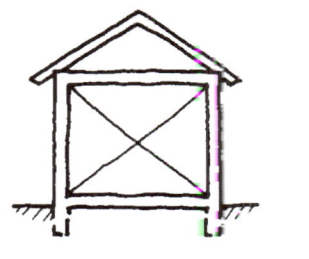

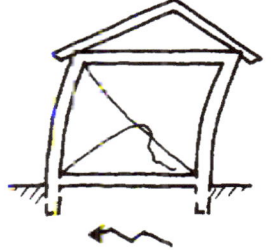

14.2-6 Parede vertical com estrutura estabilizada com tensores diagonais

14.2-7 Típico projeto incorreto que leva ao colapso.

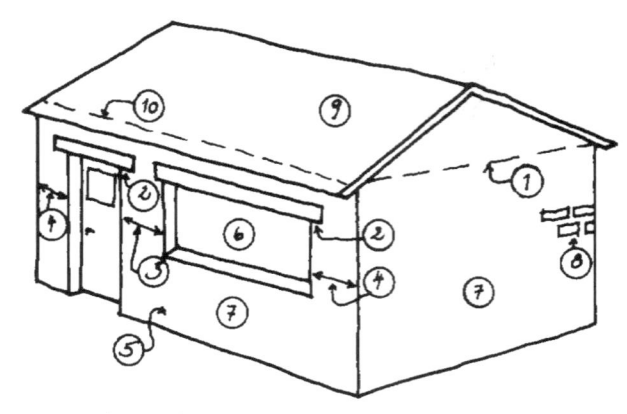

1. Ausência de cinta de amarração.
2. Lintéis/vergas com pouco apoio nas paredes.
3. A Parede entre a porta e a janela muito estreita.
4. Parede entre porta e esquina muito estreita.
5. Falta de base.
6. Janela muito larga.
7. Parede muito fina em relação à largura.
8. A solidez da argamassa de terra é baixa e as juntas entre as pedras muito larga.
9. O teto é pesado.
10. A conexão entre o teto e as paredes não é suficientemente estável.

Três projetos de pesquisa levados a cabo no LCE, analisando o dano produzido em habitações rurais de Guatemala, Argentina e Chile, concluíram que os mesmos erros, no projeto estrutural, levaram ao colapso. Os dez principais erros são listados na fig. 14.2-7. No LCE, um simples teste, feito durante uma tese de doutorado, mostrou a influência da forma da parede na resistência aos sismos. Um peso de 40 kg na ponta de um pêndulo de 5,5 m golpeou um modelo (fig. 14.2-13). A casa de terra compactada, com planta quadrada, mostrou as primeiras fissuras importantes logo no segundo golpe (14.2-8) No terceiro, uma parte da seção se separou (14.2-9), e, com o quarto, colapsou (fig. 14.2-10). A habitação de planta circular, pelo contrário, apresentou fissuras só a partir do terceiro golpe (14.2-11), e uma pequena seção da parede se separou somente depois do sexto golpe (fig. 14.2-12). (Yazdani, 1985).

Uma solução simples para estabilizar paredes de terra de pouca espessura é usar elementos em L, T, U, X, Y ou Z (fig. 14.2-14). Devido aos ângulos, apresentam melhor estabilidade contra as forças laterais. Se uma parede tiver 30 cm de largura, as bordas livres dos elementos não podem ser maiores que 3/4 nem menores que 1/3 de suas alturas (fig. 14.2-16). Essa largura mínima é necessária para transferir as cargas diagonalmente para o espaço ou fundação. Se as bordas livres forem maiores que 3/4 de suas alturas, deveriam ser estabilizadas por outro ângulo. Se o ângulo estiver bem fixado no fundo

14.2-8 a 14.2-12 Teste de terremoto com modelos quadrados e circulares (Minke, 2002).

14.2-13 Teste simples para verificar a influência da forma da parede sobre a resistência ao impacto sísmico (LCE).

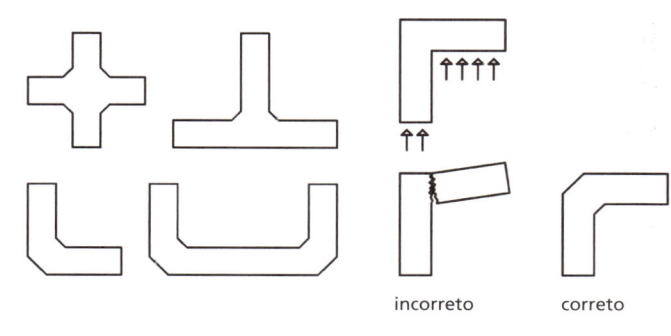

14.2-14 Detalhes de elementos com quina correta.

14.2-15 Solução para quinas.

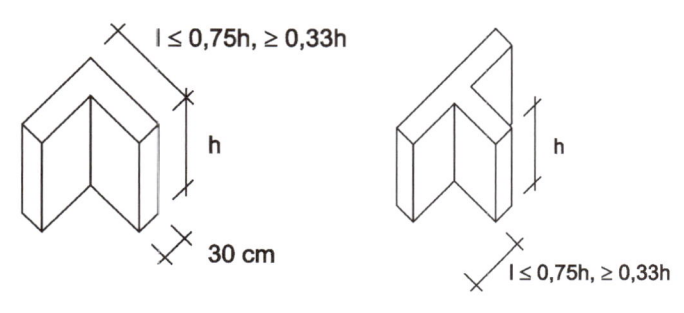

14.2-16 Proporções recomendadas.

do espaço e sobre a cinta de amarração, deverá ser maior ou mais alto. Em nenhum caso, a altura deve exceder oito vezes a largura. As forças perpendiculares às paredes são transferidas num ângulo paralelo em direção da força. Isso significa que ela se transfere, em vez de criar uma concentração de forças na quina interior do ângulo. É recomendável ampliar a seção nessa quina, tal como se vê nas figs. 14.2-14 e 14.2-15.

14.3 Vãos de portas e janelas

Os vãos para portas e janelas fragilizam a estabilidade das paredes. Durante o sismo, surgem fendas diagonais a partir das quinas e sobre as vergas e contravergas (fig.14.3-1). As vergas precisam estar embutidas pelo menos 40 cm na alvenaria de adobes para se obter um bom resultado (fig. 14.3-2). Mas, nesse caso, a parte superior da verga é frágil. Uma solução adequada é executar as vergas e as cintas de amarração contíguas num mesmo nível, unindo ambas num só elemento (fig. 14.3-2). Essa solução pode ser melhorada se a verga, por sua vez, atuar como grade onde se apoia a estrutura do teto, e a parede abaixo da janela não for feita em alvenaria, mas só com elementos flexíveis de pranchas de madeira ou pau a pique. Também é preferível estabilizar as aberturas (fig. 14.3-3).

Deve-se ter em conta as regras a seguir para a execução de vãos (figs. 14.3-3 a 14.3-5)

1) Os vãos para janelas não devem ter o comprimento maior do que 1,20 m, nem mais de 1/3 do comprimento da fachada.

2) A largura da parede entre os vãos e a borda da parede deve ser, no mínimo, 1/3 da altura da parede, mas não menor do que 1m.

3) As portas devem se abrir para fora. Do lado oposto da porta se recomenda executar outra, ou uma janela grande, que possa ser utilizada como saída de emergência (fig. 14.3-5).

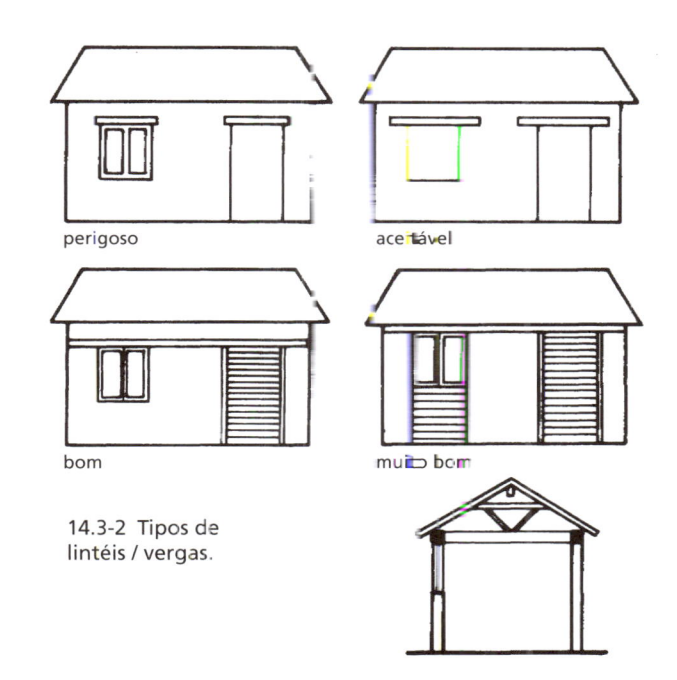

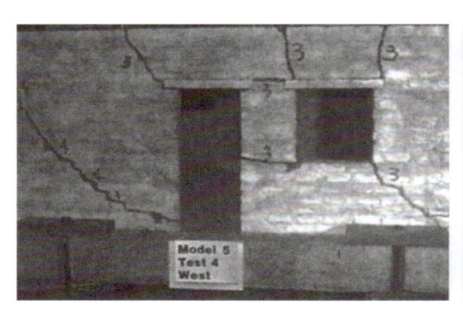

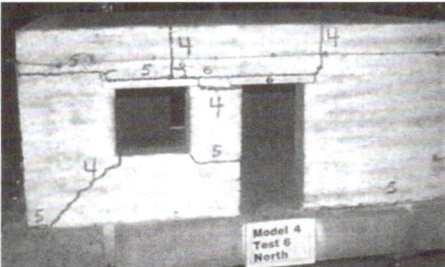

14.3-2 Tipos de lintéis / vergas.

14.3-1 Rachaduras típicas causadas por movimentos sísmicos (Tolles *et al.*, 2000).

$a \geq h/3 \geq 100cm$
$b \leq c/3 \leq 120cm$

14.3-3 Posições recomendáveis de vãos

$a \geq h/3 \geq 100cm$
$b \leq h/2 \leq 120cm$

14.3-4 Dimensões recomendadas.

14.3-5 Vãos estabilizados.

14.4-2

14.4-3

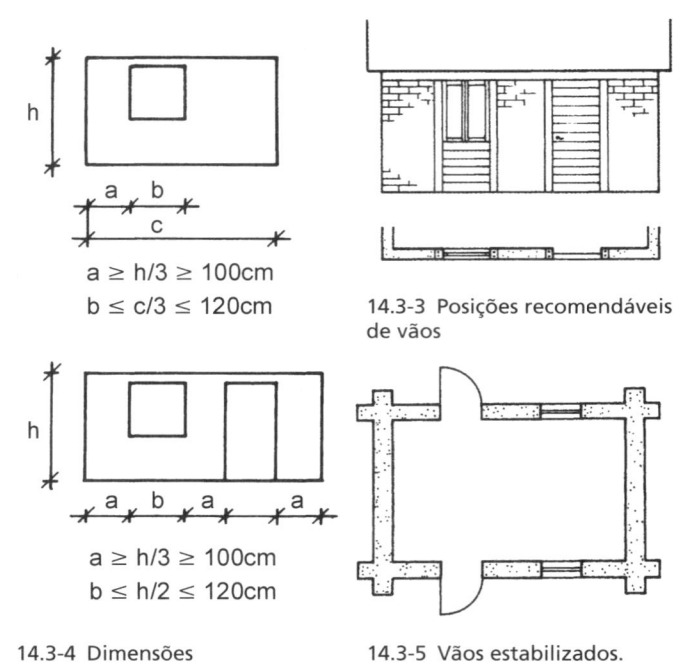

14.4 Paredes de taipa de pilão reforçadas com bambu

Uma técnica de painéis de taipa reforçados com bambu foi desenvolvida em 1978, como parte do projeto de pesquisa do LCE, e se implementou com sucesso na Universidade de Francisco Marroquín (UFM), e no Centro de Tecnologia Apropriada (CEMAT), ambos na Guatemala (figs. 14.4-1 e 14.4-5).

Nesse projeto, se construíram elementos similares à taipa de pilão, reforçados com bambu de 80 cm de comprimento, e uma base utilizando uma forma de metal em forma de T, com 80 cm de largura, 40 cm de altura e com uma espessura variada de 14 e 30 cm (fig. 14.4-4). A estabilidade dos elementos foi obtida com 4 varas de bambu de 2 a 3 cm de espessura, na seção em T da parede. Tais elementos se fixaram na base a uma grade de bambu, dentro de um plinto (base elevada) de alvenaria de pedra,

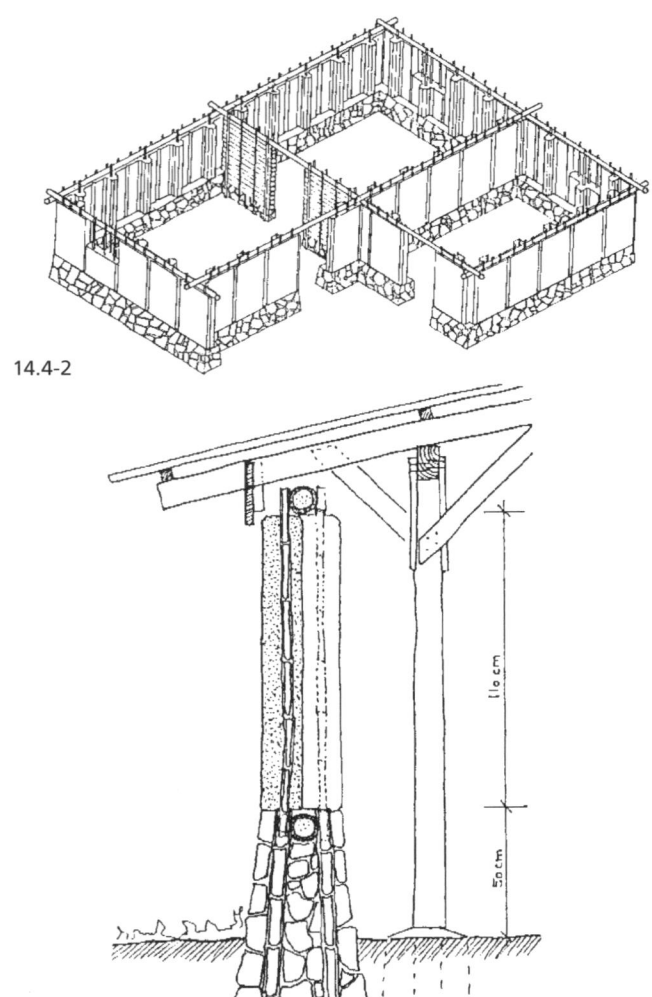

14.4-1

14.4-4

14.4-3 a 14.4-5 Protótipo de construção de casa antissísmica de baixo custo, com paredes de terra reforçadas com bambu.

14.4-6

Em 1998, o LCE e estudiosos da Universidade do Chile elaboraram um projeto para habitação antissísmica de baixo custo e feita de taipa de pilão reforçada, num projeto de investigação. A habitação foi construída em 2001, e tem 55 m² de área útil (fig. 14.4-6 e 14.4-7).

O projeto foi regido pela ideia de separar a estrutura da cobertura das paredes, e usar elementos em U e L que estabilizam a si mesmos pela sua forma. Os reforços verticais adicionais da taipa de pilão são constituídos por canas de *coligue* (espécie de bambu chileno) de 2,5 a 5 cm de espessura, que lhes dão estabilidade. As janelas e portas saem do piso ao teto e não têm segmentos de parede maciça sobre os vãos, senão madeira leve. Mesmo assim, os frontões das fachadas leste e oeste foram executados com terra agregada com palha e estabilizados com madeira, similar ao sistema do pau a pique.

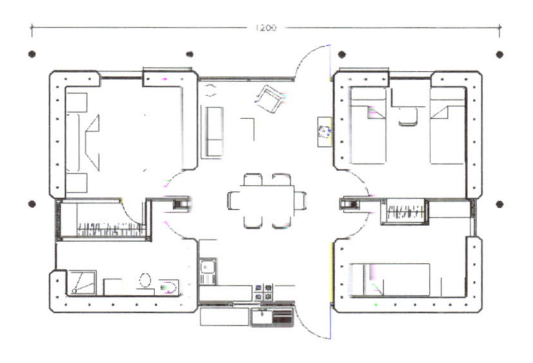

14.4-7

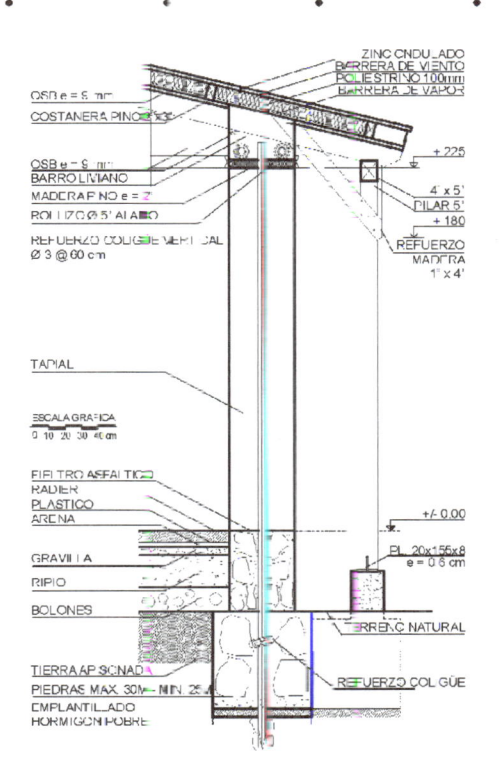

e, na parte superior, uma grade de bambu retangular.

Devido à nervura integrada à parede, ela tem aproximadamente 4 vezes mais resistência às forças horizontais do que uma parede de 14 cm de espessura. Após a secagem, surgiram fendas verticais de 2 cm de espessura entre os elementos, que foram preenchidas posteriormente com barro e atuam como juntas de dilatação pré-desenhadas, permitindo um movimento independente de cada elemento durante o sismo.

Isso significa que as juntas podem se abrir e toda a estrutura acaba se deformando (dissipando a energia cinética sísmica), sem que a unidade da parede se quebre ou entre em colapso. As colunas sobre as quais se apoia a cobertura foram dispostas a 50 cm da parede para dentro (fig. 14.4-3), de maneira que a estrutura da cobertura seja independente do sistema de paredes.

A superfície da taipa de pilão não foi rebocada, só alisada com uma colher de pedreiro, e em seguida pintada com uma mistura de 1 saco de cal hidráulica, 2kg de sal comum, 1kg de alúmen (sulfato duplo de alumínio e potássio), 1 kg de terra argilosa, e aproximadamente 40 litros de água (Minke, 1980).

14.4-6 a 14.4-8 Protótipo de construção antissísmica, Alhué, Chile, 2001.

14.5 Cúpulas

Para se construir uma cúpula sem forma, com ótima seção estrutural, se projetou no LCE uma guia rotatória em forma de esquadria, graças à qual se colocam os adobes com precisão. Essa esquadria está ajustada num braço rotatório, fixo a um poste vertical central. As figs. 14.5-1 a 14.5-4 mostram a aplicação dessa técnica para uma cúpula resistente aos sismos, com 8,80 m de vão livre e 5,50 m de altura. Foi construída em La Paz, Bolívia, em

14.5-1 e 14.5-2 Guia rotatória.

14.5-3 e 14.5-4 Cúpula concluída.

2000. O domo foi estabilizado com dois anéis de concreto armado, um na base e outro no topo da construção. Os adobes dessa cúpula foram elaborados manualmente com um molde especial com quinas arredondadas. Com essa forma, se obtém uma boa distribuição de som. O comportamento acústico é otimizado ao se aprofundarem as juntas verticais entre os adobes, obtendo um efeito de absorção do som mediante a inclinação de cada fileira, o que evita o efeito de focalização do som para o centro da cúpula.

14.6 Abóbadas

Uma regra importante para o projeto e o cálculo das fundações é que a resultante da abóbada deve baixar meio terço da superfície interior do piso. Isso quer dizer que a excentricidade deve ser menor ou igual a 1/6 de espessura. A fundação deve ter um encadeado de concreto armado ou viga de ferro, que pode resistir às forças horizontais adicionais do sismo. A ilustração 14.6-1 mostra a seção de um edifício construído na Bolívia, em uma área propensa a sofrer terremotos. Sua base era perigosa pelas proporções, já que a força resultante da abóbada cria nela um lapso de flexão, e não se mantém no terço interior da parede, como é recomendável. A estrutura iria colapsar rapidamente se fosse abalada por um terremoto.

A seção transversal de uma cúpula é muito importante para a estabilidade. Nas abóbadas que só suportam o seu peso, uma catenária invertida é muito recomendável, dado que não se produzirão lapsos fletores nelas. As abóbadas pontiagudas, tal como se vê na fig. 14.6-3, ou nas achatadas, como se vê na fig. 14.6-5, típicas da arquitetura iraniana, colapsam facilmente quando ocorrem terremotos. No entanto, a que se mostra na fig. 14.6-5, suportou o grande terremoto de Bam, no Irã, em dezembro de 2003, e só uma parte desabou. A melhor solução para as fachadas das abóbadas é que sejam leves e flexíveis, executadas, por exemplo, em pau a pique ou madeira. A fig. 14.6-2 mostra um projeto do autor para uma habitação antissísmica de baixo custo, em Gujarat, Índia.

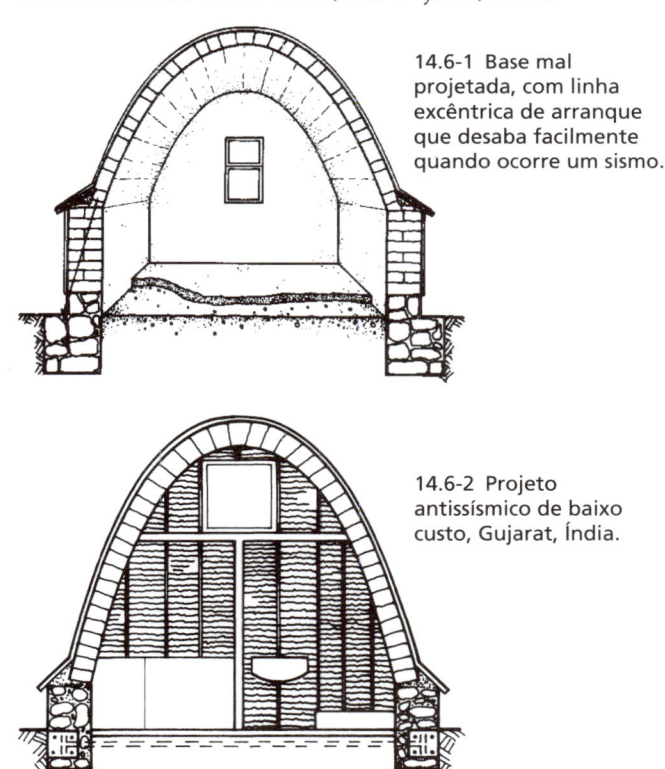

14.6-1 Base mal projetada, com linha excêntrica de arranque que desaba facilmente quando ocorre um sismo.

14.6-2 Projeto antissísmico de baixo custo, Gujarat, Índia.

14.6-3 e 14-6.4 Forma de abóbada perigosa para situações de terremoto, Bam, Irã.

Um protótipo do autor para abóbadas antissísmicas de adobe, reforçadas com bambu, foi construído em 2001, como se vê nas figs. 14.6-6 e 14.6-9.

Essa abóbada de adobes, estabilizada com arcos de bambu, garante certo grau de flexibilidade. Foi construída usando-se adobes especiais em forma de U, que se apoiam num arco construído em três camadas de bambu. As seções de bambu foram embebidas em água por três dias, para que se tornassem mais flexíveis. Depois, foram dobradas sobre as estacas dispostas, seguindo uma curva catenária (fig. 14.6-7). Para manter a forma de arco, as três seções de bambu foram unidas entre si com arame, em intervalos de 50 cm. O arco foi posicionado verticalmente e fixado às barras de ferro instaladas na base. Essa conexão deve ser capaz de absorver as forças de tensão durante o terremoto. Sobre a cúpula de adobe, uma membrana de poliéster coberta com PVC foi fixada e unida à base (fig. 14.6-9). Ela tem duas funções: primeiro, protege a estrutura contra chuva e o vento; segundo, pré-tensiona o arco, aumentando sua estabilidade contra os abalos de um terremoto. Tais tremores de terra podem deformar a abóbada um pouco, provocando a abertura das juntas dos adobes, mas a abóbada não irá colapsar, já que está suspensa pela membrana pré-tensionada por cima, e pelo bambu comprimido por baixo. A estabilidade dessa estrutura depende, sobretudo, de sua flexibilidade.

Em regiões sísmicas da Argentina e do Irã, o autor desenvolveu um sistema de abóbadas antissísmicas de adobe. Foram pré-tensionadas com vergalhões de ferro unidos ao anel de concreto no fundo da abóbada. Obtêm-se forças de tensão similares em todos os lados, segundo o uso de um medidor binário. A fig.14.6-10 mostra um modelo desse sistema em escala 1:1, que foi testado sobre uma mesa vibradora da Universidade Católica de Lima, no Peru, que resistiu à simulação de um terremoto extremamente intenso.

14.6-7 Preparando arcos de bambu.

14.6-8 Teste de abóbada.

14.6-5 Abóbada que resistiu ao terremoto de Bam, Irã, 2003.

14.6-9 Abóbada pré-tensionada com cobertura.

14.6-6 Elaboração de adobes.

14.6-10 Protótipo de uma abóbada pré-tensionada.

14.7 Paredes de tubos preenchidos com terra

Soluções distintas para construir paredes com utilização de sacos têxteis cheios de solo argiloso, pedra-pomes ou areia foram pesquisadas como parte de um projeto de investigação no LCE. A fig. 14.7-1 - mostra a primeira estrutura do projeto, construída em 1977, com tubos feitos a partir de sacos têxteis de poliéster cheios de solo arenoso.

Foram testados outros dois sistemas em protótipos de baixo custo, para regiões propensas a sismos. A primeira, ilustrada nas figs. 14.7-4 e 14.7-5, consiste em paredes formadas por duas camadas de juta. Colunas delgadas de madeira são cravadas ao chão, e a juta é disposta por dentro da estrutura. O espaço que sobrar deve ser preenchido com terra. A parede concluída está à direita do protótipo, na fig. 14.7-4. A investigação mostrou, também, que os elementos com esse tipo de preenchimento podem ser pré-fabricados com até 10 m e depois serem enrolados e dobrados.

O segundo sistema consiste em sacos têxteis em forma de tubo preenchidos com pedras-pomes ou solo arenoso (figs. 14.7-6 e 14.7-7). A tela é coberta com várias camadas de cal para prevenir a putrefação do material e estabilizar a superfície e impermeabilizá-la.

Parte de um projeto de investigação e cooperação entre o LCE, a UFM e o CEMAT em 1978, construiu uma habitação protótipo de 55 m² na Guatemala, com tubos preenchidos nas paredes. Essa técnica foi desenvolvida a partir de testes com a técnica exposta e adaptada às condições locais da Guatemala (fig. 14.7-8 a 14.7-10). A técnica consiste em usar tubos de 10 cm de diâmetro, feitos de algodão e preenchidos com solo vulcânico, composto principalmente por pedra-pomes. Os tubos foram embebidos numa pasta de cal (para evitar a putrefação da tela) e depois foram colocados entre as colunas verticais, dispostos a uma distância de 2,25 m. Obteve-se uma estabilidade adicional com canas de bambu fixadas verticalmente a uma distância de 45 cm entre cada painel. Assim que as paredes foram fixadas, fez-se um acabamento com duas camadas de cal. A estrutura da cobertura se apoia sobre colunas localizadas a 50 cm das paredes voltadas para o interior. Os custos materiais dessa estrutura resultaram ser a metade dos custos de uma habitação similar construída com blocos de concreto. Paredes construídas com tubos de algodão preenchidos com solo agregado com argila expandida são descritos nas seções 10.8 e 15.10.

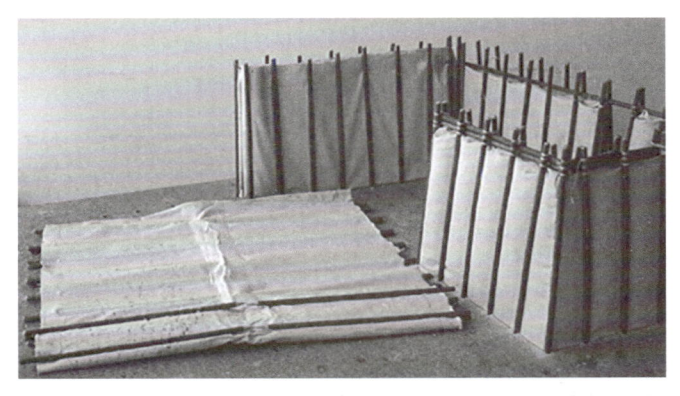

14.7-1 Cúpula, Kassel, Alemanha.

14.7-2 e 14.7-3 Elementos de paredes pré-fabricadas.

14.7-4 Protótipo de habitação, Kassel, Alemanha, 1978.

14.7-8 a 14.7-9 Protótipo em construção, de habitação de baixo custo na Guatemala.

14.7-5 a 14.7-7 Edifício protótipo de habitação, Kassel, Alemanha.

14.7-10 Protótipo de habitação de baixo custo, Guatemala, 1978.

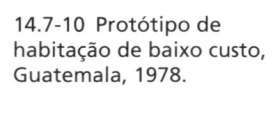

15. Projetos de elementos construtivos especiais

15.1 Juntas

Quando elementos de terra se unem às colunas, vigas, janelas ou portas, deve-se ter em conta as seguintes recomendações:

- Nas técnicas em que a terra se encontra em estado úmido ou plástico, forma-se uma abertura na junta por causa da retração do barro.
- Quando se utilizam preenchimentos de barro entre elementos de madeira, após a secagem, podem aparecer aberturas, devido à contração da madeira durante o processo, o que pode durar mais de dois anos, até que a madeira alcance seu equilíbrio do conteúdo de umidade.
- A estrutura de madeira continua a se expandir e a contrair ligeiramente por toda a vida, devido à absorção e desabsorção de umidade.

A fig. 15.1-1 mostra alguns projetos de juntas para barro extruído, tubos preenchidos com barro, adobes e terras agregadas como preenchimento entre colunas de madeira, alvenaria ou marcos de portas ou janelas de madeira. As peças estruturantes de uma cobertura não podem se apoiar diretamente sobre a parede de terra, mas sobre uma viga ou um esteio de madeira, como se vê na fig. 15.1-2 A. Se as peças se apoiarem sobre uma estrutura de coluna e viga, e se a parede não for estrutural então deve-se ter em conta a retração da estrutura de madeira. Na fig. 15.1-2 B, introduziu-se uma junta elástica entre a viga e a parede, com o objetivo de proporcionar tolerância suficiente à retração. Já na fig. 15.1-2 C, o sistema estrutural se separa da parede, permitindo, assim, um melhor movimento vertical da estrutura de madeira.

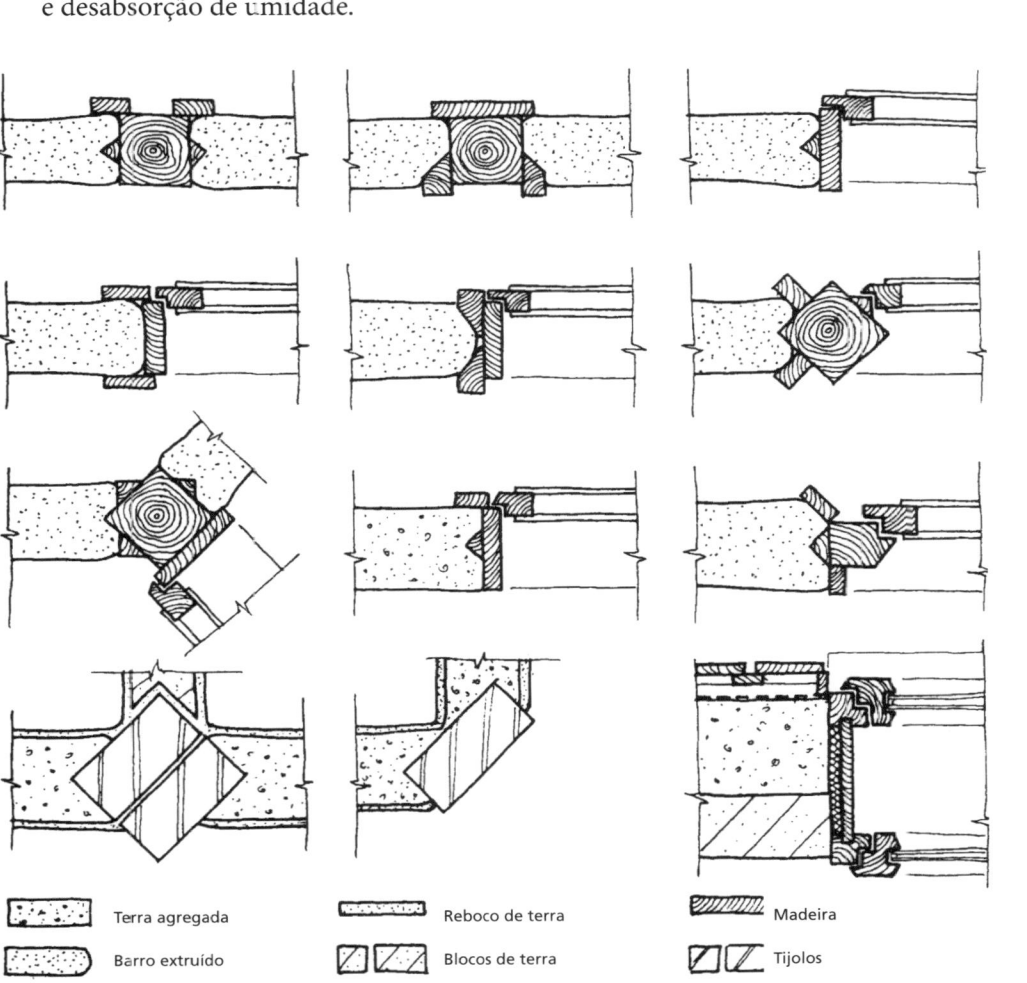

15.1-1 Desenhos em planta de elementos de terra em contato com madeira ou tijolos de alvenaria.

15.1-2 Seções verticais de estruturas de coberturas com parede de terra estrutural e não estrutural.

15.2 Projetos especiais para paredes

15.2.1 Paredes com alto isolamento térmico

O valor U de uma parede de terra compactada de 30 cm de espessura (sem agregado leve) é de aproximadamente de 1,3 W/m²K. Para alcançar um valor U de 0,5 W/m²K, essa parede deveria ter uma espessura de 1,65 m. Isso demonstra que, em climas frios, em que se exige um alto isolamento térmico, não é possível construir uma parede exterior somente com terra.

Os exemplos da fig. 15.2-1 não mostram só um isolamento térmico adequado, com um valor U de 0,3 W/m²K, mas foram projetados para ter suficiente massa térmica para equilibrar a temperatura interior, suficiente terra para equilibrar a umidade do ar interior, assim como suficiente isolamento contra o ruído.

Os projetos E e F são para paredes de apoio, e são distintos dos outros. Os painéis de isolamento térmico exteriores que se mostram em G e H, podem ser usados como formas perdidas para despejar o reboco de cal externo.

As soluções mais simples e que atingem melhores resultados são J e K, que consistem em paredes monolíticas de terra agregada de baixa densidade.

Em climas propensos a chuva, são preferíveis os projetos A e F, por causa das camadas externas separadas que atuam como proteção ao clima.

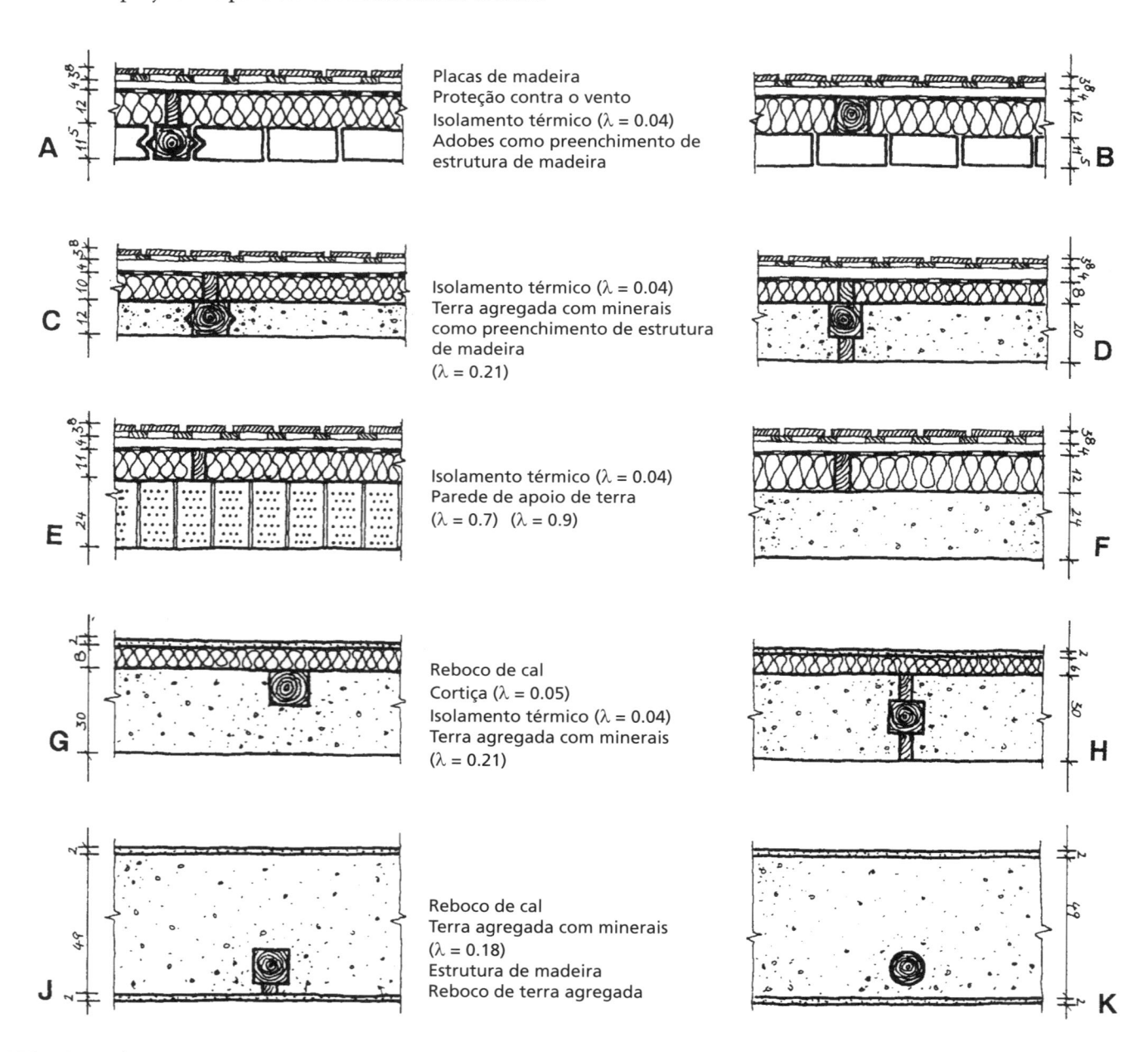

A / B
Placas de madeira
Proteção contra o vento
Isolamento térmico (λ = 0.04)
Adobes como preenchimento de estrutura de madeira

C / D
Isolamento térmico (λ = 0.04)
Terra agregada com minerais como preenchimento de estrutura de madeira
(λ = 0.21)

E / F
Isolamento térmico (λ = 0.04)
Parede de apoio de terra
(λ = 0.7)   (λ = 0.9)

G / H
Reboco de cal
Cortiça (λ = 0.05)
Isolamento térmico (λ = 0.04)
Terra agregada com minerais
(λ = 0.21)

J / K
Reboco de cal
Terra agregada com minerais
(λ = 0.18)
Estrutura de madeira
Reboco de terra agregada

15.2-1 Seções horizontais de várias paredes de terra com valor U de 0,3 W/m²K.

15.2.2 Paredes de pneus preenchidos com terra

A possibilidade de se utilizarem blocos preenchidos com terra agregada para paredes está descrita na parte 10.6. Se os requisitos de isolamento não forem muito altos, podem ser preenchidos com solo argiloso puro. Michael E. Reynolds construiu várias residências no Novo México, Estados Unidos, com paredes feitas de pneus usados de automóveis, preenchidos com terra. Só a parte superior foi preenchida com concreto, para fixar o anel de madeira com encaixe. A superfície interior foi coberta com uma malha de metal expandido e em seguida rebocada.

15.2.3 Paredes de terra ensacada

No Laboratório de Construções Experimentais (LCE) da Universidade de Kassel, realizaram-se experiências distintas de construção, em 1977, preenchendo-se um "tubo" de tecido elástico com terra e areia. A figura 15.2-3 mostra uma cúpula feita com esses "tubos" dispostos em camadas sobrepostas e com areia e terra. Nesse caso, os tubos são feitos com tecido de poliéster. A fig. 15.2-4 mostra a parede de um protótipo realizado no campo de experimentos do LCE, em 1978. Nesse caso, foi utilizado um tecido de juta protegido com várias mãos de cal. Outra aplicação desse sistema foi utilizada na Guatemala, em 1978, na construção de uma residência antissísmica (ver parte 14.7).

O arquiteto Nader Khalili continuou a desenvolver essa

15.2-2 Parede de pneus reutilizados preenchidos com terra, EUA.

15.2-3 Cúpula de terra ensacada.

ideia nos anos 80, usando sacos de farinha ou açúcar preenchidos com terra no local, antes da disposição da próxima fileira. Essa técnica se expandiu para toda a América e ficou conhecida como "superadobe". A fig. 15.2-5 mostra o preenchimento sendo feito com um balde, e a fig. 15.2-6 mostra a terra ensacada sendo compactada. As figs. 15.2-7 e 15.2-8 mostram um projeto em construção no Brasil. Essa técnica foi modificada no Brasil, optando-se por utilizar um saco conhecido por raschel, (ver fig. 15.2-9) que tem poros maiores e permite, assim, uma melhor ligação entre as fiadas e uma melhor aderência na massa do reboco. Esse sistema é chamado "hiperadobe", e seu primeiro registro foi feito pelo engenheiro Fernando Pacheco.

15.2-4 Protótipo com parede de terra ensacada.

15.2-5 e 15.2-6 Terra sendo ensacada e compactada no superadobe.

15.2-7 e 15.2-8 Construção no Brasil com a técnica do superadobe.   15.2-9 Construção no Brasil com a técnica do hiperadobe.

15.3 Mezaninos e pavimentos superiores de terra

15.3.1 Mezaninos tradicionais de terra

Nas casas tradicionais alemãs de entramado de madeira (*fachwerk*, em alemão, e *enxaimel*, no Brasil), os mezaninos e pavimentos superiores podem ser construídos utilizando-se terra para aumentar a resistência ao fogo, isolamento contra o ruído e, algumas vezes, isolamento térmico. As técnicas tradicionais que se descrevem aqui exigem muito trabalho e, por isso, não se empregam em países industrializados, a não ser que os códigos de patrimônio histórico exijam isso.

Mezaninos e pavimentos superiores de terra batida

A fig. 15.3-1 mostra três maneiras diferentes de utilizar a terra batida como preenchimento entre ou sobre as vigas de madeira. O mezanino e pavimentos superiores são formados de tábuas de madeira sobre as quais se compacta a terra úmida. Uma camada de palha é usada sobre as tábuas para prevenir a queda do barro através dos buracos. Atualmente, emprega-se papel manteiga ou pedaços de poliéster com o mesmo propósito.

Mezaninos e pavimentos superiores de "spalier"

A fig. 15.3-2 mostra um mezanino tradicional alemão denominado *spalier*, em que se colocam tábuas de madeira numa distância de 6 a 8 cm entre as vigas do piso. A terra batida é agregada com palha por cima, até formar linguetas entre as tábuas. As linguetas são batidas posteriormente com uma prancha para cobrir as tábuas, formando, assim, uma superfície plana, como se vê na figura. Uma variante desse piso foi utilizada tradicionalmente, empregando-se uma forma horizontal móvel, em vez de uma prancha.

Rolos de terra com palha

Outra técnica tradicional alemã emprega rolos de barro e palha feitos da mesma forma, como se descreve na parte 9.4. Um maço de palha é mergulhado no barro e enrolado ao redor de uma estaca, formando rolos de barro com palha. As estacas são colocadas nas cabeceiras sobre a viga ou se inserem nas ranhuras nas bordas das vigas (ver fig. 15.3-3).

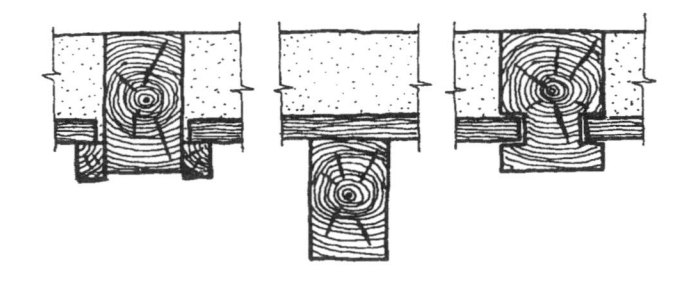

15.3-1 Seções verticais de mezaninos de terra batida.

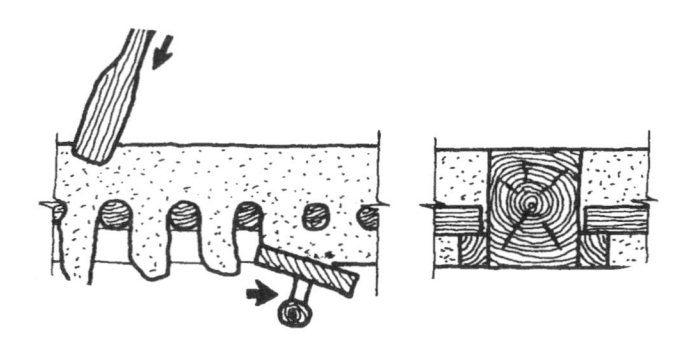

15.3-2 Seções verticais de mezaninos *spalier*.

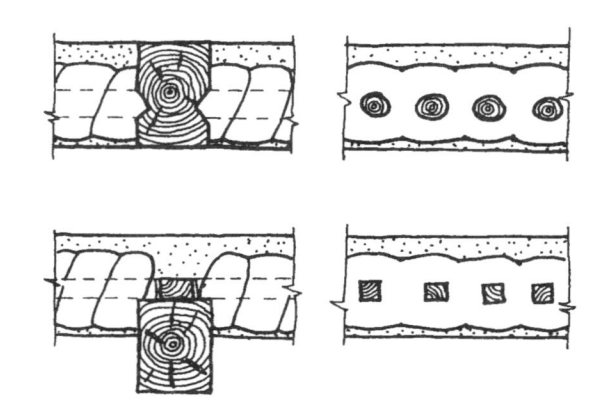

15.3-3 Seções verticais de mezaninos *wickel*.

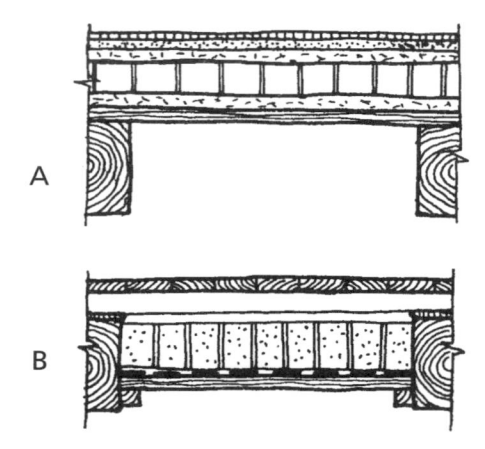

15.3-4 Seções verticais de mezanino de madeira com preenchimento de adobes.

15.3.2 Mezaninos modernos de terra

Em vez de preenchimentos com terra entre as vigas de madeira e pisos de madeira, atualmente se utilizam tijolos crus ou adobes sem argamassa para eliminar o tempo de secagem. A fig. 15.3-4 A mostra um projeto favorável desse tipo, que oferece isolamento suficiente contra o ruído estrutural e aerotransportado. Na fig. 15.3-5, pode-se observar a disposição dos tijolos crus. O projeto da fig. 15.3-4 B tem as mesmas características, mas com a vantagem de uma altura estrutural menor, e a desvantagem de exigir mais tempo de execução.

15.3-5 Exemplo de disposição dos ladrilhos para a solução A.

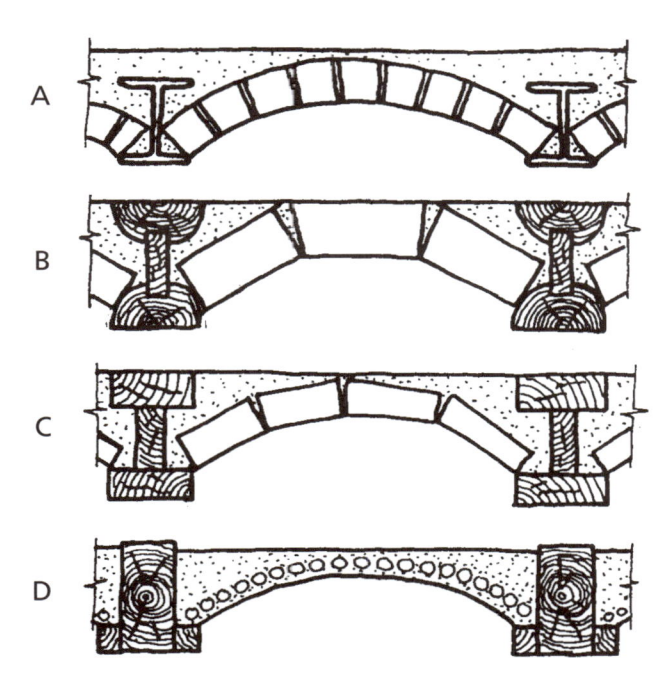

15.3-6 Seções verticais de mezaninos de abóbadas de terra.

Na fig. 15.3-6, apresentam-se diferentes projetos para mezaninos de terra, em que uma baixa compressão transfere as cargas das vigas. O projeto D mostra uma abóbada de terra não submetida a pressão, construída despejando-se terra agregada sobre uma esteira curva de cana.

15.4 Pisos de terra batida

15.4.1 Generalidades

As superfícies expostas ao desgaste exigem mais qualidade. Devem resistir à pressão, à abrasão, ser impermeáveis e estar livres de fissuras. É muito difícil construir tais superfícies com terra, mas, se construídas com cuidado, não é impossível. O mais complexo é obter resistência suficiente à abrasão (ver parte 2.6.5). É mais fácil, às vezes, evitar os esforços para alcançar esse requisito, utilizando revestimentos de cerâmica sobre terra, madeira ou pedra, e cobrir a terra com um tapete, uma tela, etc.

15.4.2 Pisos tradicionais

A figura 15.4-1 mostra o projeto de Niemeyer para um piso tradicional de terra (Niemeyer, 1946). A camada de base consiste em terra de 15 cm de espessura, com alto conteúdo de argila, que atua como uma barreira de água e se aplica em duas camadas que se compactam, até que não apareçam fissuras durante a secagem. A camada seguinte consiste em pedregulho grosso, que interrompe a ação capilar. Sobre ela, aplica-se uma camada de 10 cm de espessura de terra agregada com palha para isolamento térmico. Para a resistência a cargas maiores, aplica-se outra camada de terra agregada com palha de 4 cm de espessura, estabilizada com cimento em proporção de 1:6 (1 parte de cimento e 6 partes de terra com palha). Como camada final, Niemeyer sugere uma argamassa de cimento com serragem de 2 cm de espessura. Duas camadas de

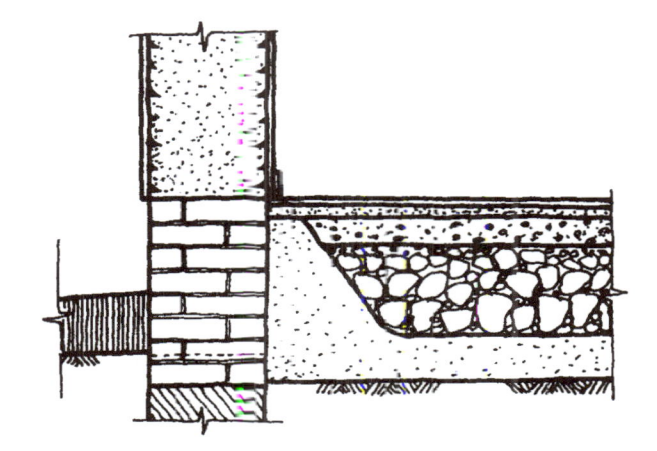

15.4-1 Seção vertical de piso tradicional para habitações (segundo Niemeyer, 1947).

silicato sódico líquido são aplicadas, enquanto a última camada estiver ainda úmida. Finalmente, a superfície é encerada após a secagem.

O autor aconselha que a ordem das duas últimas camadas se inverta. Deve-se empregar pedregulho grosso como base para interromper a ação capilar. A terra com alto conteúdo de argila se aplica como a camada seguinte e atua como barreira contra a água e o vapor. A argamassa de cimento pode ser substituída por uma argamassa de terra estabilizado, como se descreve na parte 15.4.3.

Nas fazendas e celeiros tradicionais alemães, constroem-se pisos de terra que permitem o tráfego de veículos. Em vez de uma superfície com argamassa de cimento, empregam-se solo com alto conteúdo de argila e grandes quantidades de areia grossa e pedregulho fino. Essa mistura é aplicada em camadas de 7 cm de espessura e compactada com batidas. Com o objetivo de endurecer a superfície, ela é umedecida com pingos de Fe_3O_4, que restam como resíduos do processo ao se forjar o ferro, junto com sangue de boi, bílis ou alcatrão. A superfície deve ser compactada.

15.4.3 Pisos modernos

Em 1984, no LCE, foram testados com êxito os dois pisos de terra que se mostram na fig. 15.4-2. O projeto A mostra uma superfície suficientemente resistente para haver tráfego, dividida com uma grade de madeira, enquanto que o projeto B mostra um piso de terra pavimentado com blocos de madeira. A base, em ambos os casos, é idêntica e consiste numa barreira capilar de 15 cm de espessura de pedregulho, seguida de uma barreira de vapor e água feita de plástico ou manta asfáltica e conclui com uma camada com 10 cm de espessura de argila expandida, que atua como isolamento térmico.

Sobre essa base, é disposta e se compacta a primeira camada de terra argilosa úmida (ver figs. 15.4-3 e 15.4-4). Em ambos os casos, se utiliza uma primeira grade de madeira (10x10 cm). No projeto B, essa grade é preenchida com blocos de madeira aplicados com argamassa de terra estabilizada com 6 a 8% (em volume) de óleo de linhaça duplamente cozido. Os blocos são dispostos de maneira que se exponham como anéis anulares (ver fig. 15.4-6).

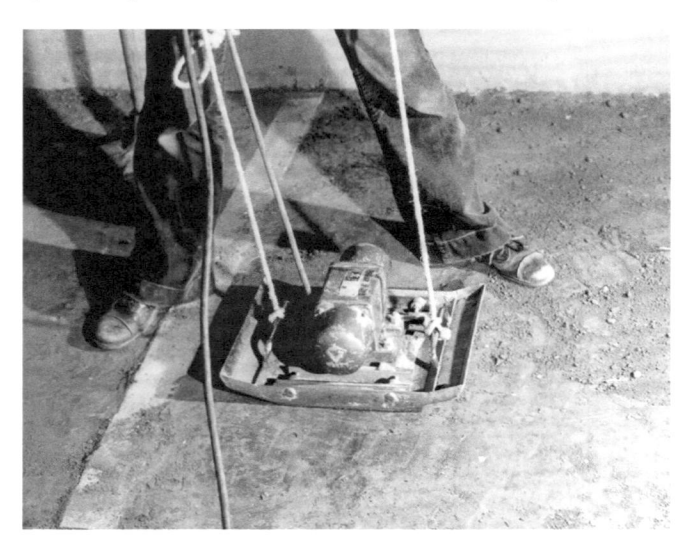

15.4-3 e 15.4-4 Execução de um piso de terra batida.

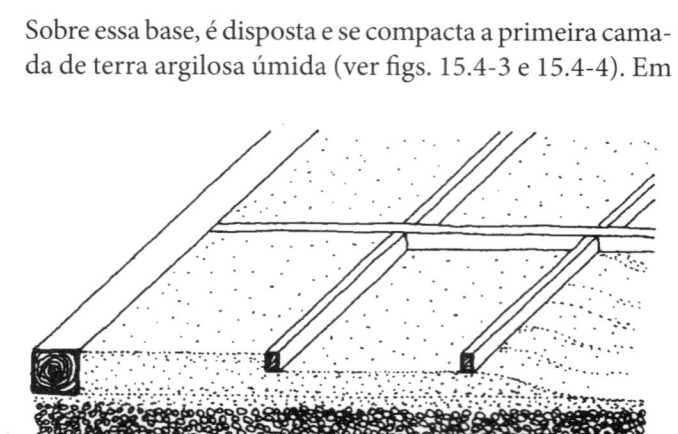

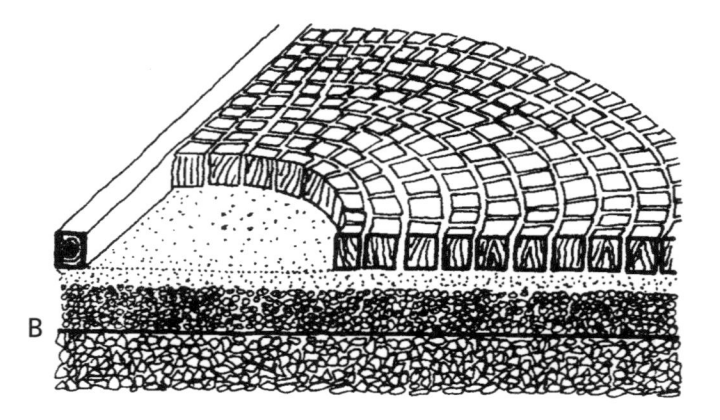

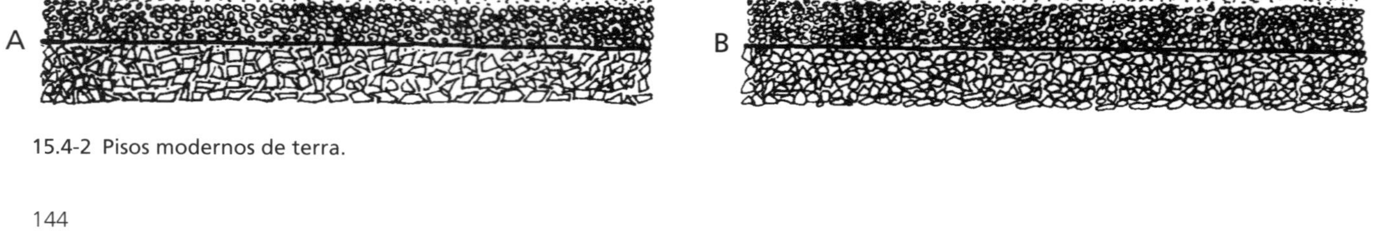

15.4-2 Pisos modernos de terra.

15.4-5 Execução de um piso de terra batida.

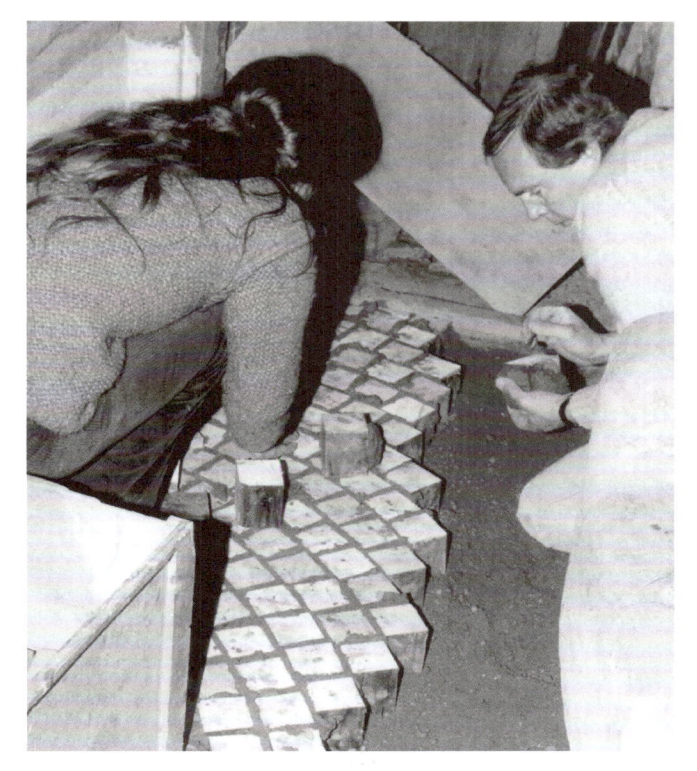

15.4-6 Execução de um piso de terra batida com blocos de madeira.

No projeto A, se aplica e compacta uma segunda camada de argamassa e uma segunda grade de madeira. Os espaços criados devem ser preenchidos posteriormente com uma terceira camada de argamassa estabilizada com 6 a 8% (em volume) de óleo de linhaça duplamente cozido. A superfície deve ser alisada com uma colher de pedreiro (ver fig.15.4-5), até que a superfície adquira brilho.

Como tais pisos exigem um tempo considerável de execução, o autor desenvolveu outro projeto que requer menos tempo. Para esse piso, as camadas que o constituem podem ser observadas na il. 15.4-7. A camada de base é executada com pedregulho grosso, com o objetivo de interromper a ação capilar. Uma camada impermeável de manta asfáltica é aplicada sobre ela, seguida de uma base isolante térmica de lã. Essa camada de lã só é necessária devido às exigências estritas das normas alemãs de isolamento térmico; doutra maneira, a terra agregada é suficiente. Despeja-se sobre ela uma camada de terra agregada com mineral de 12 cm de espessura, que proporciona isolamento térmico suficiente e a requerida resistência estrutural. A terra agregada é preparada numa betoneira de concreto comum, e transportada num carrinho de mão (ver fig. 15.4-8).

Com o objetivo de reduzir o tempo de endurecimento da mistura, foram adicionados 6% de cimento. Para se obter uma rigidez adequada da superfície, se adicionou uma argamassa de terra de 3 cm de espessura em duas camadas (com conteúdo suficiente de areia grossa para minimizar a aparição de fissuras de contração). Para essa argamassa, foram testadas, com êxito, 3 amostras com diferentes agentes estabilizadores (6% em peso seco): a primeira de silicato sódico líquido (adicionado após ser reduzido 1:1 com água); a segunda de óleo de linhaça duplamente cozido; e a terceira, com cola e cal-caseína feita com 1 parte de cal hidratada e 5 de coalhada desnatada (misturada sem água durante dois minutos, em seguida deixada em repouso), com uma adição de 10% de gesso.

As misturas foram aplicadas como rebocos com baixo conteúdo de umidade, e a superfície foi alisada com movimentos rotatórios de uma colher de pedreiro. Todas as superfícies foram enceradas após a secagem. As três misturas obtiveram uma boa rigidez na superfície. A mistura de óleo de linhaça tem a desvantagem de ter um odor intenso e um período de secagem longo, mas se obtém uma melhor resistência na superfície. Experiências

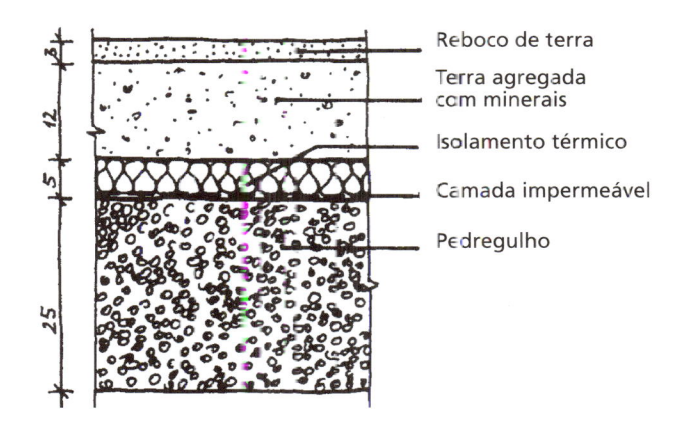

15.4-7 Seção vertical (corte) de um piso de terra agregada com mineral.

realizadas pelo autor na camada exterior de rebocos, com agregados de 6 a 8% de emulsão betuminosa e esterco, demonstraram ter uma maior estabilidade contra a água.

Preparo de reboco com esterco de vaca:

- Misturar, em partes iguais, terra argilosa + água e esterco dissolvido em água; deixar fermentar vários dias para que se produza o intercâmbio dos íons de nitrogênio do esterco.
- Juntar uma parte dessa mistura com uma parte de areia grossa e uma parte de areia fina.
- Usar essa massa num estado um pouco mais seco do que a argamassa.
- Pequenas fissuras de retração que aparecem na secagem podem ser eliminadas com uma esponja.
- A superfície pode ser alisada usando-se uma esponja mergulhada na mistura de estrume e argila sem areia.

Outros testes realizados demonstraram que nem sempre é preciso estabilizar os rebocos de terra. Também se consegue uma superfície estável e com pouca erosão, usando areia grossa na mistura com a terra argilosa. Ela deve ser aplicada com bastante pressão e voltando a compactá-la com uma colher de pedreiro antes da secagem, e, no acabamento, com uma camada de cera.

Outra possibilidade para a obtenção de superfícies mais resistentes seria utilizando placas pré-fabricadas de terra argilosa por extrusão, aplicadas com argamassa de terra ou placas estabilizadas com óleo de linhaça. Em climas que exigem isolamento térmico no piso, pode-se usar uma solução mais simples: sobre a terra batida, põe-se uma camada de 2 cm de areia fina e, sobre ela, um polietileno com 0,2 e 0,4 mm (100 mícrons ou mais) de espessura. Em cima dela, vai uma nova camada de areia para proteger o plástico de possíveis furos. Finalmente, coloca-se uma camada com 15 cm, composta com 10 ou 12 partes de pedregulho de 0 a 8 cm de diâmetro, com 2 a 2,5 partes de solo argiloso e 1 a 2 partes de areia (dependendo da granulometria das partículas). A ideia é que as partículas de pedregulho se toquem e que os espaços se preencham com terra e areia. Essa camada deve estar bem compactada, e, sobre ela, se coloca uma argamassa de terra com espessura de 2 a 2,5 cm. Para otimizar a composição, é necessário fazer testes com diferentes misturas até chegar numa superfície que apresente o mínimo de fissuras e um máximo de resistência à abrasão.

Uma mistura exitosa resultou com a junção de uma parte de esterco fresco com solo argiloso, deixada em repouso alguns dias para permitir a fermentação. Em seguida, foram agregadas uma parte da mistura fermentada com uma parte de areia fina e areia grossa. Dependendo da quantidade de argila presente no solo e a granulometria da areia, será necessário variar a composição. É muito importante o tratamento final da superfície. Se surgirem fendas durante a secagem, é possível fechá-las, em estado semisseco, com uma espátula, apertando com força suas bordas. Quando a superfície estiver seca, pode ser tratada com óleo de linhaça ou cera para selar os poros e, assim, aumentar a resistência à abrasão e à água.

15.4-8, 15.4-9 Execução de pisos de terra agregada com mineral e reboco de terra resistente à água e à abrasão.

15.5 Coberturas tradicionais feitas com terra

Em várias regiões com climas secos, foram construídas, durante séculos, coberturas feitas de terra, algumas vezes inclinadas. As coberturas planas dos indígenas Pueblo, no Novo México, Estados Unidos, (ver fig. 6.2-2) e dos Dogons, do Mali, África (ver fig. 15.5-1), são exemplos típicos.

Em geral, madeira ou bambu formam o elemento estrutural primário. Colocam-se sobre eles ramos e galhos formando uma malha densa sobre a qual se pode compactar terra com palha. A etapa final consiste em várias camadas de solo argiloso, que contém uma grande quantidade de areia grossa com pelo, fibra ou esterco bovino, e é alisada cuidadosamente. Em áreas com pouca chuva, as fissuras por contração não são problema. Quando a água atravessa essas fissuras, o solo argiloso se expande e sela as fissuras. Só em alguns casos se aplicam camadas adicionais.

Na Anatólia, Turquia, emprega-se solo argiloso com alto conteúdo salino, proveniente dos bancos de sal dos lagos, com o objetivo de selar as coberturas de terra. Essa argila se mantém úmida por longos períodos, por causa da propriedade higroscópica do sal, e previne contra a penetração de água, enquanto ela se mantém nesse estado. Se aparecerem fendas de contração durante a secagem, a expansão provocada pelas chuvas irá selar as fendas. Quando a chuva lava parte da camada superior, os habitantes umidificam com sal ou água salgada até regenerar a propriedade da cobertura (Dalockay, 1969).

Quando se construem coberturas lisas com terra, deve-se ter em conta que suas bordas são suscetíveis aos danos mecânicos, em especial pela erosão causada pelo vento e pela água. Isso pode ser evitado com soluções como as que se mostram na fig. 15.5-3. Se a superfície da cobertura for transitável, recomenda-se o uso de telhas (fig. 15.5-3 D).

A fig. 15.5-2 mostra uma cobertura inclinada no norte da Venezuela, que consiste em camadas de esterco bovino estabilizado com argamassa de terra com palha, aplicada em várias camadas (8 a 12 cm), sobre uma subestrutura de madeira feita de ramos e toras. Após a temporada das chuvas, a camada superior é refeita.

15.6 Coberturas impermeáveis com terra

Em zonas chuvosas, onde as coberturas inclinadas são comuns, as habitações tradicionais não possuem coberturas feitas com terra. Pesquisas recentes comprovaram que é possível aumentar a resistência de terra contra a chuva usando aditivos.

Baseados em testes realizados pelo LCE, descritos na parte 4.3, o grupo FUNHABIT, de Quito, e o autor construíram um protótipo de uma habitação rural de

15.5-1 Coberturas planas de terra dos Dogon, Shanga, Mali.

15.5-2 Telhado tradicional de terra, norte da Venezuela.

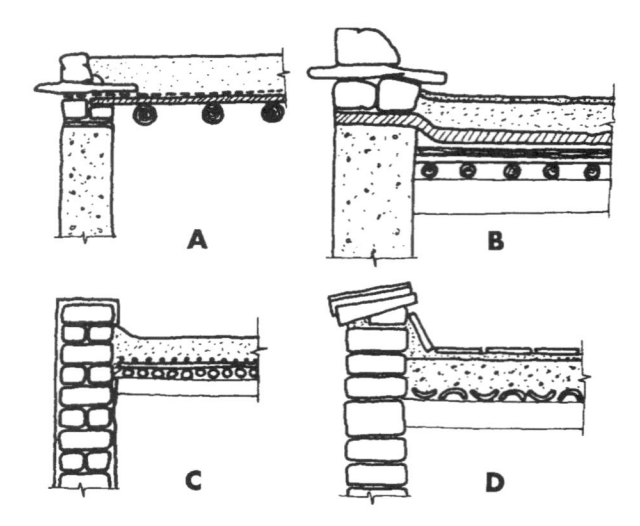

15.5-3 Seções verticais de telhados planos tradicionais de terra.

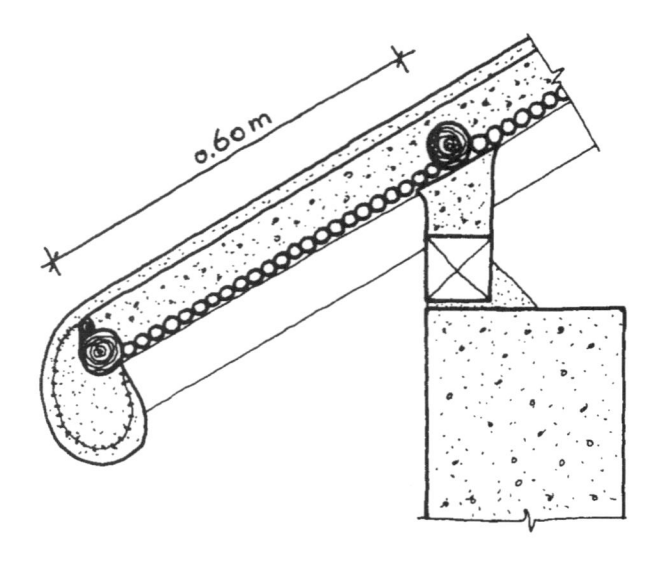

15.6-1 Seção vertical de uma cobertura de terra, Pujili, Equador.

baixo custo, em Pujili, no Equador. A cobertura é uma subestrutura de troncos de madeira, galhos e raízes. Ela foi coberta com várias camadas de argamassa de terra de 8 cm de espessura (ver fig. 15.6-1). A primeira camada é de solo argiloso reduzido com pedra-pomes (0 a 12 mm de diâmetro) e óleo de motor (52 partes de solo, 28 partes de pedra-pomes e 1 parte de óleo).

Essa mistura produz isolamento térmico, se aplica com consistência plástica e é compactada batendo. A camada superior, de 2 a 3 cm de espessura, foi executada com a seguinte mistura: 72 partes de terra, 36 partes de pedra-pomes (0 a 5 mm), 12 partes de estrume de boi, 12 partes de estrume de burro, 8,5 partes de óleo usado de carro, 6 partes de fibras de sisal (3 a 5 cm de comprimento) e 1 parte de óleo de linhaça duplamente cozido. Alguns dias, depois que a mistura estiver quase seca, ela é recompactada com colher de pedreiro, fazendo-se muita pressão até a superfície ficar brilhante.

15.7 Abóbadas e cúpulas de adobe

15.7.1 Generalidades

Espaços cobertos por abóbadas e cúpulas de adobe ou blocos de terra se encontram em edificações religiosas na Europa. Por outro lado, na Ásia, África e no sul da Europa, foram utilizados também em residências, escritórios e edifícios públicos (ver figs. 1.2-1, 1.2-3, 15.7-1 e 15.7-2). A organização franco-burkinabé *La Voûte Nubienne*, com sede em Burkina Faso, demonstrou que as abóbadas núbicas são uma solução climática ideal e econômica para construções simples, em 6 países da zona de Sahel, norte da África. Sob sua gestão, em 2007, foram construídas mais de 338 abóbadas, e se formaram mais de 60 pessoas que adquiriram novos (antigos) conhecimentos.

As estruturas demonstraram ter várias vantagens em climas quentes e secos, especialmente em áreas com altas temperaturas diurnas. Elas proporcionam melhor contro-

15.7-1 Cúpulas de blocos de terra, próximas a Aleppo, Síria.

15.7-2 Cúpulas de adobe, Siestão, Afeganistão.

le climático natural do que os espaços cúbicos normais, devido à sua massa térmica inerente e sua altura no centro da cúpula, onde o ar quente (que é mais leve) pode ser facilmente despejado pelas aberturas. Elas possuem uma superfície menor que os espaços cúbicos, com o mesmo volume, e, por isso, menor exigência térmica.

Em climas frios e moderados, as abóbadas e cúpulas também apresentam várias vantagens. Como a superfície é menor para um mesmo volume, a perda de calor é menor, reduzindo, assim, a energia necessária para esquentar os espaços. Em todos os climas, as cúpulas e abóbadas exigem menos material de construção para um mesmo volume de espaço. Em diversos contextos, a construção de abóbadas e cúpulas pode ser mais econômica em relação às coberturas inclinadas ou planas (lajes). Foram construídas, até agora, abóbadas e cúpulas de terra com adobes e blocos de terra, excetuando a cúpula de taipa descrita na parte 5.7.

Muitas zonas áridas de nosso planeta não possuem madeira e, por isso, desenvolveram técnicas para construir cúpulas e abóbadas de adobe, não só sem vigas estruturais, mas também sem formas durante sua execução. Essas técnicas serão descritas nas partes seguintes.

15.7.2 Geometria

As abóbadas e cúpulas são elementos estruturais curvos, que servem para cobrir espaços. As abóbadas e cúpulas de terra só transmitem as cargas de compressão. Se a superfície tiver curvatura em apenas uma direção (uniaxial), é denominada por abóbada (fig. 15.7-3, esquerda); se a superfície tem curvatura em duas direções (biaxial), é denominada por cúpula (fig. 15.7-3, direita).

A fig. 15.7-4 apresenta diferentes formas de coberturas com abóbadas. Com cúpulas formando superfícies de revolução (que são, em geral, parte de esferas) que devem cobrir espaços quadrados, ocorre um problema geométrico de translação de geometria quadrada da planta para uma geometria circular da cúpula.

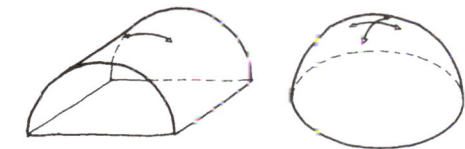

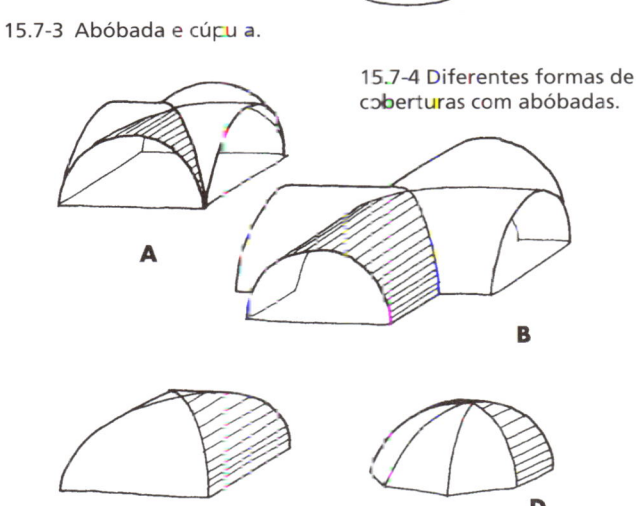

15.7-3 Abóbada e cúpula.

15.7-4 Diferentes formas de coberturas com abóbadas.

Na fig. 15.7-5, se mostram quatro sistemas distintos para resolver este problema. A solução A é uma cúpula truncada, em que a base circular da cúpula se apoia nas bordas da planta quadrada, e uma em que planos verticais interceptam a superfície formando arcos.

A solução B se denomina cúpula pendente. Nela, a cúpula hemisférica se apoia sobre a parte inferior de uma cúpula truncada. O triângulo duplo curvilíneo se denomina pendente.

A solução C mostra uma cúpula em que a base circular se inscreve na planta quadrada, e as superfícies de interconexão são compostas por uma série de arcos de raio crescente.

A solução D é parecida com a solução C, porém a base circular da cúpula se apoia sobre o octógono inscrito na planta quadrada, formando planos truncados sobre quatro dos lados, e os outros quatro se cerram com uma série de arcos de raio crescente.

A solução E mostra uma solução distinta. Nela, a curvatura dupla de mudança contínua, que começa nas quinas com uma curvatura anticlástica (curvatura convexa numa direção e côncava na direção perpendicular) e termina no ápice com uma curvatura sinclástica (curvatura que é, igualmente, uma curva em ambas direções).

15.7.3 **Comportamento estrutural**

Estruturalmente falando, as abóbadas e cúpulas são superfícies curvas que transferem cargas de compressão a seus apoios. São construídas usualmente de adobes, blocos de terra, tijolos cozidos ou pedras. As juntas são radiais, ou linhas inclinadas (ver fig. 15.7-6). Se a base da linha for horizontal, de maneira que a alvenaria se projete sucessivamente para o interior por avanço, essa estrutura se denomina abóbada falsa ou cúpula falsa (fig. 15.7-6). Os seus blocos resistem às forças de flexão. Um exemplo de cúpulas e abóbadas falsas se mostra na maquete da fig. 15.7-7 e 15.7-8.

O problema principal do projeto estrutural de abóbadas e cúpulas é a transferência dos impulsos das fundações. A fig. 15.7-9 mostra como a força resultante do arranque pode separar-se em dois componentes, um vertical e outro horizontal. Uma regra importante para o projeto e o cálculo é que o resultante da abóbada e da cúpula deve baixar em meio terço da base da fundação. Isso significa que a excentricidade deve ser menor ou igual a 1/6 de espessura (fig. 15.7-10).

Devido ao fato de que tais considerações requerem fundações maiores e, por isso, com custos elevados, podem ser utilizados outros meios estruturais para se reduzir o tamanho delas, como se vê na fig. 15.7-11. A solução A apresenta uma carga adicional aplicada (parapeitos) para se obter uma resultante mais inclinada. Uma segunda solução simples se mostra em B, e consiste em contrafortes. Nesse caso, a distância entre eles não deve ser grande, para se poder conter os momentos de flexão nos seus limites.

Uma variante estruturalmente melhor se mostra em C, onde os contrafortes se conectam com abóbadas em cúspide. A solução D apresenta elementos estruturais de tensão no piso, que neutralizam os impulsos, fazendo com que só as forças verticais sejam transmitidas à fundação. Por exemplo, conseguimos esse resultado com um piso em concreto armado. A solução E mostra vigas que atuam da mesma maneira que no exemplo anterior. Devem ser executadas sobre as paredes que apoiam a abóbada. Nesse caso, deve-se empregar uma viga que absorva as forças de flexão entre seus extremos.

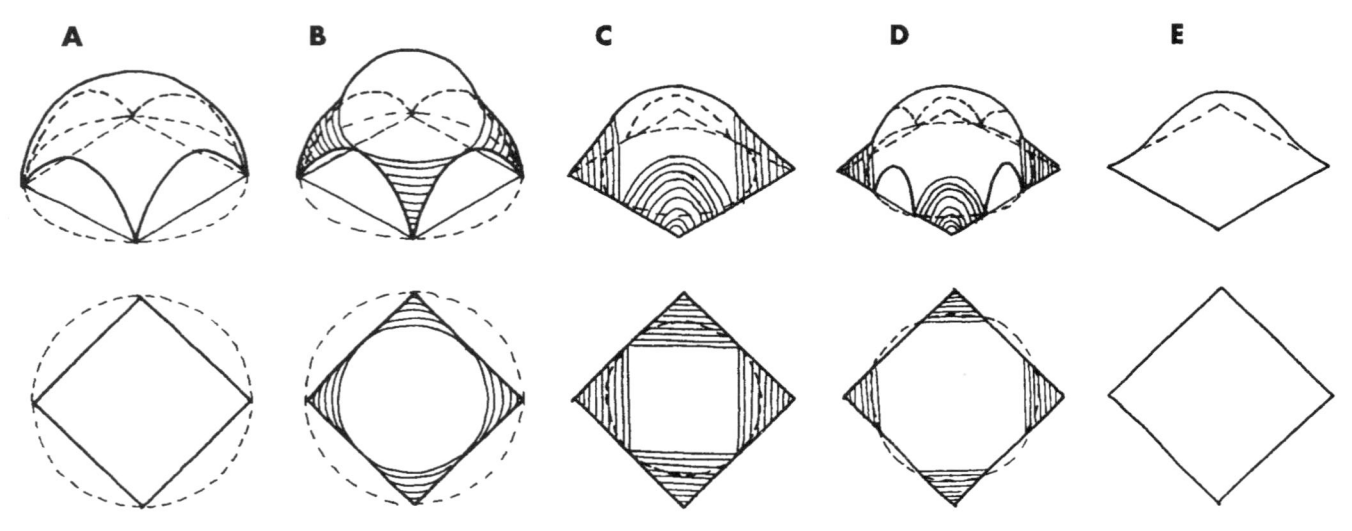

15.7-5 Acima, perspectivas de diferentes tipos de cúpulas e suas respectivas plantas quadradas, indicadas abaixo.

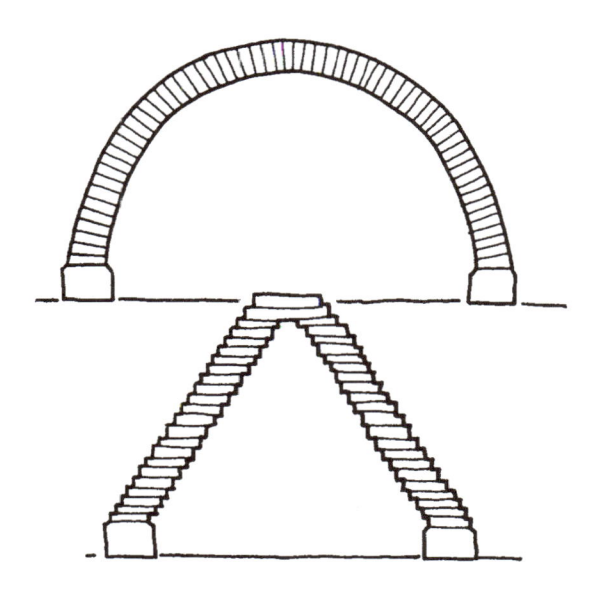

15.7-6 Acima, seção vertical de abóbada ou cúpula. Abaixo, seção vertical de abóbada falsa ou cúpula falsa.

15.7-7 e 15.7-8 Maquete de cúpula falsa e abóbada falsa.

As soluções F e G apresentam duas possibilidades de reduzir o efeito dos impulsos provocados por uma cúpula central por meio de abóbadas e cúpulas que atuam como pilares. Se duas abóbadas similares se unem numa fundação, os componentes horizontais de suas resultantes se anulam (fig. 15.7-12, direita). Se, por outro lado, apresentarem diferentes inclinações, só uma parte desses componentes horizontais se anula. (fig. 15.7-12, esquerda).

As abóbadas e cúpulas de blocos de terra podem resistir às forças de tração e flexão muito pequenas. Por essa razão, é importante projetar o perfil dessas estruturas de tal maneira, que só (ou quase só) possam ocorrer forças de compressão. A seção transversal ideal de uma abóbada com alto peso próprio é uma catenária invertida.

Uma corrente com suas duas extremidades suspensas, que tem apenas forças de tração sob a influência do peso próprio, forma uma curva específica denominada catenária. Se essa curva se inverte, define a linha de suporte ideal (linha de arranque) para uma abóbada em que só ocorrem forças de compressão do peso próprio (fig. 15.7-13). Essa linha pode ser medida com a fórmula catenária y=a cosh (x/a) e pode ser definida com a posição dos pontos de apoio e a parte superior (ver fig. 15.7-14).

Numa abóbada semicircular, a linha de pressão não atravessa o centro da espessura da abóbada. Ela pode baixar, inclusive fora da estrutura, como se vê na fig. 15.7-15 A. Isso provoca forças de flexão e pode produzir falhas na estrutura. Se a espessura da abóbada for suficientemente grande para conter a linha de pressão dentro do seu meio terço (fig. 15.7-15 B), o perigo existe.

A seção ideal de uma cúpula sob peso próprio é aquela em que só se produzem forças de compressão que baixam verticalmente, sem criar forças de tensão anelar à tração, nem à compressão. Se a seção transversal tem a forma de uma catenária, ocorrem forças anelares de compressão. Isso pode provocar desvantagem, se houver necessidade de fazer grandes aberturas na cúpula.

Para se obter a forma ideal de uma abóbada, toma-se uma parte, como se mostra na fig. 15.7-16, esquerda, e se divide em segmentos da mesma longitude. Assim, são obtidos segmentos com áreas idênticas, e, por isso, podem ser substituídos por cargas simples de magnitude similar atuando no centro de cada segmento. No caso de uma cúpula, se tomarmos uma parte, como se mostra na figura da direita, e a dividirmos em segmentos de comprimento similar, a largura decresce e, por isso, as áreas decrescem continuamente da base para cima. Se esses segmentos forem substituídos por cargas simples, elas decrescem, também, proporcionalmente.

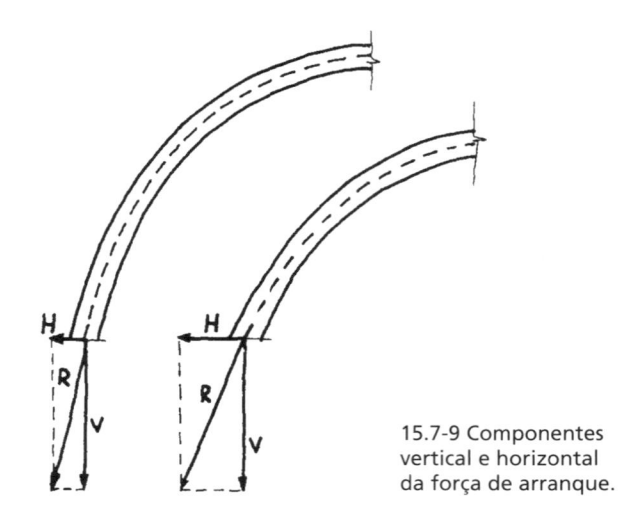

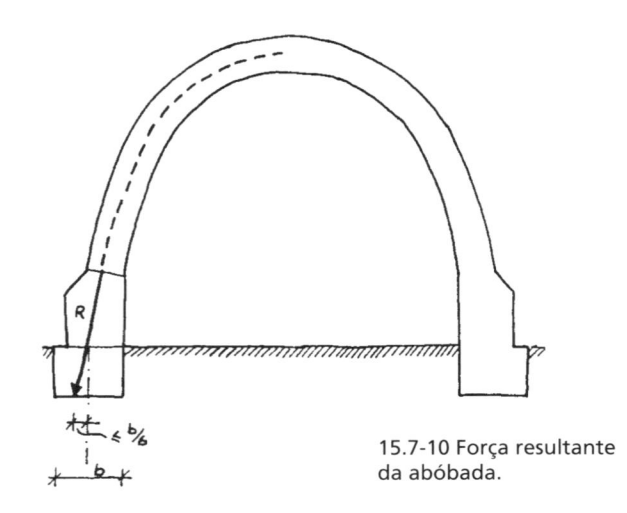

15.7-9 Componentes vertical e horizontal da força de arranque.

15.7-10 Força resultante da abóbada.

Na fig. 15.7-17, podemos ver como se obtém a curva ideal a partir de um modelo. A curva ideal se mostra em contraste com uma catenária. Na fig. 15.7-18, apresenta-se uma fórmula para calcular áreas de segmentos de uma esfera. Como a forma ideal não é esférica, seus segmentos têm uma área ligeiramente distinta da que partimos. Por isso, esse procedimento deve ser considerado como uma primeira aproximação, que, na prática, é suficientemente exata para vãos pequenos.

Maior exatidão pode ser alcançada com iterações (repetições) sucessivas, substituindo o raio atual de variação da curvatura dos segmentos, de acordo com as medidas tomadas do modelo e ajustando as cargas de acordo com as áreas da superfície dos segmentos calculados dessa maneira. A primeira afirmação (de que uma cúpula é um hemisfério) não pode ser utilizada, se a altura não for igual à metade do vão. Nesse caso, deve-se partir da forma de uma elipse, cujo eixo está abaixo da base da cúpula (fig. 15.7-19). Essa suposição de partida se aproxima da forma ideal, que pode ser melhorada com o modelo.

No LCE, a partir dessas informações, foram utilizados métodos gráficos de engenharia para desenvolver um programa de computador. Alguns resultados para 11 proporções distintas de cúpulas de h= 1,5r até h= 0,5r (onde h é a altura e r o raio) se mostram na fig. 15.7-19. Em cada caso, se teve em conta uma claraboia de 0,2 r.

A figura 15.7-20 mostra a curva ideal em comparação com uma parábola, uma catenária e um semicírculo. Se a seção da cúpula está dentro da curva ideal, como ocorre com a catenária, se criam forças anelares de compressão. Se for externa, criam-se forças anelares de tração similares às da zona inferior de uma cúpula hemisférica.

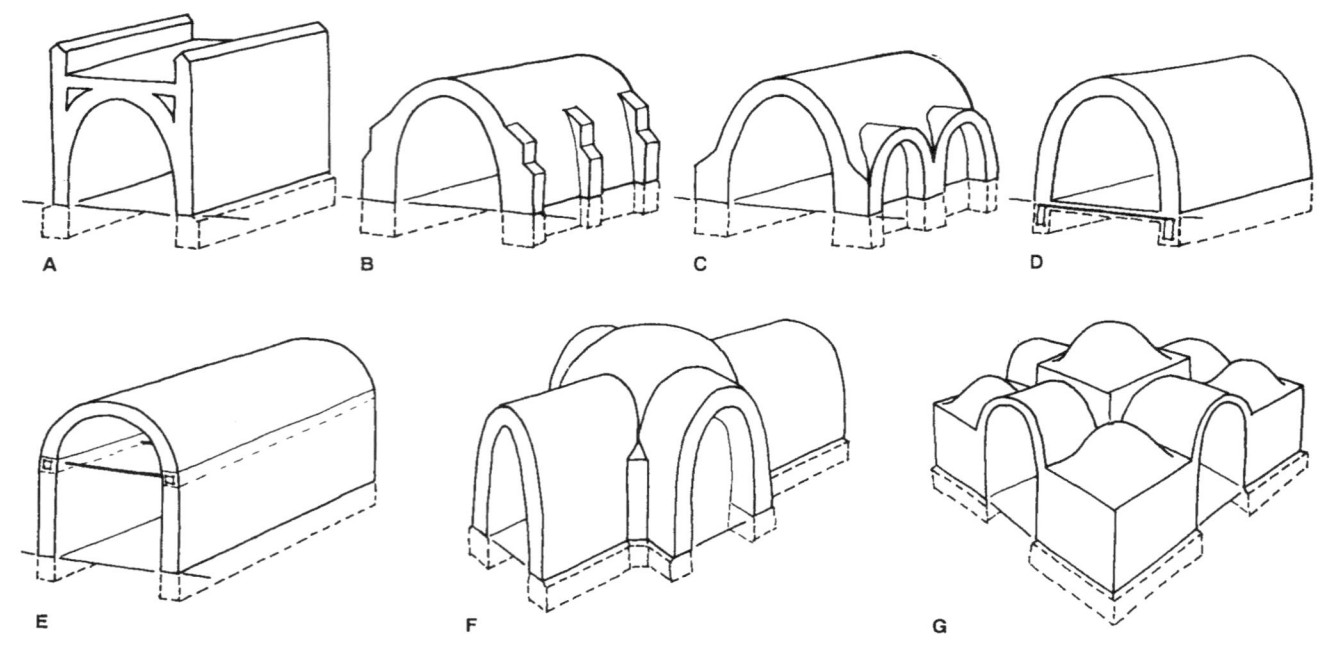

15.7-11 Diferentes condições estruturais para abóbadas e cúpulas.

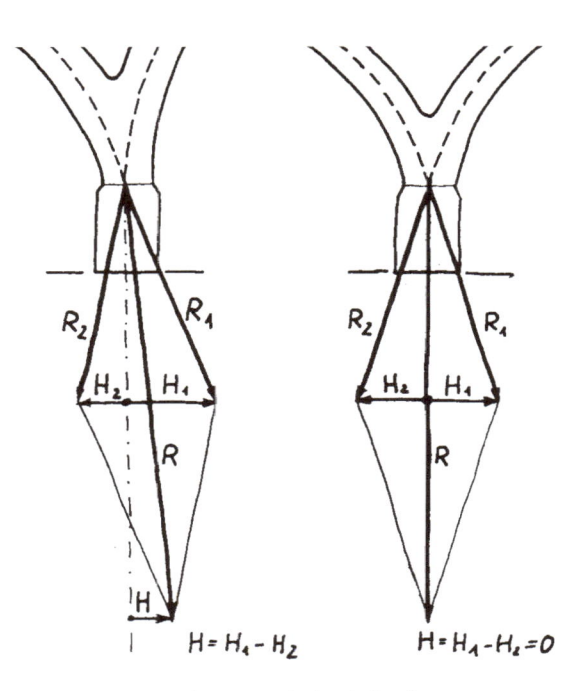

15.7-12 Componentes horizontais de abóbadas com inclinações diferentes (esquerda) e de abóbadas com mesma inclinação (direita).

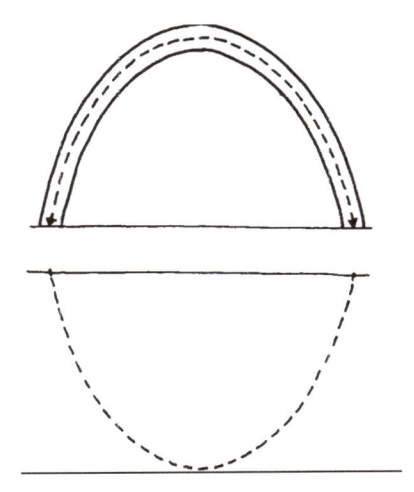

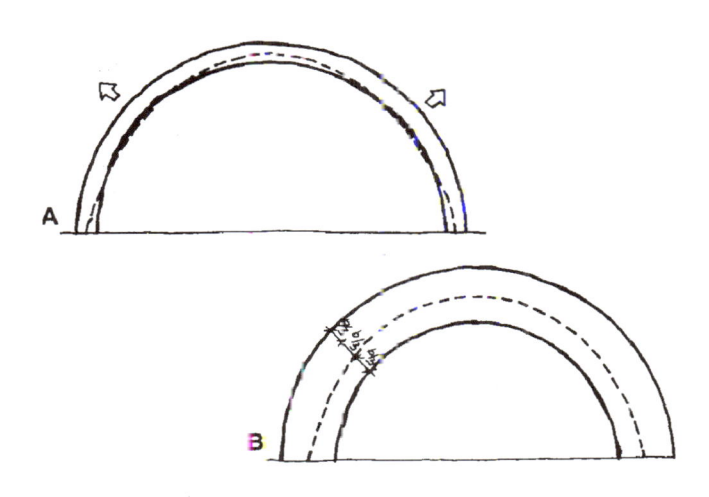

15.7-15 Linha de pressão de abóbada semicircular.

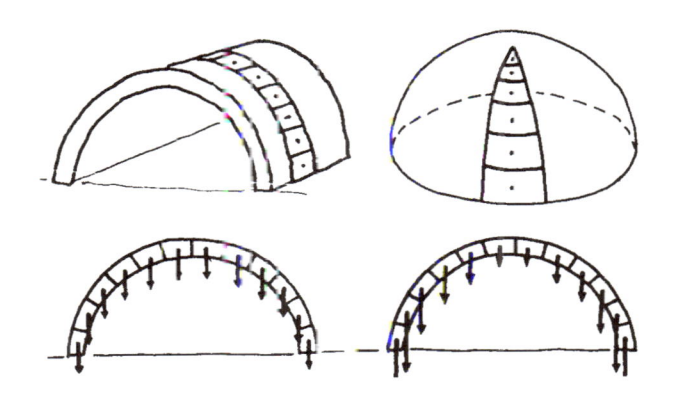

15.7-13 Curva catenária.

15.7-16 Estudo para se obter a forma ideal de uma abóbada (esquerda) e cúpula (direita).

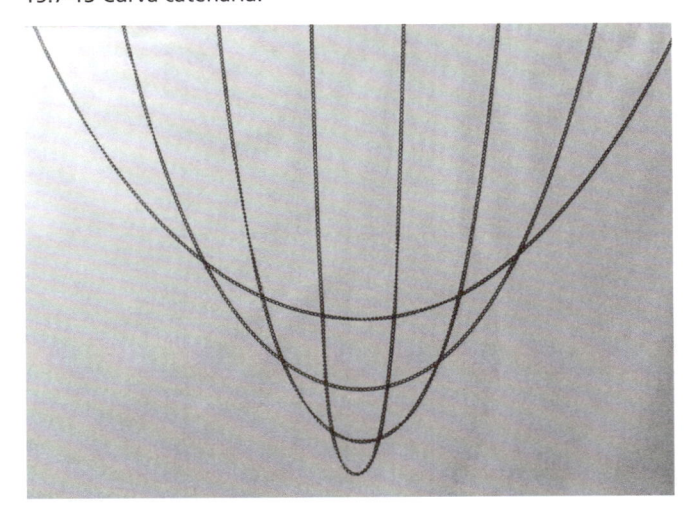

15.7-14 Diferentes curvas catenárias.

15.7-17 Curva ideal e curva catenária.

As forças anelares de tração provocam, usualmente, falhas na estrutura. As forças de compressão não criam problemas, exceto quando elas são interrompidas por grandes aberturas. Na tabela 15.7.1, mostram-se coordenadas da curva ideal para 7 proporções distintas de cúpulas, desde h = 0,8 r, até h = 1,4r (onde h é a altura e r o raio), sem ter em conta nenhuma abertura na parte superior.

15.7.4 Abóbadas núbicas

Com a técnica de abóbada núbica, utilizada por milênios no Egito, podem-se construir abóbadas sem forma, usando arcos inclinados feitos de adobe. A fig. 15.7-21 mostra uma dessas abóbadas, que tem 3200 anos, e se mantém firme no templo de Ramsés II, próximo a Luxor.

Tais abóbadas são comumente construídas com adobes de 15 cm de largura e 25 cm de comprimento, e só 5 a 6 cm de espessura. Isso significa que o peso dos adobes por unidade de área e por junta de argamassa é muito baixo, evitando o desabamento dos adobes, na posição inclinada, durante a construção.

O ângulo de inclinação dos arcos é um fator decisivo no processo de construção. Ele deve ter entre 65° e 70° em relação à horizontal. Os testes demonstraram que, se os arcos forem construídos com ângulos menores, a parte inferior da abóbada pode colapsar durante a construção; e se o ângulo for maior, os adobes não se sustentam na parte superior.

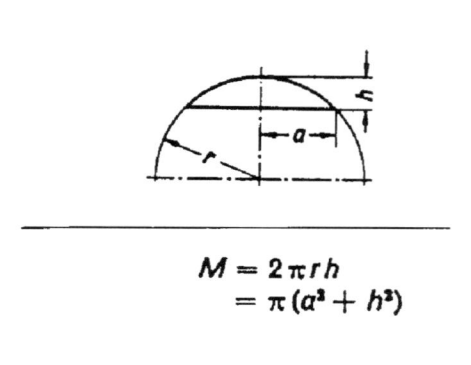

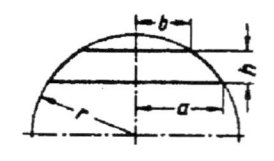

$$M = 2\pi r h = \pi(a^2 + h^2)$$

$$M = 2\pi r h$$

$$r = \sqrt{a^2 + \left(\frac{a^2 - b^2 - h^2}{2h}\right)^2}$$

15.7-18 Fórmula para calcular áreas de segmentos de uma esfera.

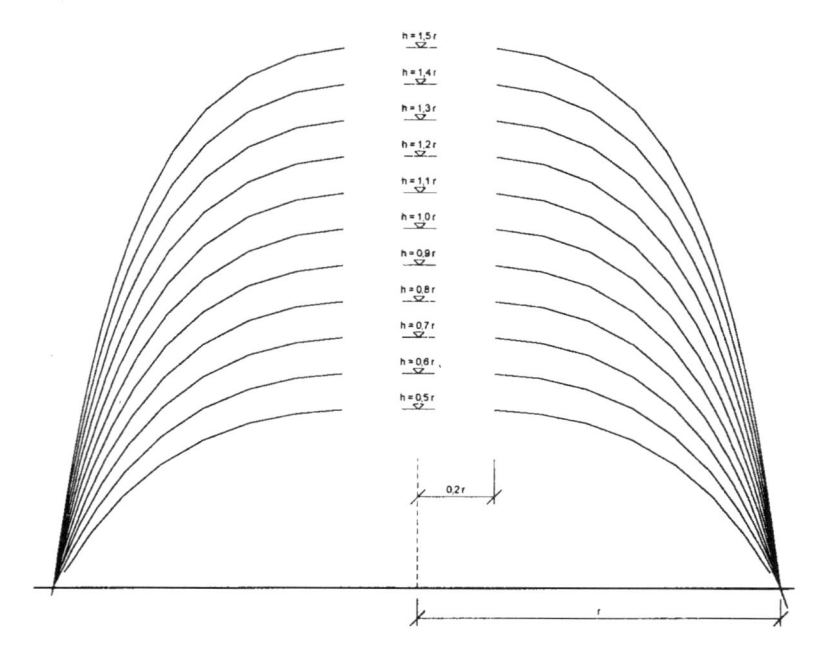

15.7-19 Curvaturas de elipse.

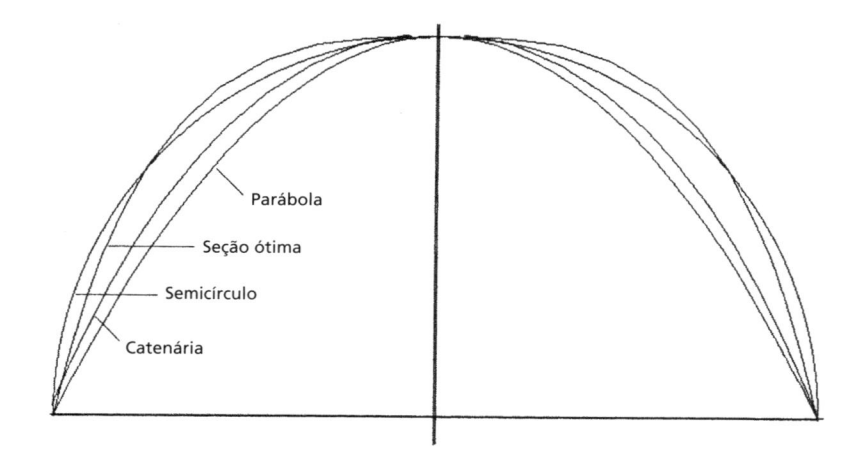

15.7-20 Curva ideal em comparação com uma parábola, uma catenária e um semicírculo.

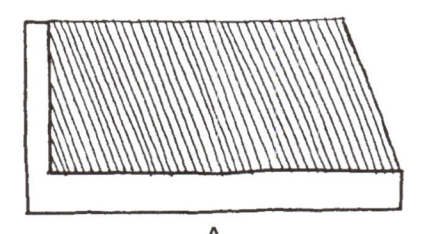

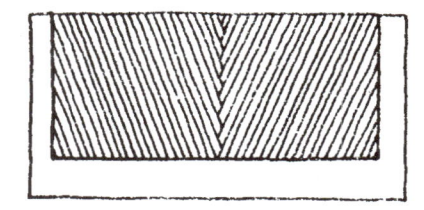

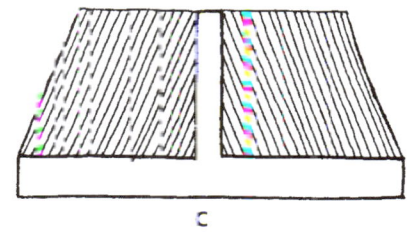

15.7-22 Abóbadas núbicas com diferentes formas de apoio.

15.7-21 Abóbadas que tem, pelo menos, 3200 anos no templo de Ramsés II, próximo a Luxor, Egito.

15.7-23 Abóbada núbica com apoio central.

15.7-24 Preenchimento com pedra para evitar movimentos de secagem.

As abóbadas núbicas exigem uma ou duas paredes verticais sobre as quais se apoiam os arcos inclinados (fig. 15.7-22, A e B). Também é possível apoiar os arcos a um arco central de apoio, que, em geral, tem a seção da abóbada e deve ser preenchido (fig. 15.7-22 C e 15.7-23).

A seção transversal de uma abóbada núbica, que, em geral, é suportada pelo seu próprio peso, deve ter a forma de uma catenária invertida, de maneira que só contenha cargas de compressão. No LCE, essa técnica tradicional foi otimizada de duas maneiras: primeiro, em vez de utilizar formatos retangulares, se empregaram, na base da abóbada, blocos quadrados de 20x20 cm e 6 de espessura; na parte superior da abóbada se usaram blocos com um encurtamento de até 1,5 cm, reduzindo, assim a mão de obra e a quantidade de argamassa exigidas.

Se for empregada uma argamassa com ótima composição e alta coesividade, é possível utilizar adobes com uma espessura de até 10 cm, que reduzem a quantidade de argamassa e o tempo de execução. Em segundo lugar, a forma da abóbada foi controlada durante a construção, seguindo cordas ajustadas de uma parede de apoio à outra, fixando só num extremo e passando para o outro extremo da corda através de um anel fixado numa pedra. Quando a corda é golpeada ou puxada durante a construção, ela não se rompe, mas se ajusta, devido ao peso.

Quando se constroem arcos inclinados, é aconselhável que os adobes que formam os arcos se unam na quina interior, e, se houver aberturas na junta exterior, devem ser preenchidas com uma pedra, para evitar movimentos do arco antes da secagem da argamassa (fig. 15.7-24).

Tabela 15.7-1

Nr.	y	x	y	x	y	x	y	x	y	x	y	x	y	x
1	0,0000	1,0000	0,0000	1,0000	0,0000	1,0000	0,0000	1,0000	0,0000	1,0000	0,0000	1,0000	0,0000	1,0000
2	0,0452	0,9854	0,0454	0,9875	0,0479	0,9885	0,0470	0,9902	0,0422	0,9912	0,0494	0,9918	0,0469	0,9929
3	0,0973	0,9674	0,0982	0,9720	0,1013	0,9750	0,1007	0,9783	0,1016	0,9807	0,1036	0,9823	0,1013	0,9844
4	0,1489	0,9483	0,1508	0,9556	0,1544	0,9608	0,1543	0,9658	0,1555	0,9696	0,1578	0,9724	0,1556	0,9755
5	0,2001	0,9279	0,2030	0,9381	0,2073	0,9456	0,2077	0,9526	0,2093	0,9579	0,2118	0,9620	0,2098	0,9662
6	0,2506	0,9061	0,2548	0,9195	0,2600	0,9295	0,2610	0,9386	0,2629	0,9456	0,2657	0,9511	0,2640	0,9565
7	0,3005	0,8827	0,3061	0,8996	0,3123	0,9124	0,3139	0,9237	0,3164	0,9326	0,3195	0,9396	0,3180	0,9462
8	0,3495	0,8575	0,3569	0,8782	0,3642	0,8940	0,3667	0,9079	0,3697	0,9188	0,3732	0,9274	0,3720	0,9354
9	0,3974	0,8303	0,4069	0,8552	0,4156	0,8744	0,4191	0,8911	0,4227	0,9041	0,4267	0,9145	0,4258	0,9241
10	0,4441	0,8011	0,4562	0,8305	0,4665	0,8533	0,4711	0,8730	0,4755	0,8885	0,4800	0,9008	0,4795	0,9121
11	0,4893	0,7695	0,5043	0,8038	0,5167	0,8306	0,5226	0,8536	0,5280	0,8718	0,5331	0,8863	0,5331	0,8993
12	0,5327	0,7355	0,5513	0,7749	0,5660	0,8060	0,5736	0,8328	0,5800	0,8540	0,5859	0,8708	0,5864	0,8858
13	0,5738	0,6987	0,5967	0,7436	0,6143	0,7795	0,6239	0,8103	0,6316	0,8347	0,6384	0,8542	0,6396	0,8714
14	0,6124	0,6592	0,6402	0,7097	0,6613	0,7507	0,6733	0,7860	0,6827	0,8140	0,6905	0,8364	0,6924	0,8561
15	0,6479	0,6170	0,6815	0,6731	0,7067	0,7194	0,7217	0,7596	0,7330	0,7917	0,7422	0,8173	0,7450	0,8397
16	0,6799	0,5721	0,7200	0,6337	0,7502	0,6855	0,7688	0,7309	0,7825	0,7674	0,7932	0,7966	0,7971	0,8220
17	0,7081	0,5246	0,7554	0,5913	0,7913	0,6487	0,8143	0,6998	0,8309	0,7411	0,8436	0,7743	0,8488	0,8030
18	0,7322	0,4750	0,7872	0,5462	0,8296	0,6090	0,8578	0,6658	0,8780	0,7124	0,8930	0,7500	0,8999	0,7825
19	0,7522	0,4235	0,8149	0,4984	0,8646	0,5663	0,8988	0,6290	0,9234	0,6811	0,9414	0,7235	0,9503	0,7602
20	0,7680	0,3707	0,8384	0,4485	0,8957	0,5207	0,9369	0,5891	0,9667	0,6470	0,9883	0,6947	0,9998	0,7360
21	0,7801	0,3168	0,8576	0,3967	0,9227	0,4725	0,9716	0,5461	1,0076	0,6099	1,0336	0,6632	1,0482	0,7096
22	0,7887	0,2624	0,8725	0,3436	0,9452	0,4221	1,0023	0,5002	1,0453	0,5696	1,0767	0,6287	1,0951	0,6807
23	0,7944	0,2076	0,8836	0,2896	0,9633	0,3700	1,0286	0,4517	1,0795	0,5262	1,1172	0,5912	1,1403	0,6491
24	0,7978	0,1526	0,8912	0,2350	0,9771	0,3165	1,0504	0,4009	1,1095	0,4799	1,1544	0,5505	1,1830	0,6145
25	0,7994	0,0975	0,8961	0,1801	0,9870	0,2623	1,0675	0,3485	1,1350	0,4309	1,1879	0,5065	1,2236	0,5768
26	0,8000	0,0425	0,8987	0,1251	0,9936	0,2075	1,0804	0,2948	1,1557	0,3798	1,2170	0,4596	1,2606	0,5358
27	0,8000	0,0000	0,8998	0,0700	0,9974	0,1526	1,0894	0,2404	1,1719	0,3270	1,2415	0,4101	1,2933	0,4915
28			0,9000	0,0000	0,9993	0,0975	1,0951	0,1856	1,1836	0,2731	1,2611	0,3585	1,3222	0,4443
29					0,9999	0,0425	1,0983	0,1306	1,1916	0,2185	1,2761	0,3054	1,3459	0,3944
30					1,0000	0,0000	1,0997	0,0755	1,1965	0,1636	1,2867	0,2513	1,3648	0,3425
31							1,1000	0,0205	1,1990	0,1086	1,2936	0,1966	1,3789	0,2892
32							1,1000	0,0000	1,1999	0,0535	1,2976	0,1416	1,3887	0,2349
33									1,2000	0,0000	1,2995	0,0865	1,3949	0,1801
34											1,3000	0,0315	1,3983	0,1251
35											1,3000	0,0000	1,3997	0,0700
36													1,4000	0,0150
37													1,4000	0,0000
	h = 0,8 r		h = 0,9 r		h = 1,0 r		h = 1,1 r		h = 1,2 r		h = 1,3 r		h = 1,4 r	
α	72,6 deg		75,0 deg		76,9 deg		78,5 deg		79,7 deg		80,7 deg		81,6 deg	
A	5,3374 r^2		5,7789 r^2		6,2195 r^2		6,6941 r^2		7,1685 r^2		7,6426 r^2		8,1514 r^2	
V	16,1064 r^3		18,2911 r^3		20,4262 r^3		22,6921 r^3		24,9307 r^3		27,1455 r^3		29,5145 r^3	

15.7-25 Variação de abóbada núbica.

Uma variação interessante dessa abóbada núbica se vê na fig. 15.7-25, em que foram colocados adobes de 10x10x20 cm em espinha de peixe. Quando essa técnica foi testada no LCE, demonstrou ter alta estabilidade, mas despende grande esforço para manter a geometria, a qual deve ser estudada numa maquete, antes de sua construção.

15.7.5 Cúpulas afegãs e persas

Uma técnica para construir cúpulas sem forma foi utilizada durante séculos, no Afeganistão. Com essa técnica, se realizam cúpulas para cobrir espaços quadrados, construindo arcos inclinados com um ângulo de 30°, em relação à horizontal.

As figs. 15.7-26, 15.7-27 e 15.7-28 apresentam o processo construtivo de uma cúpula para cobrir um espaço de 4x4 m, que pode ser construída em metade de um dia, por 5 ou 6 pessoas. Nessa técnica, os adobes que formam o arco devem se tocar na base, e ela exige uma cunha na parte superior (fig. 15.7-28). Como o método permite que a ação do arco produza efeito antes mesmo da secagem da argamassa, os pedreiros podem trabalhar sobre a cúpula durante a construção. No LCE, construíram-se diferentes maquetes com o objetivo de mostrar que uma ampla

15.7-26, 15.7-27 e 15.7-28 Processo construtivo de uma cúpula que cobre um espaço de 4x4.

15.7-29, 15.7-30 e 15.7-31 Maquetes de estudo com diferentes coberturas.

15.7-33 Cúpula persa com captadores de ventos.

15.7-32 Cúpula persa combinada com cúpula núbica.

variedade de formas arquitetônicas pode ser coberta com essa técnica, que pode ser combinada com a técnica de cúpula núbica (fig. 15.7-29 a 15.7-32).

A fig. 15.7-33 mostra uma variação da técnica da cúpula afegã. Foi utilizada em tempos remotos na Pérsia, e daí a denominação de cúpula persa. Os arcos inclinados partem das quatro quinas da base. Nesse exemplo, foram integrados captadores de vento na cúpula. A cúpula de planta hexagonal mostrada na seção 16.11, construída pelo autor na área do jardim de inverno e do banheiro de sua casa, mostra uma técnica afegã de cúpulas modificadas para as quais se realizam arcos sem forma, com uma inclinação de 45°; para finalizar a cúpula com a mesma técnica, na zona central, os adobes giram 90°.

15.7.6 Cúpulas núbicas

A técnica da cúpula núbica é conhecida no Egito há milhares de anos. Dispõem-se fileiras de adobes em circunferência, usando uma guia móvel (fig. 15.7-34). Com essa técnica, os blocos são postos num canto, evitando o deslizamento dos blocos recém-colocados. Isso requer o uso de blocos especiais, em forma de cunha, após um certo número de adobes (fig. 15.7-35). Por exigir muito trabalho, as cúpulas foram construídas sem girar os adobes, quer dizer, dispondo-os radialmente.

A maior desvantagem é que, com essa técnica, só se podem construir cúpulas esféricas. Na seção 15.7.3, explicamos que, nas cúpulas esféricas, ocorrem forças circulares de tração na parte inferior. Por isso, quando se cobrem os vãos, devem-se colocar, adicionalmente, vergões de ferro, concreto armado ou outros elementos de retenção. Se não se levar isso em conta, a cúpula poderá ter problemas estruturais, como já ocorreu na prática.

O grupo Development Workshop, de Lauzerte, na França, construiu várias habitações e edifícios públicos na Nigéria, utilizando uma versão modificada da técnica que se mostra na fig. 15.7-36. Nela, em vez de uma guia rotativa montada no centro, se usou uma guia rotativa excêntrica. A forma gerada pode ser tal, que as forças de tração na parte inferior se anulam. As forças de compressão criadas podem causar problemas se forem feitas aberturas grandes para portas e janelas.

15.7-34 Cúpula núbica.

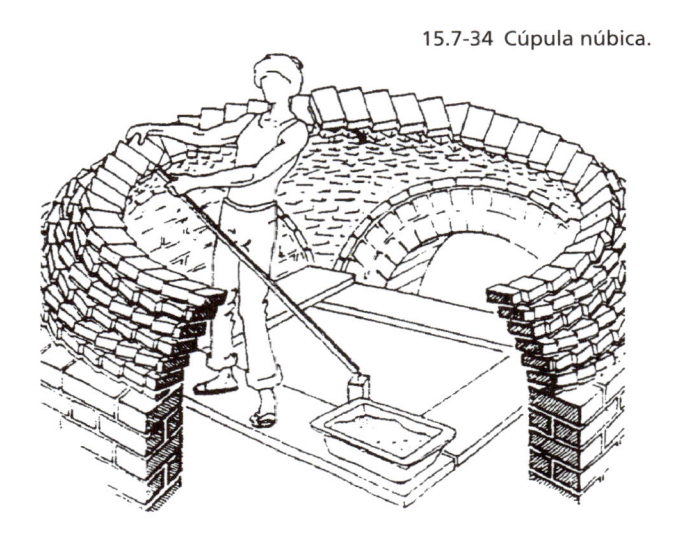

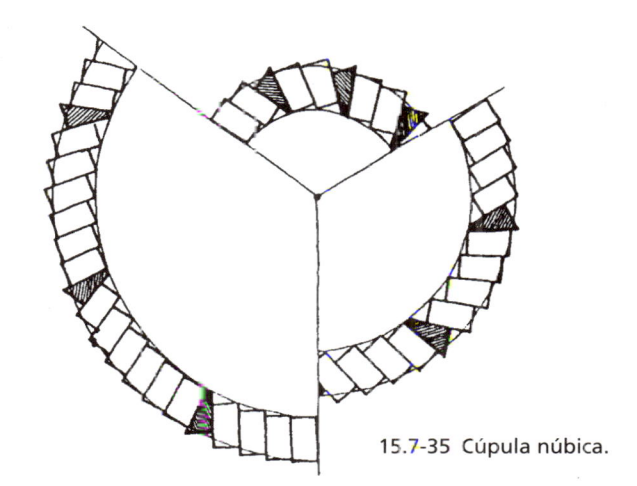

15.7-35 Cúpula núbica.

15.7.7 Cúpulas estruturalmente otimizadas

Com o objetivo de evitar as desvantagens da técnica da cúpula núbica (parte 15.7.6), o LCE desenvolveu uma nova técnica utilizando uma guia rotatória. Com essa técnica, pode-se obter uma ótima geometria estrutural, sem emprego de forma. Essa geometria evita todas as forças anelares de tração e compressão. A derivação dessa forma está descrita na seção 15.7.3. A guia rotatória tem um ângulo reto em relação ao local onde se dispõem os blocos. Esse ângulo pode ser movido numa seção T da curva de metal. Essa seção é fixada a um braço rotatório, que, por sua vez, está fixado num poste vertical.

As figs. 15.7-37 a 15.7-40 mostram a aplicação dessa técnica para uma cúpula de 7 m de vão livre e 6 m de altura, construída na Universidade de Kassel, Alemanha, em 1992. A claraboia superior foi coberta com uma pirâmide de 16 lados. A espessura da cúpula é de 20 cm, e a seção transversal foi obtida com um programa de computador para se conseguir uma ótima *performance*, sem forças anelares, como se descreve na seção 15.7.3.

Para evitar o desabamento dos adobes das camadas superiores, as fileiras não são exatamente perpendiculares à superfície da cúpula, senão ligeiramente inclinadas, de maneira que a fileira superior tenha menos 20° de inclinação. Isso produz vantagem acústica, já que não ocorre o efeito direcionador do som (fig. 15.7-40). Para otimizar a acústica da cúpula, o autor desenvolveu um adobe com quinas arredondadas (ver parte 7.5).

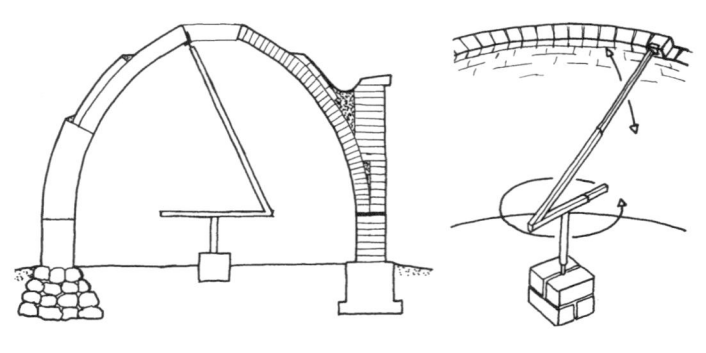

15.7-36 Modificação de uma cúpula núbica com guia excêntrica.

15.7-37 a 15.7-40 Cúpula protótipo, LCE, Universidade de Kassel.

15.7.8 Cúpulas e abóbadas com forma

Requer muito trabalho e material para se construírem formas para abóbadas e cúpulas. Por isso, quase todas as técnicas históricas as evitam. Para a construção de abóbadas, é muito mais simples fazer um molde, já que o solo tem uma superfície curvada numa direção. Ademais, é possível utilizar um molde pequeno, capaz de rolar à medida que a construção da abóbada avançar. Essa técnica é empregada para construir abóbadas, como se pode ver na fig. 15.3-6.

As abóbadas apresentadas nas figs. 15.7-41 e 15.7-42 foram construídas com uma forma feita com barras delgadas dispostas sob as juntas dos blocos de terra, que foram dispostos sem argamassa. As juntas foram umidificadas e, posteriormente, preenchidas com argamassa a partir de cima.

15.7.9 Cúpulas queimadas de terra

O arquiteto iraniano Nader Khalili construiu cúpulas de adobes, no Irã e nos Estados Unidos, as quais, depois da construção foram queimadas pelo interior. A combinação dos elementos – terra, água, ar e fogo – utilizados para criar esses espaços lhes dá um aspecto místico, mas apresenta algumas desvantagens. A queima de troncos e galhos gera contaminação e consome grande quantidade de energia. O processo da queima não pode ser totalmente controlado e, por isso, não é tão positivo. O aquecimento desigual dos adobes produz fendas e reduz a estabilidade estrutural. Ao serem queimados, os adobes selam a maioria dos poros, de tal maneira, que a capacidade de o material absorver e liberar a umidade é drasticamente reduzida (fig. 1.4-4).

15.7-42 Abóbadas com forma minimizada.

15.7-43 Cúpula com forma de areia úmida.

15.7-41, 15.7-42 Abóbadas com forma minimizada.

15.7-44 Instituto de Pesquisas do Deserto, Egito.

15.7.10 Exemplos modernos

Nesta parte, descrevem-se três habitações cuja aparência geral é caracterizada por cúpulas e abóbadas. Outras são descritas com mais detalhe no capítulo 16. O edifício que se mostra na fig. 15.7-44, foi projetado pelo arquiteto Hassan Fathy, do Instituto de Investigações do Deserto, da Universidade Americana do Cairo, construído em Sadat, Egito, em 1969.

Todos os espaços e corredores foram cobertos com cúpulas e abóbadas núbicas. As paredes foram construídas com adobes e rebocadas com cal. As cúpulas foram rebocadas com terra e cobertas com pintura betuminosa, e o acabamento levou argamassa de cal-cimento.

Em Nova Delhi, foi construída uma galeria de exposições, em 1990, o Centro Nacional de Artes Indira Ghandi (arq. Sanvay Prakash, ver fig. 15.7-45). Suas paredes e cúpulas foram construídas com blocos de terra. A cúpula central tem um vão livre de 9,2 m. O edifício foi criado como uma estrutura temporal, mas ainda se encontra em uso. As figuras 15.7-46 a 48 mostram as cúpulas e abóbadas do centro Wissa Wassef, no Cairo, Egito.

15.7-45 Sala de exposições, Nova Delhi, Índia.

15.7-46 a 15.7-48 Centro Wissa Wassef, Cairo, Egito.

15.8-1 Parede com armazenamento térmico num jardim de inverno.

15.8 Paredes com armazenamento térmico

Com o objetivo de aumentar a capacidade de armazenamento térmico e o efeito do equilíbrio de umidade de um jardim de inverno de 20 m² de área, que faz parte de uma residência em Kassel, Alemanha, construiu-se uma parede armazenadora, feita com torrões de terra em estado plástico (figs. 15.8-1 e 15.8-2).

Os torrões elaborados à mão, de 20x14 cm, foram dispostos sem argamassa e sem preencher as juntas, fazendo, dessa maneira, uma superfície ativa dupla de terra para armazenamento térmico e a absorção e liberação da umidade. A superfície da parede sobre a abertura envidraçada (fig. 15.8-1) foi coberta com bolas de barro lançadas, como se descreve na seção 11.7.

15.8-2 Disposição de torrões de terra.

15.9 Utilização de terra em banheiros

A afirmação de que um banheiro feito de terra é mais higiênico do que um feito com azulejo deixa muitas pessoas atônitas. Experiências acumuladas ao longo de anos com banheiros cujas paredes foram construídas com terra, e investigações científicas relacionadas com a absorção e desabsorção de umidade comprovam a afirmação inicial.

Em climas temperados, os espelhos de um banheiro coberto do chão ao teto com azulejo se embaçam, normalmente, logo após uma ducha quente. O espelho desembaça após 30 a 60 min com as janelas e porta fechadas. Ao contrário, no banheiro com paredes de terra o espelho desembaça, em condições similares, entre 3 e 6 min.

Isso se deve ao fato de que as paredes de terra absorvem a umidade do espaço quando a umidade relativa for maior do que 50%, e liberam quando ela se reduz para 50% (ver parte 1.4.4). Já que a umidade se reduz rapidamente nos banheiros com paredes de terra, não é possível o crescimento de fungos; já nos banheiros de azulejo, a umidade se mantém por longo período, devido às superfícies seladas, permitindo o crescimento de fungos nas juntas dos azulejos, em especial nos pontos selados com silicone.

Isso pode ser evitado com o uso de formaldeído na mistura das juntas, mas esse composto químico é cancerígeno. Em um banheiro com paredes de barro, pode-se instalar uma ducha, se as paredes não forem salpicadas (ver fig. 15.10-3).

A fig. 15.9-1 mostra um "papel de parede com terra" sobre uma pia. Uma tela de cortina velha foi embebida numa pasta de barro, aplicou-se na parede e, depois, foi esculpida com as mãos. A superfície pode se tornar impermeável à água aplicando-se óleo de linhaça duplamente cozido, silicato de sódio líquido ou outras tintas e isolantes.

15.9-1 Superfície de terra em banheiro.

15.10-1 Parede esculpida de *stranglehm*.

15.10 Construção de mobiliário e sanitários de terra

A parede do dormitório que se mostra na fig. 15.10-2 é exterior e, ao mesmo tempo, forma um armário. Foi construída com elementos *stranglehm* (parte 8.4). As paredes divisórias do armário atuam como pilares do muro exterior. O bambu, colocado durante a construção, atua como gancho e solidifica as redes divisórias. Na outra parede externa, que se vê na fig. 15.10-1, foram abertos nichos e cavidades na parede *stranglehm* para a colocação de artefatos pessoais. As prateleiras podem ser fixadas com facilidade entre as paredes de *stranglehm*, ou em tubos preenchidos com barro agregado (parte 10.8).

A fig. 15.10-4 mostra o espelho e as prateleiras do banheiro integradas à parede. No segundo exemplo, um espelho foi integrado à parede. A fig. 15.10-3 mostra um banheiro no qual a ducha, o vaso sanitário adjacente e a banheira estão revestidos de tubos de barro. Mesmo as pias podem ser construídas com barro cru. O que se mostra na fig. 15.10-5, foi construído com terra, numa distribuição granulométrica otimizada, com um mínimo de retração e impermeabilidade, adicionando-se 1% de impermeabilizador de água à mistura. A superfície foi pintada com o mesmo impermeabilizador.

As partes esculpidas sobre a pia servem como lavatórios ou pequenas prateleiras para escovas de dentes e pastas dentais; há uma lâmpada integrada e um espelho, tudo feito com o mesmo barro. A pia que se vê na fig. 15.10-6 foi feita de solo arenoso altamente coesivo, no qual foram evitadas as fissuras de retração agregando-se 6% de óleo de linhaça duplamente cozido. Após a secagem, a pia foi coberta com uma camada de óleo de linhaça. Ambos são impermeáveis e foram usados por 8 anos sem demonstrar deterioração. No exemplo da fig. 15.10-4, a terra foi estabilizada com 6% de cola caseína.

15.10-3 Objetos de banheiro feitos com tubos preenchidos com barro.

15.10-2 Dormitório.

15.10-4 e 15.10-5 Banheiro, residência em Kassel Alemanha.

15.10-6 Lavatório, residência em Kassel, Alemanha.

15.11 Fogões de terra

15.11.1 Fornos com baixo consumo de madeira

Muitas cozinhas foram desenvolvidas para evitar o consumo grande de lenha e a consequente deflorestação. Nos fogões feitos de barro, ocorre um problema de projeto, em que a massa de barro é grande, e a mistura não se otimiza, se estilhaçando e provocando perdas de fumaça (Evans, 1979).

Visando à redução do consumo de lenha, em 1978, o autor desenvolveu um forno de terra econômico, e se construíram variantes dele na Alemanha, na Guatemala e no Equador. A fig. 15.11-1 mostra um fogão com projeto adaptado aos requisitos europeus, enquanto que a fig. 15.11-2 mostra o mesmo fogão com um projeto adaptado para as condições da Guatemala, onde se usa lenha e uma espécie de vasilha chamada *comal* para fazer tortilhas.

A fig. 15.11-3 mostra uma variação desenvolvida para a Colômbia, que apresenta uma chaminé com isolamento térmico de terra e palha e, na frente, uma cobertura mais simples. Três utensílios podem ser usados ao mesmo tempo nesses fogões à lenha. A primeira boca do fogão está situada diretamente sobre o fogo, e é recomendada para cozinhar ou fritar; a segunda se usa para cozinha geral; e a terceira para manter quentes a comida e a água.

Esse sistema possui um regulador antes do tubo da chaminé. Ao ser levantado, uma rota direta se abre para a primeira câmara até a chaminé. Isso é útil para deter o fogo e obter uma temperatura maior sob a primeira

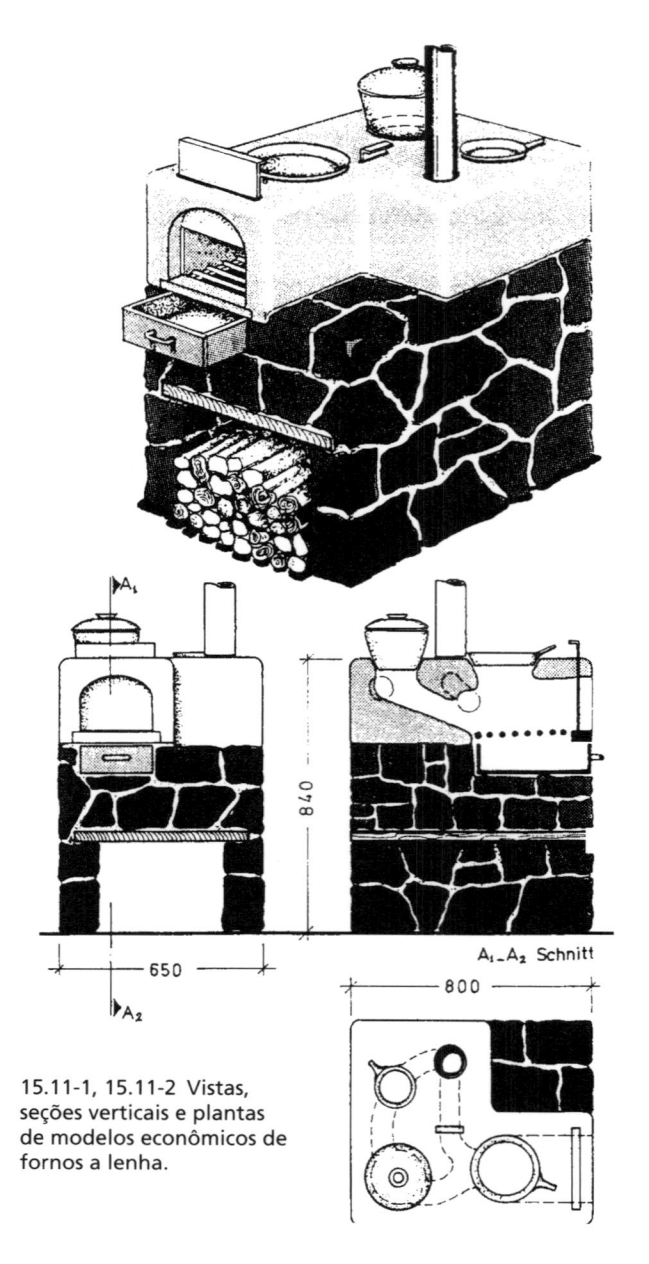

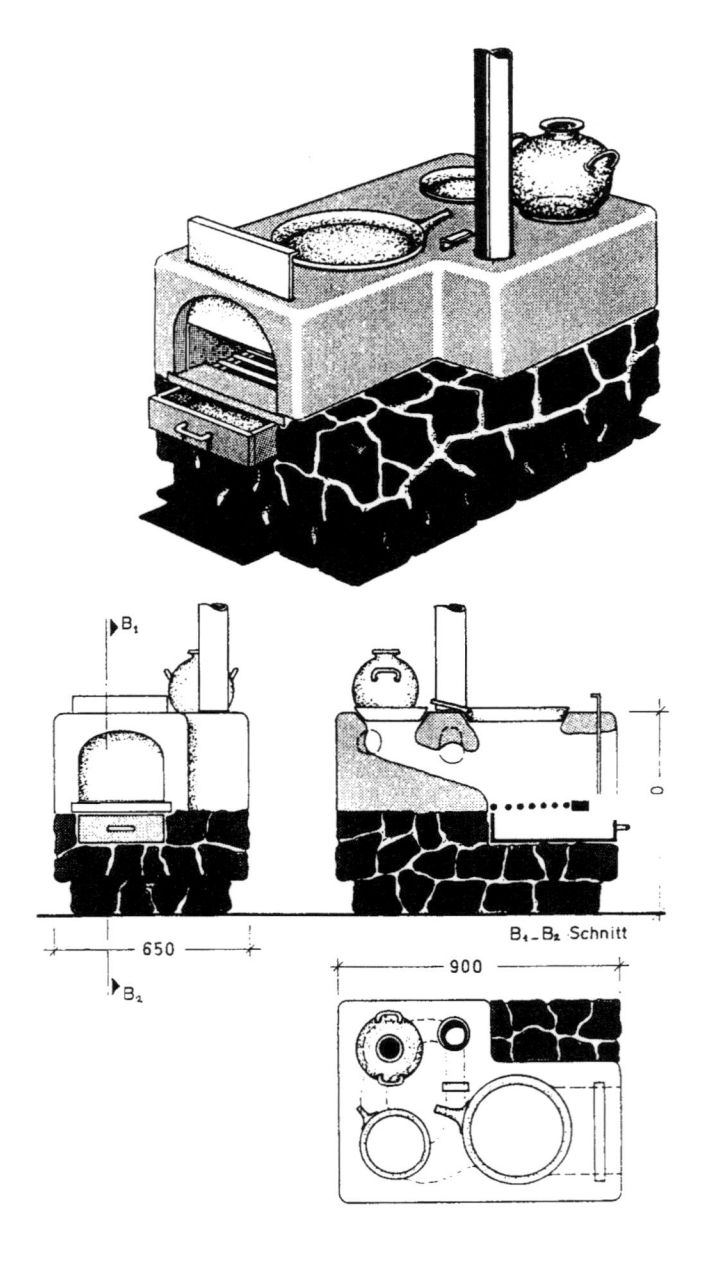

15.11-1, 15.11-2 Vistas, seções verticais e plantas de modelos econômicos de fornos a lenha.

abertura. Quando o regulador se fecha, o ar quente passa, chegando às três câmaras. Para regular o ar, na entrada também se coloca um regulador.

A mistura de terra tem a seguinte composição: 10 partes de terra arenosa, 12 partes de palha, 1 parte de serragem e 2 partes de esterco de boi. Para garantir mais rapidez na secagem, assim como evitar fissuras de retração, foram inseridos tubos de tecido preenchidos com pedregulho, e se perfuram, depois, os buracos de ar em que vão ficar as panelas. O projeto foi feito de maneira que, em nenhuma parte do forno, houvesse uma espessura superior a 15 cm. Com essa mistura e o máximo de espessura de 15 cm, foram evitadas as fendas de retração.

É importante que as aberturas em que foram dispostos os elementos de cozinha sejam suficientemente amplas para que a panela se encaixe bem. Na figura 15.11.7, mostra-se uma variante projetada pelo autor, em 2008, para uma habitação na Colômbia. Nesse caso, as panelas ficam assentadas em varas de ferro, tanto na zona do fogo como na de ar quente. A zona do fogo fica tapada por placas de ferro do tamanho das panelas que se vão usar, impedindo a saída da fumaça. A placa toda é usada para se fazer panquecas ou pão.

15.11.2 Forno integrado com cama

A figura 15.11-5 mostra um forno construído pelo LCE. O ar quente circula debaixo do colchão ou do assento, antes de passar pela chaminé. O conjunto foi construído com terra compactada e depois esculpida com uma espátula. Só a cama foi construída internamente com tijolos refratários. Dispôs-se uma chapa de ferro onde se podem fazer ovos e panquecas, ou esquentar panelas. Quando é usada para cozinhar, abre-se o regulador para que o ar quente entre direto.

15.11.3 Forno para pão e pizza

Os fornos para pão ou pizza são fáceis de construir. É preciso uma base de tijolo ou pedra, com uma superfície plana de pedra ou de concreto. Uma pequena inclinação para frente permite visualizar o pão e limpar melhor o forno. Sobre essa base, faz-se a cúpula de adobes ou torrões de barro e palha, usando-se como forma um galho de árvore ou vergão de obra.

Aconselha-se que a cúpula tenha massa suficiente de armazenagem de calor, e que esteja coberta por uma camada isolante, com capacidade de resfriamento, e que não permita a saída do calor. As figs. 15.11-6 e 15.11-7 mostram um forno desenvolvido pelo autor, que pode ser feito sem forma. A cúpula é feita de forma semicircular,

15.11-3 Fogão de baixo consumo de lenha, Colômbia.

15.11-4 Fogão multiuso.

15.11-5 Cozinha integrada com sistema de calefação para uma cama com banco.

com a ajuda de uma viga de madeira articulada, fixada ao centro da base da cúpula. É feita de adobes, mas, por fora, deve ser recoberta com 12 cm de barro e palha ou aparas de madeira como isoladores térmicos, A abertura para a fumaça deve ser tapada com uma vasilha de cerâmica, quando só houver brasas no forno. Para guardar a madeira na base, construiu-se um espaço em forma de nicho.

15.11-6, 15.11-7 Forno para pão e pizza, Colômbia.

16. Exemplos de construções modernas de terra

Como será mostrado neste capítulo, os exemplos de habitações modernas em que a terra é o material predominante não exigem nenhuma característica especial na sua conjuntura. Podem ser convencionais ou modernas, simples ou sofisticadas, humildes ou luxuosas.

Em climas frios, a terra como material de construção não é visível do exterior, já que é necessário revesti-la com isolamentos térmicos adicionais, e proteção contra as inclemências do tempo. No interior, pode-se empregar uma variedade de técnicas e múltiplas aplicações.

Neste capítulo, são apresentadas algumas construções localizadas nesse contexto, além de serem apresentadas construções localizadas em regiões de climas quentes, onde se exige menor isolamento térmico, permitindo ver superfícies externas de terra.

Algumas residências modernas com cúpulas e abóbadas, a maioria com superfícies exteriores de terra, foram já mostradas na parte 15.7.10. Aqui se mostram além das residências, outros exemplos de arquitetura com terra que possuem diferentes usos.

Residência, Turku, Finlândia

A edificação, parcialmente construída em duas plantas, se situa na periferia da cidade e abriga uma família de cinco pessoas. O sistema estrutural das paredes foi feito com um entramado de madeira. As paredes exteriores foram construídas com blocos pré-fabricados de 40 cm de espessura, com uma mistura de terra argilosa e palha, cujo peso é de 450 kg/m³. Os blocos foram cobertos com pranchas de madeira em algumas seções e, em outras, com reboco de cal. O coeficiente global de transferência de calor U das paredes é de 0,28 W/m²K.

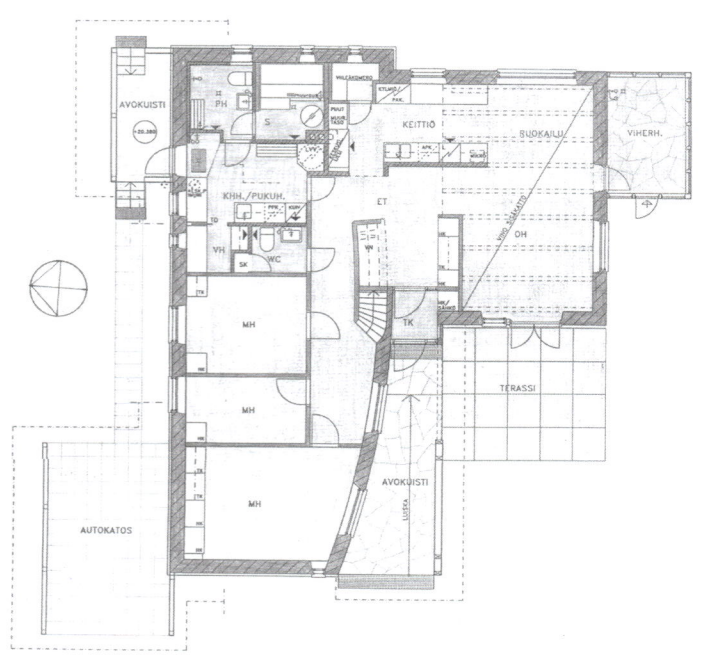

Projeto: Teuvo Ranki, Finlândia
Conclusão: 1999
Área: 127m²

Residência, Tucson, Estados Unidos

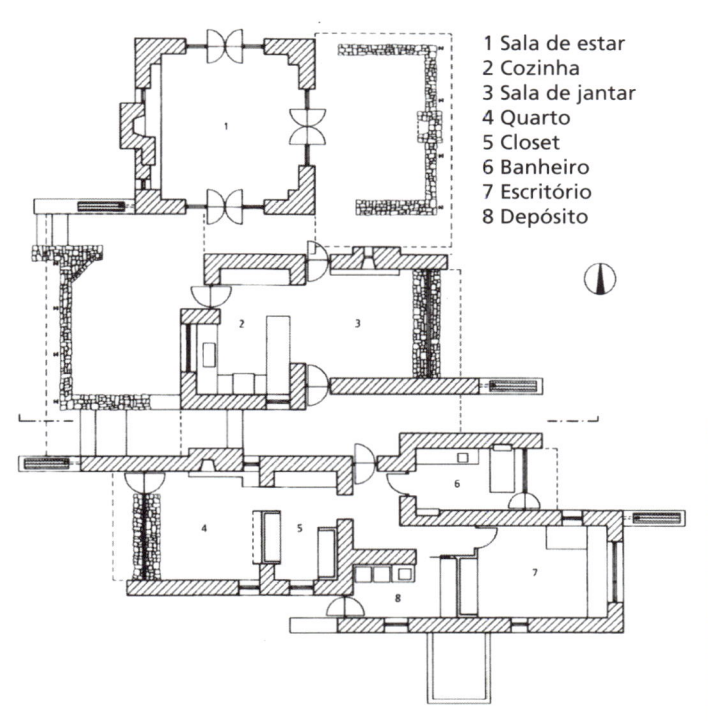

1 Sala de estar
2 Cozinha
3 Sala de jantar
4 Quarto
5 Closet
6 Banheiro
7 Escritório
8 Depósito

Três elementos cúbicos formam essa residência. As paredes escondem a cobertura inclinada. As paredes de taipa de pilão são construídas com terra estabilizada com uma porcentagem baixa de cimento, e possuem uma espessura de 60 cm. As partes superiores das paredes são de terra estabilizada com uma porcentagem mais elevada de cimento para protegê-las das inclemências do tempo. As paredes de taipa estão visíveis e não receberam nenhum tratamento posterior.

Projeto e construção: Paul Weiner

Residência, Villa de Leyva, Colômbia

"El Carmen" é uma casa situada na Villa de Leyva, um povoado colonial declarado patrimônio nacional. Tem uma estrita normativa de construção, e as edificações foram realizadas com distintas técnicas com terra (taipa de pilão e adobe). Sua localização no Trópico (lat. 6° Ne e 2143 m alt.) e as características climáticas constantes durante todo o ano (TM 20 °C e 1200 mm de precipitação) são determinantes para o tipo de construção.

Projeto e direção de obra: José Alejandro Bermúdez
Conclusão: 2006
Área: 386 m²

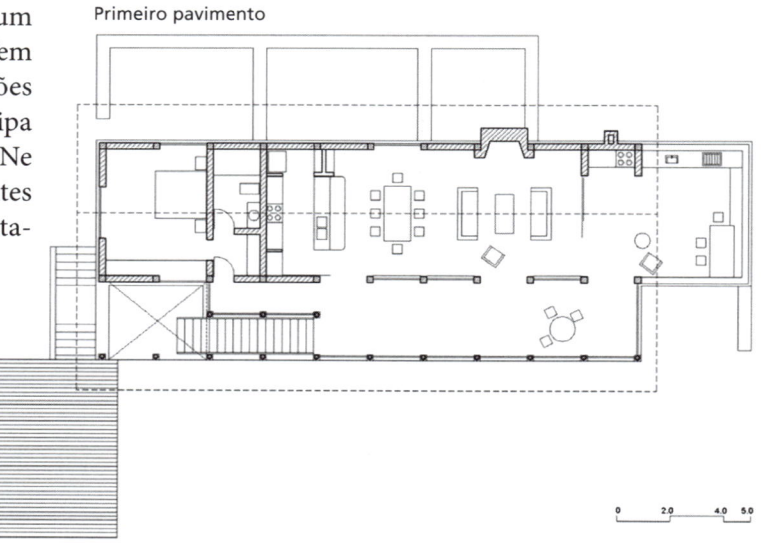

175

Residência, La Paz, Bolívia

A casa se situa na periferia da cidade, numa altitude de 3500 m. A disposição dos dormitórios e da sala respondem a uma vontade de conjugar os raios do sol e o aproveitamento da vista para a cidade. As paredes e abóbadas foram construídas com adobes elaborados manualmente, que produzem uma boa absorção de calor durante o dia, provocando uma retenção térmica de 6 a 8 horas. Isso quer dizer que, durante o dia, as paredes absorvem calor e o transmitem para o interior da residência durante a noite, momento em que a temperatura exterior está mais baixa. A residência possui fundação de concreto ciclópico. As paredes são de adobe de 28,5 x 28,5 x 8,5 cm. No exterior, veem-se os adobes, que foram protegidos com polímero acrílico. No interior, as paredes e abóbadas também ficam à vista e protegidas com selante à base de polímero acrílico fosco. Os dormitórios e um setor da sala apresentam reboco de gesso pintado. A abóbada foi rebocada e impermeabilizada com uma camada de argamassa de terra que a uniformiza, com uma mão de pintura selante de polímero acrílico e, com uma camada impermeabilizante acrílica, formando uma película elástica, e, por fim, com uma tinta super látex à base de resina acrílica.

Projeto: Raúl Sandoval, la Paz, Bolívia
Conclusão: 1999
Área: 84 m²

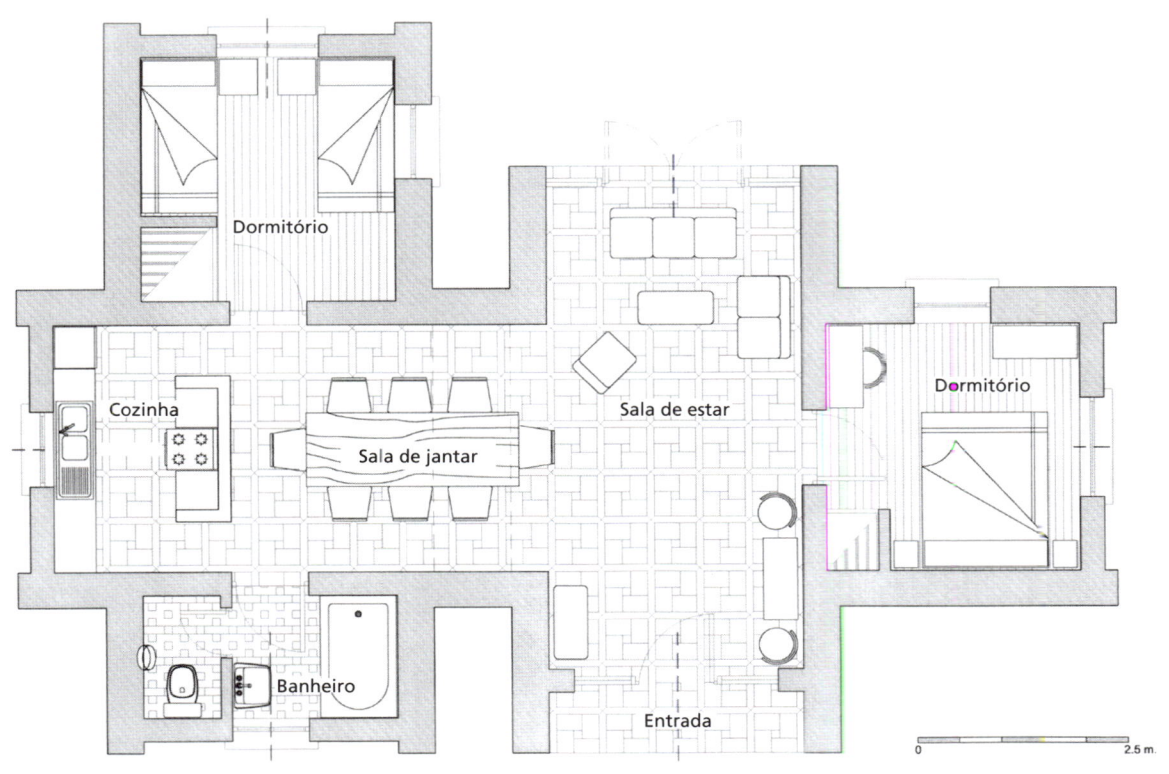

Dormitório

Cozinha

Sala de jantar

Sala de estar

Dormitório

Banheiro

Entrada

0   2,5 m.

Residência, Des Montes, NM, Estados Unidos

Essa suntuosa residência está situada próxima a Taos, Novo México, local com uma longa tradição em construção com adobes. A residência tem dois dormitórios, uma área de estar circular com um *loft* para convidados e uma área de cozinha e corredor aberta. O terraço superior oferece vistas impressionantes das montanhas ao redor. A casa tem duas varandas, uma delas se abre para um jardim rodeado por uma parede com uma fonte. Todas as paredes são de adobe feitos manualmente e rebocadas com argamassa de terra. Em algumas, foram agregados pigmentos naturais, todos eles não tóxicos. Outros elementos ecológicos presentes são: projeto solar passivo, sistema de aquecimento solar de água, piso de concreto empedrado radiante e captação de água de chuva do telhado para irrigação do jardim.

Projeto: One Earth Design, Joaquin Karcher, Taos, NM, EUA
Construtor: John Havener, Cadillac Builders, Taos, NM, EUA
Conclusão: 2004
Área: 204 m²

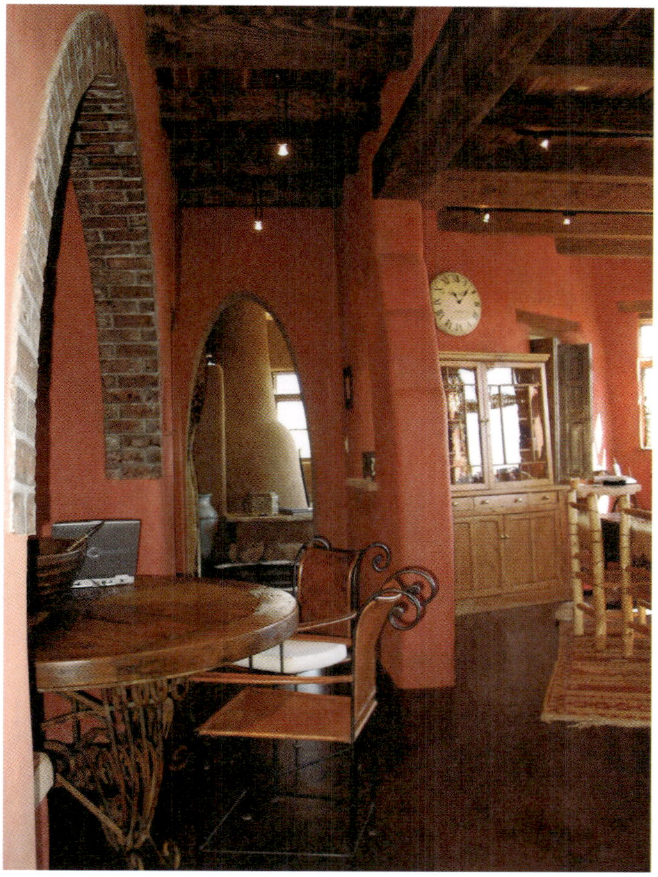

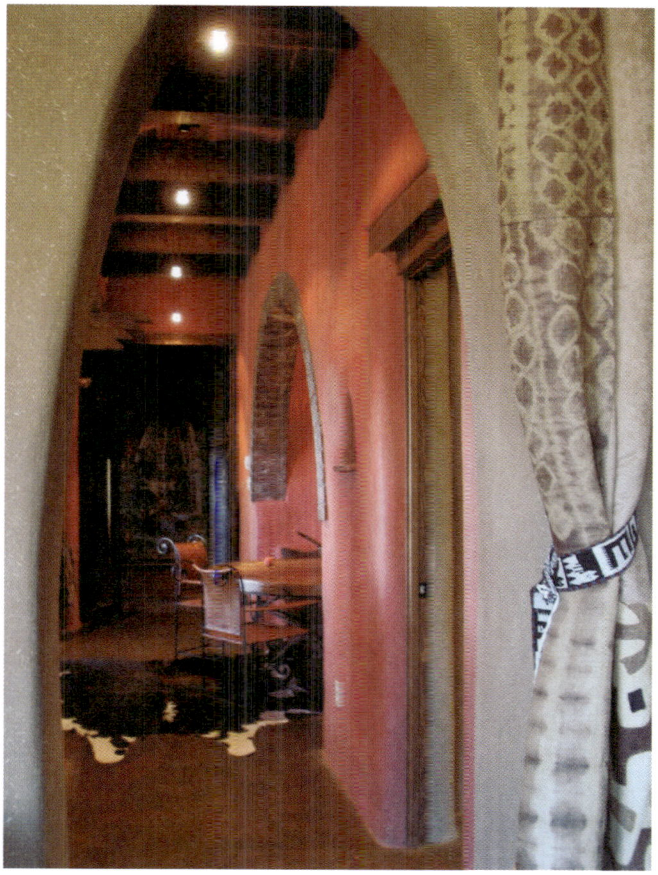

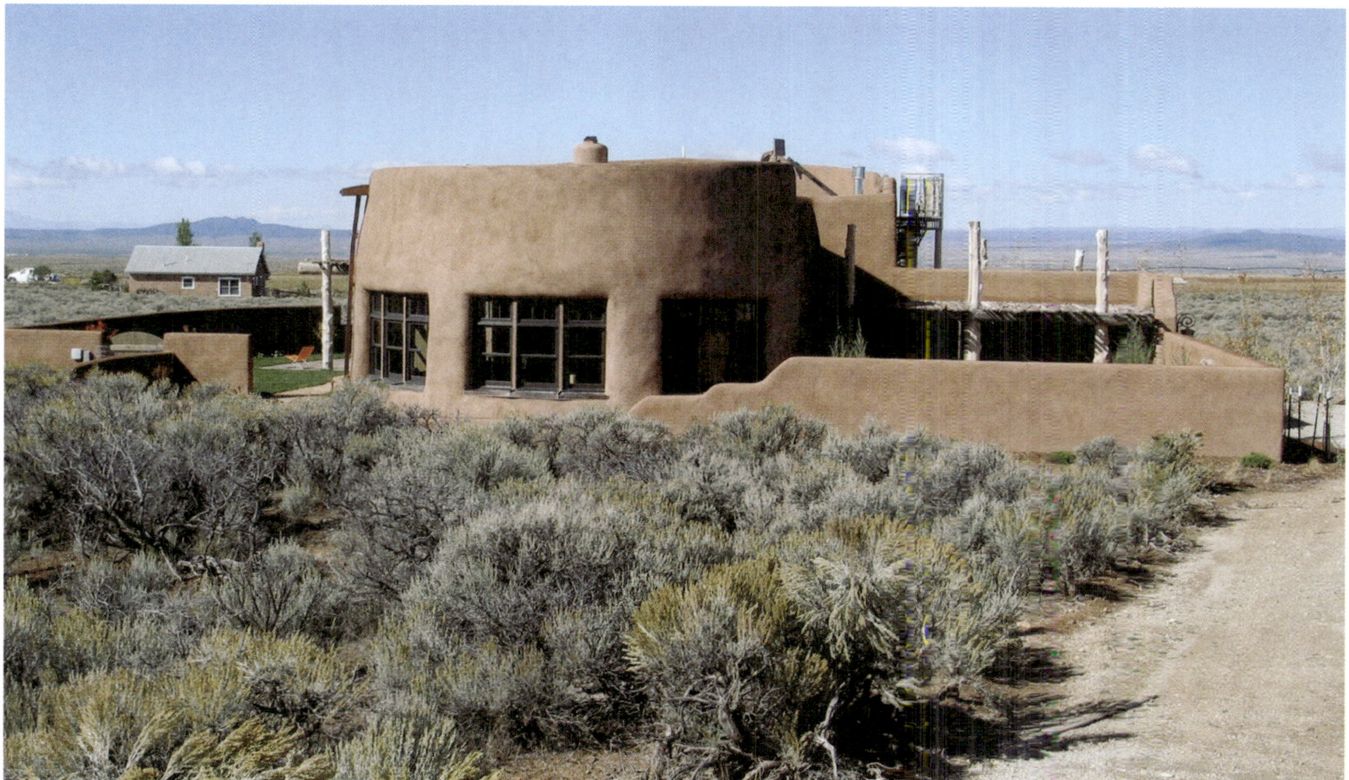

Casa de campo, S. Pedro, São Paulo, Brasil

Essa construção, situada na cadeia montanhosa da Serra do Mar, no estado de São Paulo, é uma casa de campo. As paredes exteriores são de taipa de pilão de 45 cm de espessura, utilizando-se o solo do local estabilizado com um pouco de cal. As paredes interiores são de blocos de terra comprimida. Sob a cobertura, armazena-se água aquecida por coletores solares, em três tanques com uma capacidade total de 1500 l. A residência foi ampliada posteriormente com outros compartimentos.

Projeto: Paulo Montoro, Kelley White
Conclusão: 1996
Área: 78 m²

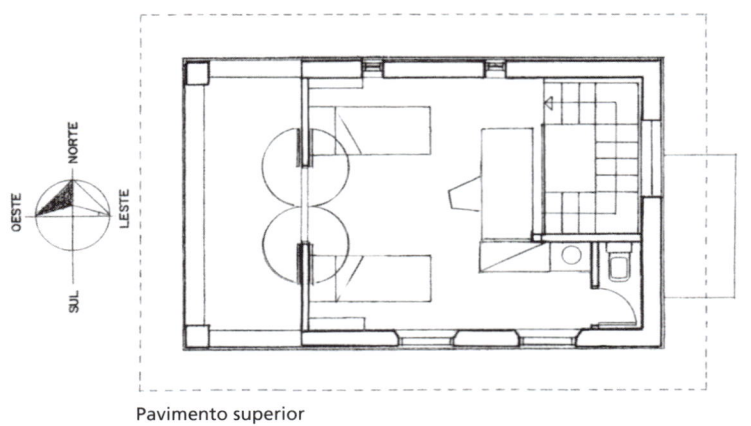

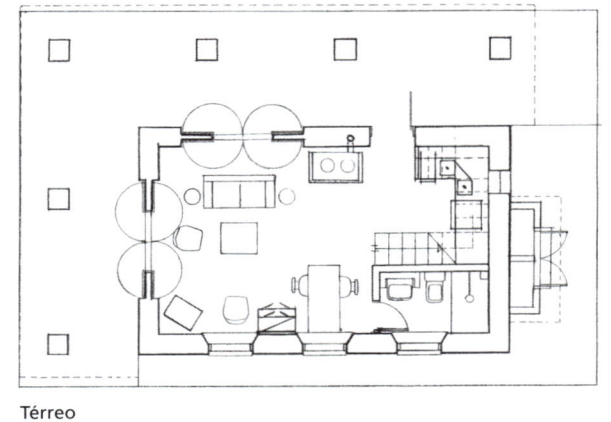

Pavimento superior

Térreo

Residência, Ezeiza, Buenos Aires, Argentina

A casa se encontra no espaço natural Tierras de Avalon. A estrutura foi construída com troncos de eucalipto sem tratamento, as paredes são de adobe, os rebocos de terra e a cobertura do teto e do jardim com terra e grama.

Projeto: Monica Esper
Conclusão: 2011
Área construída: 70 m²

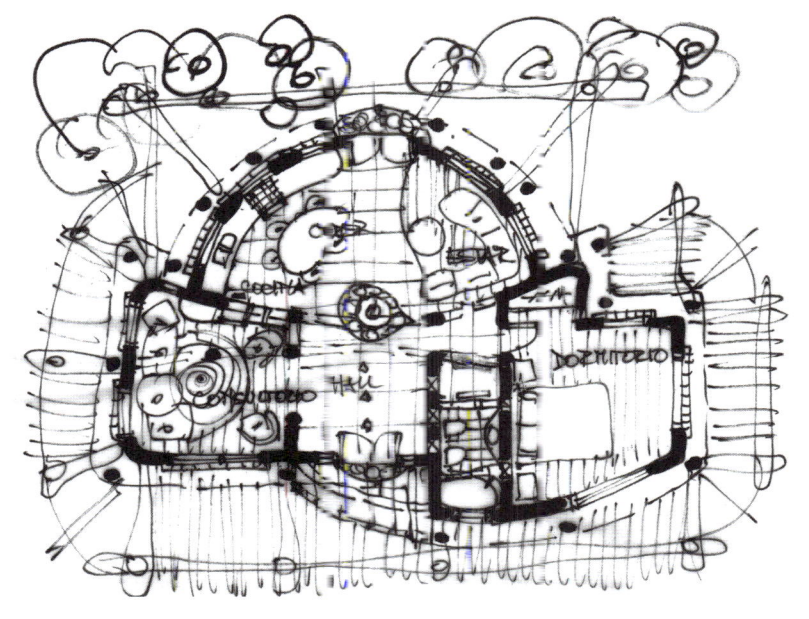

Casa de campo, Maldonado, Uruguai

Essa casa de campo está situada num parque indígena, às margens da embocadura de um rio próximo ao oceano Atlântico. Sua distribuição espacial e sua morfologia foram pensadas para aproveitar a vista, o sol, proteger o terraço dos ventos e, assim, poder utilizá-lo tanto no inverno como no verão. A técnica construtiva utilizada foi, predominantemente, o adobe. Por causa do desnível do terreno, a casa foi desenvolvida em níveis distintos, chegando a atingir até três níveis. O adobe foi utilizado como elemento de suporte no nível da cozinha, da sala de jantar, e parte da sala de estar, com paredes de 25 cm de espessura. A área dos dormitórios, em dois níveis, foi realizada em estrutura de madeira, troncos de eucaliptos e vigas antigas de madeira, entre as quais se ergueram paredes de adobes de 15 cm de espessura, mais 5 cm de terra e palha de trigo, para melhorar o isolamento térmico, e painel duplo de pinho tratado com CCA, resultando em uma parede de 25 cm de espessura, adequada para suportar os ventos e as chuvas com baixa manutenção. Na área norte, está localizada a calefação natural, a partir do uso de um vidro no exterior, protegendo a parede de adobes e promovendo seu aquecimento durante o dia. A casa possui calefação central com 6 painéis de energia solar e gás, permitindo uma economia considerável de combustível. Toda a cobertura da casa é composta por tetos verdes.

Projeto: ECOAECO Kareen Herzfeld - Carlos Placitelli, Montevideo, Uruguai.
Conclusão: 2003
Área: 300m²

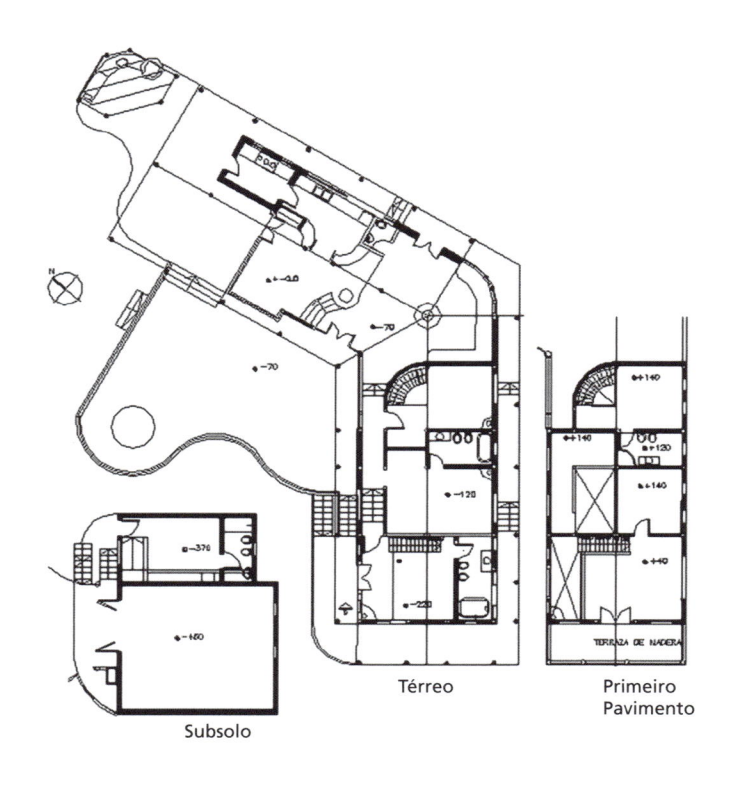

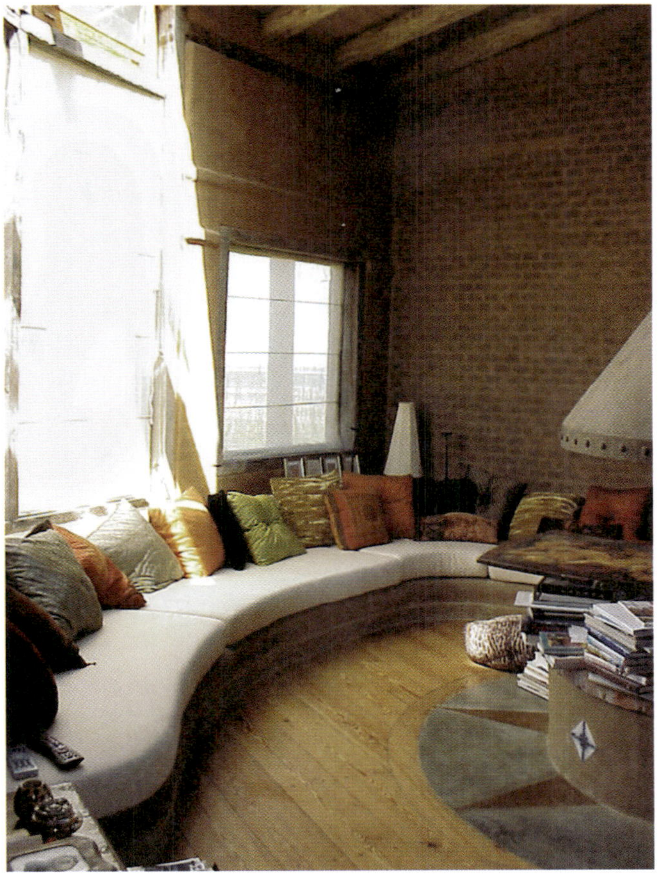
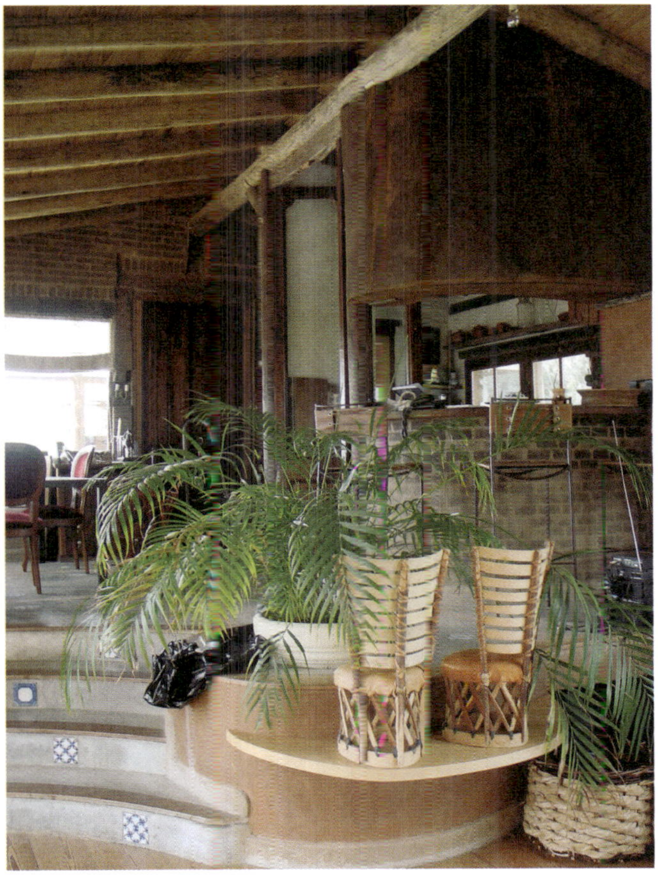
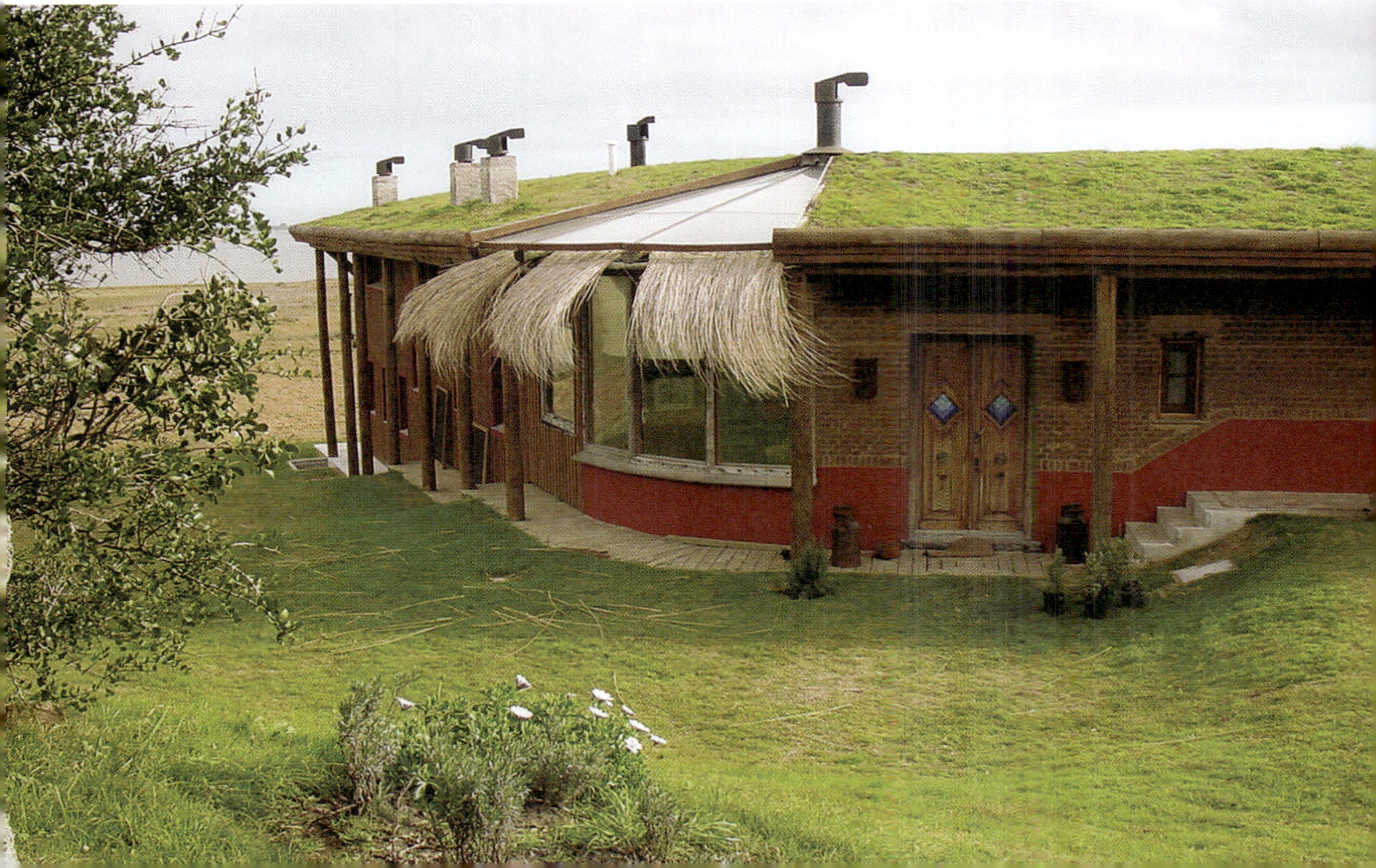

Casa Nuaanarpoq, Taos, Novo México, EUA

A planta da edificação foi construída ao redor da escadaria central, que, do exterior, se percebe como elemento isolado pela cor vermelha com que foi pintada. Na planta superior, encontra-se o estúdio e um grande terraço panorâmico. A edificação tem independência energética: células fotovoltaicas produzem energia, ganho térmico através de energia solar, paredes de adobes que acumulam calor e isolamento térmico exterior formado com fardos de palha, geram um ambiente confortável num clima desértico com temperaturas extremamente variadas durante o dia e a noite. Uma chaminé solar sobre a escadaria permite a saída do ar quente do interior. Uma chaminé à lenha funciona durante o inverno como fonte adicional de calor.

Projeto: EDGE Architects, Ken Anderson, Pamela Freund
Conclusão: 2004
Área: 140 m²

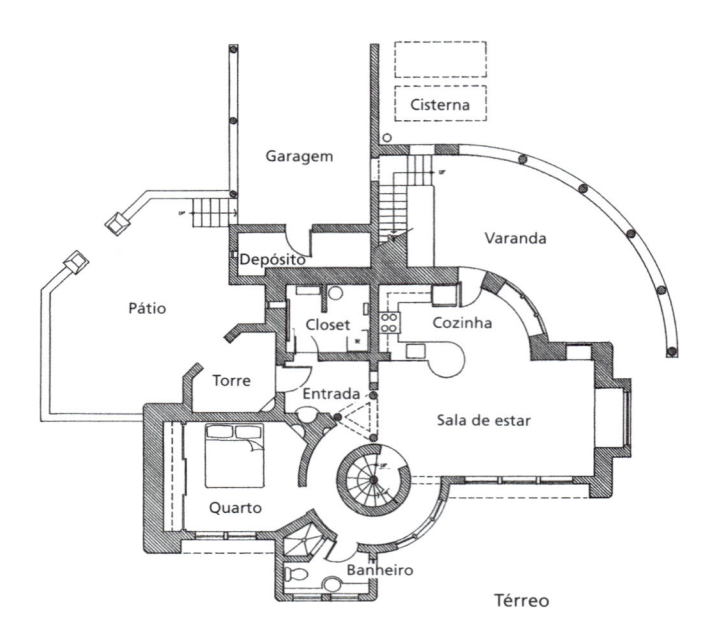

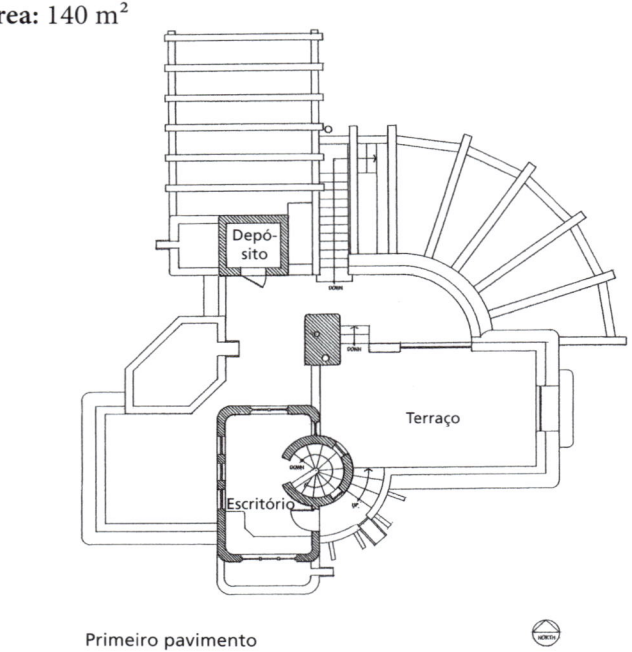

Residência com estúdio, Kassel, Alemanha

Essa residência, combinada com o estúdio do autor, foi construída em 1992, num bairro ecológico de Kassel, Alemanha. Todos os espaços, assim como banheiro e jardim de inverno, foram cobertos com cúpulas de terra. O acesso é coberto com três abóbadas construídas com adobes, como se explicou na parte 15.7.8. O vestíbulo central foi coberto com uma cúpula de 5,2 m de vão livre e 4,6 m de altura, arrematada com uma claraboia em forma de domo, composta por duas camadas de vidro acrílico. Partindo dessa cúpula central, foram criadas quatro cúpulas que cobrem outros espaços. Elas apresentam o mesmo vão que a cúpula central e uma altura de 4 m, e foram igualmente arrematadas com uma claraboia, além de possuírem janelas na altura dos usuários (cozinha).

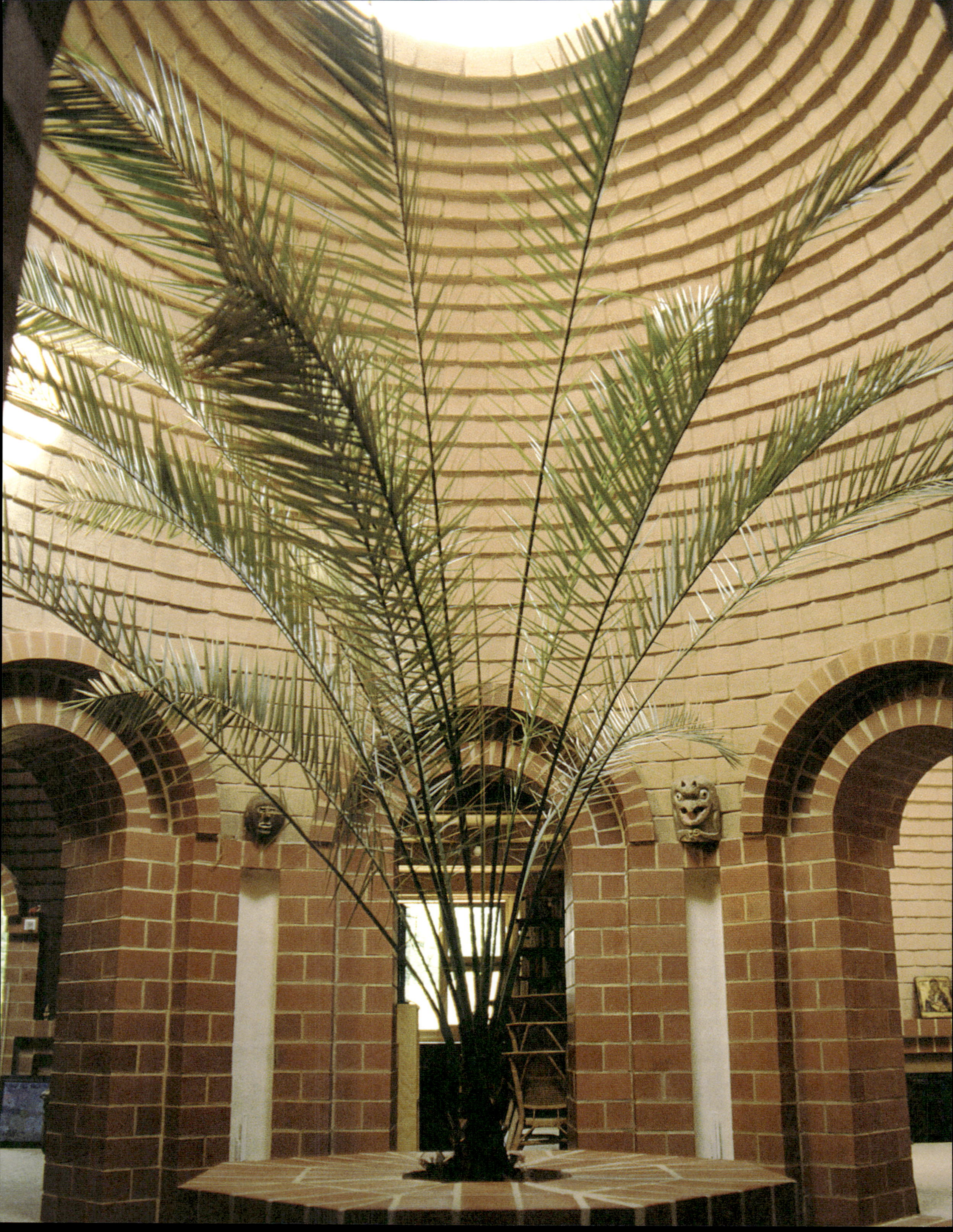

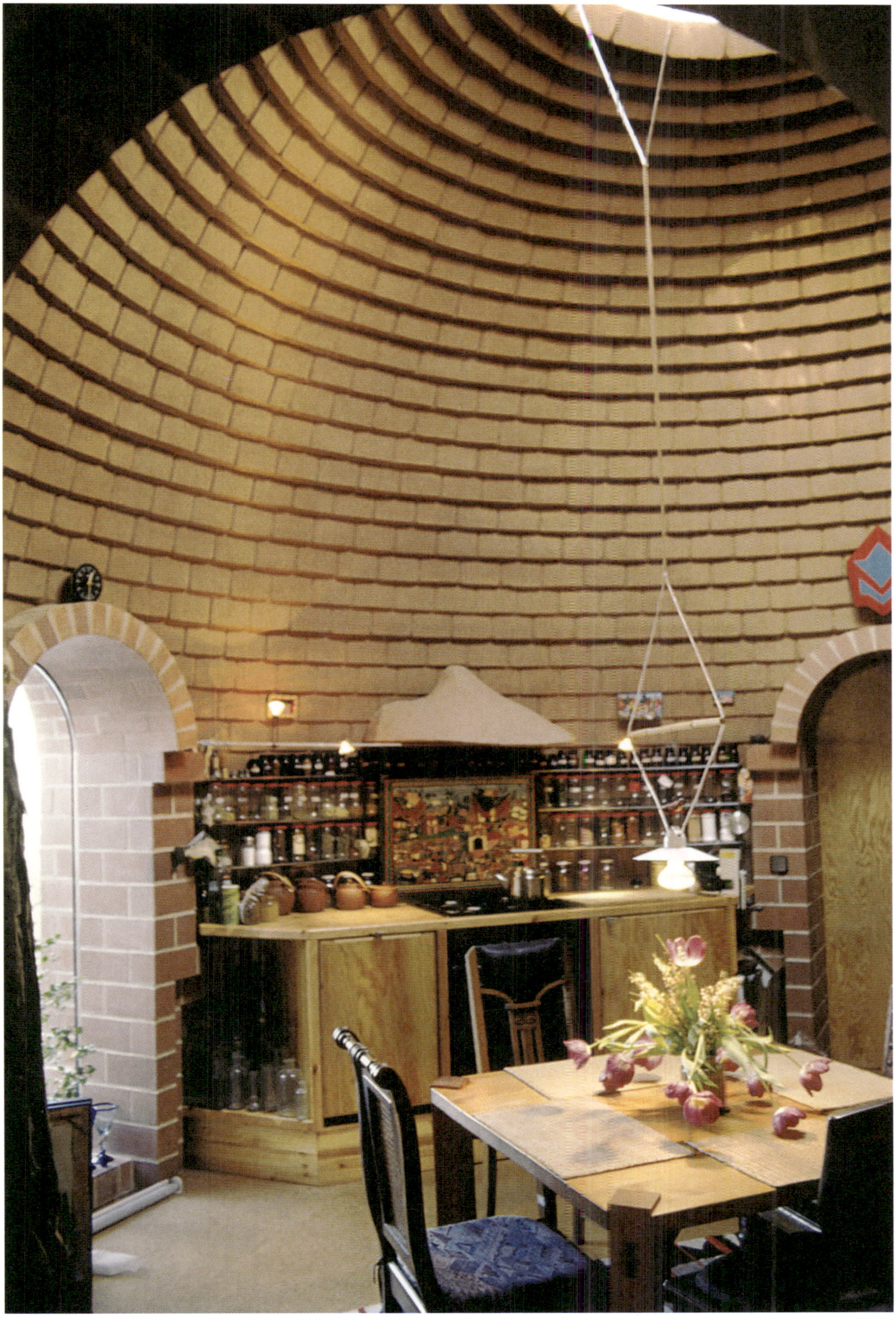

A construção dessas cinco cúpulas foi executada com uma guia rotativa descrita na parte 15.7.7 (foto abaixo).

O arranque da cúpula central se situa a 1,75 m de altura e os das outras a 0,75 m. Não é necessária uma grade de concreto, já que a estrutura foi projetada de maneira que todas as forças resultantes se percam no meio terço das fundações. As cúpulas do banheiro e do jardim de inverno foram construídas sobre um hexágono irregular e foram executadas seguindo uma derivação da técnica afegã (parte 15.7.5), usando-se arcos inclinados com um ângulo de 40-60º em relação à horizontal, sem utilização de forma. A abertura que resta, logo que as duas partes da cúpula alcançam um ponto em que se encontram, foi coberta posteriormente, mudando o padrão dos arcos a 90°. Todas as cúpulas foram cobertas com uma camada adicional de 20 cm de lã para o isolamento térmico e seladas com uma membrana de 2 mm de espessura de tela de poliéster coberta com PVC, resistente à água. Finalmente, foi coberta com 15 cm de terra. Na página ao lado a foto mostra um detalhe da parede que armazena calor do jardim de inverno, construída com tubos preenchidos com terra (ver parte 10.8).

Projeto: Gernot Minke, Kassel, Alemanha
Conclusão: 1993
Área: 155 m² + 61 m² (estúdio)

Preparação de tubos preenchidos com barro.

Cúpula estaticamente otimizada.

Jardim de inverno.

Detalhe de parede que armazena calor de um jardim de inverno.

Dormitório.

Banheiro.

189

Residências conjugadas, Kassel, Alemanha

Essas duas residências se caracterizam por suas fachadas e tetos verdes, que se integram à paisagem, e por seu conceito ecológico. O traço típico da composição é que os espaços estão dispostos em redor do vestíbulo central multiuso, sobre o qual se encontra uma galeria que evita os corredores e que integra o jardim de inverno. Todas as paredes possuem entramado de madeira e as superfícies são de terra. A cobertura de madeira tem um desenho especial em forma de cúpula feita de troncos ou vigas. Prateleiras e pias do banheiro foram feitas com terra.

Projeto: Gernot Minke, Alemanha
Conclusão: 1985
Área: 160 m² + 120 m²
Especificações: fundação de concreto

Pisos: 27 cm de pedregulho, manta asfáltica para evitar umidade, cobertura com tábuas de madeira ou 14 cm de espessura de terra agregada com argila expandida com sisal, e em áreas úmidas placas de cortiça.

Paredes exteriores: tijolos crus, perfis de terra extruída, tudo com isolamento térmico adicional, câmara de ar e painéis de madeira não tratada.

Paredes interiores: grades de madeira com preenchimento de terra extruída.

Coberturas: estrutura de madeira; 12 cm de isolamento térmico; tela de poliéster com 2 mm de espessura coberta com PVC; 15 cm de terra misturada com argila expandida; ervas silvestres no teto verde.

Calefação: aquecedor a gás com painéis solares para aquecer água, no nível da base.

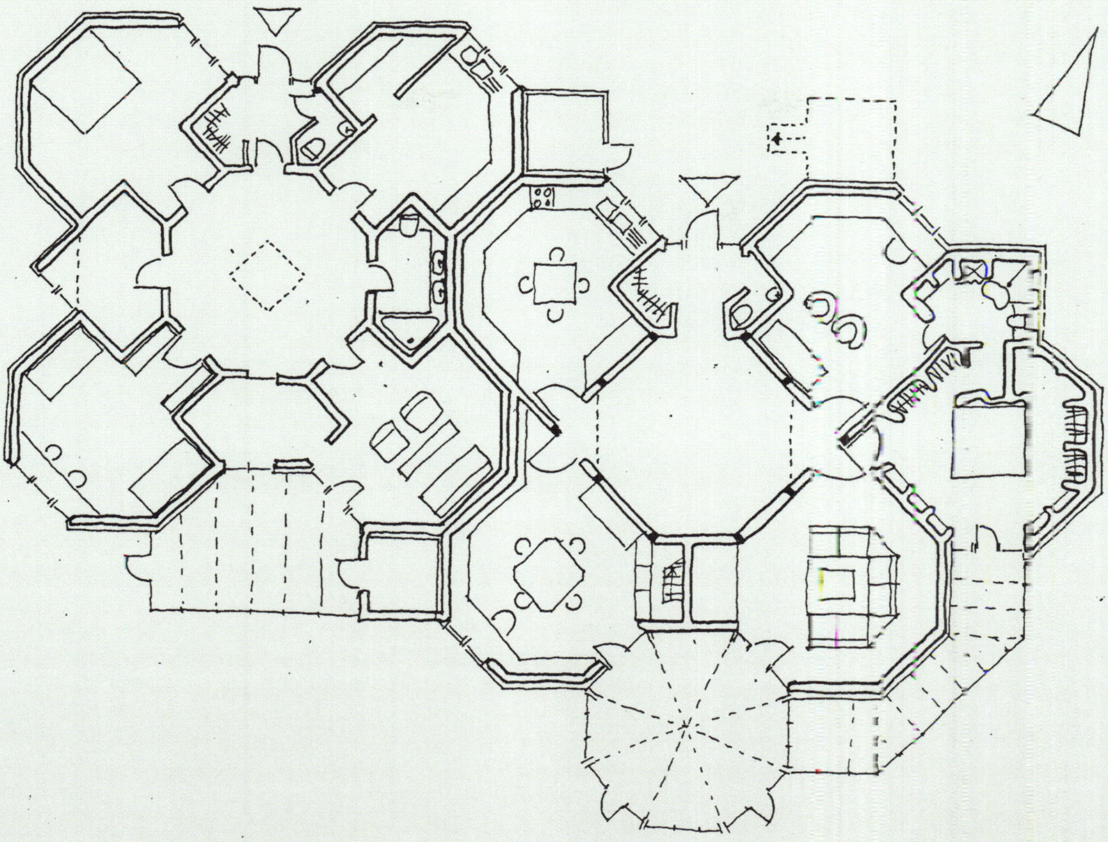

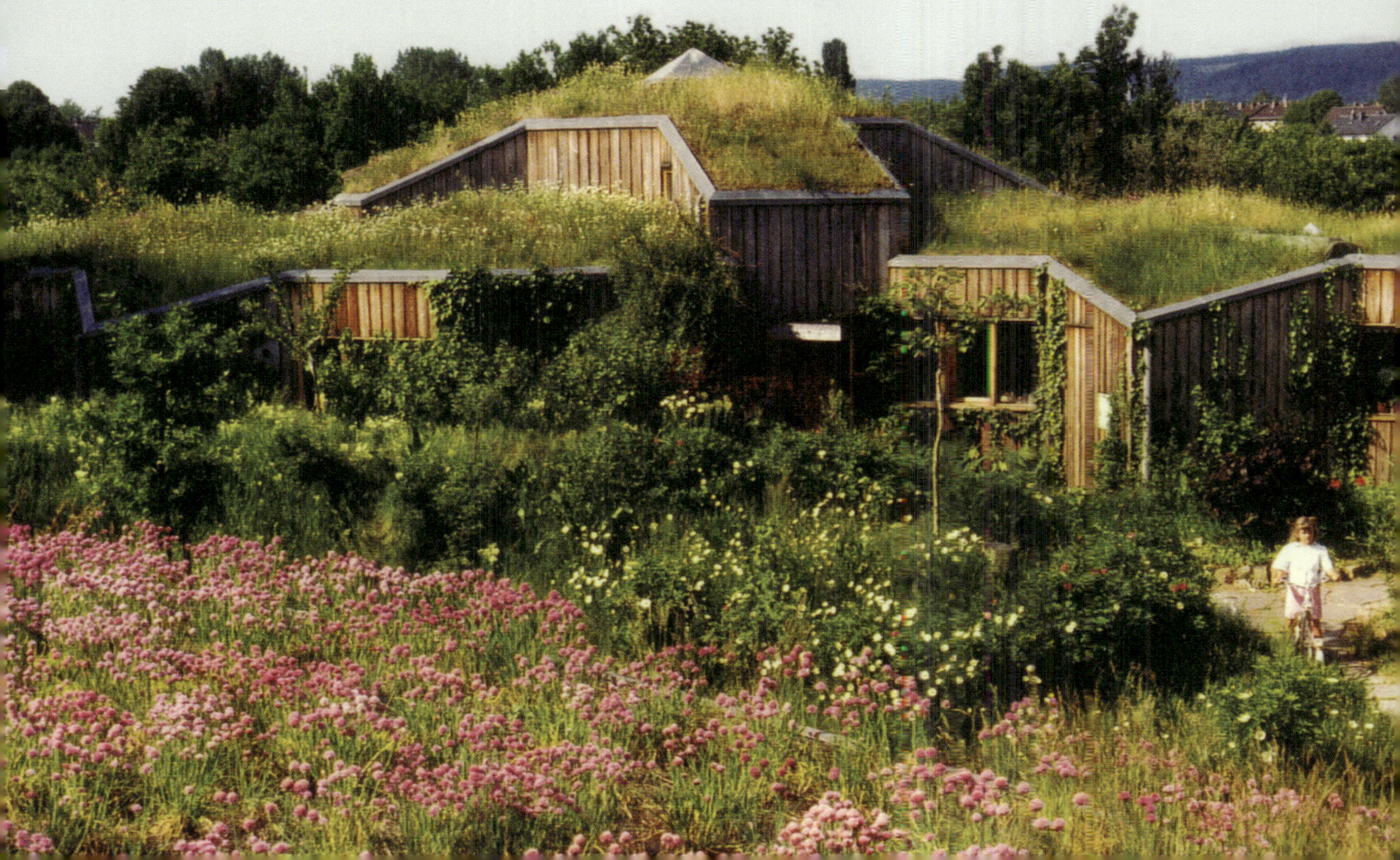

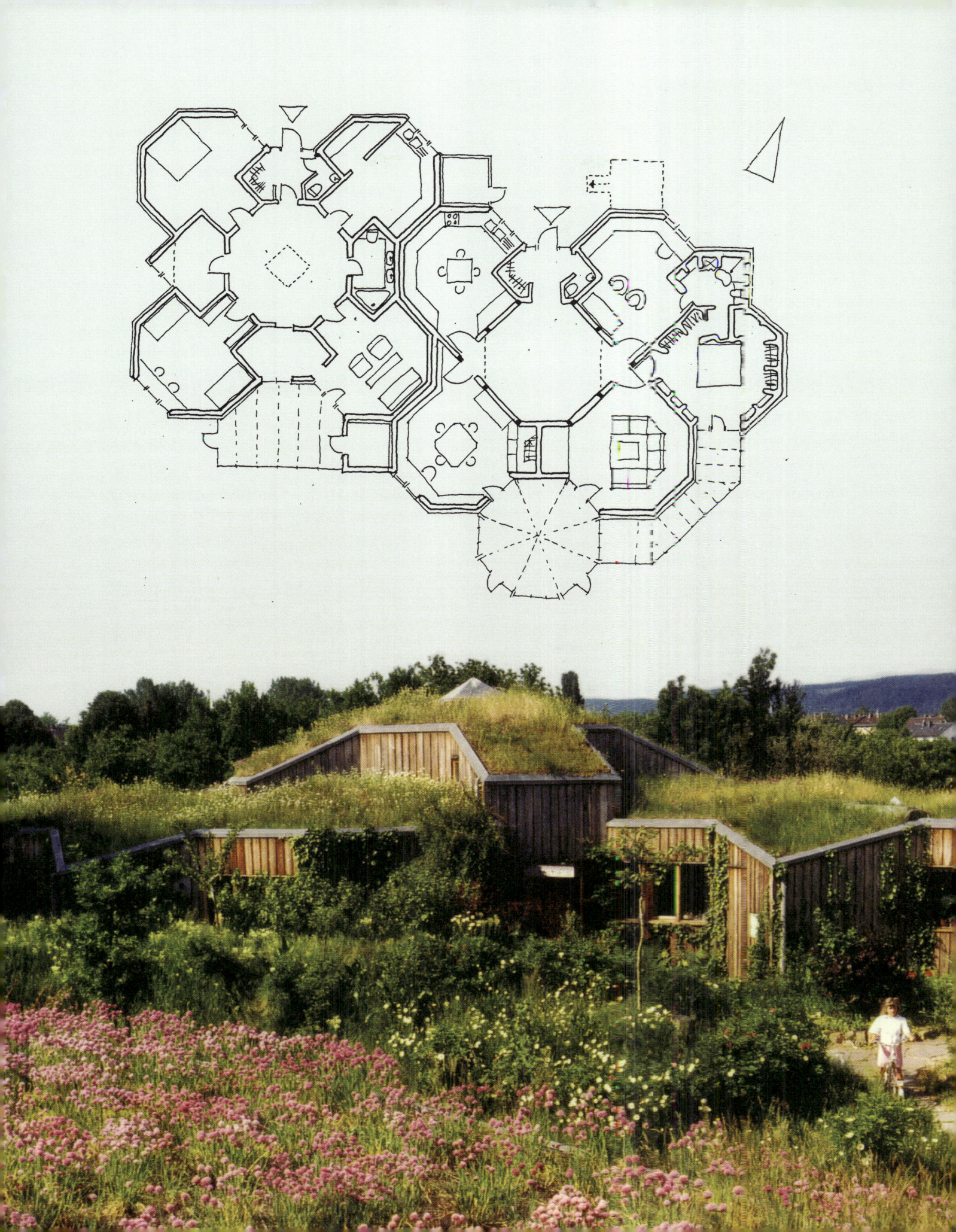

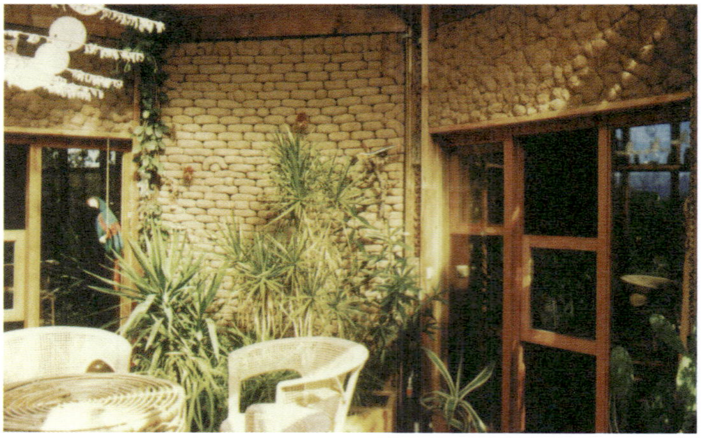

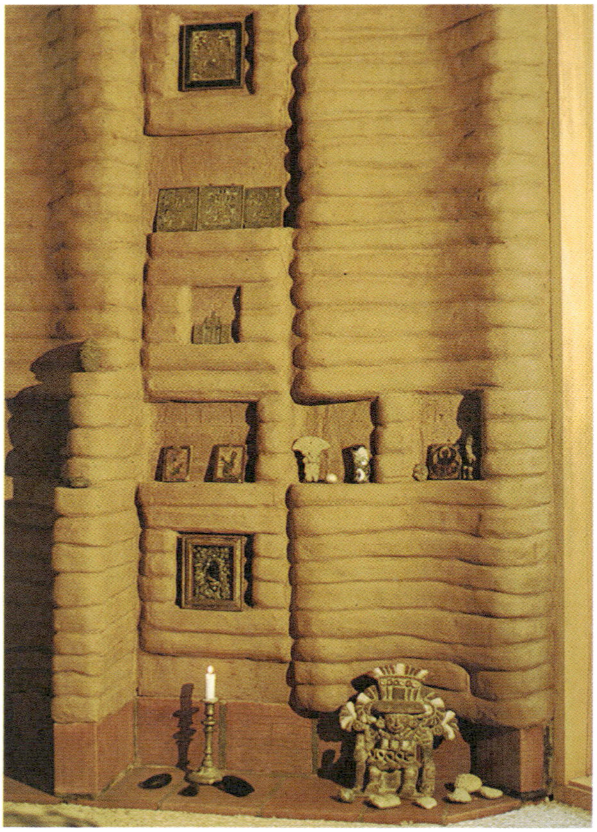

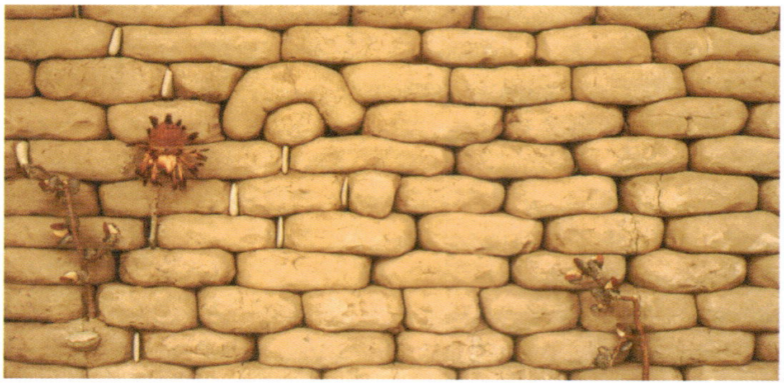

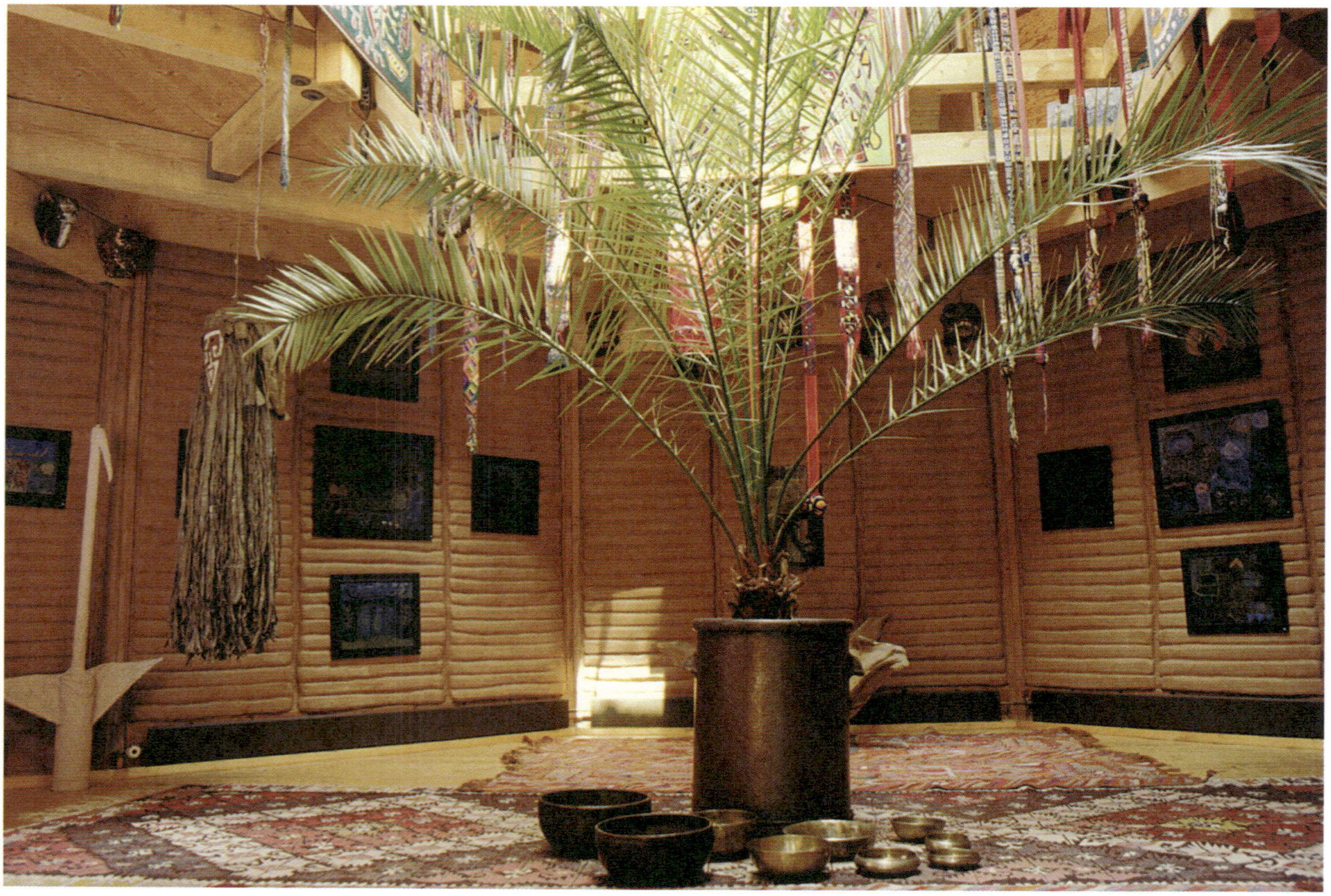

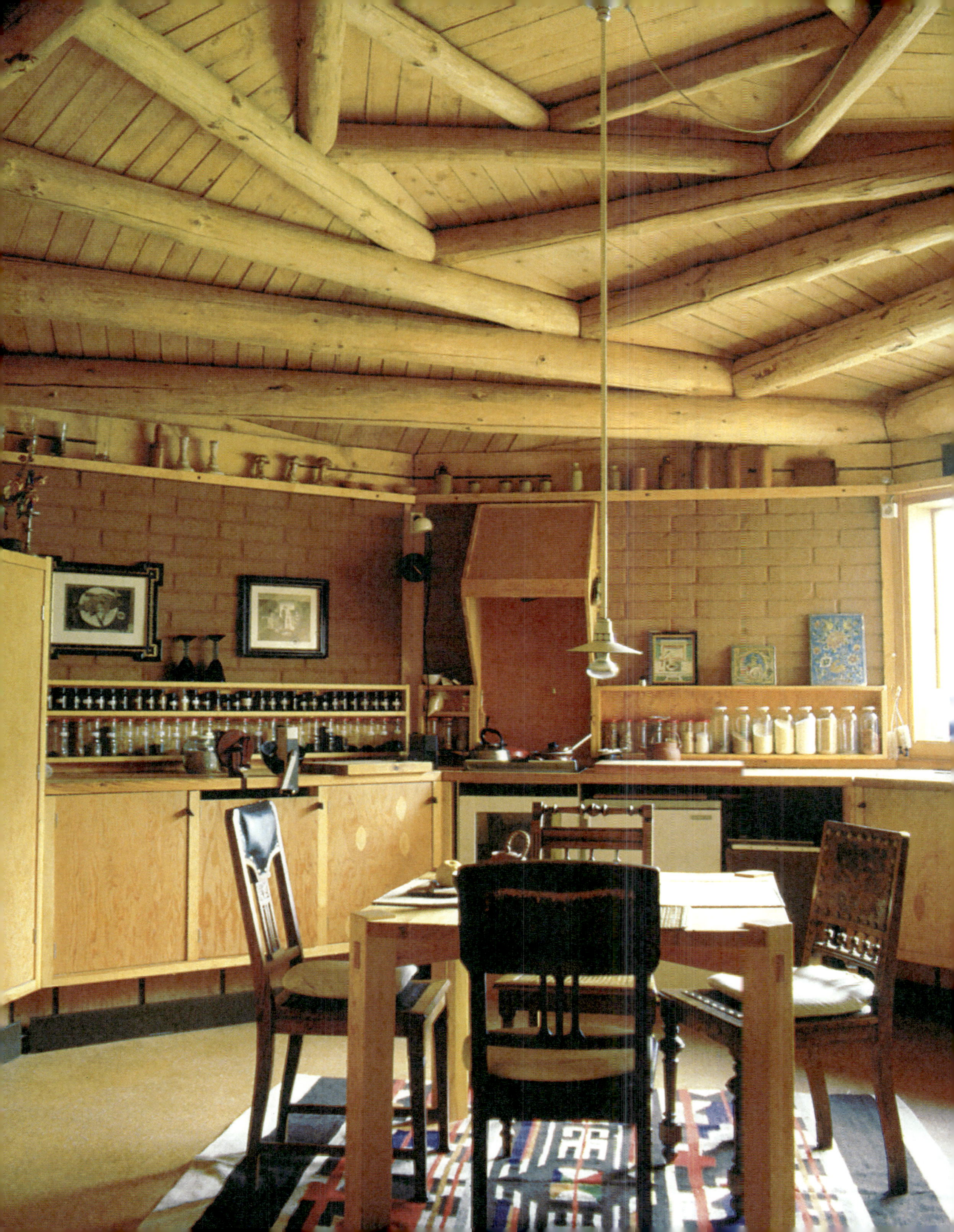

Cúpula de adobe, Aiguá, Uruguai

Em uma fazenda nos arredores da pequena cidade de Aiguá, foi construída uma cúpula de adobe, projetada para relaxamento, meditação e música, capaz de reunir até 50 pessoas. Devido à sua acústica especial, o prédio também serve como estúdio de gravação de música experimental. O diâmetro interno da cúpula é de 7 m, a altura livre no meio é de 5,40 m. A fundação e a elevação são feitas com pedras naturais disponíveis localmente.

A cúpula tem uma entrada circular revestida de pedra natural, com um diâmetro de 1,60 m. Assim, as pessoas que entram precisam se curvar para passar na porta de entrada, e só após entrar elas se dão conta da altura final da cúpula. O piso se inclina 20 cm em direção ao centro, de modo que nenhum nível horizontal é perceptível. Isso cria uma especial impressão espacial que irradia uma sensação de segurança e bem-estar. O topo possui uma abertura, coberta por uma claraboia em forma de pirâmide octogonal, que permite a sensação de estar em contato com o cosmos.

A cúpula foi construída durante um workshop de duas semanas dirigido pelo autor, com a ajuda de Macarena Albarracin e Santiago Escarrá. Foi construída utilizando-se os adobes acústicos desenvolvidos pelo autor. Eles têm bordas arredondadas para difundir a reflexão do som e são pareados em um ângulo de aproximadamente 20 graus para fora, para refletir parte do som para cima, reduzindo, assim, o foco do som refletido em direção ao centro da sala. Além disso, as juntas foram rebaixadas para se obter alguma absorção sonora.

Para obter a seção transversal estaticamente ideal da cúpula, foi usada a guia rotacional desenvolvida pelo Laboratório de Construções Experimentais (LCE) da Universidade de Kassel, que define a posição correta para cada adobe. Do lado de fora, a cúpula foi inicialmente coberta com uma argamassa de terra de duas camadas e, em seguida, selada com uma tinta acrílica reforçada com feltro para torná-la à prova de intempéries. A última camada da tinta transparente foi misturada com areia e pó de argila para obter uma aparência de argila e fornecer proteção adicional contra a radiação ultravioleta.

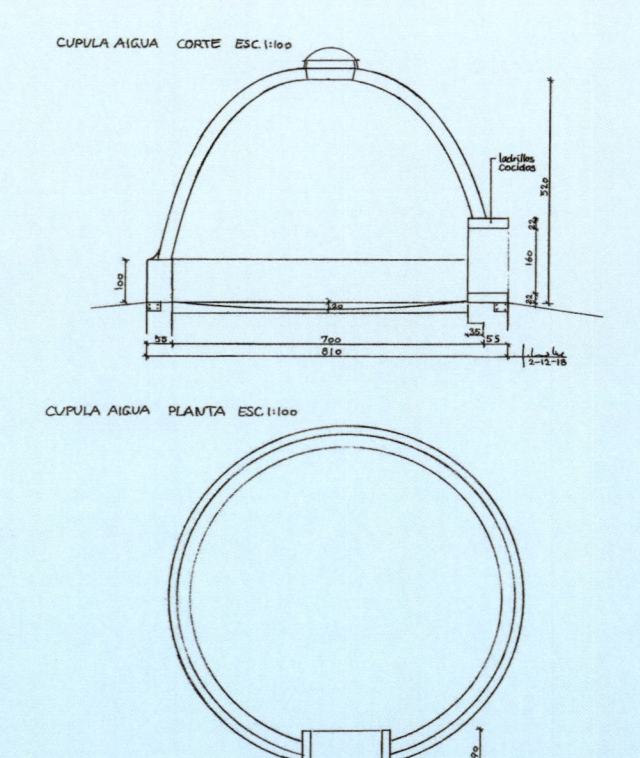

O piso é feito com terra compactada, e sua superfície é dividida em 8 partes e um octógono central por ripas de madeira. A camada superior do piso consiste em aproximadamente 2cm de espessura com reboco de argila, que foi estabilizado com um pouco de cal e cimento.

Projeto e supervisão: Gernot Minke
Organização e supervisão: Macarena Albarracin, Santiago Escarrá, Salta, Argentina
Conclusão: 2020
Área: 38,5 m²

195

Residência, Hellenville, Nova Zelândia

Essa casa de 180 m² foi construída ao longo de 9 anos por seus proprietários Collen e John Braun. Sua estrutura foi realizada com madeira reciclada, e os adobes foram feitos manualmente por eles mesmos. Suas amplas janelas permitem a entrada passiva do sol no inverno, e tanto a calefação como a cozinha são à lenha. Através de um moinho se bombeia água para a casa e o jardim.

Projeto: Graeme North, Warkworth, Nova Zelândia
Conclusão: 2005
Área: 180 m²

197

Residência rural, Rio negro, Argentina

A casa está situada na área rural de El Bosón, e é mais um dos exemplos do movimento de autoconstrução e educação dessa região. A estrutura é de madeira reciclada do local. A parede sul da casa foi feita de fardos de palha, e a parede norte de adobes. O piso foi feito de blocos de terra com 10 cm e isolamento de palha. A casa tem um teto verde, com vegetação silvestre. A calefação vem de uma estufa que, ao mesmo tempo, aquece o sofá-cama. Os rebocos foram feitos de terra.

Projeto: Eq. Cidep - Paulina Avila
Conclusão: 2007
Área: 30 m²

Residência, El Bosón, Argentina

A estrutura da casa é de troncos de ciprestes, e as paredes são de adobes agregados com palha de trigo e estabilizado com 10% de esterco de boi. Os rebocos foram impermeabilizados com cera de abelha e óleo de linhaça duplamente cozido.

Projeto: Paz Álvarez, pastor Muñoz, Emiliano Eustaquio, Paulina Avila
Conclusão: 2007
Área: 160 m²

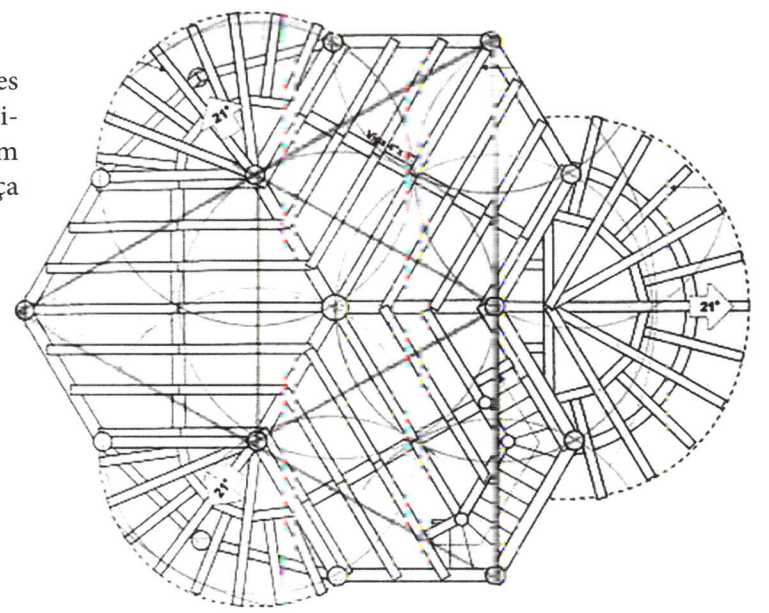

Propriedade, Wazipur, Haryana, Índia

Procurou-se adaptar a construção ao clima quente da região, aos materiais locais e à aplicação dos princípios de climatização passiva.

A edificação tem uma área (incluindo o terraço) de 206 m². As habitações se encontram distribuídas em torno de um pátio central, permitindo a ventilação cruzada em todos os cômodos.

O pátio consegue refrescar o ar por meio de fontes de água e vegetação. Como na região não há madeira para a construção, as colunas de suporte das habitações octogonais foram feitas de pedra. As paredes entre as colunas foram construídas com adobes; as colunas foram coroadas, na parte superior, com uma cinta de amarração de concreto armado, no qual o teto se apoia, levemente inclinado, feito de placas de calcário. A camada superior do teto é de calcário, que por ser muito branco, refrata os raios solares. O restante do calor transmitido pela pedra é dissipado por uma câmara de ar ventilada. Para a proteção dos ventos quentes, foram feitas terraplenagens que cobrem a fachada externa, criando um colchão de ar mediante uma prancha de pedra inclinada que se apoia sobre as paredes.

Todas as superfícies externas da edificação possuem um colchão de ar ou estão protegidas por beirais e treliças. As treliças de pedra das janelas foram projetadas para prover sombra e refletir a luz para o interior. Além disso, funcionam como uma grade de proteção.

Através de um sistema de túneis de ar subterrâneos, bombeia-se ar fresco para as habitações. A distância do ventilador de 2 kw da edificação é de aproximadamente 60 m. A seção consiste em dois dutos de tijolos a uma profundidade média de 3 m sob a terra. A velocidade máxima do ar se mantém em 6 m/s. Esta passagem debaixo da terra esfria o ar no verão (até 14 graus menos do que no exterior) e o aquece no inverno. Essa técnica evita a utilização de ar condicionado, economizando, assim, grande quantidade de energia elétrica.

Projeto: Gernot Minke, DAAT, Nova Delhi, Índia
Conclusão: 1993
Área: 206 m²

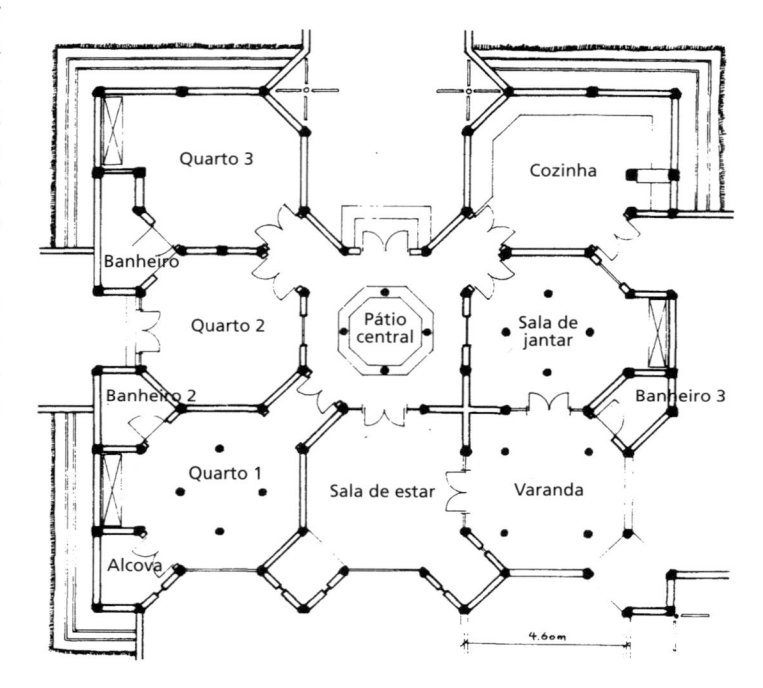

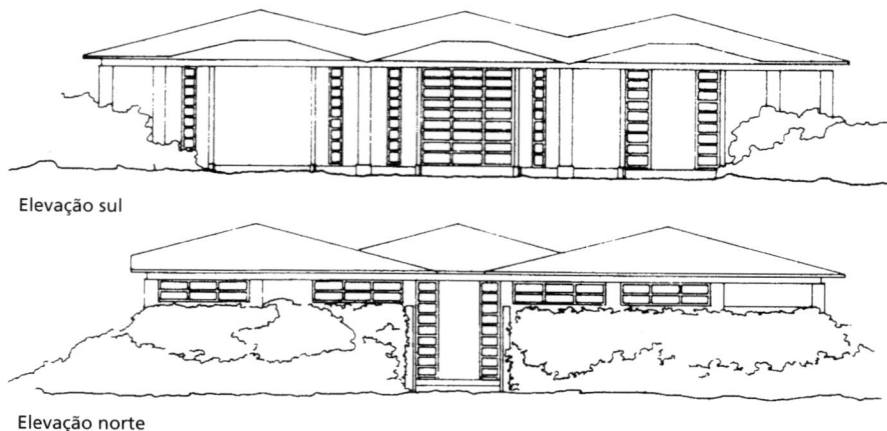

Elevação sul

Elevação norte

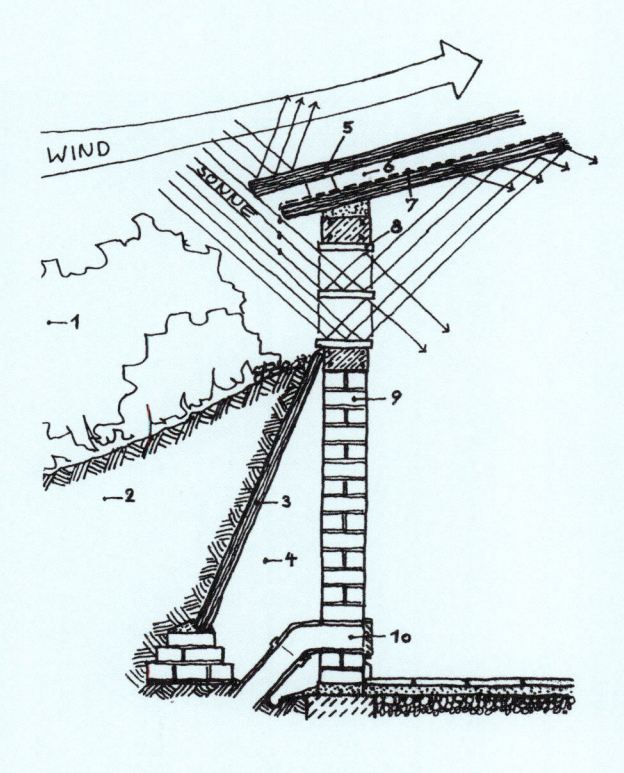

Seção vertical esquemática

1. Arbustos para desviar o vento
2. Aterro para regular a temperatura do interior
3. Placas de pedra para sustentar a terra
4. Câmara de ar de isolamento térmico
5. Painéis de pedra para para refletir a luz
6. Câmara de ar
7. Impermeabilização com betume
8. Placas de pedra horizontais para sombra, luz indireta e segurança
9. Parede de adobe, regulador de umidade e acumulador de calor
10. Climatização segundo um túnel de ar subterrâneo

202

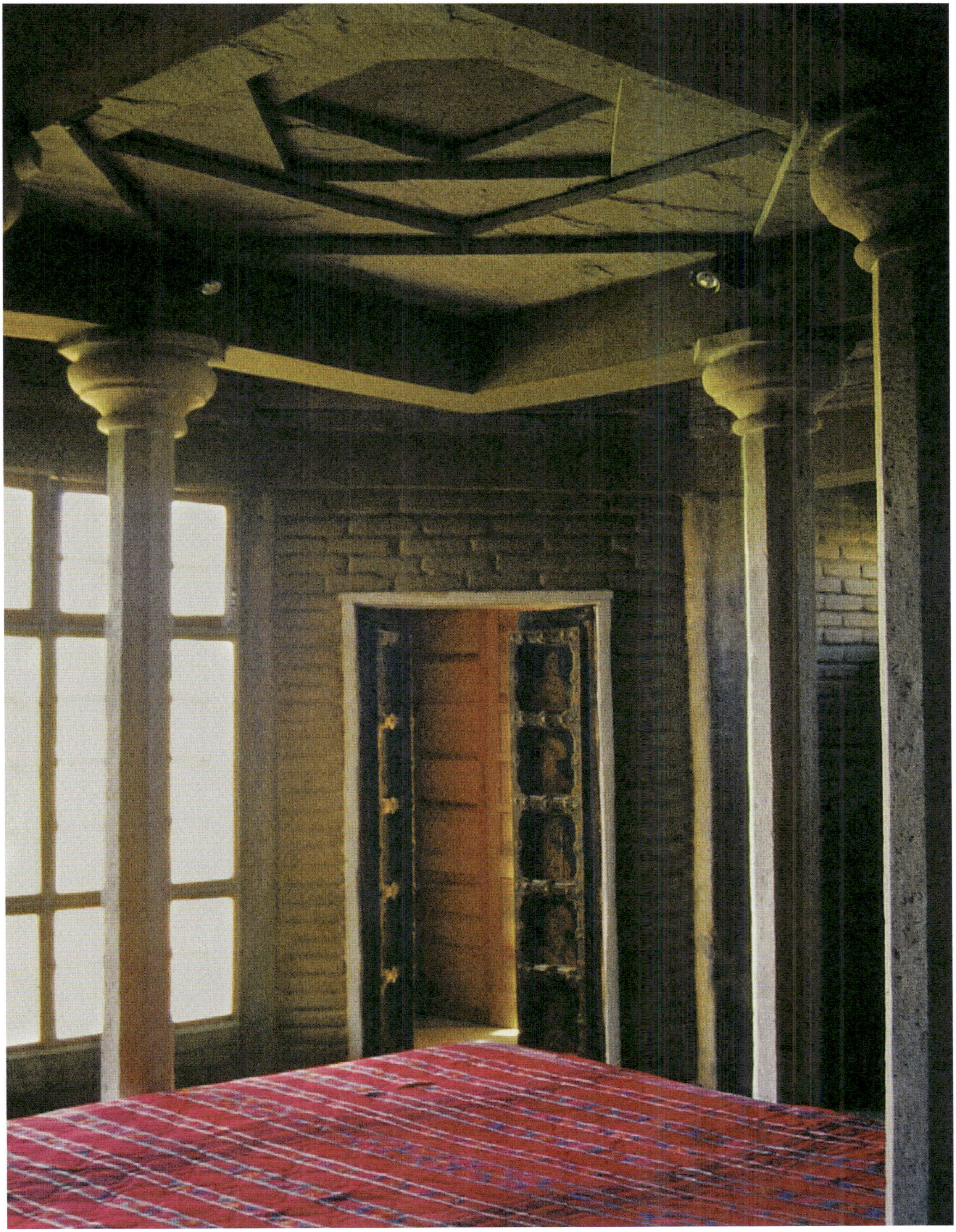

Berçário, Bellingdon, Buckinghamshire, Reino Unido

O objetivo desse jardim de infância era criar um edifício sustentável com um clima interno saudável, usando materiais de construção naturais e locais.

Situa-se em uma paisagem particularmente bonita, nos limites de uma aldeia, e acomoda três grupos de crianças de 2 a 4 anos e um grupo de crianças em idade escolar de até 10 anos, que recebem cuidados pré e pós-escolares enquanto seus pais trabalham. As salas de aula são agrupadas em torno de uma sala central octogonal, coberta por uma cúpula de adobes com formato especial, que apresentam bordas arredondadas para melhorar a acústica da sala. Os tijolos de adobe, chamados de *strokes* são constituídos apenas de terra e palha cortada e foram prensados em moldes. A técnica de produção foi desenvolvida pela HG Matthews Brickworks. A cúpula foi construída com o auxílio de uma guia de rotação, e os blocos foram assentados com argamassa de terra.

Para evitar o uso de concreto no local, as fundações foram preenchidas com pedra de sílex compactada, que foi peneirada da camada superficial dos campos circundantes. Os tijolos que formam as paredes externas octogonais são blocos cerâmicos artesanais queimados. A alvenaria interna e externa foi toda assentada com argamassa de cal, e as paredes externas são isoladas com blocos feitos de cânhamo e cal, proporcionando o isolamento térmico necessário e dando massa térmica suficiente para um clima interior equilibrado.

A estrutura do telhado de madeira suporta um telhado verde, que foi semeado com grama e flores silvestres.

Arquiteto: Gernot Minke, Germany
Construtor: HG Matthews, UK
Ano de conclusão: 2020
Área útil: 230 m²
Custos: £ 450,000

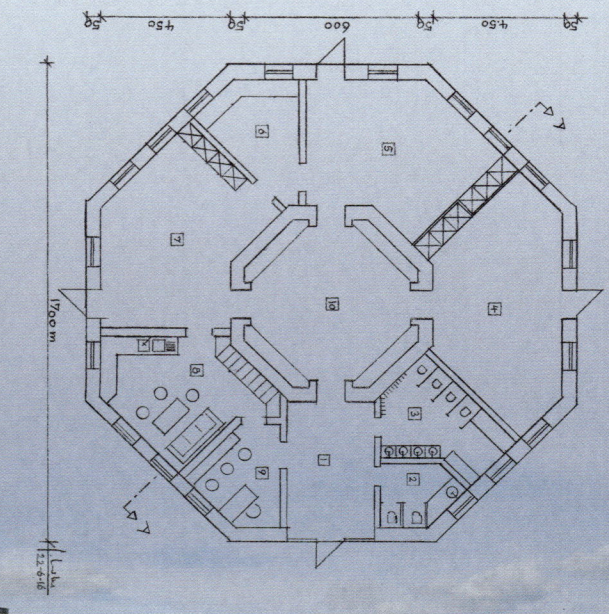

205

Escola infantil, Oranienburg-Eden, Alemanha

O espaço é formado por quatro grupos pré-escolares, um maternal e um salão multiusos, e constituído por uma cúpula central apoiada em 8 arcos de tijolos cozidos, cujo espaço interior se situa 50 cm abaixo do nível do resto da construção. A cúpula tem 11 m de diâmetro e 6,80 m de altura, sendo que é a maior cúpula construída na Alemanha com adobes de terra sem estabilizar. As salas octogonais foram construídas com uma estrutura de madeira, em que se apoiam os tetos tipo Hogan. Elas estão divididas em duas zonas de uso, e cada sala possui seus banheiros, armários e saída para o jardim, procurando fazer com que cada grupo tenha uma unidade independente de trabalho. Convém destacar que a construção de ambos os projetos se realizou com custos bem abaixo dos projetos similares desenvolvidos com sistemas tradicionais.

Projeto: Gernot Minke
Conclusão: 2002
Área: 870 m²

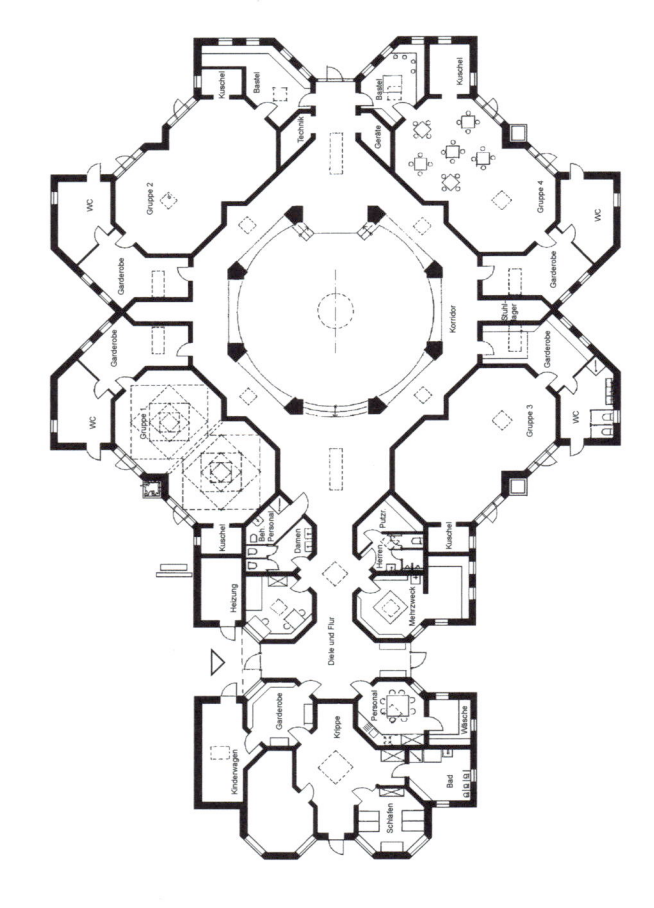

207

Creche infantil, Sorsum, Alemanha

A creche tem uma cúpula central sobre um hall multiuso, com um vão livre de 10 m, construída com tijolos crus. Sua espessura é de 30 cm (12 polegadas). Cada um dos três espaços foi coberto com duas cúpulas que se interceptam num arco central. As coberturas dos espaços laterais e varandas foram construídas mediante uma estrutura de madeira. A maioria das paredes exteriores foi terraplanada. Toda a edificação foi coberta com uma camada de 15 cm de terra e ervas silvestres. O projeto revela a integração harmoniosa com a paisagem e é energeticamente independente. Os tijolos crus foram extruídos numa olaria e apresentam uma forma arredondada, o que produz um bom efeito acústico para distribuição do som. Além do mais, a leve inclinação dos blocos oferece um efeito que elimina a convergência das ondas sonoras.

Projeto: Gernot Minke, Kassel, Alemanha
Conclusão: 1996
Área: 595 m²

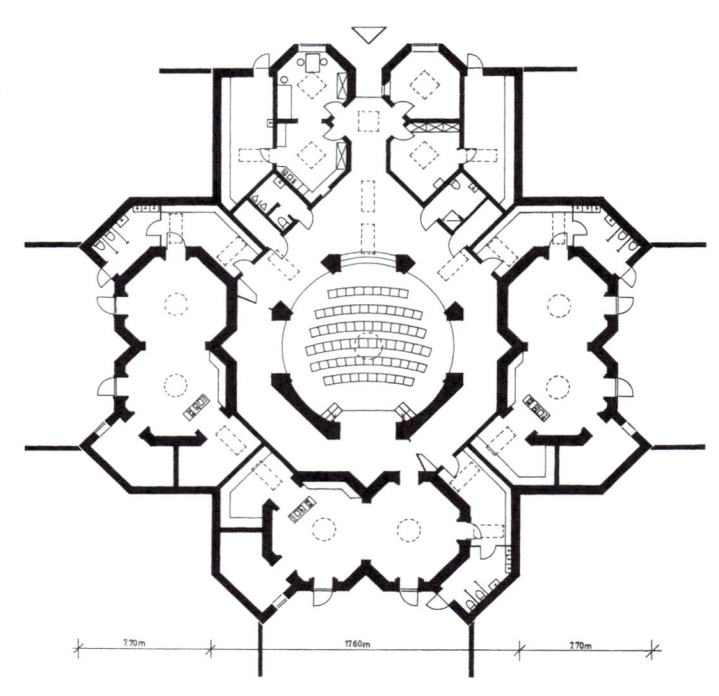

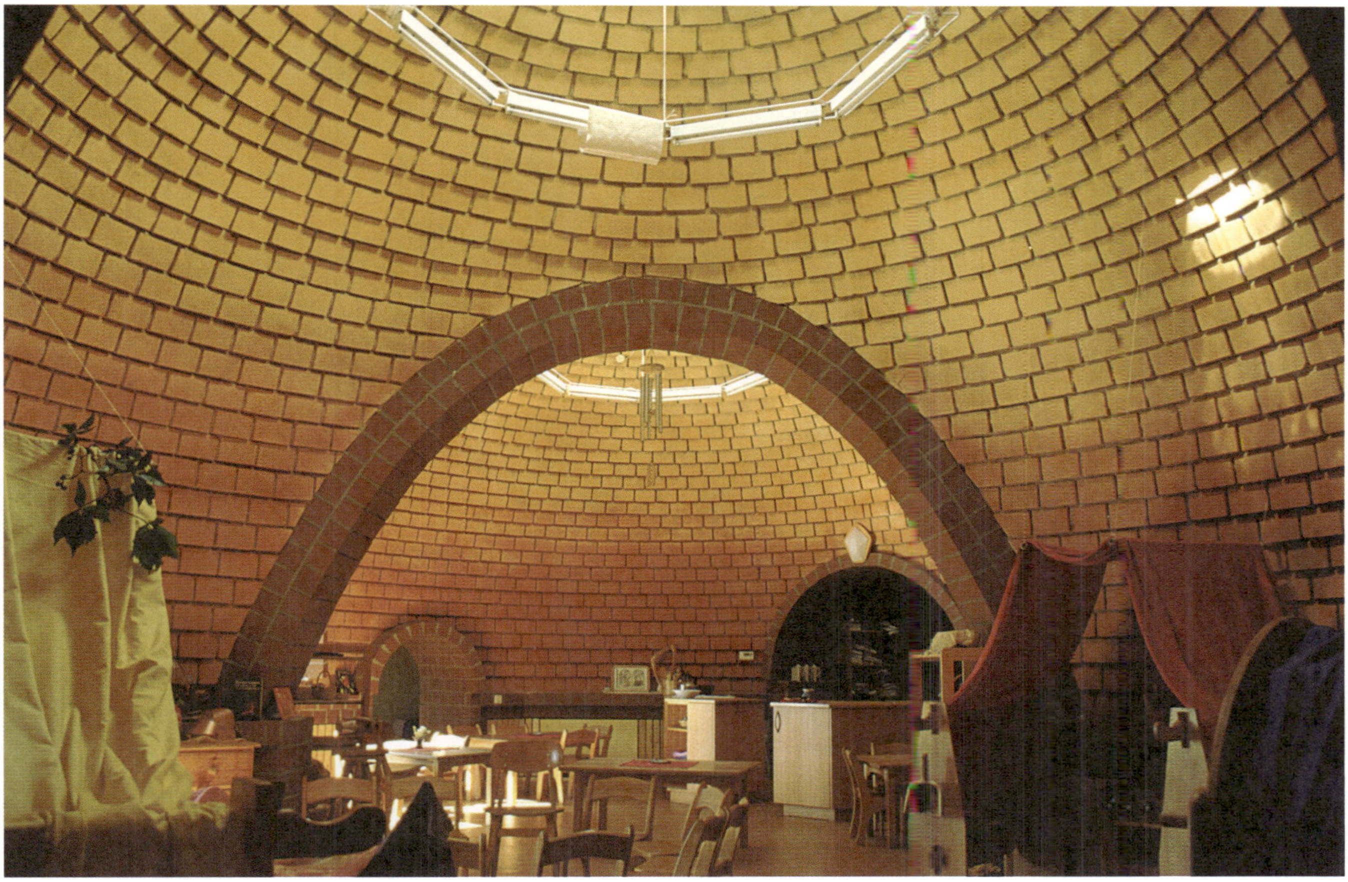

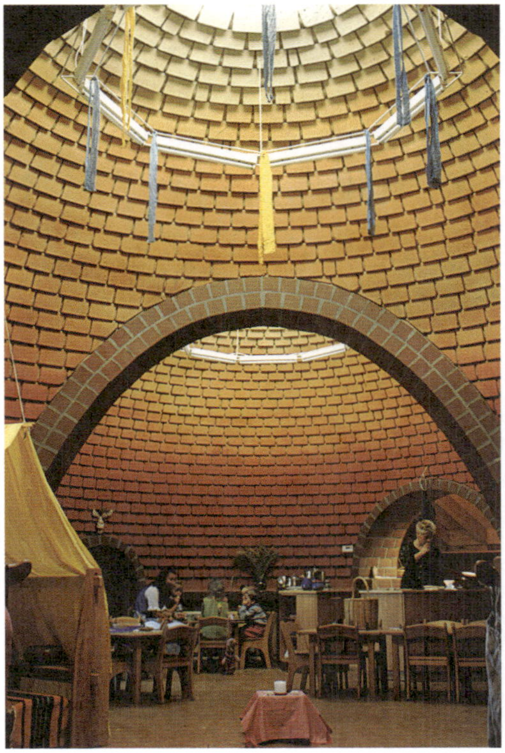

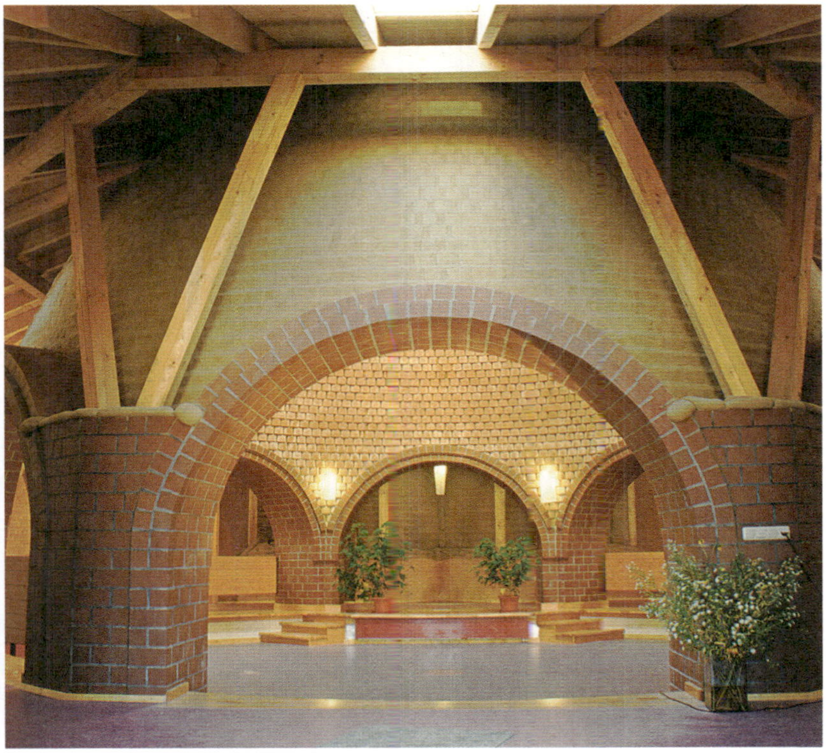

210

Casa, Vale de Calamuchita, Córdoba, Argentina

A casa se situa numa região montanhosa, envolta por um bosque de coníferas, numa vertente sobre um braço do rio Los Reartes. Os elementos utilizados no projeto são: paredes de adobe e pau a pique, tetos verdes, separação das águas do vaso e as águas cinzas com tratamento de fitopurificação, torres de refrigeração natural, calefação pelo leito de pedra, *estufa rusa* (forno russo), paredes com alta inércia térmica e calefação de água combinando três dispositivos interconectados: aquecimento solar, aquecimento à lenha e a gás. A estrutura do teto foi construída com troncos de madeira, formando um sistema dúctil, adequado aos requisitos para resistir aos sismos da região (zona 1).

Projeto: Christian Lico, Ignacio Serrallonga
Conclusão: 2011
Área: 130 m²

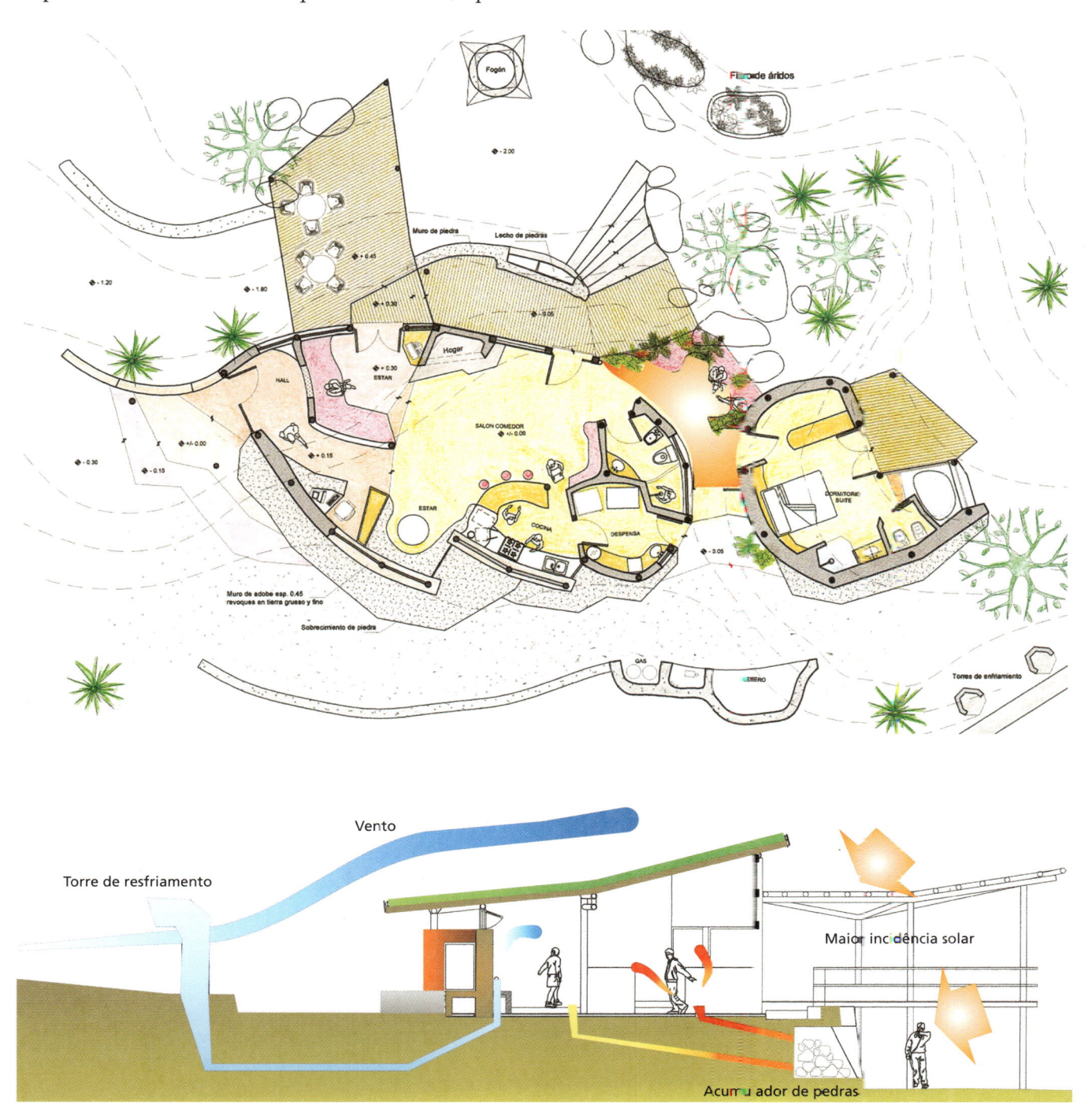

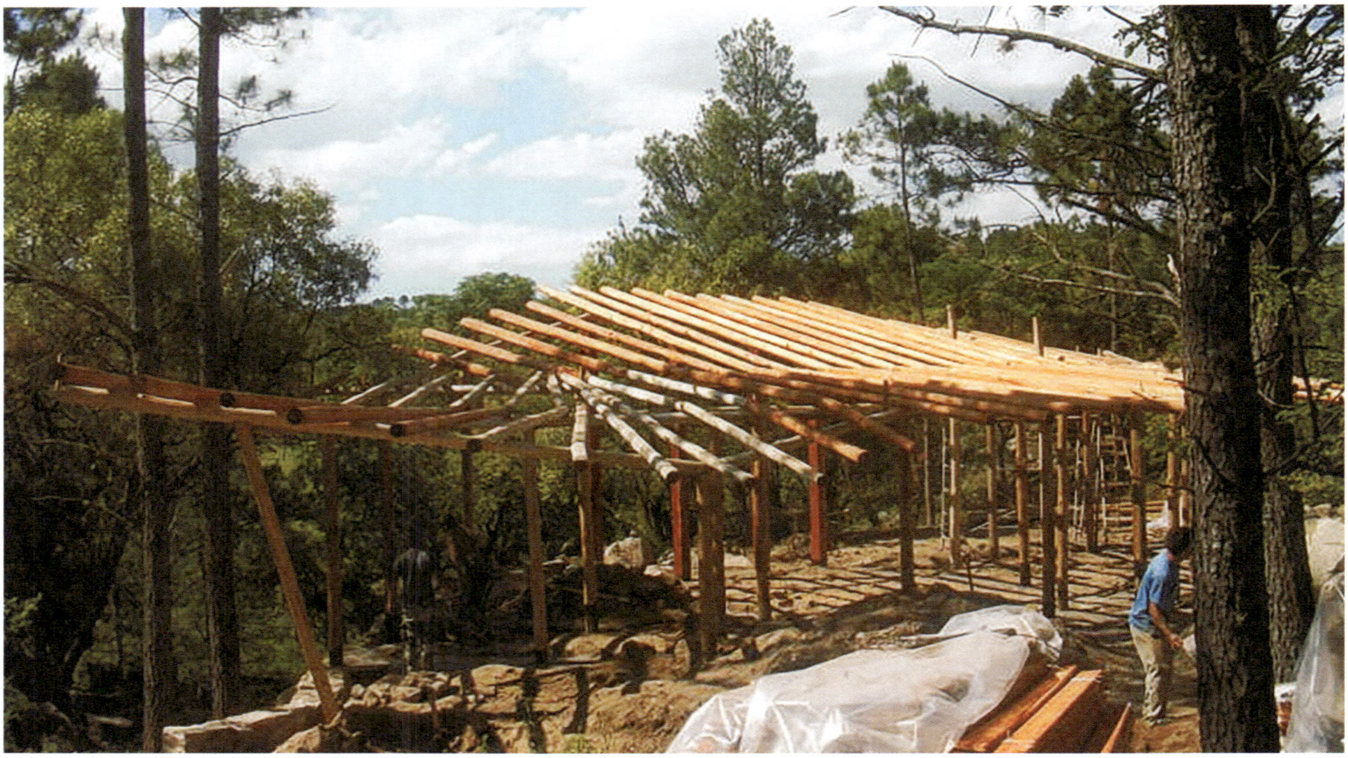

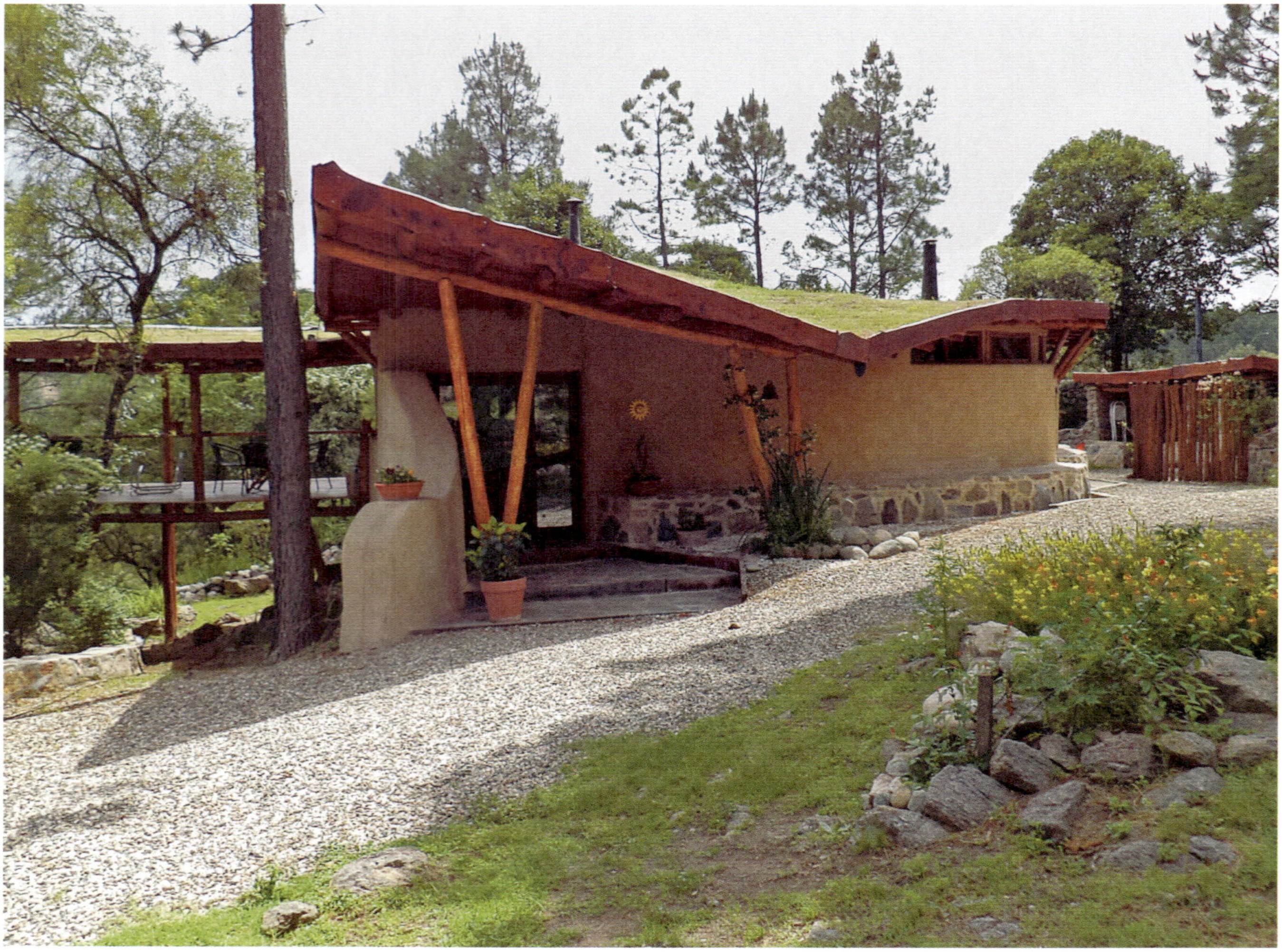

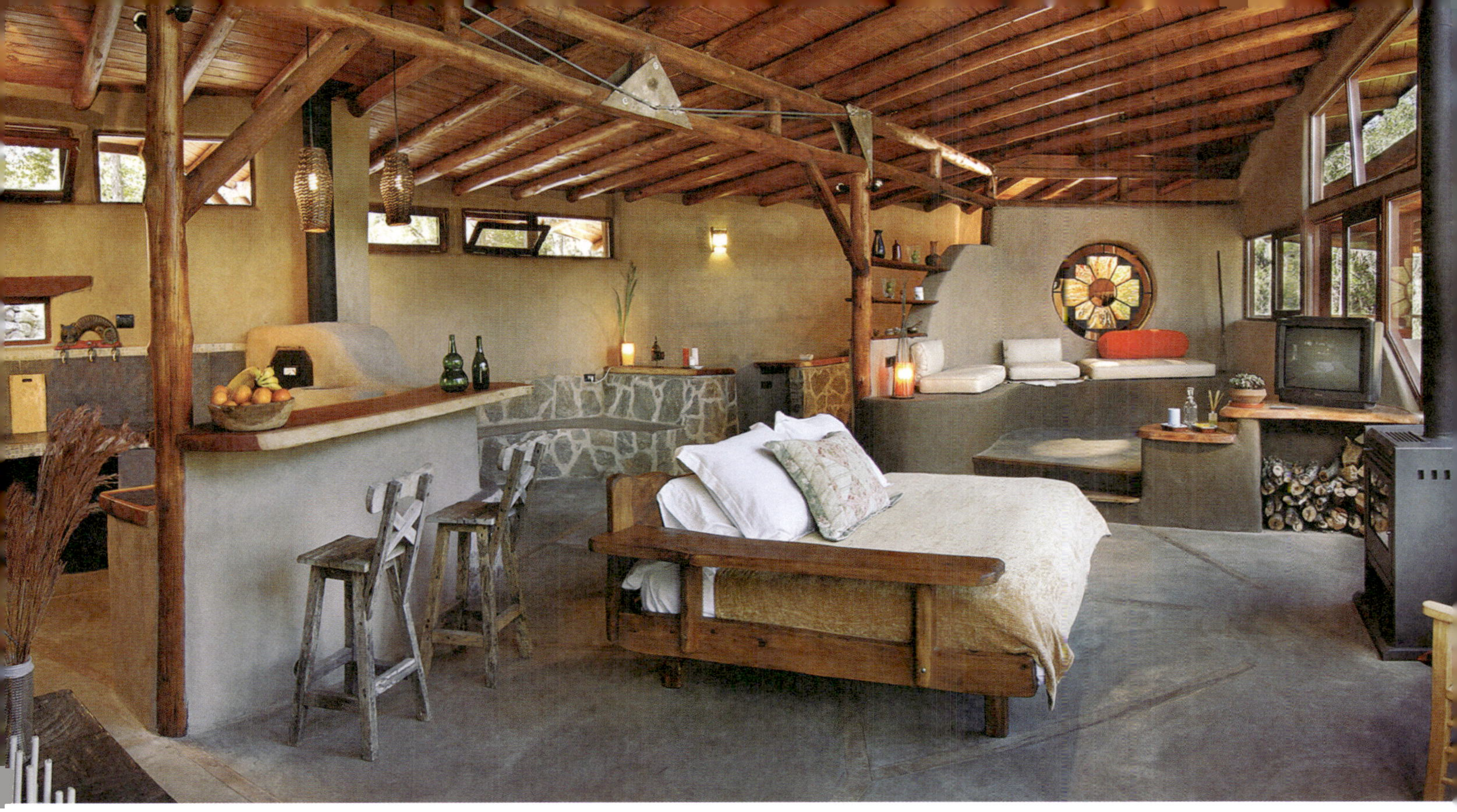

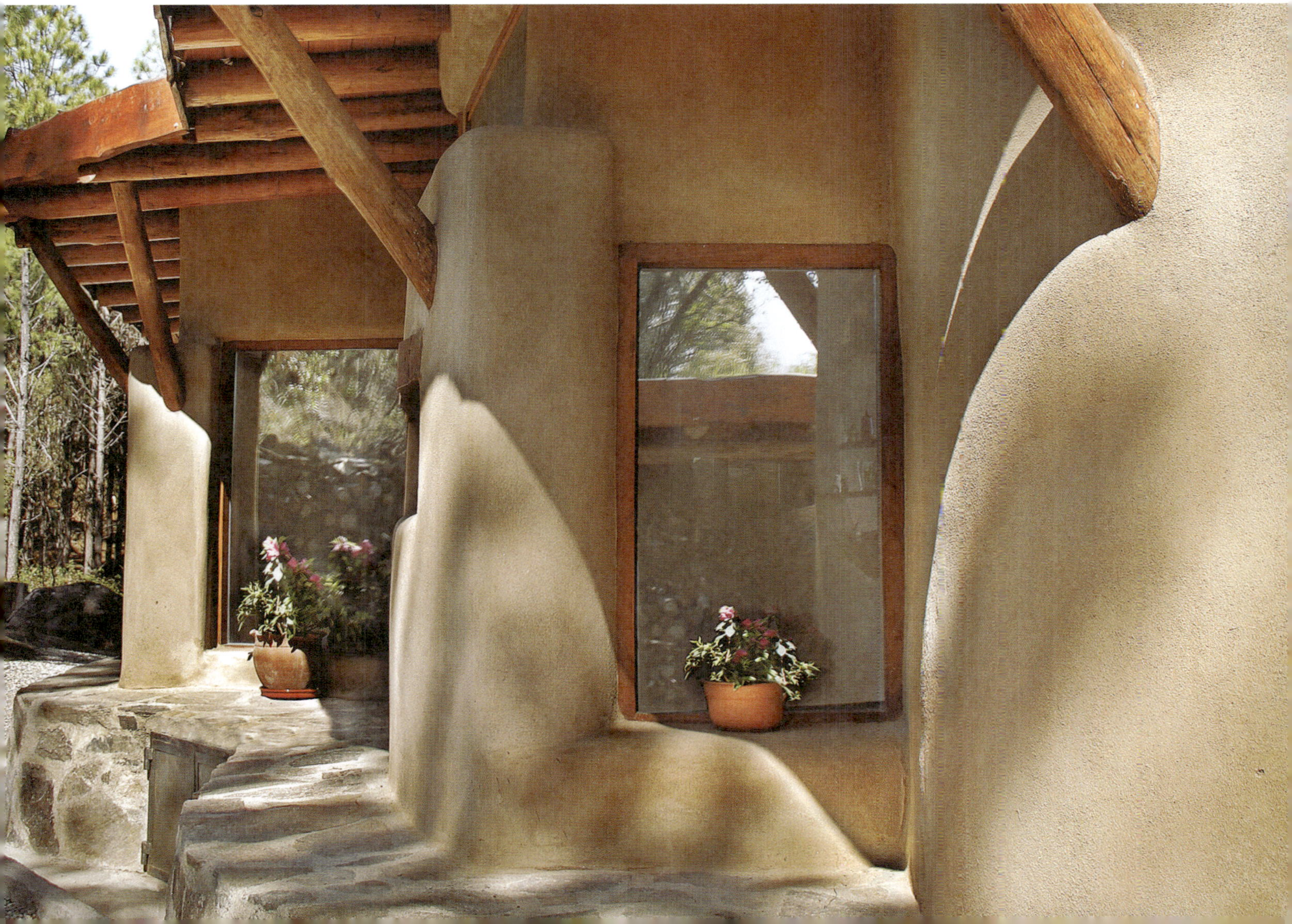

Escola primária, Tanouan Ibi, Mali

A escola foi construída na área Dogon de Mali e financiada pela Fundação Dogon Education, Amsterdã.

A construção contém três salas de aula, que são protegidas lateralmente, nos dois lados, por corredores cobertos, servindo como espaço onde os alunos podem se sentar entre as aulas. As estruturas da cobertura em arco desses corredores também funcionam como contrafortes para a abóbada principal, que cobre as salas de aula. As salas de aula medem 7x9 m e oferecem espaço para cerca de 60 alunos. Na frente, encontra-se um pequeno escritório e um depósito.

Paredes e abóbadas são construídas com blocos de terra comprimidos hidraulicamente.

As abóbadas foram cobertas por uma espessa camada de 20 a 30 mm de terra vermelha, misturada com cimento para se obter uma camada impermeável e resistente à água. As gárgulas, fabricadas pela população local, garantem o escoamento rápido da água da chuva. Na cobertura, tubos de cerâmica, feitos sob medida, foram inseridos, proporcionando ventilação para um clima interno agradável e permitem a passagem da luz do dia pelo telhado, como um céu estrelado. Durante …o período das chuvas, que duram dois meses, e fora do período escolar, esses tubos podem ser fechados.

Arquitetos: LEVS architecten (Adriaan Mout, Jurriaan van Stigt, Marianne Loof), Amsterdã
Ano de conclusão: 2013
Área útil: 200 m²
Custos: 45.000 Euros

215

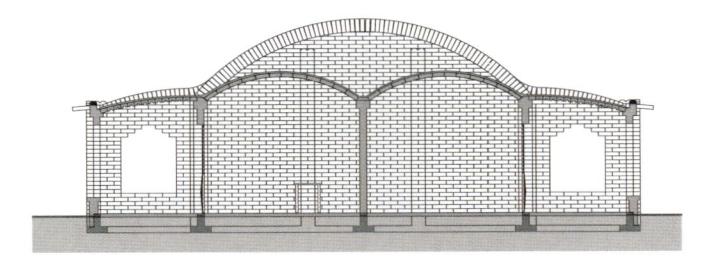

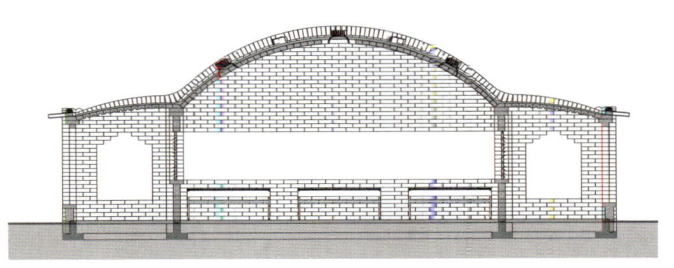

Espaço multiuso, Picada Café, Rio Grande do Sul, Brasil

Em um centro holístico próximo a Porto Alegre, chamado Integria, o autor realizou, nos anos 2005-6, uma cúpula com uma área útil de 65 m², para ser usada como salão de meditação, encontros e danças sagradas. A cúpula foi construída em várias oficinas no local, nas quais se usaram adobes acústicos. Na última oficina, se construiu o teto verde, e a cúpula adquiriu o aspecto de um monte a mais na paisagem montanhosa, totalmente integrado nela. À noite, sobressai a luz da claraboia, como um cristal luminoso no meio da serra.

Projeto: Gernot Minke
Conclusão: 2006
Área: 72 m²

Porta de entrada.

Acima, colocação da terra. Ao lado, execução de adobes acústicos. Abaixo, montagem do teto verde.

217

17. Perspectivas futuras

Na sociedade acomodada do centro da Europa, a arquitetura de terra não pode desempenhar o papel dominante que há em setores dos Estados Unidos e da Austrália, devido às condições climáticas e às normas rígidas, no que diz respeito ao isolamento térmico da construção, já que as paredes exteriores não poderiam ser construídas com terra sem uma cobertura térmica adicional.

Por outro lado, em climas quentes e moderados, as paredes exteriores podem ser construídas com terra sem cobertura térmica adicional. Isso gera uma melhor temperatura interior e podem ser mais econômicas do que as paredes construídas com pedra, tijolo ou concreto.

Apesar de tais fatos, na Europa, há uma tendência crescente para se construir com terra. Isso ocorre devido ao aumento da consciência ambiental, a preocupação com o desnecessário gasto energético e o consumo dos recursos que requerem a fabricação de materiais industriais de construção, cuja elaboração provoca poluição, além do desejo de viver num meio ambiente equilibrado.

Em países onde o clima é mais ameno, muitas casas são feitas de terra. O Brasil é um desses países. O desafio, porém, está no preconceito: noções estigmatizadas contribuem para o imaginário de que casas de terra não duram, abrigam bichos e são miseráveis. Sabe-se, porém, que o principal problema que esses países enfrentam são as grandes disparidades sociais e não a terra como material de construção. Muitas técnicas tradicionais, como o pau a pique e o adobe perderam espaço nessas sociedades graças ao preconceito. Porém, graças aos movimentos ambientalistas e de resgate histórico de tradições, hoje vemos uma busca crescente pela utilização da terra como material de construção, respondendo às demandas ecológicas e mais sustentáveis. É interessante pensar que esses movimentos estejam inseridos em políticas públicas para que possam abranger mais pessoas.

Diferentes técnicas de construção com terra desenvolvidas recentemente e testadas com êxito aguardam adaptação e implementação em países onde não foram testadas. É preciso desenvolver orientações e cursos de treinamento para difundir tais técnicas. Elas precisam ser demonstradas não só em residências e projetos especiais de baixo custo, mas também em edifícios públicos, como

Cúpulas com adobes acústicos sendo construídas no Paraguai.

Construção de cúpula de adobe acústico com 11,11m de diâmetro no Paraguai.

hospitais e escolas, já que a terra usada corretamente é um material disponível, duradouro, econômico e com grandes possibilidades. Pode ser a resposta aos grandes requisitos de construção, assim como uma resposta alternativa para uma nova consciência na arquitetura.

Ao mesmo tempo que existem novas tecnologias de construção com terra sendo testadas pelo mundo, a tradicional construção de paredes de adobes secos ao sol continuará a ser uma técnica facilmente aplicável, já que pode ser executada por pedreiros em todas as partes do mundo, sem uma qualificação em particular.

As cúpulas e abóbadas de adobe são uma alternativa viável para as habitações de coberturas planas ou inclinadas que possuem telhas metálicas, de fibrocimento ou concreto armado. Elas proporcionam uma melhor temperatura interior devido à sua forma. Ao se analisarem os custos relativos à cobertura de uma casa, pode-se chegar a um terço do custo total da construção. Nesse sentido, as cúpulas e abóbadas podem se tornar também opções economicamente viáveis. Essas estruturas podem ser utilizadas com mais frequência e segurança quando o conhecimento sobre suas técnicas construtivas for mais difundido.

A técnica da taipa de pilão é apropriada para climas temperados, quentes ou secos, e é também econômica em locais onde se emprega equipamento adequado e tecnologia mecanizada.

Em países industrializados, com climas temperados, se empregam cada vez mais elementos pré-fabricados de terra agregada e rebocos de terra nos interiores. Na Alemanha, Suíça e Holanda, muitas empresas se dedicam à elaboração de produtos de terra, e encontraram um mercado crescente nos últimos anos.

Espera-se que os registros trazidos neste livro contribuam para a disseminação de práticas construtivas com terra feitas com qualidade e apuro técnico, colaborando para a desconstrução de estigmas e noções equivocadas.

18. Referências bibliográficas

Aslam, M.; Satiya, R.C.: A Technique of Waterproofing Mud Wall. Building Materials Note Nº. 14, Central Research Institute, Roorkee, Indien.

Balassa, J.; Ortutay, G.: Ungarische Volkskunde, in: Ethnographia, Budapest 1977, p. 329-364

Beckert, J.: Wirkung von Verunreinigungen der Raumluft auf den Menschen, in: Beckert et al. (ed.): Gesundes Wohnen, Düsseldorf 1986

Behm-Blanke, G.: Die altthüringische und frühmittelalterliche Siedlung. Weimar, Berlin 1954

Boenkendorf, U.; Knöfel, D.: Les Mortiers d'Enduit dans la Construction en Pan de Bois, in: Proceedings of the International Congress on the Conservation of Stone and other Materials, Unesco/Rilem, Paris, 29.6. - 1.7.1993

Bourgeois, J.-L.: Traditional adobe is illegal in New Mexico, in: Adobe Journal (Albuquerque, USA) Nº.5, 1991, p. 47

Cointeraux, F.: Schule der Landbaukunst. Hildburghausen 1793

CRATerre: Construire en terre. Paris 1979

CRATerre: Compressed Earth Block: Production Guidelines. GTZ, Eschborn 1991

CRATerre: Modernité de l'architecture de terre en Afrique. Grenoble 1990

Dachverband Lehm: Lehmbau Regelu, Braunschweig 2008

Dehn, W.: Die Heuneburg beim Talhof unweit Riedlingen. 1957

Department of Housing and Construction (ed.): EBS Bulletin No.5: Earth-wall Construction. Canberra, Australia 1981

El-Hakim, O.: Nubian Architecture, Cairo 1993

Elias, P.: Le Bilan Energetique de Quelque Parois de Batiment, in: Cahier du Centre Scientifique et Technique du Batiment No.213, Oct.1980

Evans, J.: Lorena Owner-built Stoves. Stanford, USA 1979

Eyerer, P.; Reinhard, H.W.: Ökologische Bilanzierung von Baustoffen. Basel/Berlin 2000

Fathy, H.: Architecture for the Poor. Chicago and London 1973

Fathy, H.: Natural Energy and Vernacular Architecture. Chicago/London 1986

Fauth, W.: Der praktische Lehmbau. Wiesbaden 1946

Gilly, D.: Praktische Abhandlung aus der Lehmbaukunst betreffend den Bau der sogenannten Lehm- oder Wellerwände wie man dieselben dauerhaft mit wenigen Kosten und einer wahren Holzersparung aufführen könne. Berlin 1987

Gilly, D.: Beschreibung einer vorteilhaften Bauart mit getrockneten Lehmziegeln. Berlin 1790

Gilly, D.: Handbuch der Land-Bau-Kunst. Braunschweig and Halle 1800 and 1822

Grandjean, E.: Wohnphysiologie. Zürich 1972

Griselini, F.: Versuch einer politischen und natürlichen Geschichte des Temeswarer Banats in Briefen an Standespersonen und Gelehrte. Wien 1780

Güntzel, J.G.: Das Dünner-Lehmbrote-Verfahren, in: Minke, G. (ed.): Bauen mit Lehm, No. 1. Grebenstein 1984, p. 46-51

Güntzel, J.G.: Zur Geschichte des Lehmbaus in Deutschland (Dissertation, Gesamthoch-schule Kassel, FB 12). Staufen 1988

Hafezi, M.: Bericht anläßlich des 2.Fachwerk-Expertentreffens, Celle 1993 (not published)

Haider, B.: Baumaterial und Radonbelastung von Häusern, in: Wohnung + Gesundheit (Neubeuern), Nº.12/93, p. 40

Hegger et al.: Baustoff Atlas. Basel/Berlin 2005

Heimstätte Dünne (ed.): Ein alter Baumeister und was wir von ihm gelernt haben. Dünne

Hill, C.: On the Construction of Cottages, in: Journal of the Royal Agricultural Society (1843), p. 356-369

Hölscher, W.; Wambsganz, L.; Dittus, W.: Die baurechtliche Regelung des Lehmbaus und des landwirtschaftlichen Bauwesens - Lehmbauordnung. Berlin 1947

Hofmann, U.; Schembra, F.W. et al.: Die Trockenbiegefestigkeit von Kaolinen und Tonen, in: Berichte der Deutschen keramischen Gesellschaft, Bd.44 (1967), H.4, p. 131-140

Houben, H.; Guillaud, H.: Earth Construction Primer. Brüssel 1984

Ingles, O.G.: Soil Stabilisation, in: Bell, F.G. (ed.): Ground Engeneer's Reference Book, Chapter 31. Sydney 1983

International Labour Office (ed.): Small-scale manufacture of stabilised soil blocks. Genua 1987

Karsten, R.: Bauchemie für Studium und Praxis, 7.edition. Haslach 1983

Keller, G.; Muth, H.: Natürliche Radioaktivität, in: Beckert et al. (ed.): Gesundes Wohnen. Düsseldorf 1986

Krünitz, J.G.: Oeconomische Encyklopädie....... Vol. 70. Berlin 1799

Künzel, H.: Die hygrothermische Beanspruchung von Außenputzen, in: Bauphysik (Berlin) H.4/1990, p. 104-109

Mahlke, F.: De las tensoestructuras a la bioarquitectura, la obra del arquitecto Gernot Minke. Montevideo 2007

Manandhar, R.: Mud brick dome and vault construction ..., in: Proceedings First International earth sheltered buildings conference. August 1-6, Sydney 1983, p. 371-375

Marmé, W.; Seeberger, J.: Der Primärenergieinhalt von Baustoffen, in: Bauphysik (Berlin), N°.5, 1982, p. 155-160 and N°.6, p.208-214

McCann, J.: Clay and cob buildings. Aylesbury, Großbritannien 1983

McHenry, P.G.: Adobe and rammed earth buildings. New York 1984

Middleton, C.F.: Build your house of earth. Victoria, Australia (revised edition) 1979

Minke, G.: Design and Construction of Energy and Cost Saving Vault and Dome Structures, in: Proceedings of the International Symposium of Hassan Fathi for Architecture for the Poor, 20.-22. April 1993. Cairo (a)

Minke, G.: Humidity Control/Balancing humidity fluctuations, in: Bansal, Hauser, Minke: Passive Building Design, A Handbook of Natural Climatic Control. Amsterdam 1994, p.180-188

Minke, G.; Mukerji, K.: Structurally Optimized Domes - A Manual of Design and Construction. Braunschweig 1995

Minke, G.: Materialkennwerte von Lehmbaustoffen, in: Bauphysik (Berlin), No.4/95, p. 124-130

Minke, G.: Manual de construcción para viviendas antisísmicas de tierra. Kassel 2001

Minke, G.: Construction manual for earthquake-resistant houses built of earth. Eschborn 2002

Minke, G.; Mahlke, F.: Building With Straw, Basel/Berlin 2005

Minke, G.: Building with earth. Basel/Berlin 2006

Mukerji, K.: Soil Block presses: Product Information. GZT, Eschborn 1988

Niemeyer, R.: Der Lehmbau und seine praktische Anwendung. Hamburg 1946

OECD, Nuclear Energy Agency: Exposure to Radiation from Natural Radioactivity in Building Material, Report, Paris May 1979

Oliver, M.; Mesbah, A.: The earth as a material in: Proceedings International Composium on Modern Earth Construction. Peking 1985

Popposwamy, G.: Rural India. Village Houses in Rammed Earth. Stuttgart 1979

Pumpelly, R. (ed.): Explorations in Turkestan. Washington 1908

Raw(en), J.: Cosmographia. Frankfurt 1757

Schreckenbach, H.: Construction Technology for a tropical developing country, Eschborn

Schuh: Der Lehmbau bei der Deutschen Reichsbahn, in: Die Reichsbahn, Amtliches Nachrichtenblatt der Deutschen Reichsbahn, N°.25/26, 27,28, 1944

Sibtain, S.N.: To build a village - earthquake-resistant rural architecture, Parramatta, Australia 1982

Smith, R.G.; Webb, D.T.J.: Small Scale Manufacture of Stabilized Soil Bricks. Technical Memorandum N°.12, International Labour Office. Genf 1987

Stulz, R.; Mukerji, K.: Appropriate Building Materials. St.Gallen 1988

Turowski, R.: Entlastung der Rohstoff- und Primärenergiebilanz ..., Dissertation Universität Essen, 1977

United Nations Centre for Human Settlements (ed.): Earth Construction Technology, Nairobi 1992

Vanros, G.: Studie van bouwfysische Kenmerken van Lemen Vakwerkwanden. Leuven 1981, quoted at Volhard 1983

VITA (ed.): Village Technology Handbook. Mt.Rainier, USA 1970

Volhard, F.: Leichtlehmbau. Karlsruhe 1983

Vorhauer, K.: Low Cost / Self Help Housing (Gate Modul 6/6), Eschborn 1979

Voth, B.: Boden, Baugrund und Baustoff. Wiesbaden/Berlin 1978

Weiß, A.: Angewandte Chemie 75 (1963), p. 755-762

Weller, K.; Rehberg, S.: Lösungsansätze für den energie- und rohstoffsparenden Wohnungsbau. DFG-Forschungsvorhaben, Fachgebiet Industrielles Bauen. TU Berlin 1979

Wienands, R.: Die Lehmarchitektur der Pueblos. Köln 1983

Créditos das fotografias
1.2-4 Gruner, D.
1.2-5 Yazdani, S.
1.2-6 Gerster-Rapho
1.2-9 Lauber, W.
5.3-5 Atlas-Copco
5.3-6 Heuser
5.6-6 a 5.6-9 Oliver, D.
5.6-10 e 5.6-11 Wolf, S.
5.6-12 CEPED
6.2-2 Bochow, K-H
6.2-3 Lorenz-Ladener, C.
6.3-1 Consolid
6.3-11 Pacific Adobe
6.3-12 e 6.3-13 Weller, K.
7.2-5 e 7.2-6 Dufter, S.
8.2-6 Dressler, F.
8.2-7 e 8.2-8 Lukas, G.
14.2-2 e 14.2-3 Reynolds, M.
14.6-1 Schinjs, W.
14.7-1 ElBadwan, G.
14.7-2 Breshna
14.7-26 a 14.7-28 Yazdani, S.
14.7-45 Pilz, J.
15.2-9 Guerra, K.

Capítulo 16
Página 171 Heise Falleiros, A.
Página 173 Weiner, P.
Páginas 174 e 175 Bermúdez, J.A.
Páginas 176 e 177 Fischer, A.
Páginas 178 e 179 Karcher, J.
Página 180 Montoro, P.
Página 181 Laso, M.
Páginas 182 e 183 Herzfeld, K.
Página 184 EDGE Architects
Página 194 Reyna, V.
Página 195 Castaño, D.
Página 195 (abaixo) Castaño, D. e Villejas, M.
Páginas 196 e 197 North, G.
Página 198 Kaufman, G.
Página 199 Muños Álvarez, E.
Páginas 204 e 205 Harris, A.
Página 205 (acima à direita) Stanwix, W.
Páginas 212 e 213 Lico, C.
Páginas 214 e 215 LEVS architecten
Página 218 Semjon Müller

Todas as demais Minke, G.

Nosso muito obrigado aos leitores apoiadores

Agostinho de Vasconcelos Leite da Cunha, Alain Briatte Mantchev, Alcir Tymbaê, Alex Supertramp, Alexandre Luiz Rocha, Alexandre Onishi, Alícia Maria Pires Nunes, Aline Federico, Álvaro Grohmann Neto, Amanda Viveiros Ronca, Ana De Carli, Ana Paula Barbosa Santos Alves, Ana Rondon, Anderson Renato Vobornik Wolenski, André Buarque, André Monteiro, Andre Santachiara Fossaluza, Antônio da Silveira Campos Júnior, Antonio Sandroni Neto, Antonioni Afonso, Ariádine Marcca, Armando Ribeiro, Barbara Silva, Berenice Santos Sada Vieira, Bibiana Becker, Camila Ribeiro de Souza, Carlos Eduardo de C.Santos, Carlos Eduardo de Santis, Carlos Eduardo Nunes-Ferreira, Carmen Muraro, Carol Martins, Carolinne Comerlatti, Christian Krambeck, Clara Gonzaga Garcia, Claudia Guimarães Costa, Cleufe Inês da Silva, Clodoaldo Teixeira, Cynthia Kamei, Daiana Dietzmann, Daniel Gonçalves Soares, Daniel Soares França, Daniela Cunha, Danilo Fleury, Denise Verturini, Denismar do Nascimento, Diogo Faria Machado, Diogo Gazalle Magalhães, Djair Barros Falcão, Eliane Belmonte Lucenti, Elisabete Murari, Elke Medeiros, Emi Kuamoto, Enzo Grinover, Eros Moreira de Carvalho, Família Fernandes Rabelo, Família Langoni Salgado Abdala Martins, Felipe Aires Thofehrn, Filipe Berndt, Flavia Barion, Flavia Goellner, Flávio José Sardinha, Flora Fujii, Francisco Calmon de Britto Freire, Francisco Zorzete, Gabriel Carracedo, Gabriel Lemgruber Guedes, Georges Latif Bourdoukan Jr, Gerciney Gomes Ramos, Getúlio Soares Santana, Ghabriel Leon G. Barbosa, Gislene Gambini, Gláucia Maia de Oliveira, Graziela Gonçalves Carvalho, Guilherme Lage Martins, Gustavo Guimarães, Gustavo T. Gazzinelli, Hélio Moreira Júnior, Herbert Lehrer Junior, Iara Pezzuti, Igor Parsekian, Jacqueline Caetano do Canto Silva, Jeanquel Pereira Gonçalves, Jessica Paula Albert, João Bosco Estevam, João Carlos Bressiani, João Carlos Bressiani, João Marcos de Almeida Lopes, Jorge Scarasati Pereira, José Carlos Almeida da Cunha, José Eduardo R D Mauricio, Julio Domínguez, Julius, Junior Vicentini, Karen Bizanha, Kenia Santos da Silva, Lais Yumi, Lara Alves, Larissa Galvão, Laysa rebonato, Leonardo Andrade Garcia, Leonardo José Resende Teixeira, Letícia Santos, Livia Rolim de Oliveira Salem, Lorena Araujo Camargo, Luana Lousa, Lucas Fernandes Valadares, Luciano Pedreira de Avila Goulart, Luciano Santos Oliveira Matos, Luis Carlos de Oliveira, Luiz Augusto dos Reis Alves, Luiz Fernando de Almeida Freitas, Luiz Netto, Marcela Bergamini Fernandes, Marcela Fenyves Ary, Marcelo Alves Garcia, Marcos de Paula Nogueira, Marcos José de Souza, Maria Aparecida Soukef Nasser, Maria de Fátima Coelho Duarte, Maria Gomes Simas, Marianna Mar, Marina Câmara Albuquerque, Mário Rubem Costa Santana, Marlon Soares, Matheus Reis Carmesini, Maurício Arruda de Toledo Murgel, Mauricio Cruvinel de Oliveira, Mauro De Bonis Almeida Simões, Mayla Yasuoka Dombrowsky, Melissa Webster, Melquior Forgiarini Scheid, Moises Medeiros Barbosa, Natalia Alexandre Costa, Nathan Rodrigues Rezende, Nícia Mafra, Paula Guimarães de Souza Palmeira, Paulo Barreiros de Oliveira, Paulo Eleutério Cavalcanti Silva, Paulo Guilherme de Aguiar Barbosa, Pedro Feriotti, Pedro Filsner, Pedro Henrique, Pedro Henrique Costa de Souza, Pedro Henrique Silva Penedo, Pedro Seiji Tokikawa, Phabio Barboza, Philipe Sancho, Rafael Ferreira Pinheiro, Rafael Gualberto Badan, Rafael Luis de Camargo Lima, Raimundo Melo, Raquel Helena Bueno Cardoso, Regina Milioranza, Regina Morac, Ricardo Alexandre Pichek, Ricardo Diangeles Scalco, Ricardo Zuppi, Robson da Silva Moreno, Rodrigo Gobatto de Moraes, Rogério Biral, Ruben Martins, Samuel Pessoa Gonçalves Garcia, Sandro José, Sofia Albuquerque Novak, Sofia Liborio Prata, Suzana Ehlin Martins, Tânia Soares, Thaís Brandão Protásio Teixeira, Thaís Gonçalves Webster, Thamires Piazza Pamplona, Tiago Lenktaitis, Tiago Nakaca, Tiago Torres, Urubatan Helou Junior, Valdinei Garcia Junior, Virgínia Sela Bueno Lambert, Vitor Gomes Figueiredo, Wellington Pereira.

Apoio

terra libris
Selo editorial da Solisluna. Publicações comprometidas com o bem viver, em harmonia com o planeta e com a sustentabilidade da vida na Terra.

mapadaterra
Plataforma on-line que cartografa construções feitas com materiais naturais para contribuir na difusão de tecnologias construtivas de baixo impacto ambiental.

TAIPAL CONSTRUÇÕES EM TERRA
Empresa brasileira que vem inovando os processos em busca da sustentabilidade, com garantia da qualidade e do melhor desempenho técnico, sempre respeitando a cultura construtiva.

tibá arquitetura
Escritório de arquitetura dedicado a projetar, construir e prestar assessoria técnica e capacitação em bioarquitetura e tecnologia intuitiva.

solisluna
editora

Este livro foi editado em agosto de 2022
pela Solisluna Editora na Bahia.
Impresso em papel offset 120 g/m²
na Gráfica Coan em Santa Catarina.